PQ 7082.N7
VIL

DATE DUE FOR RETURN

NEW ACCESSION
CANCELLED

02. MAR

04. MAY

15 OCT 1996

WITHDRAWN
FROM STOCK
QMUL LIBRARY

TRAYECTORIA DE LA NOVELA HISPANOAMERICANA ACTUAL

DEL «REALISMO MÁGICO» A LOS AÑOS OCHENTA

FILOLOGÍA

ESPASA CALPE

DARÍO VILLANUEVA
JOSÉ MARÍA VIÑA LISTE

TRAYECTORIA DE LA NOVELA HISPANOAMERICANA ACTUAL

DEL «REALISMO MÁGICO» A LOS AÑOS OCHENTA

COLECCIÓN AUSTRAL

ESPASA CALPE

© Darío Villanueva y José María Viña Liste
© De esta edición: Espasa-Calpe, S. A.

—

Maqueta de cubierta: Enric Satué

—

Depósito legal: M. 29.451—1991

ISBN 84—239—7222—4

Impreso en España
Printed in Spain

Talleres gráficos de la Editorial Espasa-Calpe, S. A.
Carretera de Irún, km. 12,200. 28049 Madrid

ÍNDICE

INTRODUCCIÓN

LA NOVELA DESDE 1940

Como observación previa es preciso afirmar la dificultad inherente al intento de esbozar una visión de conjunto sobre la novelística de Hispanoamérica en estos últimos cincuenta años, dada la riqueza y la variedad de su producción, a pesar de que la empresa no sea tan complicada como si hubiera que realizarla sobre el ámbito europeo con su diversidad lingüística, merced a la unidad de lengua y similitud de cultura de los pueblos americanos que en tanto grado propician el conocimiento mutuo y su intercomunicación. Aunque se hayan realizado intentos de configurar características definidoras de literaturas nacionales en el seno de Hispanoamérica, casi nunca han resultado convincentes al delinear sus rasgos identificadores y conformadores tan a menudo compartidos, de modo que todo intento de ordenación sistemática estará afectado por la provisionalidad y la artificialidad, y por eso mismo resultará insatisfactorio por insuficiente. En el fondo resulta aceptable la idea expuesta por Óscar Collazos acerca de que la historia de la novela en aquellos países no es sino la suma de una serie de obras, o la sugerida por García Márquez

de que todos los novelistas contemporáneos suyos
estaban construyendo sin saberlo una enorme novela
por integración de las individuales; pero se impone la
necesidad de establecer un mínimo sistema ordenador, por artificial que resulte, si no queremos perder-
nos en una selva con tanta abundancia de especies y
una cantidad ingente de cultivadores que día a día
contribuyen a su proliferación.

Nosotros, para historiar los casi cincuenta últimos
años de la novela hispanoamericana, combinaremos
en nuestra ordenación los criterios [1] cronológico y
nacional o geográfico, seleccionando a los autores
más significativos y a las más representativas de sus
obras (procurando no sobrepasar el número de 400 y
1.200, respectivamente), aunque reconozcamos la
existencia de cierta unidad cultural, también visible
en la solidaridad vinculadora entre los novelistas de
nuestro tiempo en su empeño por descubrir la auténtica realidad de América y su esfuerzo por transfor-
marla a partir de su común autoexigencia intelectual
y estética, pero nunca en absoluto ajenos a los problemas que afectan de manera universal a la humanidad, plasmados sobre todo en el hombre de la ciudad
con sus crisis de frustración, desarraigo, soledad,
incomunicación y desorientación, cuyas vivencias
suelen explorarse mediante la estructura de novela de
indagación o búsqueda que ya tenía sus precedentes
en obras de Rómulo Gallegos o de Manuel Gálvez,
pero que en *La bahía del silencio* (1940), de Eduardo

---

[1]   No es menos aceptable el criterio generacional que utiliza por
vez primera Cedomil Goič para todo el ámbito de la América
hispana, justificándolo en la «Introducción» a su *Historia de la
novela hispanoamericana,* Valparaíso, Ediciones Universitarias,
Universidad Católica de Valparaíso, Chile, 1972. Asimismo resulta
de valor muy apreciable la reciente *Historia y crítica de la literatura
hispanoamericana* por él mismo compilada y publicada en Barcelona, Editorial Crítica, 1988, en especial su tercer volumen, dedicado
a la «Época contemporánea».

Mallea, se configura como modelo, según apunta Jean Franco.

La citada historiadora literaria coincide con la mayor parte de los estudiosos de esta época en adoptar la fecha de 1940 como el punto de partida para un decidido cambio en el arte de novelar, consistente en el abandono mayoritario de la estética realista que encadenaba los hechos narrados como elementos de un proceso con vinculaciones internas de causa-efecto, así como en el afán de autenticidad visible en una actitud crítica operativa frente a las formas tradicionales y en el repudio del retoricismo vacío y de los tópicos manidos, en favor de un lenguaje renovado por su uso paródico, irónico, burlesco, desenfadado o inventivo. Para Vargas Llosa, por esas fechas ya empezaba a sentirse como repetitiva la narrativa telúrica, costumbrista y provinciana; se imponía un cambio de rumbo en el cultivo de los temas y formas tradicionales, sustituidos ahora por la atención a los problemas concretos del hombre medio en actitud ya vitalista ya derrotista, volcándolos en moldes nuevos con el intento de llegar a estratos más profundos de la realidad apelando a la poderosa arma de la imaginación.

Nada tienen pues de extraño la proliferación de actitudes de rechazo a los maestros consagrados de generaciones anteriores por parte de los llamados «parricidas»[2], la dedicación esforzada a los experimentos formales que afectan a la organización temporal y espacial de la materia narrada, la confluencia de planteamientos estéticos y morales, la aportación de multiplicidad de personajes extraños unos y vulgares otros, la suplantación del antiguo narrador omnisciente por otros diversificados en su distancia,

---

[2] El libro de Emir Rodríguez Monegal *El juicio de los parricidas,* Buenos Aires, 1956, se refiere a los autores más o menos iconoclastas en su revisionismo del pasado literario.

conocimiento, voces o intervención en los hechos que relatan, la participación requerida del lector en la estructura abierta de tantas obras, o la ruptura de las barreras genéricas mediante la integración en la novela del discurso ensayístico y la asimilación de los logros conseguidos en el lenguaje poético por el vanguardismo anterior.

Insistimos en que la enorme variedad de los productos narrativos acumulados en estos cincuenta años, entre los que no es lícito desatender excelentes muestras del relato ni del cuento, dificultan el establecimiento de un bloque homogéneo y la configuración de compartimientos estancos, lo mismo en lo que se refiere a los países que a los autores particulares; hay que afirmar más bien la interacción entre unos y otros, así como la variedad de influencias asimiladas no sólo procedentes de los vecinos y contemporáneos, sino de autores europeos y norteamericanos más o menos próximos en el tiempo. Algunos novelistas, como Mallea, Onetti o Benedetti, mostrarán sus preferencias por la exploración de las crisis personales de conciencia; otros, como Carpentier, Roa Bastos o García Márquez, atenderán más a las vivencias históricas colectivas; pero la mayor parte afrontarán la organización de sus obras dotándolas de un sentido poético autónomo, huyendo de las pretendidas réplicas naturalistas de la realidad, o sencillamente practicando el realismo posible, el de la conciencia limitada del narrador con su temporalidad y su visión subjetivas, asumiendo la ambigüedad en la relación entre el discurso y su referente, plasmando la acción en espacios discontinuos y fragmentados como réplica verbal de la convicción de que lo histórico se hace inabarcable en su totalidad, incorporando al relato objetivo el mito, la alegoría o la leyenda, conscientes en una palabra de la naturaleza ficticia, verbal en suma, de la escritura que generan, forzosamente completada en el acto de la lectura.

En la revista argentina *Proa* ya se había publicado en 1925 la traducción del monólogo de Molly Bloom al final del *Ulysses,* de Joyce; Borges, que fue su autor, se gloriaba de su precoz conocimiento de tal obra y se complacerá en apuntar la posibilidad de que los autores hispanoamericanos traten con irreverencia temas europeos y las consecuencias afortunadas que de ello podrían derivarse[3]; también en *Sur* se dan a conocer obras narrativas europeas y norteamericanas desde su fundación en 1931. Vargas Llosa[4] considera que 1940 marca frontera en la narrativa de Hispanoamérica entre las épocas «tradicional» y «contemporánea»; ello es fruto en buena medida de la asimilación de obras maestras extranjeras como las de Joyce, Kafka, Huxley, Faulkner, Hemingway, Dos Passos o algunas de las inscribibles en el *nouveau roman* francés. Hubo entonces un peligro cierto de reducirse al experimentalismo y al juego formal, pero también se brindó a los novelistas oportunidad para descubrir niveles de la realidad desconocidos hasta entonces y quienes se exigieron originalidad aportaron también una visión crítica renovada y una exploración sugerente de los sentidos profundos que oculta la realidad observada.

Aunque hasta cerca de 1950 apenas estaba consolidada en Hispanoamérica una potente tradición de novela psicológica, sí existía desde la época modernista la de literatura fantástica (Lugones, Quiroga), que ahora volverá a florecer, compensando el abusivo cultivo de novelas próximas al documentalismo con sus simplistas denuncias o con la Naturaleza

---

[3] J. L. Borges, *Discusión,* Buenos Aires, Emecé, 1957, página 162.

[4] Sabido es que para Vargas Llosa la fecha del nacimiento de la moderna novela en Hispanoamérica es la de la publicación de *El pozo* (1939), de Onetti; véase su artículo «Primitives and Creators» en *Times Literary Supplement,* núm. 3481, 14 de noviembre de 1968, pág. 1287.

como personaje abrumador impuesto a un lector no incitado a observar la génesis de la narración ni a descifrar el sentido de su construcción y de su forma, sino sometido a su función de receptor pasivo que a lo sumo aceptaba una información parcial sustitutiva de los inexistentes estudios sociológicos. Los nuevos novelistas suelen renunciar a explicitar su protesta, su insatisfacción o su voluntad didáctica; tampoco se obsesionan con el respeto a la verosimilitud de la materia narrada. Vargas Llosa sintetiza esa actitud en su sentencia de que «la novela ya no sirve a la realidad, sino que se sirve de la realidad», y de esta forma se hace rebelión y revelación más honda, sin esquematismos reduccionistas, apostando por la creatividad en técnica y estilo, asimilando el fluir de conciencia, el tratamiento evocativo y lírico de la temporalidad, la fantasía desbordada de raíces su-rrealistas, y en los años más recientes el humorismo [5] como adentramiento desenfadado, patético o no, en la realidad o como protección distanciada frente a su brutal presencia. Ello no quiere decir que se haya producido un abandono absoluto del criterio de vero-similitud, pues no son pocos los excelentes autores próximos todavía al realismo tradicional, sino que ese criterio ya no se erige como única norma canóni-ca, como dogma artístico, y lo que seduce a la mayo-ría de autores y lectores es precisamente la transforma-ción ingeniosa de los materiales mostrencos que ofrece la realidad histórica y objetiva en formas productoras de una experiencia estética novedosa.

La potenciación de la comunicación cultural entre

---

[5]   Sobre aspectos colaterales al humorismo patético, como pue-den ser la deformación caricaturesca, la sátira y aun el erotismo, rasgos característicos de muchas de las novelas recientes, promoto-ras de actitudes y visiones más libres y auténticas, véase el artículo de A. J. Mac Adam, «Northrop Frye and the New Literature of Latin America», *Revista Canadiense de Estudios Hispánicos,* 3, 1979, págs. 287-290.

las naciones que siguió a la segunda guerra mundial estimuló a los novelistas de Hispanoamérica a desprenderse de los esquemas heredados de las anteriores estéticas y de muchas prácticas frecuentadas por realistas, naturalistas y modernistas, para dedicarse con ahínco a la escritura de novelas transformadoras del mundo observado y edificar otros universos verbales con significado y valor autónomos. Así, Carpentier, en *El reino de este mundo* (1949), pone en práctica su concepción de «lo real maravilloso», asociando de manera original elementos habitualmente desconectados entre sí, de manera similar a ciertos usos habituales en el surrealismo desde André Breton; ahí ve Brushwood un punto de partida para el cultivo del realismo mágico, como afirmación del derecho que el novelista tiene, como los medievales autores de *romances*[6], a crear invenciones y a novelizar conceptos con técnicas muy variadas, sin reducirse a la mera copia de lo real o lo sensible. Por cierto que la voluntad artística de inventar nuevas realidades literarias que trasciendan las de la cotidianidad ya se había hecho visible en Europa por los años veinte; sus precoces seguidores en América fueron inicialmente poetas tales como Vallejo, Huidobro, Borges o Neruda, precursores de la liberación imaginativa; con posterioridad a los poetas aparecen los novelistas inventivos y surgen con cierto talante inconformista y, aun sin explicitar un determinado didactismo, con voluntad de inquietar a sus lectores y hasta de influir a su manera en la transformación social. Así se expresaba Mario Vargas Llosa en su discurso de Caracas en 1967 al recibir el premio Rómulo Gallegos: «Nuestras tierras tumultuosas nos suministran materiales suntuosos, ejemplares, para

---

[6] Véase Paul Zumthor, *Essai de poétique médiévale,* París, Du Seuil, 1972, cap. 8, o A. Deyermond, «The Lost Genre of Medieval Spanish Literature», *Hispanic Review,* 43 (1975), págs. 231-259.

mostrar en ficciones, de manera directa o indirecta, a
través de hechos, sueños, testimonios, alegorías, pesadillas o visiones, que la realidad está mal hecha, que
la vida debe cambiar.» Pero junto a esta actitud
convive la de quienes postulan que la literatura pretende valer por sí misma, sin necesidad de probar
nada ni de ponerse al servicio de ninguna causa por
noble que ésta sea; en tal terreno ya se habían dado
precedentes muy dignos en la obra de Quiroga o de
Arlt antes de los años cuarenta; el testimonio de
Güiraldes es excepcional como creador de un mundo
basado en imágenes míticas y poéticas, superador de
la simplificación árida y pobre del realismo naturalista: «Tengo la sensación de que ciertas obras se des-
prenden de su origen habiendo conseguido una realización formal que las faculta para bastarse a sí
mismas»[7]. Carlos Fuentes formulará la evolución
producida en términos de un «tránsito del simplismo
épico a la complejidad dialéctica, de la seguridad de
las respuestas a la impugnación de las preguntas»[8].
Borges enseñará la condición verbal, es decir, ideal,
del arte literario y su vocación de universalidad,
afirmando como territorio propio de la literatura el
de la invención imaginaria de realidades, el de la
dedicación a crear mundos autónomos, no reproduc-
tores del real, sino denunciadores implícitos de su
falsedad y reestructuradores de su añorado orden
perdido. Cortázar, por su parte, hablando en *Rayuela*
por boca de Morelli, postulará la búsqueda de la
apertura, renunciando a la construcción sistemática y
apostando por una estética del caos, mediante el
recurso a la ironía, a la autocrítica y al uso de la
imaginación libre sin someterla al servicio de nadie.

---

[7]   De una carta reproducida en el libro de Guillermo Ara,
Ricardo Güiraldes, Buenos Aires, La Mandrágora, 1961, pág. 79.
[8]   Carlos Fuentes, *La nueva novela hispanoamericana,* México,
1969, pág. 13.

Perdida la ingenuidad realista que tanto se había venido practicando en las formas novelescas del regionalismo, de la exploración de la tierra, de la denuncia social y del retrato costumbrista de tipos nacionales o locales; perdida la confortable sensación de seguridad que aquella estética ofrecía, los novelistas se ocuparán de captar lo extraño inserto en la realidad mundanal, darán vida a situaciones angustiosas, absurdas, obsesionadas por la temporalidad y por las vicisitudes incontrolables de la existencia en el hacerse de sus personajes, expandiendo el limitado realismo anterior hacia la complejidad de las interioridades de conciencia y aun del subconsciente. Es aceptable la aplicación de las palabras de Enrique Pezzoni a las creaciones de los nuevos novelistas: «diálogo de voces discordantes, red de caminos divergentes en busca de una realidad que sólo reside en el camino, en la búsqueda misma».

Hasta antes de los años cuarenta tal vez se había abusado del cultivo monocorde de los temas americanos; a partir de ahí lo que empieza a detectarse es más bien un estilo americano de novelar lleno de riqueza creadora cuyos caracteres más relevantes pudieran resumirse, siguiendo a Jacques Joset, en los siguientes: integración entusiástica de las diversas técnicas asimiladas, preocupación por la perfección formal, propensión al barroquismo, potencia imaginativa desbordante, violencia expresiva congruente con la violencia histórica, predominio de la tendencia épico-mítica, criticismo. Robbe-Grillet afirma que la novela del siglo XIX pretendía presentar la imagen de un universo estable, coherente, continuo, unívoco y descifrable mediante una escritura inocente que no discutía la inteligibilidad del mundo[9]. Los novelistas de quienes nos ocupamos aquí, superada aquella

---

[9] A. Robbe-Grillet, *Pour un nouveau roman*, París, 1963, página 37.

ingenuidad optimista de sus predecesores, ya no pretenden construir novelas reflejantes de la realidad ni imitadoras de la misma, sino metáforas significativas de esa compleja realidad de cuyo desentrañamiento y explicación profundizadora están ahora más cercanos por la vía imaginativa, aunque hayan renunciado a la verosimilitud como procedimiento o camino mas no como meta.

Aunque sea pues aceptable que hacia 1940 se aprecia en la novela hispanoamericana una profunda renovación que afecta tanto a sus estructuras y formas como a sus técnicas y lenguaje o estilo, no se puede hablar de una ruptura absoluta con la tradición, sino de un conflicto entre lo heredado y la innovación, que ha dado resultados fecundos. Octavio Paz, que varias veces ha apelado a la fórmula de «tradición de la ruptura», reconoce que no se rompieron los vínculos con las creaciones clásicas anteriores, sino que fueron usadas como puntos de referencia, ya sea para continuar en su línea en casos marginales, ya para potenciar lo aprovechable de ellas o para alterar sus paradigmas sustituyéndolos por otras modalidades comunicativas. Téngase en cuenta que en modelos como *La vorágine, Doña Bárbara* o *Don Segundo Sombra* ya habían funcionado con eficacia los mecanismos constructivos del típico *romance,* en el sentido definido por Northrop Frye, que no fueron simples documentos ni testimonios de una realidad elemental, por cuanto su pretendido realismo ya aparecía deformado, mejor aún, transformado por la concepción mitológica subyacente en sus páginas.

En el decidido paso a nuevas fórmulas para novelar hay que reconocer el poderoso estímulo ejercido por el surrealismo. Cedomil Goić ha subrayado la influencia de este movimiento en la afirmación de la función poética o de la autonomía estética en la fabulación creadora, frente a anteriores preferencias por la función cognoscitiva directa, la observación de la realidad inmediata y las pretensiones éticas de edificación social más o menos revolucionaria; los surrealistas, sin desprenderse de su compromiso con la historia, postularon una transformación no directa de las estructuras sociales y políticas, sino por una vía que alterase los hábitos perceptivos del individuo receptor del arte para potenciarla y adiestrarlo a penetrar de otro modo más lúcido y crítico en las realidades de su mundo y en sus vivencias cotidianas, liberándose de las presiones externas y alienantes en alas de la fantasía. También Donald Shaw puso de relieve que el surrealismo estimuló las raíces míticas y legendarias del realismo mágico americano, haciendo que aflorasen componentes de interés subyacentes en la cosmogonía indígena, en su percepción del espacio natural, en su vivencia del tiempo y en su expresividad alegórica y simbólica; mediante la conjunción del surrealismo y del trasfondo mítico indígena, algunos novelistas potenciarán los aspectos misteriosos, no racionalizables, enigmáticos de la realidad y de la actuación individual y social, descubriendo nuevos sentidos para la existencia humana o revelando lo absurdo de los valores impuestos por una civilización no por tecnificada menos alienante, estimulando un afán metafísico de indagación o búsqueda sobre el significado y los valores de la vida individual y colectiva.

La renovación visible se inicia con una promoción de disidentes moderados, tales como Asturias, Borges, Carpentier, Bioy Casares, Yáñez o Marechal, que, vinculados con las vanguardias europeas, conocedores cercanos del expresionismo y del surrealismo, rompieron con los esquemas naturalistas, encauzando inteligentemente su imaginación creadora. Su impulso renovador será acogido por novelistas como Onetti, Sábato, Lezama, J. M.ª Arguedas, Cortázar o Rulfo, según el talante personal de cada uno y combinándolo con las influencias asimiladas de Faulkner,

Proust, Joyce o Sartre, entre otros autores por ellos
frecuentados, dotados ya de una lúcida conciencia
acerca de la renovación formal que pretendían. Luego vendrán los afirmadores del carácter ficticio de
toda narración en tanto que producto verbal, como
estructura de naturaleza lingüística que, sin despre-
ciar las aportaciones del realismo, las combinan con
la fabulación y la mitología, las aderezan con humorismo y fantasía; en esta línea se sitúan Roa Bastos,
Donoso, Viñas, Fuentes, García Márquez, Garmendia, Vargas Llosa o Cabrera Infante. Finalmente, si
seguimos distinguiendo las voces de los ecos como
aconsejaba Antonio Machado, surgirán los decididos
experimentadores con el lenguaje, hasta hacer del
mismo el eje e incluso el protagonista de sus construcciones: del Paso, Elizondo, J. E. Pacheco, Sarduy, Puig, Bryce... Todos ellos, maestros en técnicas
y estilo, fomentarán en su pléyade de seguidores, a
veces no sólo en Hispanoamérica, la libertad de invención y de expresión, además de superar posiciones
provincianas con su probada vocación de universalidad. De esta suerte, la literatura creativa que practican está animada por la ambición de innovar no sólo
las ideas sino a la vez también los moldes formales
heredados; su imaginación tiende a liberarse de estructuras rígidas y de sistemas formalizadores enva-
rados o que, por su uso reiterativo, carente de novedad y no productor de extrañeza, ya no resultaban
eficaces. Miguel de Unamuno enseñó que en las
entrañas de lo local se puede hallar lo universal, y en
lo limitado, lo eterno. Hablamos de universalidad, de
la expansión potencial y real de la narrativa hispanoamericana; ese fenómeno se produce cuando una
obra literaria puede comprenderse fuera de su contexto local de origen, si logra participar en las inquietudes de la colectividad humana; pues bien, los novelistas de aquellas tierras lograron que lo más propio
suyo resultase válido para otros hombres que viven a

través de sus páginas problemas comunes que afectan a temas capitales: la vida, la muerte, la relación social, el amor, la violencia, la esperanza. Hoy, salvo bajo regímenes dictatoriales, existen mayores posibilidades que antaño para la comunicación personal y de las obras escritas entre países diversos, cuando el mercado editorial también fomenta la universalidad y es notorio el afán de aquellos novelistas por integrarse en cuantas cuestiones estéticas y humanísticas afectan al mundo entero en la actualidad.

Recientemente Fernando Aínsa [10] se ha referido al doble movimiento observable en el desarrollo de la novela hispanoamericana, uno de carácter centrípeto, afirmador de lo autóctono, otro centrífugo, tendiente a lo universal; esa dialéctica justifica la complejidad de producciones fraguada en parejas antitéticas de valores que a veces todavía resurgen en nuestros días, testimonio del desgarramiento interno que allí se sigue viviendo: telurismo y urbanismo, nostalgia y renovación, hispanismo e indianismo, clasicismo y vanguardismo, arraigo y desarraigo, continuidad y ruptura. La respuesta a la duda de si existe algún principio ordenador entre la aparente anarquía de su producción narrativa consiste en que la América contemporánea muestra a la luz de esas creaciones una voluntad común de integrarse participativamente en los esfuerzos universales por construir un mundo mejor o más vivible; aún más, precisamente en tal abundante diversidad semántica y formal reside buena parte de su seducción y valoración universales.

---

[10]   Véase *Identidad cultural de Iberoamérica en su narrativa*, Madrid, Gredos, 1986.

EXPANSIÓN APRECIATIVA

Resulta casi obligado referirse, siquiera con brevedad, al llamado «boom» [11] de la narrativa hispanoamericana producido en la década de 1960, al que estimamos como un fenómeno no tanto de cambio cuanto de reconocimiento internacional de la calidad conseguida, ya decididamente liberados sus autores de lo que Cortázar llamaba «la pertinaz noción realista de la novela». Cierto que a esa expansión o proyección internacional lectora y de crítica apreciativa contribuyeron los mecanismos de explotación mercantil; la promoción editorial concertada desde Buenos Aires, México, Barcelona, Caracas y La Habana se sumó a una política literaria de propaganda ejercida a través de resonantes premios, influyentes revistas y periódicos, así como en la proliferación de traducciones, pero hubiera resultado poco menos que estéril en su artificialidad de no haberse asentado en auténticos valores intrínsecos y en una conciencia también acrecentada de la unidad sociocultural hispanoamericana; consideramos que tuvieron más potente intervención en el proceso difusor las innovaciones formales, el interés de los novelistas por la propia tarea creativa realizada en la génesis de sus obras, la madurez estética probada, que hechos históricos de tan indudable trascendencia como la revolución cubana. Por otra parte, no se trata de un fenómeno que apareciera por azar ni por generación espontánea; es la brillante culminación de un largo proceso, si queremos iniciado ya por los cronistas de Indias: detrás de Cortázar están Marechal, Borges o

---

[11]   Véanse Emir Rodríguez Monegal, *El boom de la novela latinoamericana,* Caracas, Tiempo Nuevo, 1972, y José Donoso, *Historia personal del «boom»,* Barcelona, Anagrama, 1972, y Seix Barral, 1983.

Arlt, como Fuentes se apoya en Yáñez o en Carpentier, Vargas Llosa en José María Arguedas, o Benedetti en Onetti, por citar casos ejemplares. Roberto Fernández Retamar[12] ha planteado con lucidez la cuestión: los editores[13] no son la causa eficiente de la brillantez novelística, a lo sumo se han beneficiado de ella y han contribuido con eficacia a propagarla, aunque es justo añadir que apoyando en verdad más a los portavoces de actitudes ideológicas beligerantes o contestarias, los cuales no son los únicos que en estos años han revelado al mundo el sentir, el pensar y el ser peculiares de los hispanoamericanos de una manera orgánica.

En todo caso, es indiscutible que premios literarios de la amplia resonancia alcanzada por el Nobel de la Academia sueca o por el Cervantes, máximo galardón para el ámbito hispánico, siguen colaborando con eficacia en la expansión del conocimiento de los autores hispanoamericanos, inciden incluso en los no premiados y significan un reconocimiento oficial muy codiciado de la excelencia de su obra; el primero de los mencionados había sido concedido a dos poetas, Gabriela Mistral en 1945 y Neruda en 1971, pero también se otorgó a los novelistas Miguel Ángel Asturias en 1967 y a Gabriel García Márquez en 1982; el segundo ha ido recayendo en Carpentier (1977), en Borges (1979), en Onetti (1980), en Paz (1981), en Sábato (1984), en Fuentes (1987) y en Bioy Casares (1990). No hay que excluir tampoco entre los factores potenciadores de la lectura y estimación de

---

[12] En la revista *Nuevo Mundo* que dirigió en París se difundieron las novedades novelísticas de mayor calidad, con notable éxito en la acogida del público.

[13] Ocupan lugar relevante por su eficaz labor, entre otras muchas, las empresas editoriales Losada, Sudamericana y Emecé, en Argentina; Joaquín Mortiz, De Andrea y Siglo XXI, en México; Monte Ávila, en Venezuela; Casa de las Américas, en Cuba, y Seix-Barral, con su premio Biblioteca Breve, en España.

esta narrativa la innegable elevación cultural alcanzada por la expansión educativa que ha ido incrementando no sólo el número real, sino también la competencia descodificadora de los receptores literarios, ni
siquiera las apoyaturas entre las artes cinematográfica y narrativa cuyos lenguajes utilizan recíprocamen-
te una y otra como modelo o inspiración para sus
respectivas producciones; es reconocida la influencia
de autores norteamericanos que aplicaron procedimientos de narración objetiva deducidos de la narrativa cinematográfica, tales como Faulkner, Dos Passos, Hemingway, Caldwell, Steinbeck, Chandler o
Hammet; novelistas de Hispanoamérica también han
tenido ocasiones para lucrarse de sus contactos experimentales con el proceso de elaboración de obras
fílmicas, así Rulfo, Viñas (autor de la novela y del
guión de *Dar la cara*), Fuentes, García Márquez,
Cortázar (su *Rayuela* es una incitación al lector en la
tarea del montaje y su cuento *Las babas del diablo* fue
la base para un film de Antonioni), Vargas Llosa [14] o
Leñero (cuya novela *Estudio Q* adopta a veces forma
de guión) e incluso Borges, con la adaptación de su
relato de cuchilleros *Hombre de la esquina rosada*,
pero sobre todo Puig y Cabrera Infante, cuya formación cultural y estética tiene sus cimientos más firmes
e irrenunciables en el cine. Cierto es que la novela
precede con mucho históricamente al cine y que los
cultivadores de este arte aprendieron no poco de la
construcción y técnicas novelísticas, pero no lo es
menos que las novelas contemporáneas incorporan
hallazgos cinematográficos o dan predomino a los
recursos relacionados con lo visual, la acción y la
dinamicidad del relato fílmico.

---

[14]   Nada más a título de ejemplo, véanse Ronald Christ, «La
novela y el cine: Vargas Llosa entre Flaubert y Eisenstein», *El
Urogallo*, VI, 35-36 (1975), págs. 115-120, y Martha Palley, «Literatura y cine», *ibídem*, págs. 121-128.

Añádase a lo dicho la esforzada e influyente labor de críticos[15] e historiadores de la narrativa, algunos de los cuales comparten esta actividad con la creadora; dado que a lo largo de nuestro estudio surgirán referencias a sus aportaciones concretas[16], unas orientadas hacia la crítica inmanente, semiológica y estilística de los textos, ateniéndose a la realidad formal y estética de los mismos, otras en la perspectiva estructuralista, algunas otras con predominio del análisis sociológico, baste ahora con mencionar los nombres de Octavio Paz, uno de los fundadores de la crítica moderna en Hispanoamérica, Enrique Anderson Imbert, Fernando Alegría, Mario Benedetti, José Donoso, José Lezama, Arturo Uslar Pietri, Julio Ortega, José Miguel Oviedo, Ángel Rama, Emir Rodríguez Monegal, Severo Sarduy, Carlos Fuentes, Luis Harss, Julio Cortázar, Mario Vargas Llosa, Ramón Xirau, Manuel Durán, Luis Leal, Cedomil Goić, Fernando Aínsa, y entre los no hispánicos, Seymour Menton, Giuseppe Bellini, Raymond L. Williams, Donald Shaw o J. S. Brushwood, quien organiza su estudio más reciente en función de los factores dinámicos del género narrativo, no con el criterio biográfico de autoría, pero sí con el cronológico, centrándose en las novelas claves del proceso evolutivo.

LA NARRATIVA BREVE

En una visión histórica sobre el género narrativo como la asumida en este capítulo, no sería excusable la desatención absoluta a la producción de relatos

[15] La irónica observación de Borges en *Discusión* no es en absoluto desatendible: «Ya no van quedando lectores, en el sentido ingenuo de la palabra, sino que todos son críticos potenciales.»
[16] Véase al final de este trabajo nuestra bibliografía específica acerca de estudios críticos sobre la novela de los últimos cincuenta años.

breves y de cuentos; en el decurso de la exposición
irán surgiendo referencias a las obras adscribibles a
estas categorías que merezcan particular atención,
pero desde ahora adelantamos el reconocimiento del
mérito artístico que en su cultivo, algunas veces
exclusivo, y las más compartido con la creación
novelística, tienen autores como Horacio Quiroga
(1878-1947), anterior al período aquí historiado,
estimado como el creador del cuento no realista
en Hispanoamérica, de enorme versatilidad en sus
siempre sorprendentes tratamientos formales; Jorge
Luis Borges, siempre magistral en este terreno, cuya
valoración de género menor su amplia obra desmiente, desde el retorcimiento inicial de los relatos
que recopiló en *Ficciones* (1944) hasta la deslumbrante transparencia constructiva de los dos cuentos
que incluye en *Rosa y azul* (1977); Julio Cortázar,
más de una vez autodeclarado discípulo del anterior, maestro en el juego de libertad y sensibilidad
estéticas desde su *Bestiario* (1951) a *Deshoras* (1983);
Augusto Roa Bastos, con sus cuentos de *El trueno
entre las hojas* (1953), donde, oscilando entre las
convenciones realistas y la renovación de los artificios técnicos, alza un canto esperanzado a la exigible
liberación de sus paisanos; Alejo Carpentier, con los
excelentes relatos incluidos en *Guerra del tiempo*
(1958), donde pone de relieve la potencia motora
que sobre la historia, aun cíclica, ejercen los sueños
y fabulaciones de los humanos; o Mario Vargas
Llosa, que demostró su buen hacer, previo a sus
grandes novelas, en las tensas y dramáticas escenas
de *Los jefes* (1959).

Esta breve cala bastaría para avalar la importancia de los logros alcanzados en un territorio literario
que en absoluto puede ignorarse, por cuanto que ha
funcionado con frecuencia como taller o forja para
la posterior actividad novelística y exhibe un brillante repertorio de temas y de técnicas muy variadas en

exploraciones que van desde el cuento psicológico al relato fantástico, pasando por el realismo mágico o por el maravilloso; aparte de su originalidad estética, superadora del realismo objetivo, no debe despreciarse lo que también testimonian como expresión de vivencias, angustias, obsesiones, esperanzas e ilusiones de los seres humanos de nuestro tiempo.

De la proliferación del cuento en estos años a que nos contraemos dan fe en Cuba las obras de Lydia Cabrera, Lino Novás Calvo, Virgilio Piñera, Onelio Jorge Cardoso, José Lezama Lima, Calbert Casey, Humberto Arenal, Guillermo Cabrera Infante, Antonio Benítez Rojo, Jesús Díaz Rodríguez, Reynaldo Arenas, Eduardo Heras o Norberto Fuentes; en México, las de José Revueltas, Juan José Arreola, Efrén Hernández, Agustín Yáñez, Juan Rulfo, con su incomparable e irrepetible colección de *El llano en llamas* (1953), Carlos Fuentes, Augusto Monterroso, José Emilio Pacheco, Salvador Elizondo, Juan Tovar o Sergio Pitol; en Perú, las de Enrique López Albújar, Ciro Alegría, Enrique Congrains, Julio Ramón Ribeyro, Sebastián Salazar Bondy, Eleodoro Vargas Vicuña, Carlos Eduardo Zavaleta, Alfredo Bryce Echenique, Luis Loayza o Julio Ortega; en Argentina, las de Marco Denevi, Adolfo Bioy Casares, Silvina Ocampo, Daniel Moyano, Haroldo Conti, Manuel Mujica Láinez, Rodolfo Walsh, Abelardo Castillo, Beatriz Guido, Juan José Hernández o Dalmiro Sáenz; en Chile, las de Jorge Edwards, José Donoso, Enrique Lafourcade, Guillermo Blanco, Enrique Lihn, Antonio Skármeta, Carlos Santander o Poli Delano.

A la mayor parte de ellos y a otros aquí no mencionados, así como a sus más conocidas difusiones antológicas, haremos referencia en su lugar oportuno. Ahora nos limitamos a remitir al lector a estudios muy accesibles cuya mención detallada hallará en nuestra bibliografía final tras los nombres de autores como Cortázar, Foster, Leal, Lida, Menton o Pupo-Walker[17].

LA DEBATIDA FUNCIÓN
DE LA NUEVA FICCIÓN NARRATIVA

Hace ya bastantes años que Ángel Rosenblat se preguntaba si no estábamos en presencia de una literatura producida tan sólo para literatos o ante el peligro de que la novela se convirtiese en un «pasatiempo anacrónico». ¿Tiene algo interesante que decir al mundo la narrativa hispanoamericana contemporánea?, ¿aportan algo de valor sus páginas a la cultura actual? Desde la época vanguardista, al menos, no han sido pocas las voces afirmadoras de que la obra de arte ante todo *es* un producto con valor intrínseco, lo que no impide que también pueda *decir* algo, comunicar un mensaje formalizado; esto implica la primacía del compromiso del creador con el arte sobre su responsabilidad con la sociedad; así pues, se ha venido imponiendo la concepción de la creación artística como una realidad válida por sí misma en la cual rigen otras leyes, otra duración, otra noción de espacio y de ritmo no coincidentes con los de la realidad observable en el mundo cotidiano. Ello au-

---

[17]   A esa relación final añadimos aquí las siguientes referencias más particulares: B. Varela Jacome, *El cuento hispanoamericano contemporáneo. Antología y estudio,* Tarragona, Tarraco, 1976; Lida Aronne, *América en la encrucijada de mito y razón. Introducción al cuento epifánico latinoamericano,* Buenos Aires, F. García Cambeiro, 1976; Victorino Polo, «La formalización del cuento hispanoamericano», *Cuadernos para la Investigación de la Literatura Hispánica,* núm. 1, Madrid, 1978; Leo Pollmann, «Función del cuento latinoamericano», *Revista Iberoamericana,* 118-119 (1982); Bárbara Aponte, «El rito de la iniciación en el cuento hispanoamericano», *Hispanic Review,* 51, 2 (1983), 129-146; y D. Lagmanovich, «Images of Reality: Latin American Short Stories of Today», *dispositio,* IX, 24-26 (1984), págs. 53-64.

toriza y potencia la libertad del novelista que, rompiendo moldes genéricos o difuminando sus fronteras, actúa como modelo para la adopción de actitudes libres en los individuos y en la sociedad, a la vez que, estimulando la participación crítica del lector, le ofrece pautas formales para la construcción de una realidad humana distinta a la que sufre, no opresiva ni totalmente impuesta desde fuera; en efecto, gran parte de la narrativa que estudiamos se sitúa con claridad en el terreno de la imaginación, confiere realidad a lo imaginario; las fantasías de sus autores están dotadas de un sentido que remite, de forma implícita pero continuada, al mundo histórico, e induce a la transformación de la realidad para que se asemeje a la imaginada. En otras palabras, fuerza de algún modo a la naturaleza para que imite al arte.

Aceptada por la mayor parte de sus cultivadores la superación del provincianismo y las obligadas interrelaciones con la cultura universal, la narrativa hispanoamericana viene cumpliendo, en primer lugar, una función de elevación estética, pero no menos otra desmitificadora de muchos tópicos establecidos con precario fundamento sobre las formas de vida en aquellas tierras, afirmando su conciencia de unidad en medio de la diversidad del llamado «continente mestizo»; es cierto que los novelistas no han renunciado por completo a sus coordenadas geográficas y cronológicas, ya inspirándose en la vida del campo, ya en la de la ciudad, pero la estilización técnica conseguida dota de proyección universal a obras tales como *Pedro Páramo, Sobre héroes y tumbas, Cien años de soledad, La consagración de la primavera* o aún a *La Habana para un infante difunto*[18]. Por otra

---

[18]   J. L. Borges fraguó una didáctica sentencia estimulante de la proyección hacia la universalidad: «la realidad no es continuamente criolla», y A. Carpentier insistió en sus ensayos sobre la necesidad de «orientarse hacia un concepto más ecuménico de lo americano» y lo puso en práctica en sus novelas.

parte, el incremento de conciencia crítica impulsó a la
ruptura con el esteticismo posmodernista y aunque
muchas narraciones se asienten en el territorio fabuloso de la maravilla no están desprovistas de capacidad para repercutir éticamente en la vida de sus
receptores, a pesar de que su actitud problematizante
haya sustituido a la optimista y confortable cultivada
por las generaciones anteriores en su estética naturalista creyente en un progresismo indetenible, cuya
crisis desembocó precisamente en la predominancia
de lo imaginario, acercando la narración al nivel de
lo poético. Si bien la fantasía, utilizada con mayor o
menor espíritu lúdico, embellece la realidad artificio-
samente, no siempre lo hace para adormecer o engañar a las conciencias, sino para promover la creación conjunta y esforzada de otra realidad distinta y
mejor, porque la novela también puede ser un negati-
vo de la realidad cotidiana, como sugiere J. G. Mer-
quior, el reverso crítico de la buena conciencia de la
sociedad; aún más, en ocasiones el formalismo exas-
perado puede ser revelación de la pérdida del sentido
crítico y problemático, actuando como revulsivo o
incitador para su recuperación.

Entre otros ensayistas coincidentes con su pensamiento, Alejo Carpentier enseñó que la novela no
sólo comunica un placer estético, sino que es un
notable instrumento de indagación en la realidad, un
método de conocimiento sobre hombres y épocas
históricas. Sábato, como Unamuno, suscribe en la
teoría y en la práctica tal doctrina, y es posible que
las nuevas modalidades de realismo cultivadas en
Hispanoamérica, entre ellas el mágico y el maravilloso, pretendan realizar la mímesis del «total dream of
man» de que hablaba Northrop Frye. A ese logro
parecen orientarse tantas obras afanadas por la búsqueda del ser auténtico de los hombres en sí mismos,
en su relación con los demás y con sus circunstancias
históricas, con sus dudas y confusiones, en rebelión

con la estructura de la realidad, configurando en sus páginas un mundo no tal como es sino como debería ser, reflejando la violencia y las tensiones de la historia en sus distorsiones formales, apeteciendo una coherencia más aceptable, reivindicando el derecho a soñar, a gozar de la libertad interior, sin ánimo de dar soluciones definitivas a problemas muy complejos, contentándose con plantear las preguntas unas veces con serio rigor intelectual y otras por medio del humorismo como forma de impugnación de esa misma realidad caótica y alienante [19]. Más que la de inventariar el mundo en toda su inabarcable amplitud, como sus predecesores parodiados en el Carlos Argentino de *El Aleph* borgiano, los nuevos narradores tienen la pretensión de fundar un mundo nuevo a cuya renovación incitan; resistiéndose a la aceptación de una América ya utópica, empiezan a realizar esa utopía en sus obras, negando un pasado histórico tantas veces falseado para construir un futuro más vivible que se asemeje al que ellos fingen, porque, según observa Octavio Paz, fundar un mundo es a un tiempo inventar y rescatar lo real. Será mediante la renovación de estructuras, técnicas y estilos como se acerquen a ese ideal de aprehender profundamente la realidad para devolver su imagen al lector, como postulaba Cortázar, «potenciada, nueva, fecunda, inolvidable», quien también puntualizó que «esa realidad de que hablamos es el hombre mismo» [20]. Vargas Llosa coincide en lo sustancial con

---

[19] Octavio Paz escribe en *Posdata:* «Cuando una sociedad se corrompe, lo primero que se gangrena es el lenguaje. La crítica de la sociedad, en consecuencia, comienza con la gramática y con el restablecimiento de los significados. La nueva literatura, la poesía tanto como la novela, comenzó por ser simultáneamente una reflexión sobre el lenguaje y una tentativa de inventar otro lenguaje, un sistema de transparencias para provocar la aparición de la realidad» (*Posdata,* México, 1970, págs. 76-77).

[20] Tomamos estas afirmaciones de la famosa polémica de

tales criterios cuando afirma que «la función de la literatura será siempre subversiva», en el sentido de que la literatura ficcional sirve a los lectores para iluminar su conciencia y para «formular racionalmente sus propias contradicciones, amarguras y rebeliones», rechazando adormecedores esquemas ideológicos y envaradas convenciones que simplifican la enorme complejidad de la existencia.

Se trata, como podemos apreciar, de actitudes que, antes que oportunistamente políticas, son universalmente éticas, que utilizan como vehículo para la instauración de la veracidad y de la justicia las construcciones míticas y la ironía estilística o, retomando pensamientos de Julio Cortázar[21], que asumimos por nuestra parte, se puede asegurar que la narrativa contemporánea de Hispanoamérica ha contribuido a destruir la falsa fachada de espejos ante la cual se nos hace vivir, mantiene como una posibilidad liberadora la capacidad de soñar y jugar, impide que caigamos como autómatas obedientes en las trampas que día a día nos tiende la actual tecnocracia, estimula mediante sus ensoñaciones y fantasías el rechazo consciente de la opresión y de la injusticia, y aun potencia la calidad de vida individual y colectiva por su afirmación y exigencia de respeto a la dignidad de todos los hombres, incitando a «acceder

---

Cortázar en 1969 recogida en Óscar Collazos, *Literatura en la revolución y revolución en la literatura,* México, Siglo XXI, 1970, cuando además aseguraba que «leemos novelas para saciar nuestra sed de extrañamiento, y lo que les agradecemos es que nos abran, sin traicionar la realidad profunda, otras capas y otras facetas de la realidad que jamás descubriríamos en lo cotidiano... En un autor o lector responsables esta búsqueda de una realidad multiforme no puede ser tachada de escapismo».

[21]   En su conferencia sobre «El estado actual de la narrativa en Hispanoamérica», incluida en el libro de J. Alazraki y otros, eds., *Julio Cortázar: La isla final,* Madrid, Ultramar, 1981, págs. 61-82.

a esa libertad profunda que sólo puede nacer de la realización de los más altos valores de cada individuo»[22].

REALISMO MÁGICO, REALISMO MARAVILLOSO

No cabe abordar una indagación completa y exigente sobre el período de la novelística hispanoamericana cuyo inicio podemos situar emblemáticamente en torno a 1940 sin plantearnos, una vez más, la cuestión del llamado «realismo mágico», que ya asomaba en nuestra introducción tan sólo hace unos párrafos. Y ello porque, sin menoscabo de la pluralidad de tendencias rastreables a lo largo de dicho período en un panorama tan abigarrado como el de la novelística en español producida en casi todo un continente, nos parece indudable que la realidad artística a la que remiten el marbete de «realismo mágico» y otros equivalentes tiene mucho que ver no sólo con las características fundamentales de gran número de las novelas hispanoamericanas de los últimos cincuenta años, sino también con su éxito y repercusión en otros ámbitos geográficos y culturales, amén de remitirnos teóricamente a la cuestión de la propia funcionalidad de la ficción narrativa, asunto del que acabamos de tratar.

No nos parece discutible que la narrativa que nos ocupa representa uno de los momentos no por más tardíos menos brillantes de ese fascinante proceso literario consistente en la renovación de la poética novelística a partir del realismo y el naturalismo decimonónicos, y en ese sentido contribuye desde Hispanoamérica a la construcción de una «nueva novela», tal y como ha sido estudiado por Leo Poll-

---

[22] Son también palabras de Cortázar, tomadas de la polémica citada, *Literatura en la revolución y revolución en la literatura.*

mann en un libro fundamental sobre el tema[23]. Pero
tampoco cabe, en nuestro criterio, ignorar las peculiaridades de dicha contribución, en gran medida
resumibles en una acuñación teórica, crítica e histórica a la vez como la del «realismo mágico» —o
«maravilloso»—, rasgos específicos que nos explica-
rán a la vez, en contraste con los representados por la
«nueva novela» europea y norteamericana, el éxito
que la producida en español y desde América alcanzó
universalmente a partir de los años sesenta hasta el
presente.

En gran medida la acogida internacional de la
nueva novela hispanoamericana —que se concreta en
un estridente término inglés que nos resistimos a
emplear pese a que algunos de sus partícipes, como
José Donoso, lo haya consagrado en el propio título
de un volumen de memorias literarias colectivas[24]—
se debe precisamente a que aquélla vino, desde una
inequívoca voluntad renovadora del realismo-natura-
lismo tradicionales perpetuados en las literaturas
americanas de expresión española cincuenta años
más que en las europeas, a aportar lo que desafortu-
nadamente estas últimas habían sacrificado en aras
de la experimentación formalista. Nos referimos, claro es, a la restauración de la narratividad, al restablecimiento de un pacto novelístico con los lectores en el
que éstos, sin renunciar a su competencia en el descifrado de un discurso complejo, obtuviesen sin embargo la gratificación de la única exigencia que el maestro de novelistas y de críticos Henry James se atrevía
a imponer a género tan lábil y proteico como aquel al
que dedicó todos sus desvelos: la de que la novela
fuese interesante.

───────────

[23]   L. Pollmann, *La «nueva novela» en Francia y en Iberoamérica,* Madrid, Gredos, 1971.
[24]   José Donoso, *Historia personal del «boom»,* Barcelona, Seix
Barral, 1983².

El que la recepción entusiasta de la novela hispanoamericana en Europa, los Estados Unidos y por doquier, comenzase precisamente en España no puede extrañar, en relación con lo que acabamos de decir, a quien conozca medianamente el marasmo estilístico e imaginativo en el que estaba sumida la literatura narrativa española por aquel entonces. Pero no era muy distinto el panorama ofrecido por otras novelísticas europeas. Baste mencionar, por ejemplo, la sequedad descriptiva y la inanidad temática del «Nouveau roman» de aquel mismo entonces. De idéntico modo, en Italia se empieza a detectar una imperiosa demanda de narratividad hacia 1965, cuando, por ejemplo, en la reunión del llamado «Grupo 63», Renato Barilli, hasta entonces destacado teórico del experimentalismo y defensor acérrimo de una estética a lo «nouveau roman», cantó su palinodia proclamando la urgencia de que la novela regresase a la fantasía y la acción. No mucho después, en 1972, el almanaque literario de Bompiani aparece clamorosamente dedicado a un tema harto significativo: el «Ritorno dell'intreccio». Umberto Eco ha glosado con posterioridad el sentido de tales conmociones: hay un momento en que la vanguardia, renovación o modernidad no puede ir más allá, porque produce una especie de metalenguaje que habla de sus imposibles textos, de manera que la respuesta posmoderna a lo moderno consiste en que si el pasado no puede destruirse —lo que conduciría al silencio—, cumple revisitarlo sin ingenuidad. Eco[25] identifica, pues, lo posmoderno con la ironía y la amenidad; para él el ideal de la novela obediente a tales instancias residiría en la superación de las contradicciones entre realismo e irrealismo, formalismo y «contenidismo», literatura pura y literatura comprometida, narrativa de elite y

---

[25]   Umberto Eco, *Apostillas a «El nombre de la rosa»*, Barcelona, Lumen, 1984.

narrativa de masas. Nada de esto resulta ajeno, sino
todo lo contrario, a la novelística hispanoamericana
de los últimos cincuenta años. Es de destacar, con
todo, la condición pionera de sus planteamientos, ya
que la internacionalización de la novela hispanoamericana que situábamos en los años sesenta no nos
debe engañar en cuanto al punto inicial de su proceso, retrotraíble un cuarto de siglo en el tiempo.

Ese programa posmoderno de recuperación de la
narratividad y síntesis de contrarios novelísticos viene como anillo al dedo a la poética del «realismo
mágico», categoría esta que no ha dejado de resultar
polémica, como no podía ser menos. Al fin y al cabo
la ciencia de la literatura, y dentro de ella la crítica y
la historia literaria, no quedan al margen de la dialéctica entre conjeturas y refutaciones, que según Pop-
per caracterizan el avance del conocimiento.

Podemos identificar el origen cierto de esta conjetura: el libro de Franz Roh *Nach-Expressionismus*
(Magischer Realismus), aparecido en 1925 y dos
años más tarde traducido al español[26], donde se
caracteriza el arte post-expresionista como afecto a
un nuevo objetivismo, revelador desde lo concreto de
los misterios que la realidad oculta. Roh, según adelanta en una breve nota previa, utiliza el adjetivo
mágico como índice de un misterio que no desciende
al mundo representado, yuxtaponiéndose con mayor
o menor armonía a él, sino que se esconde y palpita
en su mismo seno.

Muy pronto se acoge a la misma fórmula —«realismo mágico»— el italiano Massimo Bontempelli en su

---

[26]   Traducción española *Realismo mágico, Post Expresionismo*,
Madrid, Revista de Occidente, 1927. Un destacado especialista en
literatura hispanoamericana, Seymour Menton, ha prolongado el
rastreo iniciado por Roh desde el post-expresionismo hasta el arte
de hoy en su libro *Magic Realism Rediscovered, 1918-1981*, Filadel-
fia, Londres y Toronto, The Art Alliance Press-Associated University Presses, 1983.

intento de superación del futurismo, y está perfectamente documentada la influencia directa que éste
tuvo sobre quien incorporó por vez primera esta
denominación a la crítica de la novela hispanoamericana, Arturo Uslar Pietri, que no era tampoco ajeno,
como otros colegas suyos, a las tesis del «merveilleux» surrealista. En efecto, el novelista venezolano
escribe en 1948 que el planteamiento de lo humano
como misterio en medio de datos totalmente veristas
podría denominarse, a falta de otras palabras, «un
realismo mágico» [27].

Comienza entonces a circular esta «conjetura»
como marbete caracterizador de gran número de
obras, autores o incluso tendencias de la novelística
hispanoamericana sin que al constante uso instrumental del mismo, que inevitablemente va deteriorán-
do sus perfiles, acompañe un parejo intento de defi-
nirlo teóricamente con precisión y coherencia. Entre
los escasos intentos de esto último se encuentra el
poco afortunado de Ángel Flores, en un controverti-
do artículo de 1955, donde se confunde lo mágico con
la fantasía, al que responde Luis Leal [28] retomando la
idea de Roh que hace un momento destacábamos.

Tal falta de consistencia teórica condujo inexorablemente al desprestigio del concepto, hasta el extremo de que voz tan autorizada como la de Emir
Rodríguez Monegal abogase por su definitivo abandono en el discurso inaugural de un congreso de
hispanoamericanistas expresamente dedicado al tema
en agosto de 1973, pues para el entonces profesor de
Yale no constituía sino un pesado lastre para el
estudio y la comprensión de aquella literatura [29].

---

[27] A. Uslar Pietri, *Letras y hombres de Venezuela,* México,
FCE, 1948, pág. 162.
[28] A. Flores, «Magical Realism in Spanish American Fiction»,
Hispania, 38, 2, 1955. L. Leal, «El realismo mágico en la literatura
hispanoamericana», *Cuadernos americanos,* 153, 4, 1967.
[29] E. Rodríguez Monegal, «Realismo mágico versus literatura

Pese al desprestigio del concepto —desprestigio del que la opinión de Rodríguez Monegal es una de las muchas que podríamos aducir—, no faltaron voces más templadas que reclamaban, como por ejemplo la de Lucila-Inés Mena, una formulación teórica rigurosa del «realismo mágico» [30] antes de su definitivo arrumbamiento como categoría histórico-crítica válida para el estudio de la novelística hispanoamericana.

A dicha operación reivindicativa contribuyó, con un alcance parcial pero no por ello irrelevante, el libro de Seymour Menton aparecido en 1983 y que ya hemos mencionado en nota, donde se refuerzan las tesis de Franz Roh demostrando la continuidad de un realismo mágico en las artes plásticas más allá del puro postexpresionismo de los años veinte. Asimismo, nos parece otra aportación destacable la de Amaryll Beatrice Chanady [31], que viene a dar cumplida respuesta a una de las demandas de precisión teórica planteadas por Lucila-Inés Mena: el deslinde entre «realismo mágico» y literatura fantástica. Y aunque ahora tales investigaciones cuenten con el arropamiento de agudas pesquisas sobre este último modo literario como las realizadas por Tzvetan Todorov para su libro de 1970, la distinción básica no deja de estar apuntada en aquel párrafo prologal del propio Roh, al que ya nos hemos referido. Tanto en el realismo mágico como en la literatura fantástica, el discurso presenta en su contenido diegético dos planos perfectamente diferenciables, el de lo natural y el

fantástica: un diálogo de sordos», en Donald D. Yates, compilador, *Otros mundos otros fuegos; fantasía y realismo mágico en Iberoamérica,* Michigan State University, Latin American Studies Center, 1975.

[30] Lucila-Inés Mena, «Hacia una formulación teórica del realismo mágico», *Bulletin Hispanique,* 57, 3-4, 1975, págs. 395-407.

[31] *Magical Realism and the Fantastic: Resolved versus Unresolved antinomy,* Nueva York y Londres, Garland, 1985.

de lo sobrenatural; cambia, no obstante, la manera
en que ambos planos se relacionan entre sí. La anti-
nomia irreductible de lo fantástico se resuelve en
armonía por gracia del tratamiento formal característico del «realismo mágico». Lo irreal no es, así,
presentado como problemático. «In contrast to the
fantastic —escribe Chanady—, the supernatural in
magical realism does not disconcert the reader, and
this is the fundamental difference between the two
modes» [32], por cumplirse una vez más —añadimos
nosotros— aquella regla de oro que ya fuera promul-
gada en uno de los capítulos metanarrativos del
Quijote: «Hanse de casar las fábulas maravillosas con
el entendimiento de los que las leyeren, escribiéndose
de suerte que, facilitando los imposibles, allanando
las grandezas, suspendiendo los ánimos, admiren,
suspendan, alborocen y entretengan, de modo que
anden a un mismo paso la admiración y la alegría
juntas» (I, 47).

No resulta el menor de los aciertos de Amaryll
Beatrice Chanady este enfoque suyo del realismo
mágico como otro asunto más dilucidable ante todo
como un problema de recepción del texto y respuesta
del lector, lo que, lejos de ser una concesión a las
últimas tendencias de la teoría literaria, está ya planteado, como acabamos de ver, por el mismo Cervantes. Se trata, en definitiva, de utilizar los mismos
registros y artificios formales para narrar tanto lo
empíricamente admisible como lo peregrino, configurando así desde el texto la reacción de sus destinatarios, y ello no de forma gratuita, sino por un conven-
cimiento profundo de que la realidad es más misteriosa y compleja de lo que a simple vista se alcanza. En
suma: mientras la presencia de lo natural y lo sobrenatural produce en la literatura fantástica un universo de ficción desconcertante y ambiguo, el del realis-

[32] *Ob. cit.,* pág. 24.

mo mágico es por el contrario armonioso y coherente, pues aquí lo racional y lo irracional configuran el
conjunto de la realidad, en una síntesis o superación
de contrarios que nos recuerda el dictamen de Umberto Eco sobre la estética posmoderna que hace un
momento mencionábamos.

Asimismo posee interés máximo para nuestros propósitos otro libro que ha venido a subsanar aquella
carencia de planteamientos teóricos rigurosos, que se
echaba en falta cuando el marbete de realismo mágico hizo crisis. Nos referimos al publicado en 1980 por
Irlemar Chiampi[33], precisamente con un prólogo de
Emir Rodríguez Monegal, donde éste expresa su
reconciliación con el concepto gracias a las precisiones e iluminaciones aportadas por la autora.

La fundamental de esas precisiones es de índole
terminológica, y al tiempo que nos permite rescatar
de nuestro deliberado olvido hasta ahora uno de los
documentos más importantes en la fase constitutiva
del concepto histórico-crítico que nos ocupa, nos
permitirá también concluir desde nuestra visión particular del asunto este apartado introductorio sobre la
problemática del «realismo mágico».

Nos referimos, obviamente, al prefacio que Alejo
Carpentier escribió a su novela *El reino de este mundo,* y cuya trascendencia llevó al propio Emir Rodríguez Monegal a calificarlo de «prólogo a la nueva
novela latinoamericana». Aunque la primera edición
del libro es de 1949, el texto al que nos referimos
había sido adelantado por el autor en el diario *El
Nacional* de Caracas el año anterior.

A nadie se le oculta la importancia de este escrito,
en el que Carpentier supera, gracias al encuentro con
la maravillosa realidad americana, las influencias teó-

---

[33] Irlemar Chiampi, *O Realismo maravilhoso. Forma e Ideologia no Romance Hispano-Americano,* São Paulo, Editora Perspectiva, 1980.

ricas surrealistas que ya hemos apuntado a propósito de Uslar Pietri y se dan también en Borges, Sábato e, incluso, Miguel Ángel Asturias, quien en 1962 declaraba a Claude Couffon: «mon réalisme est magique parce qu'il relève un peu de rêve, tel que le concevaient les surréalistes»[34]. La realidad de aquel contorno —viene a decirnos Carpentier— supera con creces, como fuente de la fantasía, al acartonado código de lo «merveilleux» surreal.

La estancia del novelista en Haití, con el propósito de documentarse para la redacción de su obra, le puso en continuo contacto con lo que él bautiza como lo *real maravilloso,* que finalmente no le parece «privilegio único» del país antillano, sino «patrimonio de la América entera». Y sigue una definición de su novela en términos asimilables a los de la nota previa de Franz Roh, que ya conocemos: en *El Reino de este mundo* «se narra una sucesión de hechos extraordinarios, ocurridos en la isla de Santo Domingo, en determinada época que no alcanza el lapso de una vida humana, *dejándose que lo maravilloso fluya libremente de una realidad estrictamente seguida en todos sus detalles»* (subrayado nuestro)[35].

La revisión de estas ideas de Carpentier nos parece de máxima rentabilidad desde tres perspectivas. En primer lugar, por la significativa distinción terminológica que comporta frente a la fórmula —«realismo mágico»— que finalmente se impuso. Luego, por la inexcusable vinculación que establece entre tal forma de hacer literatura representativa o mimética y una determinada realidad empírica, geográfica, histórica, cultural y humana, lo que evita, desde el autorizado testimonio del artista creador, esa absurda desconexión entre el orden de lo real y el de lo literario a la

---

[34] *Les Lettres Françaises,* 954, 1962.
[35] A. Carpentier, *El Reino de este mundo,* México, Ediapsa, 1949, pág. 19.

que han conducido los excesos del formalismo teórico y crítico. Y finalmente, por el reconocimiento de unos precedentes de sumo interés en la serie literaria narrativa para la novela hispanoamericana de lo «real maravilloso». Los dos primeros aspectos están cumplidamente desarrollados, y teóricamente enriquecidos, en el libro de Irlemar Chiampi. El tercero constituye, por su parte, uno de los pilares de nuestra concepción de la novela hispanoamericana del realismo maravilloso y de la justificación que encontramos para su éxito espectacular con los lectores de ambos lados del Atlántico.

Efectivamente, Carpentier recuerda que en definitiva eso a lo que llamamos «realidad» no es sino una construcción mental variable de una época a otra, de acuerdo con la concepción del mundo imperante en cada una de ellas. Así, en pleno siglo XVII, mientras la vanguardia intelectual luchaba por difundir las luces de la razón, «unos cuerdos españoles, salidos de Angostura», se lanzaron todavía a la busca de El Dorado, y el compostelano Francisco Menéndez buscaba por tierras de Patagonia la Ciudad Encantada de los Césares. Pero lo más significativo a nuestros efectos es la mención que Carpentier hace de una narrativa concreta en la que una concepción similar —aunque anterior— del mundo configura a la vez la forma del texto y la respuesta del lector: la tradición que desde el *Amadís de Gaula* y el *Tirant lo Blanc* nos lleva hasta el propio *Quijote,* pasando por otro texto de Cervantes que recupera la estela de los primitivos *romances* bizantinos: *Los trabajos de Persiles y Sigismunda.*

En lo que acabamos de escribir aparece ya la clave de nuestra revisión de tan complejo asunto, como ha resultado ser el del realismo mágico o, mejor, maravilloso. Se trata de la distinción entre dos modalidades de la prosa narrativa extensa que el inglés estableció claramente desde que en 1785 Clara Reeve publicó en

Colchester su libro en forma de diálogo cuyo extenso título se ha dado en resumir como *The Progress of Romance*[36].

Para la autora «no writings are more different than the ancient *Romance* and the modern *Novel,* yet they are frequently confounded, together and mistaken for each other» (Evening I). En efecto, todo lo que podríamos llamar la «prehistoria» de la novela corresponde al modelo del *romance,* desde los relatos de viajes fabulosos y las novelas eróticas, en donde los amantes sufrían todo tipo de avatares y peripecias antes del «happy end» característico de la literatura helenística, hasta las narraciones de caballerías, pastoriles y sentimentales del Medievo y Renacimiento europeos. Es en este último período cuando nace en España, con la picaresca, la novela moderna de impronta realista, mientras que el *Quijote* representa una síntesis de ambas modalidades, algo así como la racionalización del *romance.* Con todo, la diferencia entre ambas modalidades está claramente expresada a través de la definición que de ambas Clara Reeve hace en otro de los capítulos de su obra (Evening VII). El *romance* es un relato que trata de personas y sujetos peregrinos, tensando más allá de lo esperable la cuerda de lo verosímil empírico, mientras que la *novela* es una pintura de la vida real y las costumbres de la sociedad contemporánea del autor y sus primeros lectores. El *romance* no se preocupa de que lo contado se parezca a lo que normalmente ocurre o a lo que se espera que pueda ocurrir, al contrario de la *novela* que se demora en la relación de acontecimientos lo más similares posible a lo que cotidianamente pasa ante nuestros ojos, para persua-

---

[36] *The Progress of Romance through Times, Countries, and Manners, with Remarks on the Good and Bad Effects of it, on them respectively, in a Course of Evening Conversations,* Colchester, W. Keymer, 1785.

dirnos de su «realidad»... imaginaria, por supuesto, pero no mágica ni maravillosa. En suma, el *romance* es el relato extenso, en prosa retórica, de un mundo ficticio que se complace en exhibir, y no en ocultar, su carácter imaginativo frente a la austeridad estilística y el apego inmediato a un mundo de referencia contemporánea y positivista que caracteriza al género de la novela.

El que a partir de los siglos XVI y XVII, y por la destacada intervención de los escritores españoles, luego secundados por los ingleses y franceses hasta llegar al gran siglo del realismo, la novela haya venido en cierto modo a sustituir al *romance* en la trayectoria de la narrativa, no quiere decir en absoluto que este último haya quedado arrumbado para siempre, como una antigualla, en el desván de la literatura. Muy al contrario, ha seguido cultivándose —Scott, Doyle, Poe, Melville, Conrad, Tolkien, Ende...— y, sobre todo, ofreciendo una alternativa eficaz para la restauración del pacto narrativo siempre que los excesos del realismo y el experimentalismo han provocado el alejamiento de la novela por parte de sus lectores potenciales. Eso es, precisamente, lo que ocurrió en líneas generales a partir de los años cuarenta, y entonces emergió con impulso incontenible y oportunidad máxima —como hemos apuntado ya— el *romance* hispanoamericano del realismo maravilloso.

Optamos, pues, de forma definitiva —como también Irlemar Chiampi— por la denominación derivada del esclarecedor prólogo de Alejo Carpentier. El calificativo de «mágico» trasciende el ámbito del metalenguaje literario, en el que por el contrario está perfectamente asentado el de «maravilloso», como sinónimo de lo extraordinario o insólito, lo que se aparta del curso ordinario de las cosas sin destruir por completo su coherencia: lo que Cervantes gustaba de significar con el adjetivo «peregrino». Mientras lo fantástico instaura una «poética de la incertidumbre», desconcertando al lector, lo peregrino se integra sin fisuras en el desarrollo diegético del discurso, revelando que la maravilla está en el seno de la propia realidad sin problematizar hasta la paradoja los códigos cognitivos y hermenéuticos del público.

Para Irlemar Chiampi este fascinante fenómeno literario depende sobre todo de un conjunto coherente de recursos compositivos, estilísticos y formales, tal y como apuntaba ya Cervantes en el famoso párrafo del capítulo 47 de la primera parte del *Quijote,* de manera que la lógica del sistema escritural se mantiene estricta incluso —y sobre todo— cuando la lógica del mundo referencial es subvertida. Y así el rotundo tono asertivo de la narración es una de las marcas más ostensibles de esa intencionalidad consistente en hacer legibles las *mirabilia* como *naturalia*[37]. Es fundamental, asimismo, la estrategia de desnaturalizar lo real y naturalizar lo insólito, hasta el extremo de que una de las perspicaces conclusiones a las que llega Irlemar Chiampi, en la línea del pensamiento de Umberto Eco que trajimos en su momento a colación, es la de que «no realismo maravilhoso as relações entre os pólos de comunicação narrativa estão fortemente marcadas pela não contradição dos opostos»[38].

Pero no todo es fruto de la forma, planteamiento este que nos parece incompleto según denunciábamos páginas atrás como crítica a los excesos del formalismo. También importa el propio estímulo de una realidad tan característica como la americana. Cuando se dice, con Carpentier, que América es el mundo de lo real maravilloso, para cuya descripción los primeros europeos llegados al nuevo mundo reconocieron no disponer de palabras suficientes y precisas,

---

[37] I. Chiampi, *ob. cit.,* pág. 150.
[38] *Ob. cit.,* pág. 159.

se apunta, más que a un referente empírico, a una elaboración, imaginística e intelectual a la vez, sobre él (lo que en la teoría del signo de Peirce, ratificada por el propio Umberto Eco, es el *interpretante,* o instancia de intermediación entre signo y referente). Hablamos pues de auténticas «unidades culturales» o «ideologemas», entendidas como sistemas semánticos dentro de un código de determinadas convenciones. Para Irlemar Chiampi, que sistematiza certeras intuiciones del prólogo de Carpentier, dos son las unidades culturales operantes en el caso de la novelística hispanoamericana de los últimos decenios: el ideologema «de crónica» o «de maravilla», que arranca de las primeras visiones del nuevo mundo dadas por escrito, y, complementariamente, el «del mestizaje», derivado de ese espacio de fusión de lo heterogéneo, de síntesis de contradicciones, de amalgama de razas y culturas dispares que es América.

Todo ello está en abierta contradicción con la interpretación europea del mundo que desde el humanismo transitó por las rutas de lo empírico, lo racionalista y lo positivo. Nada extraño, pues, que, cuando la modernidad hace crisis y parecen renacer posturas escépticas, relativistas o incluso irracionalistas, el *romance* hispanoamericano, acorde con el significado de la realidad de su entorno, haya venido a colmar con creces las expectativas de los lectores hastiados de la *novela* europea.

En consecuencia, si no se llega a comprender cabalmente lo que el realismo maravilloso sea tan sólo a partir de las puras formas artísticas, no podríamos tampoco dar por cerrada esta introducción sin un rápido diseño de lo que, en nuestro criterio, ha sido el curso histórico de la América hispana en el período del máximo florecimiento de su novelística.

PANORAMA HISTÓRICO

Finalizada la primera guerra europea, en la década de 1920 es apreciable una mejoría de la situación económica en los países de Hispanoamérica que acuden a la explotación de sus recursos naturales y a la potenciación de su incipiente industrialización, lo cual contribuye a su mayor estabilidad política, que afecta incluso a las dictaduras establecidas; a la vez, se van abriendo camino en la oposición política las ideas socialistas, que se afianzan progresivamente, a pesar de que las inversiones de los Estados Unidos en su secular práctica del colonialismo apoyen a los regímenes autoritarios por intereses no sólo económicos sino también ideológicos; con todo, tras la caída de la Bolsa de Nueva York en 1929, la consiguiente restricción del consumo redujo drásticamente los ingresos que los hispanoamericanos venían obteniendo de sus productos exportados. Hasta 1940 persisten formas políticas típicas del siglo XIX, más condicionadas por la situación económica que por las ideologías, en cuyo ámbito coexisten la conservadora, la liberal, la nacionalista y la radical de izquierda, siempre amenazante la tentación hacia el ejercicio del poder absoluto personalista en dictaduras autoritarias más o menos encubiertas, apoyadas en las fuerzas armadas, unas veces demagógicas y las más ejercitantes frías de la opresión y desencadenadoras de violencia e inestabilidad rayana en la anarquía. Las líneas de actuación política democrática están en buena medida hipotecadas en su desarrollo real por la planificación y los intereses económicos impuestos por capitales extranjeros en cuyos gestores subsisten actitudes colonialistas, aunque la evolución social y el desarrollo cultural vayan enrareciendo el caldo de cultivo antes tan propicio para la afloración de oligarquías y dictaduras.

La segunda guerra europea (1939-1945) estimuló el incremento de las exportaciones desde las tierras de Hispanoamérica en plena expansión demográfica, pero su deficiente estructura económica y la nunca acabada reforma agraria no permitieron promover más que una tímida industrialización polarizada en la manufacturación de sus productos primarios.

Mario Hernández Sánchez-Barba [39] mantiene que la doctrina aislacionista de Monroe fue dando paso desde 1945, al final de la guerra, a la corriente política interamericana, no sin conflictos y tensiones entre el predominio de los Estados Unidos y la supeditación de Hispanoamérica, más débil en su economía e inestable en sus regímenes. Fechas sobradamente significativas en la historia reciente de aquellos países son las de 1948, cuando nace en Bogotá la O.E.A., Organización de Estados Americanos, con pretensiones de asegurar y garantizar la paz del continente mediante el establecimiento de un pacto regional que compromete a los estados firmantes en la resolución de los potenciales conflictos internacionales; la de 1959, al triunfar la revolución castrista en Cuba, que derriba al régimen de Batista para proclamar el 1 de mayo de 1961 el socialismo como forma de gobierno en la isla, excluyéndose de la órbita de influencia estadounidense para inscribirse en la soviética como primer estado comunista en la historia

---

[39]   Véase su *Historia de América,* Madrid, Alhambra, 1981, tomo III, págs. 282 y sigs., además de la bibliografía que ofrece sobre la época de 1930-1980 en págs. 476-487. Para el conocimiento del período a que se refiere este capítulo también son útiles el tratado del mismo autor, *Tensiones históricas hispanoamericanas del siglo XX,* Madrid, Guadarrama, 1961, y los de Tulio Halperin Donghi, *Historia contemporánea de América Latina,* Madrid, Alianza, 1969, de Francisco Morales Padrón, *Historia de América,* tomo VII de su manual de *Historia Universal,* Madrid, Espasa-Calpe, 1975, págs. 574-752, y de Pablo González Casanova, coordinador, *América Latina: Historia de medio siglo,* México-Madrid, Siglo XXI, 2 vols., 1977, 1979².

americana. Desde el mismo año 1961 la administración de John F. Kennedy venía potenciando la comunicación económica y cultural con los otros países del Sur a través de su plan de «Alianza para el Progreso». Los Estados Unidos no serán capaces, con todo, de renunciar a su intervención militar directa, como lo atestigua su presencia en 1965 en la República Dominicana tras la caída de Trujillo, con el desembarco de los *marines* en apoyo de la Junta de militares que había derribado al régimen constitucional de Juan Bosch en 1963, con la excusa de la propensión hacia el comunismo de otro grupo de militares revolucionarios que, sin atacar el poder usurpado por sus compañeros, pretendían restaurar el orden violado. Otras fechas claves, fracasado el sueño de la exportación del proceso revolucionario cubano con la muerte de Ernesto Che Guevara en 1967, son las de 1973, cuando en el golpe de Estado dirigido por Augusto Pinochet en Chile se da muerte a Salvador Allende y se establece la dictadura militar, suplantando el legítimo régimen socialista de Unidad Popular, y la de 1979 en que los sandinistas ponen fin al régimen hereditario dictatorial de los Somoza en Nicaragua, sustituyéndolo por otro de inspiración marxista, que, a pesar de la mercenaria oposición armada de «la contra», funcionará como ejemplo estimulante para movilizaciones populares y para actividades guerrilleras en otros pueblos de Centroamérica, reprimidas violentamente desde el poder, como en El Salvador.

A pesar del progreso en la capacidad autocrítica de los ciudadanos americanos puesta al servicio de la búsqueda de soluciones para sus endémicos y agobiantes problemas, a pesar de lo que Halperin denomina sus «desconcertantes contrastes» y de que la historia allí parece desenvolverse a un ritmo más lento que en los otros países desarrollados, es obvio que Hispanoamérica está sufriendo una profunda crisis de crecimiento, plasmada en su galopante incremento demográfico del 2,5 por 100 anual, que casi duplica el ritmo medio mundial y que acumula en una superficie de 20 millones de kilómetros cuadrados una población que era de 160 millones en 1950, de 300 millones veinticinco años después, y de la que se espera que llegue a 600 millones en el año 2000, fecha en que la ciudad de México podrá alcanzar los 26 millones de habitantes. A la dependencia económica con respecto a los Estados Unidos, con quien el endeudamiento alcanza cifras astronómicas y a cuya amortización no se vislumbra solución aceptable ni a largo plazo, se debe no sólo la inflación más empobrecedora cada día, sino los efectos colaterales de una industrialización elemental y precaria que no acaba de despegar, la desigual distribución de la riqueza y de la cultura entre los distintos países y en el seno de cada uno entre la población campesina y la urbana, y el crecimiento incontrolado de ésta con la miseria que anida en los cinturones de las grandes ciudades entre los inmigrantes interiores y el proletariado obrero. Aunque sea un hecho comprobable la emergencia de grupos sociales muy dinámicos entre la clase media urbana, la desigualdad social se hace más aguda con el paso de los años y el crecimiento económico se distancia cada vez más del demográfico, reduciéndose año tras año la renta per cápita en términos relativos con la carestía de la vida. Existe un complejo rechazo admirativo hacia los ricos y poderosos vecinos del Norte, cuyo intervencionismo, no reducido al terreno económico, sino extendido tantas veces al político y al militar, se rechaza en el plano teórico, pero con frecuencia se solicita en el práctico como reductor de tan dramáticas situaciones o al menos como paliador y atenuador de las mismas.

Si bien parece que estamos asistiendo al finiquito de las dictaduras personalistas sin disfraz, como las ejercidas para conquistar y mantener pingües ventajas económicas aliándose con los intereses de las compañías azucareras y fruteras extranjeras por la familia Trujillo en Santo Domingo, cuyo representante fue asesinado en 1961 por instigación de altos jefes militares, cansados de situaciones que se hacían ya demasiado escandalosas, o por los Somoza en Nicaragua, cuando, asesinado Anastasio en 1957, todavía sus hijos preservaron su poder personal bajo las apariencias de una democracia superficial hasta hace bien poco, subsisten aún regímenes autoritarios y el caudillismo permanece como tentación que afectó lo mismo a Pinochet en Chile que a Castro en Cuba; existen ocultos intereses en los aledaños del poder por beneficiarse de una suculenta porción del patrimonio nacional; la politización de la población es escasa en amplitud y la oposición popular suele carecer de una organización racional que muestre su eficacia real en el control de los gobiernos. Los partidos de izquierda, no sólo en Hispanoamérica sino en el resto del mundo occidental, se adhieren sentimentalmente, pero no siempre con plena lucidez crítica, a los ejemplos revolucionarios y a los movimientos insurreccionales contra los poderes impuestos, pero tales paradigmas funcionan no tanto como modelos de actuación política, cuanto como estímulos morales para provocar el cambio de situaciones opresivas, cuando no están en la raíz de reacciones involucionistas todavía más autoritarias, de golpes de Estado reales o de expectativas constantes de que se produzcan, de crisis de gobiernos o de presiones militaristas que cierran el círculo del caos y de la inestabilidad permanente donde radica la inseguridad y el desorden, también en buena medida responsables de la regresión económica cuando su remedio se busca automáticamente en soluciones de fuerza, donde no siempre es fácil distinguir entre la instauración del deseable orden democrático y el rechazable retorno al uso del poder personal u oligárquico.

En resumen, en los últimos cincuenta años Hispanoamérica patentiza con claridad meridiana los problemas globales de desequilibrio regional, tales como los de una minoría que monopoliza la escasa rentabilidad de las grandes propiedades, los procesos agrícolas e industriales, domina la banca y el comercio exterior; enormes latifundios coexisten con mínimas parcelas campesinas, de cuyo laboreo a duras penas sobreviven sus propietarios o arrendatarios; ideologías en apariencia liberales no respetan la esencia de los principios democráticos; el poder ejerce un rígido control político y social, pero renuncia o es incapaz de realizar proyectos regionales, nacionales o supraestatales coherentes e integrados, al supeditarse a factores e intereses ajenos a los del respectivo país como colectividad de ciudadanos libres. Si bien países como México, Colombia, Venezuela, y en cierta medida Argentina, miran con un relativo optimismo hacia un futuro esperanzador, para otros los horizontes no se muestran en absoluto luminosos, particularmente en Centroamérica y en los países andinos, donde los gobiernos se ven forzados a adoptar actitudes serviles con respecto a los intereses capitalistas internacionales, ya sea en la generación de materias primas preferentes, ya en la importación de productos de equipamiento y consumo. Están todavía lejos de lograr liberarse de las presiones colonialistas o imperialistas que fuerzan los esquemas económicos, sociales, políticos y culturales al servicio del autoritarismo de los gobiernos y de un concepto de seguridad impuesto desde fuera por las potencias extranjeras. La burocracia militar endurece y controla la vida política con unos mecanismos de represión progresivamente sofisticados. La economía sigue asentada mayoritariamente en la agricultura, cuyas exportaciones dependen de las exigencias de los mercados internacionales y con ellas oscilan en su volumen y precio; se está muy lejos aún del desarrollo industrial autónomo, el empleo decrece, escasean los recursos financieros propios, crece la deuda pública y la privada, y las tensiones sociales aumentan, así como el recurso desesperado a la violencia entre el proletariado urbano y entre las depauperadas masas campesinas, hasta desembocar en exaltados movimientos guerrilleros.

Aunque sea justa la calificación, acuñada por E. Anderson Imbert, de «años babélicos» para estos que arrancan de las proximidades de 1940, dada la convivencia y sucesión de tendencias estéticas muy dispares, no resulta imposible hallar unas líneas de coincidencia común entre los cultivadores del arte narrativo, incitados todos ellos en mayor o menor medida por el panorama que acabamos de perfilar o al menos no ciegos ni insensibles ante algunos aspectos del mismo. Nadie pone en duda el sentido de responsabilidad de la mayoría de los artistas actuales; también en los novelistas hispanoamericanos de nuestro tiempo es detectable una buena dosis de preocupación e inquietud por los problemas sociales, cuando no un compromiso decidido ante ellos; muchos dan muestras de poseer una aguda sensibilidad ante la crisis del individualismo y de los valores que en él se fundaban y en muchos casos suelen traducirla en actitudes morales valerosas que afectan no sólo a la concepción del hombre y de su existencia en el mundo, sino a la de la realidad de una organización social con frágiles cimientos y expuesta al derrumbe. No es en absoluto menospreciable la influencia de los creadores de ficciones que, cultivando su talante crítico lo mismo sobre el pasado artístico heredado que sobre el presente cultural vivido, centradas sus obras las más de las veces en los problemas concretos pero universalizables del hombre americano y de sus disarmónicas relaciones sociales, concitan la opinión pública colectiva a través de las repercusiones en cada uno de sus lectores hacia el establecimiento de la justicia en que se asiente una libertad auténtica y una convivencia en verdad pacífica, soportes imprescindibles para la construcción de una vida digna y para el pleno desarrollo de individuos y pueblos.

PARTE PRIMERA

MIGUEL ÁNGEL ASTURIAS

MIGUEL ÁNGEL ASTURIAS nos parece escritor sumamente representativo no sólo de la irrupción de la novelística hispanoamericana en el ámbito internacional, en cierto modo consagrada con el premio Nobel que le fue otorgado en 1967, sino también de los aspectos fundamentales que quedaron apuntados en nuestra introducción. Concretamente, su obra novelística está vinculada a la poética del realismo maravilloso, pero el impulso imaginativo y la exigencia artística no significaron para él desconexión de la dura realidad centroamericana, en particular de su Guatemala natal, en la senda de un escapismo estetizante. Muy al contrario, Miguel Ángel Asturias se ajustó, con originalidad, pero inequívocamente, a las pautas del escritor comprometido contra las dictaduras y los imperialismos, desde una posición de humanismo socialista que le deparó, antes del Nobel, el premio Lenin de la Paz.

Nacido en la ciudad de Guatemala en 1899, en donde residiría, en la primera etapa de su vida, salvo una corta temporada en Salamá, Miguel Ángel Asturias experimentó en persona los rigores del régimen dictatorial de Manuel Estrada Cabrera, que había sido designado Presidente provisional de la República el mismo año del nacimiento del escritor, a raíz del asesinato de su predecesor, Reina Barrios, y consiguió perpetuarse en el poder hasta 1920, cuando fue derrocado por un movimiento nacional liderado por el Partido Unionista, al que pertenecía Asturias, estudiante, primero, de Medicina y, luego, de Derecho en la Universidad.

Restaurada, si bien efímeramente, la democracia en su país con el Presidente unionista Carlos Herrera, Miguel Ángel Asturias coincide en 1921 con Ramón del Valle-Inclán en la Ciudad de México, acontecimiento con toda certeza complementario de su experiencia inmediatamente anterior de cara a la elaboración de su primera novela, *El Señor Presidente*. De nuevo en su país, en 1922 funda la Universidad popular de Guatemala y al año siguiente defiende en la Facultad de Derecho, Notariado y Ciencias Políticas y Sociales una tesis, de tema harto significativo, sobre *El problema social del indio* [1], antes de iniciar en Europa otra etapa decisiva para su formación como escritor.

Allí, fundamentalmente en Londres y luego en París, permanece durante diez años, en contacto con el movimiento surrealista, pero no desconectado de su continente natal, sino en comunicación con intelectuales hispanoamericanos como Uslar Pietri, César Vallejo y Alejo Carpentier. Entre la trayectoria de este último, cinco años más joven que el guatemalteco, y la de nuestro autor se pueden establecer —como lo ha hecho G. Bellini— notables paralelismos, porque a ambos la experiencia parisina y el encuentro con las vanguardias, lejos de desarraigarlos hacia un cosmopolitismo fútil, les hizo tomar conciencia de las extraordinarias potencialidades estéticas de su reali-

---

[1]	Esta tesis ha sido reeditada por Claude Couffon, París, Centre de Reherches de l'Institut d'Études Hispaniques, 1971.

dad y de su propia cultura. En este sentido, las primeras obras de ambos autores, *Leyendas de Guatemala* (1930) y *Ecue-Yamba-O* (1931), vienen a representar lo mismo para el hallazgo por parte de Asturias y de Carpentier de algo —llámesele la «magia de la realidad» o lo «real maravilloso»— que estaba muy cerca a la vez de los planteamientos surrealistas y de la cosmovisión y el arte indígena centroamericano.

En efecto, trabajando con el antropólogo de la Sorbona Georges Raynaud, traductor al francés del *Libro del Consejo Popol Vuh* —la Biblia de la civilización maya-quiché— y los *Anales de los Xahil de los indios cakchiqueles* [2], Miguel Ángel Asturias redescubre en París lo ancestral mayance, la cosmogonía y la lógica del mundo de sus antepasados prehispánicos. No falta en aquellas obras fundacionales —sobre todo en la más importante de ellas, el *Popol Vuh*— una singular mixtura de elementos realistas y míticos, como cuando los dioses encuentran en el maíz la sustancia básica para la creación entera del mundo. Ese mestizaje de realidad y maravilla se ve potenciado por el choque entre los parámetros racionalistas de los europeos y el insólito mundo americano, y no otra cosa es, como ya quedó convenientemente justificado, el «realismo mágico» que apunta ya, como adelanto de lo que será la narrativa toda de Miguel Ángel Asturias, en *Leyendas de Guatemala* [3], publica-

[2] Él mismo traducirá, en colaboración con J. M. González de Mendoza, los textos franceses de ambos libros elaborados por Raynaud a partir de versiones orales transcritas ya en tiempos de la conquista. Ambas traducciones fueron publicadas en la ciudad del Sena por la editora París-América, en 1927 y 1928, respectivamente.

[3] El conjunto de la obra narrativa de Miguel Ángel Asturias comprende los siguientes títulos, relacionados por orden cronológico: *Leyendas de Guatemala,* Madrid, Oriente, 1930, segunda edición aumentada en Buenos Aires, Pleamar, 1948 (luego en Buenos Aires, Losada, 1979[8]); *El Señor Presidente,* México, Costa-

das en Madrid en 1930 y acogidas con entusiasmo
por Paul Valéry como una síntesis desconocida de
«historias-sueños-poesía».

Desde tal contexto no resulta difícil comprender el
hibridismo característico de un cultivador del realismo mágico y de la novela de denuncia social como
Miguel Ángel Asturias, quien además no lo hizo
alternativamente, en obras distintas, sino de manera
integrada, sin establecer solución de continuidad entre lo uno y lo otro. Se da también en él lo que
podríamos llamar una estilística del mestizaje, y no

Amic, 1946 (Buenos Aires, Losada, 1969[13]); *Hombres de maíz,*
Buenos Aires, Losada, 1949 (Madrid, Alianza Editorial, 1982[5]);
Viento fuerte, Guatemala, Ministerio de Educación Pública, 1949
(Madrid, Alianza Tres-Losada, 1981); *El Papa Verde,* Buenos
Aires, Losada, 1954 (Madrid, Alianza Tres-Losada, 1982); *Week-
end en Guatemala,* Buenos Aires, Goyanarte, 1956 (Madrid, Alian-
za Tres-Losada, 1984); *Los ojos de los enterrados,* Buenos Aires,
Losada, 1960 (Madrid, Alianza Tres-Losada, 1982); *El Alhajadito,*
Buenos Aires, Goyanarte, 1961 (Buenos Aires, Losada, 1979[5]);
Mulata de tal, Buenos Aires, Losada, 1963 (Madrid, Alianza Tres-
Losada, 1983); *Juan Girador,* París, Centre de Recherches de
l'Institut d'Études Hispaniques, 1964; *El espejo de Lida Sal,* Méxi-
co, Siglo XXI, 1967; *Maladrón,* Buenos Aires, Losada, 1969 (Ma-
drid, Alianza Tres-Losada, 1984); *Tres de los cuatro soles,* Ginebra,
Skira, 1971; y *Viernes de Dolores,* Buenos Aires, Losada, 1972
(Madrid, Alianza Tres-Losada, 1983). Además, Claude Couffon
ha editado las *Novelas y cuentos de juventud,* París, Centre de
Recherches de l'Institut d'Etudes Hispaniques, 1971. La Editorial
Aguilar publicó tres tomos de *Obras escogidas* (I, Madrid, 1955; II,
México, 1961, y III, Madrid, 1966), luego reeditados como *Obras
completas* en la colección «Biblioteca de Premios Nobel», Madrid,
1968. Póstumamente se ha iniciado el ambicioso proyecto de una
edición crítica de las obras completas de Miguel Ángel Asturias,
que comprenderá un total de veintitrés volúmenes más otro final
de contenido bio-bibliográfico, con el concurso de varias instituciones culturales y académicas internacionales y bajo la dirección
de Amos Segala. Hasta el momento han aparecido, en coediciones
de Klincksieck (París) y Fondo de Cultura Económica (México), el
volumen tercero, con la edición crítica de *El Señor Presidente*
(1978); el cuarto, *Hombres de maíz* (1981); el decimotercero, *Viernes de Dolores* (1978), y el decimonoveno, *Tres de cuatro soles*
(1977).

nos referimos sólo a la incorporación a su prosa española de léxico, ritmos y estructuras de las lenguas autóctonas, sino también al convincente sincretismo que Miguel Ángel Asturias alcanza entre los hallazgos expresivos de la vanguardia —desde Valle-Inclán hasta James Joyce— y antiguas fórmulas de la literatura maya-quiché.

En 1933 el escritor, con el bagaje de su experiencia europea y su redescubrimiento de la cultura centroamericana, regresa a su país, sometido a una nueva dictadura, en este caso de Jorge Ubico, que gobernará hasta 1944. Ello influirá en la demora con que se publica su primera novela, *El Señor Presidente,* concluida a finales de 1932 y editada en México mediados los años cuarenta, que contribuirá a demarcar, como hemos visto ya, la transición entre la vieja y la nueva novela hispanoamericana. De Miguel Ángel Asturias aparecerá otra novela sumamente representativa del realismo maravilloso —*Hombres de maíz* (1949)— en ese mismo decenio prodigioso de los cuentos borgianos —*El jardín de los senderos que se bifurcan,* 1941; *Ficciones,* 1944; *El Aleph,* 1949—, de *Tierra de nadie* (1941), de Juan Carlos Onetti; *El túnel* (1948), de Sábato; *Al filo del agua* (1947), de Agustín Yáñez, y de *El reino de este mundo* (1949), de Alejo Carpentier[4].

---

[4] Sobre el autor y las distintas facetas de su obra se pueden consultar los siguientes estudios: Giuseppe Bellini, *La narrativa di Miguel Ángel Asturias,* Milán, Istituto Editoriale Cisalpino, 1966 (hay traducción española de Ignacio Soriano en Buenos Aires, Losada, 1969) y *De tiranos, héroes y brujos. Estudios sobre la obra de Miguel Ángel Asturias,* Roma, Bulzoni, 1982; Richard J. Callan, *Miguel Ángel Asturias,* Nueva York, Twayne Pub., 1970; Atilio Jorge Castelpoggi, *Miguel Ángel Asturias,* Buenos Aires, La Mandrágora, 1961; Claude Couffon, *Miguel Ángel Asturias,* París, Seghers, 1970; Miguel Emilio F. García, *«Hombres de maíz», unidad y sentido a través de sus símbolos mitológicos,* Miami, Ediciones Universal, 1978; Helmy F. Giacoman (compilador), *Homenaje a Miguel Ángel Asturias,* Nueva York, Las Américas,

Cumplida aquella etapa europea, Miguel Ángel
Asturias inicia el servicio a su país como diplomático,
que le llevará primero a México como agregado
cultural en los años treinta, a Buenos Aires como
encargado de negocios en los cuarenta, y a El Salvador, ya como embajador de Guatemala, a comienzos
de los cincuenta. Con la invasión del país promovida
por la CIA y encabezada por el coronel Carlos Castillo Armas, que interrumpe el mandato constitucional
del candidato de la coalición de izquierdas Jacobo
Arbenz Guzmán, en junio de 1954, Miguel Ángel
Asturias, a la sazón embarcado en la escritura de la
llamada «trilogía bananera», abandona su puesto, se
exilia en Buenos Aires —donde residirá hasta 1965—
y publica un libro de narraciones contra aquel golpe
militar, titulado *Week-end en Guatemala*[5].

Desde 1966, tras las elecciones legislativas y presidenciales que dieron por mayoría relativa la Presidencia de la República al candidato del Partido Revolucionario Julio César Méndez Montenegro, Mi-

---

1971; Luis González del Valle y Vicente Cabrera, *La nueva ficción
hispanoamericana a través de Miguel Ángel Asturias y Gabriel
García Márquez,* Nueva York, Eliseo Torres, 1972; Eladia León
Hill, *Miguel Ángel Asturias. Lo ancestral en su obra literaria,*
Nueva York, Eliseo Torres, 1972; L. López Álvarez, *Conversacio-
nes con Miguel Ángel Asturias,* Madrid, Novelas y Cuentos, 1974;
Gunter W. Lorenz, *Miguel Ángel Asturias,* Neuwied y Berlín,
Luchterhand Verlag, 1968; Carlos Meneses, *Miguel Ángel Asturias,*
Madrid, Júcar, 1975; Jimena Sáenz, *Genio y figura de Miguel Ángel
Asturias,* Buenos Aires, Editorial Universitaria, 1974; e Iber Ver-
dugo, *El carácter de la literatura hispanoamericana y la novelística
de Miguel Ángel Asturias,* Guatemala, Editorial Universitaria,
1968. En 1969 la *Revista Iberoamericana* le dedicó un número (67),
y en 1971 (número 185-186) *Papeles de Son Armadans.*
[5] La producción dramática de Miguel Ángel Asturias está
reunida en el volumen *Teatro,* publicado precisamente en Buenos
Aires, Losada, 1964, que contiene *Chantaje,* tragicomedia en tres
actos; *Dique seco,* comedia en dos actos; *Soluna,* comedia prodigiosa en dos jornadas y un final, y *La Audiencia de los Confines,*
crónica en tres andanzas.

guel Ángel Asturias es embajador de Guatemala en París [6]. Una vez retirado de su cargo, reside, además de en la capital francesa, en Génova y Palma de Mallorca, hasta su fallecimiento en 1974 [7].

Como hemos podido apreciar, la trayectoria biográfica de Miguel Ángel Asturias estuvo marcada por la mediación dictatorial, que condicionó sobremanera su existencia, como la de todos los guatemaltecos y gran parte de los hispanoamericanos coetáneos de este autor, que, con su novela *El Señor Presidente,* consolidó un subgénero de amplio cultivo literario en español a partir de entonces [8].

En el punto de partida de esta serie novelística de las dictaduras hispanoamericanas se sitúa un texto fundamental, *Tirano Banderas,* de Ramón del Valle-Inclán, ubicado en una República imaginaria, la de Santa Trinidad de Tierra Firme, y centrado en la figura de un déspota en el que el escritor español pretendía quintaesenciar las características —según confió por carta a Alfonso Reyes— «del doctor Francia, de Rosas, de Melgarejo, de López y de don Porfirio».

Miguel Ángel Asturias, por su parte, no sitúa su novela en Guatemala ni en ningún país determinado,

---

[6] Su constante relación con Francia, decisiva para la configuración de su personalidad, dio lugar a varias traducciones de Jean Paul Sartre, Claude Simon y Alain Robbe-Grillet, entre otros, la mayoría realizadas en colaboración con Blanca de Asturias.

[7] Asturias cultivó también, ininterrumpidamente, la poesía desde 1918. Su primer libro, *Rayito de Estrella,* fue impreso en París en 1929, hasta sus *Sonetos de Italia* publicados en ese país en 1965, o la edición bilingüe de ese mismo año, al cuidado de Giuseppe Bellini, cuyo expresivo título —*Parla il Gran Lengua*— remite al universo cultural mayance entusiásticamente revisitado en el que la crítica considera el más trascendente de sus poemarios, *Clarivigilia primaveral,* asimismo de 1965.

[8] Véase a este respecto el estudio de Conrado Zuloaga, *Novelas del Dictador. Dictadores de novela,* Bogotá, Carlos Valencia, Editor, 1977.

como tampoco identifica su «Señor Presidente Constitucional de la República, Benemérito de la Patria, Jefe del Gran Partido Liberal, Liberal de Corazón y Protector de la Juventud Estudiosa» (2, XIV) con ningún autócrata determinado, aunque todo apunta hacia la figura del general Estrada Cabrera, aquel dictador afecto a la brujería y a meditar frente al espejo en hábito de dominico, bajo cuya égida transcurrió la infancia y primera juventud del escritor.

Ya hemos apuntado que este estímulo de la realidad fue el germen originario de una novela que comenzó a fermentar en el ingenio de Asturias hacia 1923, cuando el escritor publica un cuento que así lo da a entender —«Los mendigos políticos»— y varios artículos contra el propio Estrada Cabrera y el general Orellana, su sucesor luego del breve interregno democrático de Carlos Herrera. Con todo, las fechas entre las que transcurrió la redacción de *El Señor Presidente* fueron 1925 y 1932, demorándose su publicación hasta 1946, por nuevas circunstancias dictatoriales a las que asimismo hemos aludido.

Simultáneamente, Valle-Inclán, con quien Asturias coincidió en el México que conmemoraba el centenario de la Independencia en 1921, elaboraba su *Tirano Banderas,* de cuyo texto se publicaron anticipos a lo largo de 1925 y 1926, fecha de la primera edición en libro de la novela. Entre ella y su homóloga hispanoamericana existen, por cierto, evidentes paralelismos, que hablan de una realidad y una sensibilidad artística compartidas, cuando no de concomitancias más estrechas. Pensamos, por ejemplo, en situaciones tan similares como la del Zacarías el Cruzado de Valle, que carga con el cadáver ya corrupto de su hijo en tanto no se venga de los responsables de su muerte, y la Niña Fedina de Miguel Ángel Asturias, que transporta en las mismas condiciones los despojos del suyo cuando los esbirros del Señor Presidente la trasladan de la cárcel donde ha sido torturada al prostíbulo de la Chon diente de Oro, digno émulo del congal de la Cucarachita valleinclaniano.

Así, es común a ambas obras una reducción temporal de las anécdotas, más drástica, con todo, en Valle que en Asturias, y un parejo desorden establecido entre el tiempo de la historia y el tiempo del discurso; el juego, en determinadas secuencias, con las posibilidades del relato en simultaneidad, con lo que esto conlleva de cara a la multiplicación de las perspectivas, todo ello relacionado por la crítica, en ambos casos, con el cubismo [9]; y un intenso registro expresionista —esperpentizador— de los personajes y las situaciones.

No son pocas, asimismo, las diferencias, como no se podría por menos que esperar dada la originalidad imaginativa y artística de ambos escritores. Por ejemplo, en Valle se percibe un trasfondo político más explícito, que alcanza al planteamiento dialéctico y colectivo de la realidad dictatorial y a un desenlace que sugiere, con la derrota de la tiranía, un cierto optimismo revolucionario. Por el contrario, en *El Señor Presidente* la interferencia de una anécdota amorosa —el rapto y posterior boda entre el favorito del dictador y la hija del líder de cuantos se le oponen— lleva el desarrollo argumental por otros derroteros, hasta la aniquilación de todas las sombras que se cernían sobre el poder omnímodo del Señor Presidente.

Lo que Miguel Ángel Asturias pretendía era, según sus propias declaraciones, «el estudio de la degradación de los valores morales de todas las capas de la

---

[9]   Valle-Inclán concluye una de sus más logradas descripciones, en el libro segundo de la segunda parte de *Tirano Banderas,* con una mención explícita a la «Visión cubista del Circo Harris». Para todos estos aspectos en *El Señor Presidente,* véase el artículo de Seymour Menton recogido en la compilación de Helmy F. Giacoman, en especial págs. 87 y sigs.

sociedad de arriba abajo» [10] sometidas al terror de la
dictadura. Junto a este gran tema tiene cumplida
presencia en su novela otro muy caro al autor: el
tema del mal. Se ha hablado, a este respecto, de una
inversión del mito cristiano. El Supremo es aquí un
Dios maléfico, un Tohil en la mitología maya-quiché.
Su preferido, Miguel Cara de Ángel —anagrama de
Miguel Arcángel— se rebela contra él, como un
Lucifer contradictorio que tratase de elevarse hacia el
Bien. El triunfo es finalmente para el Mal, del que es
también víctima un símbolo degradado del cristianismo, la figura del idiota conocido como «El Pelele»,
que con el asesinato incidental del coronel José Pa-
rrales Sonriente había puesto en marcha la acción
represiva de la dictadura contra los opositores, el
general Eusebio Canales y el licenciado Abel Carvajal.

La peculiaridad más notable de *El Señor Presidente* tiene que ver, sobre todo, con ese realismo maravilloso al que tan decisivamente contribuyó Miguel
Ángel Asturias, junto a Carpentier y en menor medida Uslar Pietri. No fue ajena por completo esa sugerencia a Ramón del Valle-Inclán, que hace partícipe
de la conciencia mágica de los indios al propio Tirano Banderas, y a su enemigo don Roque Cepeda,
seguidor de las doctrinas teosóficas. En *El Señor
Presidente* ya no se trata, sin embargo, de meras
sugerencias temáticas, sino de una imbricación esencial entre las esferas de lo natural y lo sobrenatural,
la realidad y la maravilla. Se ha destacado, por
ejemplo, cómo la secuencia coherente de causas y
efectos propia del realismo *tout court* aparece totalmente mixtificada en esta obra, en donde el crimen
inicial, lejos de ser esclarecido, es sistemáticamente

---

[10]   Véase la entrevista realizada por Camilo José Cela al escritor guatemalteco en el número a él dedicado por la revista *Papeles
de Son Armadans* en 1971.

tergiversado para crear una ficción como de pesadilla de la que acaban siendo víctimas la mayoría de los personajes. «Entre la realidad y el sueño la diferencia es puramente mecánica», piensa uno de ellos, Cara de Ángel (2, XXVI), como también entre la realidad y el mito que aparecen fundidos en torno al todopoderoso protagonista. Existe, en particular, un capítulo donde todos estos índices se revelan con armónica plenitud. Nos referimos al titulado «El baile de Tohil», en el que el propio Cara de Ángel experimenta una «visión inexplicable» cuando recibe el fatídico encargo que el Señor Presidente le hace de viajar a Washington como embajador especial. Consiste esa verdadera *epifanía* en la identificación del autócrata con el maléfico dios, *Dador del fuego,* de los mayances, ladrón de las energías naturales e insaciable devorador de vidas humanas. Esa fluida transición de lo real a lo que queda más allá brilla poco después por medios exclusivamente verbales —Asturias es uno de los novelistas que experimenta con más tino todas las posibilidades expresivas del lenguaje novelístico—, cuando desde la percepción interior de Cara de Ángel la onomatopeya que reproduce el fragor del tren que lo traslada hacia lo que será su destino final se transforma en premonición de su muerte: «cada vez... cada ver».

De todas formas, donde este realismo maravilloso, apuntado ya en la primera novela de Miguel Ángel Asturias, alcanza su plenitud es en su otra obra aparecida en el decenio de los cuarenta, concretamente en 1949, *Hombres de maíz.* Mario Vargas Llosa, en uno de los textos incluidos en la edición crítica de 1981, la califica de «la más enigmática novela» de Asturias, confundidora del «lector cartesiano» porque el desorden imperante en ella es el orden de mentalidades primitivas como las que refleja *Leyendas de Guatemala.* Y destaca allí constantes manifestaciones de mestizaje entre razón y sinrazón, historia y mito, lógica y

locura, vigilia y sueño. Es decir, los factores que
sustentan la poética del realismo maravilloso, que
desde las primeras formulaciones teóricas del mismo
a cargo de Franz Roh es presentado como la fusión
—mejor que yuxtaposición— de lo uno y lo otro.

Giuseppe Bellini ha apreciado el carácter de verdadera elegía de un mundo feliz perdido que esta novela
posee. Pero no es tampoco descabellado subrayar,
como así se ha hecho, su condición de novela de
denuncia social. El conflicto inicial apunta, precisamente, en esta dirección. En torno al maíz, la mítica
sustancia con la que los dioses construyeron el mundo según el *Popol Vuh,* chocan dos actitudes, la
respetuosa de los indios y la de los ladinos o mestizos,
para los que ese fruto es tan sólo una posible fuente
de enriquecimiento. Sendos personajes representan
ambos posicionamientos: el cacique Gaspar Ilóm y el
coronel Chalo Godoy, a quien ayuda la familia trai-
dora de los Machojón. Aquéllos son masacrados, y
su triste fin se transforma en leyenda; mas su muerte
no queda impune, ya que Gaspar Ilóm es vengado
por las fuerzas ocultas de la propia tierra con la que
se identificaba.

Resulta transparente la lectura que se ha hecho de
Hombres de maíz como una vasta alegoría de lo que
le sucedió a la Humanidad cuando la cultura tribal,
orgánicamente apegada a su medio y fundida con él,
se desintegró dando paso a la alienación y el desarraigo de la sociedad de clases. Este dictamen se puede
suscribir desde la realidad de los procesos históricos
en general, y desde su concreción centroamericana en
particular, pero en el universo de la novela de Asturias convive con todo ello, en plena armonía, un
intenso animismo y la creencia india de que cada
persona tiene su doble en el mundo animal —su
nahual— que lo protege y puede prestarle su propio
cuerpo. Prueba de la integración de lo que para una
mentalidad racionalista serían opuestos incasables

está en la cadena de metamorfosis de diversos personajes en sus *nahuals* que la narración de *Hombres de maíz* nos presenta sin el menor signo de reserva por parte del narrador.

Las siguientes obras de Miguel Ángel Asturias, sin abandonar en modo alguno esa particular ambientación característica de *Hombres de maíz,* incrementan sin embargo de forma notable la carga de compromiso y denuncia, y constituyen un ciclo muy trabado, compuesto por las novelas de la conocida como «trilogía bananera» —*Viento fuerte,* 1949; *El Papa Verde,* 1950, y *Los ojos de los enterrados,* 1960—, a las que cabe añadir sin disonancias apreciables la colección de ocho relatos que el autor escribió con motivo de la invasión que derrocara al presidente Arbenz, *Week-end en Guatemala,* de 1956.

Miguel Ángel Asturias renueva, con estos libros, la tradición de la novela antiimperialista hispanoamericana de la primera mitad del siglo, ofreciéndonos, según Giuseppe Bellini, un a modo de imponente fresco de la América Central sometida a los designios del capital extranjero.

Este poder foráneo y esquilmador se simboliza, ya en la primera novela, en el nombre que recibe el ejecutivo máximo de la «Tropical Platanera, S. A.», con el que se da título a la segunda obra de la serie: «El Papa Verde, para que ustedes lo sepan, es un señor que está metido en una oficina y tiene a sus órdenes millones de dólares. Mueve un dedo y camina o se detiene un barco. Dice una palabra y se compra una República. Estornuda y se cae un Presidente, General o Licenciado... Frota el trasero en la silla y estalla una revolución» [11]. En esta última se describe, con minucia, la trayectoria y procedimientos de este «Green Pope»: Maker Thomson, cabeza de un Estado dentro del Estado, que no duda en

---

[11]   *Viento fuerte,* Madrid Alianza Tres-Losada, 1981, pág. 105.

ocupar nuevas tierras para sus plantaciones expulsando a los nativos. No falta quien intente oponérsele inútilmente, como otro personaje con aureola mágica, Mayari Palma, hija de un anarquista español. Y es de notar que para huir de la polarización maniqueísta tan frecuente en novelas de denuncia, los líderes de la insurrección en la novela de 1949 eran los esposos norteamericanos Lester Mead y Leland Foster, promotores de cooperativas pensadas para resquebrajar el monopolio de la «Tropicaltanera».

El huracán que acaba con las vidas de estos héroes de la solidaridad significa también el triunfo de su causa. La cita que acabamos de hacer continúa de esta forma: «Contra ese señor tenemos que luchar. Puede que nosotros no veamos el triunfo, ya que la vida tal vez no nos alcance para acabar con el Papa Verde; pero los que nos sigan en la trinchera, sí, si es que se mueven como nosotros, como el viento fuerte que cuando pasa no deja nada en pie, y lo que deja, lo deja seco.» Esta profecía hecha por el norteamericano en la primera novela de la serie se cumple puntualmente en la tercera, cuyo título hace referencia a una convicción indígena, la de que los difuntos no cierran los ojos hasta que contemplan cómo se ha vengado la injusticia. Así sucede aquí cuando una huelga general provoca la caída de la Dictadura, la claudicación de la compañía bananera y el desespero del Papa Verde, que muere después de haber perdido al nieto que perpetuaría su imperio.

Después de este paréntesis en que el realismo maravilloso de Miguel Ángel Asturias se desequilibra a favor del primero de sus componentes, de nuevo aflora el segundo, si cabe con más fuerza que antaño, hasta el extremo de rozar en ciertos momentos el territorio de lo que ya es la pura fantasía.

Tal sucede, por ejemplo, en *El Alhajadito,* escrita en los años cuarenta, aunque publicada ahora (1961), libérrima recreación en lenguaje poético del paraíso infantil, universo de ensueño en el que todo es posible, y en dos novelas en las que desde su condición asumida de mestizo [12] Miguel Ángel Asturias revive el conflicto de la conquista española.

Nos estamos refiriendo a *Mulata de tal,* de 1963, y *Maladrón,* de 1969. La primera de ellas, valorada contradictoriamente por la crítica, es un *romance* de viaje y de «transformaciones mágicas» al que subyace la tesis de la armonía característica del mundo indígena perturbada por la ingerencia de los invasores. El orbe del protagonista, Celestino Yumí, se regía por leyes ancestrales. El intento de recrear gran número de sus tradiciones y de someter la lógica del relato a la cosmovisión maya quiché —en la que cabe un pacto con el diablo Tazol por el que Celestino sustituye a su mujer por una inquietante mulata— hace de esta obra un texto en el que el lector se mueve con inseguridad y en donde el realismo maravilloso parece dar paso a la más desbordada fabulación. Con todo, está clara la conducta desordenada del personaje principal, insolidario en su ambición maléfica, que acaba destruido por un cataclismo de la naturaleza.

El tema español aparece ya explícitamente reflejado en *Maladrón (Epopeya de los Andes Verdes),* cuyo título viene de una superstición indígena posterior al descubrimiento, aludida ya en las dos novelas precedentes. Así en *El Alhajadito* se menciona, en el capítulo XI de la primera parte, a un criado conocido como el Azacuán, que veneraba una imagen del Mal Ladrón, que, «amarrado a una cruz, rechazaste la oferta del celestial asilo, seguro de que eras lo que somos, sólo materia». En *Mulata de tal* es Gabriel Santano, farmacéutico de Tierrapaulita, el «devoto

---

[12]   Cfr. el libro de conversaciones con L. López Álvarez, página 163: «Yo soy mestizo y tengo la parte indígena, y esa parte lucha con mi parte española.»

del Mal Ladrón, el crucificado materialista, a quien
llamaban San Maladrón los que seguían su doctrina
de no creer en el cielo ni en el más allá»[13].

El Mal Ladrón viene a ser, ahora, emblema de los
«seres de injuria» llegados por mar «de otro planeta»,
según la profecía mayance. Por eso se afirma acertadamente que esta novela trata del mestizaje de dos
culturas, desigualmente valoradas por quien escribe,
que no en vano se identifica con el mito de «El Gran
Lengua» indígena. La lucha de los Mam contra la
furia de los españoles concluye en tragedia, como
también la búsqueda por parte de éstos del lugar
donde, subterráneamente, se reuniesen los dos océa-
nos. Tan sólo sobrevive el hijo mestizo de Titil-Ic y
Antolinares, reintegrado a la comunidad natural que
le correspondía, como en una síntesis en la que se
asumiese con esperanza el hecho inexorable de la
mezcla, pero también se afirmase inequívocamente la
victoria final de América sobre España. Como herencia queda la lengua, brillantemente recreada por medio de un contenido registro arcaizante, sobre todo
en los diálogos de Maladrón.

La última novela de Miguel Ángel Asturias, Viernes de Dolores (1972), no está, en nuestro criterio, a la
altura de las anteriores. Se trata, una vez más, de una
crítica de la dictadura, a partir en esta oportunidad
de una anécdota juvenil, probablemente autobiográfica, de escasa entidad. Un joven universitario burgués, Ricardo Tantanis, toma conciencia de la realidad política de su país, y rompe con su clase, a raíz
de los ridículos avatares desencadenados por la pro-
cesión carnavalesca en la que va, para su escarnio, la
efigie de un poderoso terrateniente que se vengará sin
contemplaciones. Pese a este cierre casi diríamos epi-
gonal de su fecunda trayectoria, no cabe, sin embar-

---

[13]   Citamos por la edición de Madrid, Alianza Tres-Losada,
1983, pág. 236.

go, devaluar la importancia capital que Miguel Ángel
Asturias tiene en el curso de la novelística hispanoamericana del período que comenzamos a estudiar
precisamente con él. Su valoración parece haber de-
crecido injustamente en los últimos decenios, en parte
probablemente por sus declaraciones públicas de
1971 contra la auténtica calidad literaria de los novelistas del llamado «boom», simples productos según
él de la publicidad y la comercialización de la literatura.

Uno de los novelistas que probablemente se sintió
injustamente tratado en las declaraciones del autor de
El Señor Presidente, Carlos Fuentes, ha reconocido
su magisterio y ponderado con generosidad la singular aportación del premio Nobel guatemalteco a la
narrativa hispanoamericana: «Asturias se enfrenta al
mismo mundo fatal e impenetrable de la novela tradicional, pero lejos de detenerse en el documento opa-
co, encuentra la transparencia en el mito y el lenguaje. Su manera de personalizar a los hombres
anónimos de Guatemala consiste en dotarlos de sus
mitos y su idioma mágico, un idioma constitutiva-
mente emparentado con el del surrealismo» [14]. Encontramos aquí, a la altura cronológica de *Maladrón,*
un dictamen ecuánime de lo que Miguel Ángel Asturias representa: denuncia y fantasía; realismo y maravilla; tradición y ruptura.

Y, sobre todo, un admirable ejemplo de renovación del lenguaje novelístico, abierto en él a todos los
experimentalismos vanguardistas, a la herencia de un
Cervantes o un Quevedo, y a la recreación en español
de la estilística pre-hispana, la retórica ancestral de
«El Gran Lengua».

[14]   Carlos Fuentes, *La nueva novela hispanoamericana,* México,
Joaquín Mortiz, 1969, pág. 24.

JORGE LUIS BORGES

JORGE LUIS BORGES, poeta, ensayista, autor de relatos ficcionales, conferenciante, antólogo de variadas recopilaciones, nació en Argentina el año 1899, en el seno de una familia con ilustres ascendientes militares que intervinieron activamente en la historia de su país desde la conquista a la independencia [1]. La vocación de este incansable escritor y lector («Pocas cosas me han ocurrido y muchas he leído», confiesa en el epílogo de *El hacedor*), la justificación de cuya vida está en las páginas que nos ha legado, según declara, se forjó desde sus tempranos años al lado de su padre, Jorge Guillermo, y de su madre, Leonor Acevedo, con quien tan unido vivió hasta la tardía muerte de ésta; su abuela paterna, Frances o Fanny Haslam, no fue del todo ajena al interés del futuro escritor por la lengua y la literatura anglosajona. Sus años de adolescencia y primera juventud vividos en Europa entre 1914 y 1921 (Ginebra, Palma de Mallorca, Madrid) le permitieron una frecuentación inmediata de la literatura francesa y alemana, así como fecundos contactos con movimientos estéticos de vanguardia desde la gravedad del expresionismo a la

---

[1]   Para mayores precisiones, véase Carlos T. de Pereira, «Généalogie de J. L. B.», *L'Herne,* núm. 4, París, 1964, págs. 156-158, con referencias al coronel Isidro Suárez, a Juan de Garay, a Juan Manuel de Rosas y a los Lafinur.

vena lúdica e inventiva del ultraísmo; ecos de Cansinos-Asséns y de Ramón Gómez de la Serna resonarán por breve tiempo en *Prisma* y *Proa,* las revistas que Borges alentó a su regreso a Buenos Aires. Los rasgos más notables de su talante personal tal vez sean su espíritu independiente y reflexivo, tan ajeno a las ideologías convencionales como el de un anarquista, su radical escepticismo que adquiere visos de actitud conservadora en lo social y político, y su distanciamiento estético acrecentado por sus peculiares vivencias de ceguera progresiva.

Borges es un escritor en cuya obra[2] se advierte el

---

[2] Ofrecemos al lector los libros más difundidos, que contienen lo esencial de la prosa narrativa de Borges:

Historia universal de la infamia, Buenos Aires, Tor, 1935; B. A., Emecé, 1971; Barcelona, Plaza y Janés, 1971; Madrid, Alianza, 1971.
El jardín de los senderos que se bifurcan, B. A., Sur, 1941.
Ficciones, B. A., Sur, 1944 (incluye los 8 cuentos del libro anterior y 6 nuevos); B. A., Emecé, 1956 (añade 3 más); Barcelona, Planeta, 1971; Madrid, Alianza, 1971.
El Aleph, B. A., Losada, 1949 (13 cuentos); *ídem,* 1952 (añade 4 nuevos); B. A., Emecé, 1957; Barcelona, Planeta, 1969; Madrid, Alianza, 1971.
La muerte y la brújula, B. A., Emecé, 1951 (incluye cuentos de *Ficciones,* de *El Aleph* y «Hombres pelearon» de *El idioma de los argentinos,* B. A., Gleizer, 1928).
El hacedor, B. A., Emecé, 1960 (con textos poéticos); Madrid, Alianza, 1972.
Elogio de la sombra, B. A., Emecé, 1969 (con predominio de poesía).
El informe de Brodie, B. A., Emecé, 1970; Barcelona, Plaza y Janés, 1971; Madrid, Alianza, 1974.
El Congreso (cuento, ed. de bibliófilo), B. A., El Archibrazo, 1971 (incluido luego en *El libro de arena).*
El oro de los tigres, B. A., Emecé, 1972 (con textos poéticos).
El libro de arena, B. A., Emecé, 1975; Madrid, Alianza.
Rosa y azul, Madrid, Sedmay, 1977 (dos cuentos: «La rosa de Paracelso» y «Tigres azules»).
Los conjurados, Madrid, Alianza Tres, 1985 (prosa poética y verso).
Obras completas, B. A., Emecé, 1974.

predominio del ejercicio intelectual sobre el subjetivismo sentimental, así como cierto despego por la
ilusoria objetividad de la realidad sensible; estos rasgos no niegan, antes acrecientan, su interés permanente por el hombre contemporáneo y universal, ni
excluyen la presencia de la ironía y hasta de un
profundo humorismo que revierte sobre sus propias
experiencias vitales en una obra literaria como la
suya, que tanto tiene de confesional aunque veladamente. En este íntimo admirador de los hombres de
acción, ese don que a su espíritu contemplativo el
cielo negó, las alusiones intelectuales y librescas son
constantes, pero siempre manejadas con radical desconfianza en la validez del discurso racional, dando
cabida a lo imaginario, ilógico y arbitrario como
dimensión irrenunciable de la mente humana, como
una de sus necesarias y casi vitales funciones.

La resonancia del nombre de Borges y su fama
internacional se produjeron a impulsos de los críticos
franceses; hasta la década de 1960, los lectores de su
obra fuera de Argentina (y aun dentro de ella los
compradores de sus libros) casi podrían contarse;
desde aquellas fechas su estimación positiva se ha
hecho generalizada, salvo por parte de quienes exigen
un predominio explícito de los componentes ideológicos y hasta políticamente revolucionarios sobre los
formales en la obra literaria; a éstos se refería Cortázar cuando mencionaba «la usual falacia de valerse
de sus tristes aberraciones políticas o sociales para
disminuir una obra que nada tiene que ver con ellas»
(*La vuelta al día...*, págs. 99-100), a quien hay que
seguir en su acertado criterio de que juzgar la obra de
Borges exige el empleo de armas borgianas: inteligen-

Prosa completa, B. A., Emecé, 1979 (2 vols.); Barcelona, Bruguera,
  1980 (2 vols.).
Narraciones, Madrid, Cátedra, 1980. (Selecc. de M. R. Barnatán;
  20 cuentos).

cia y rigor implacable. Traducciones y reediciones de la totalidad de su obra están hoy presentes en las librerías y bibliotecas de todo el mundo, así como una abrumadora acumulación bibliográfica de estudios críticos que empiezan a constituir una no ficcional biblioteca babilónica. Por otra parte, Borges se fue haciendo más visible en abundantes presencias públicas y accedió a un sinfín de entrevistas, dando pábulo con sus desconcertantes palabras, casi siempre reiteradas en su literalidad, a la creación de una atmósfera legendaria sobre su personalidad y su obra [3], tan orgullosamente modestas, por expresarlo con un oxímoron como los cultivados por él mismo.

La crítica [4] actual coincide en reconocerle su maestría en el arte verbal, cualquiera que sea la vía genéri-

---

[3]   En la selección de textos y estudios se ha atendido a los que hacen referencia más directa al arte narrativo del autor.

Aun reconociendo su mérito literario, excluimos de nuestra consideración las obras ficcionales hechas en colaboración con Adolfo Bioy Casares, por no ser posible discriminar la participación de cada uno de sus autores en ellas; es el caso de *Seis problemas para don Isidro Parodi* (1942), *Un modelo para la muerte* (1946), *Dos fantasías memorables* (1946), etc.

[4]   De entre la ya casi babilónica biblioteca crítica que sobre la obra de Borges se va acumulando, presentamos una drástica selección alfabetizada de los trabajos que estimamos más recomendables:

Alazraki, J., *La prosa narrativa de J. L. Borges,* Madrid, Gredos, 1968, 1974².
——— ed., *J. L. B.; el escritor y la crítica,* Madrid, Taurus, 1976.
——— *Versiones, inversiones, reversiones. El espejo como modelo estructural del relato en los cuentos de Borges,* Madrid, Gredos, 1977.
Barnatán, M. R., *Borges,* Madrid, Epesa, 1972.
——— *Conocer Borges y su obra,* Barcelona, Dopesa, 1978.
Barrenechea, A. M., *La expresión de la irrealidad en la obra de Borges,* México, El Colegio de México, 1957; Buenos Aires, Paidós, 1967.
Books Abroad, vol. 45, núm. 3, 1971, págs. 379-470; reeditado como *The Cardinal Points of Borges* (L. Dunham e I. Ivask eds.), Norman, Univ. of Oklahoma, 1971, 113 páginas.
Burgin, R., *Conversaciones con Borges,* Madrid, Taurus, 1974.

ca que emplee; se aprecia su influencia universal en la
concepción de la literatura como arte y artificio verbal que llega a ejercerse sobre novelistas [5] cuando
Borges no escribió una sola novela, y se aprecia su
aportación para la ruptura de barreras rígidas entre
ensayo, lírica y ficción narrativa. Todo el conjunto de

Echevarría, A., *Lengua y literatura de Borges*, Barcelona, Ariel,
    1983.
Foster, D. W., *J. L. B.: An Annotated Primary and Secondary
    Bibliography*, N.Y., Garland, 1984.
Iberorromania, núm. 3, Madrid, Edics. Alcalá, 1975.
Jurado, A., *Genio y figura de J. L. B.*, B. A., Eudeba, 1964.
L'Herne, núm. 4, París, 1964, 516 págs.; repr. 1981.
Menton, S., «J. L. B., Magic Realist», *Hispanic Review*, 50, 4,
    1982, págs. 411-426.
Modern Fiction Studies, vol. 19, núm. 3, Indiana, Univ. Purdue,
    otoño 1973.
Pérez, Alberto, *Realidad y superrealidad en los cuentos fantásticos
    de J. L. B.*, Miami, Universal, 1971.
——— *Poética de la prosa de J. L. B. (Hacia una crítica bakhtiniana
    de la literatura)*, Madrid, Gredos, 1987.
Revista Iberoamericana, núm. 100-101.
Rodríguez Monegal, E., «Símbolos en la obra de Borges», en *El
    cuento hispanoamericano ante la crítica*, Madrid, Castalia, 1973.
——— *Borges: hacia una interpretación*, Madrid, Guadarrama,
    1976.
——— *Borges par lui-même*, París, Du Seuil, 1978, *Borges por él
    mismo*, Caracas, Monte Ávila, 1983; Barcelona, Laia, 1984.
Sábato, E., «Borges y el destino de nuestra ficción», en *El escritor y
    sus fantasmas*, B. A., Aguilar, 1971[4], págs. 240-253.
Sánchez Garrido, A., «Bibliografía de don J. L. B.», *BAAL*, LI,
    199-200 (1986), págs. 171-180.
Shaw, D. L., *Borges. Ficciones*, Londres, Tamesis Books, 1976.
——— «Acerca de la crítica de los cuentos de Borges», *CHA*, 347,
    1979, 145-158.
Stabb, M. S., *Jorge Luis Borges*, N. Y., Twayne, 1970.
Sturrock, J., *Paper Tigers: The Ideal Fictions of J. L. B.*, Oxford U.
    P., 1977.
Wheelock, C., *The Mythmaker; A Study of Motif and Symbol in the
    Short Stories of J. L. B.*, Austin, Univ. Texas, 1969.

[5] Emir Rodríguez Monegal ha ponderado su importancia
como configurador de un espacio literario-lingüístico que sirvió de
base para la renovación narrativa en Hispanoamérica, por más que
Borges haya escrito que su prosa no puede eclipsar a su poesía.

su producción puede estimarse como una totalidad poética en progresiva expansión de círculos concéntricos, donde se practican deliberadas tautologías, dando cabida a permanentes variaciones y enriquecimiento de matices sobre reiterados temas centrales, casi obsesivos. Estamos ante la obra de un artista manierista, cultivador esmerado de simetrías y ponderados equilibrios formales, magistral en el uso de la simbología, sutilísimo en los mecanismos productores de poeticidad, riguroso en la práctica de un estilo neutro, concentrado, preciso y a la vez elegante y en apariencia transparente.

Ya desde su ensayo titulado *Historia de la eternidad* (1936) se aprecia su interés por explorar las teorías sobre el tiempo y su circularidad, al que se añade desde sus primeras producciones poéticas la atracción por las fusiones de ilusión y realidad, sueño y vigilia o por la concepción calderoniana y unamuniana del hombre como sueño de la divinidad y soñador él mismo. Su adscripción mental al nominalismo [6] le pone en condiciones de negar verbalmente realidad para el mundo objetivo, por más que tenga que resignarse a sufrir sus embates y a soportar la cercana y dolorosa presencia de su yo personal. Su concepción de la realidad es de carácter verbal; la dimensión de sus fantasías literarias alcanza los límites de la metafísica, de cuyas elucubraciones, como también de las aportadas por la teología, suele nutrirse en sus relatos ficcionales para fundamentar su visión unitaria, circular y metafórica del universo, su negación de la temporalidad convencional, su intuición de la existencia como integración de eternidades instantáneas y reiteradas. Por tales características lo situaba Rafael Cansinos entre los «visonarios sublimes» del tipo de Swedenborg o de E. A. Poe.

---

[6]   Véase Jaime Rest, *El laberinto del universo: Borges y el pensamiento nominalista*, Buenos Aires, 1976.

En sus creaciones narrativas confluyen las ideas
esenciales de sus ensayos intelectuales y las intuiciones centrales de su obra lírica: identidad del yo,
temporalidad, sustancia misteriosa de la realidad,
sentido de la existencia, libertad y azar, mortalidad.
No deja de sorprender que el para muchos remoto y
minoritario Borges haya utilizado desde fechas tempranas con tanta frecuentación la prensa periódica
para la presentación pública de su exigente labor
creativa; varios cuentos de *El Aleph,* por ejemplo,
habían sido publicados antes en *Los Anales de Buenos
Aires,* en la prestigiosa revista *Sur* y en *La Nación;* los
«ejercicios de prosa narrativa» de *Historia universal
de la infamia,* antes de convertirse en libro (1935), se
publicaron cada sábado en las páginas de *Crítica,*
rehuyendo retorcimientos psicológicos y acumulando
episodios llenos de acciones violentas vividas por
arquetipos en lugares exóticos, cuya derivación de
Stevenson y Chesterton, así como sus deudas cinematográficas [7] el autor reconoce; veinte años después de
su redacción presentará aquellas páginas inaugurales
de su incursión en la prosa de ficción narrativa como
«el irresponsable juego de un tímido que no se animó
a escribir cuentos», un juego barroquizante y por lo
mismo intelectual y humorístico que en su combinación de imágenes puede brindar el mismo placer al
lector que al autor cuando, entreteniéndose, recreó
sus lecturas preferidas. Allí incorpora su «trabajo-
sa composición de un cuento directo», su célebre
«Hombre de la esquina rosada», una historia criolla y violenta, con los insustituibles cuchilleros y
aparentes concesiones al localismo costumbrista,

---

[7]   Por su parte algunos cuentos de Borges inspiraron a cineas-
tas, como a Godard en *Alphaville,* a Bertolucci en *Strategia del
Ragno* o a Leopoldo Torre Nilsson, que en 1954 adapta «Emma
Zunz» con el título de *Días de odio;* véanse E. Cozarinsky, *Borges y
el cine,* Sur, Buenos Aires, 1974; E. Rodríguez Monegal, *Borges
por él mismo,* Barcelona, Laia, 1984, pág. 253.

plagado de voces lunfardas, pero prodigioso y coherente en el uso de la voz narrativa en la que se plasman los valores porteños más populares y tradicionales.

Es patente que los propósitos de Borges en sus ficciones o cuentos son ajenos a cualquier tipo de didactismo; no pretende convencer al lector con ninguna doctrina de las que se sirve para su lúcido entramado ideológico que a veces se niegan y confunden entre sí; incluso sus citas textuales funcionan como indicadores externos de un ánimo volcado al juego y a la parodia, hasta permitirse la incorporación de algunas apócrifas, falsificadas o descontextualizadas; con su afición permanente por los planteamientos enigmáticos y la instigación al lector para que investigue por su cuenta apoyado en claves ambiguas o insuficientes, le invita a distraerse de los prosaicos afanes cotidianos y a sumergirse en un ámbito maravilloso que por la vía intelectual, incluyendo la deleitable observación de su precisa construcción formal, puede llegar a conmover su sensibilidad.

El a menudo barroquista ingenio borgiano, su casi reprimida emotividad, su velado humorismo, su irrenunciable individualismo, así como sus íntimas y sutiles referencias a su Buenos Aires natal y la complejización de la voz narradora, lo sitúan en la línea renovadora iniciada por Macedonio Fernández, al que Borges supera rectificando sus desequilibrios y corrigiendo su caótica desmesura; Borges supo romper las fronteras de un estrecho nacionalismo, convencido de que «la realidad no es continuamente criolla» y siempre afirmó el carácter ficticio, arbitrario, verbal y lúdico de su obra narrativa, en la que tan poco pesa la referencia a los objetos de la realidad inmediata; para quien descree en los métodos del realismo, «género artificial si los hay», los problemas que plantean sus relatos no quieren ser estrechamente americanos (aun admitiendo con Luis Harss que su europeísmo cultural sea un fenómeno muy argentino), sino que afectan a cualquier ser humano, a su existencia y a su destino en todo tiempo y lugar.

Irlemar Chiampi analiza la ficción borgiana[8] en su ruptura con los viejos esquemas narrativos para superar la inquietud emotiva del relato fantástico romántico, como el de Ricardo Palma, y del modernista, cultivado por Amado Nervo, Leopoldo Lugones u Horacio Quiroga; estima que el dinamismo conceptual de nuestro autor promovió la revisión de la metafísica de lo real y de lo imaginario, lo cual impulsó nuevas modalidades ficcionales superando los esquemas discursivos fijados por la tradición narrativa fantástica, con la invención de nuevas situaciones, motivos y personajes. No es que en Borges esté por completo ausente la nota emotiva, sino que ésta adquiere inflexiones críticas e irónicas sobre el efecto de la fantasticidad apuntando hacia nuevos caminos ficcionales por su densa inquietud poético-conceptual, por su precoz cuestionamiento sistemático del proceso narrativo plasmado tan brillantemente en «El jardín de los senderos que se bifurcan» (1941), donde se ofrecen soluciones alternativas de la trama en su desenlace y se incita al lector a releer el texto inventando sus propias opciones.

Emir Rodríguez Monegal ha explorado los símbolos presentes en la obra borgiana, cuya nómina podemos centrar en la rosa, el río, el sueño, el laberinto, el espejo, el tigre, el cuchillo, el libro y la biblioteca; en ellos se encuentra la clave más valiosa para desentrañar el significado profundo de las páginas de un autor que ve el mundo como «un orbe de símbolos» reiterados, intensos, obsesivos, que confiere carácter simbólico a la realidad en su conjunto y en cada uno

---

[8]   *O realismo maravilhoso*, São Paulo, Edit. Perspectiva, 1980, págs. 71 y 82-83.

de los elementos que la integran; la fluencia y la irreversibilidad de la existencia contrasta con la apariencia cíclica y repetitiva de algunas de sus concreciones y con el intento de cristalizarla en signos descifrables; la sospecha de la inconsistencia de lo que tenemos por real sugiere la posibilidad de que el universo y la historia sean sueños compartidos; los seres humanos adquieren naturaleza de fantasmales y la personalidad individual acaba por teñirse de angustiosa irrealidad, sumergida en un ámbito inseguro, oscuro, caótico, violento, sin delimitación tajante entre muerte y vida. No son pocos los relatos de Borges que ofrecen tratamientos alegóricos de la existencia humana sin dejarse prender por circunstancias demasiado concretas; el desenlace de algunos de ellos revela rasgos fundamentales de la naturaleza común y universal del hombre, particularmente su mortalidad; el trance de morir suele estar asociado a una revelación de la propia identidad del personaje, pero también proyecta luz sobre sus actos previos, amplía la visión de los testigos e ilumina al lector en su conocimiento más ahondado de la historia que lee y de su propia personalidad; la muerte, asociada con la violencia, funciona también como liberadora, como en el caso ejemplar del mitológico Minotauro humanizado en «La casa de Asterión», liberado de su tan enigmático mundo laberíntico y de su trágica agresividad, cuando logra intuir agonizante su esencia monstruosa gracias a la espada redentora de Teseo. Hay muertes en las ficciones de Borges que, como ha hecho notar Ariel Dorfman[9], significan un lugar de encuentro entre el sueño y la realidad, un punto de coincidencia entre lo temporal y lo eterno; entonces la verdad se apodera del personaje o se le impone surgiendo de su interior, y lo que en la

---

[9] «Borges y la violencia americana», en *Imaginación y violencia en América,* Barcelona, Anagrama, 1972.

muerte hay de violento se acepta con la compensación del descubrimiento de un yo auténtico; formalmente, ese instante de lucidez esencial postergado al
final de la historia funciona con la sorpresa iluminadora del «golpe maestro» practicado por Poe, Mau-
passant o Chejov.

A pesar de que Jaime Alazraki considere errónea la
exclusión del ensayo cuando se trata de la ficción
prosística de Borges, creemos que, aun exhibiendo
ambos géneros rasgos de estilo y construcción comunes, son, como su obra poética, teóricamente diferenciables, lo cual no impide reconocer las altas calida-
des estéticas alcanzadas por el autor en cada uno de
tales campos; como es de esperar, en los ensayos
predomina la voz reflexiva sobre la narrativa, aunque
Borges organice los suyos con una arquitectura próxima al relato y algunos de sus cuentos acojan fórmulas expresivas típicas del ensayo, como el tono
discursivo intelectual y las referencias eruditas o librescas. Las ficciones borgianas, tejidas de notas
descriptivas, engañosas para el lector que no ahonde
en sus connotaciones simbólicas, incorporadoras de
una voz narrativa que habla sin exaltación, con neutralidad y aparente objetividad o refiere situaciones
absurdas o fantásticas acoplándolas a moldes expresivos lógicos, aportan a la literatura una notable
ampliación imaginativa del realismo, sobre todo en-
sanchando o distorsionando los marcos convencionales de espacio y tiempo, con lo que siembra dudas o
incertidumbres sobre la verdad de los objetos y creencias recibidas. Su indiscutible componente intelectual
orientado al conocimiento menos inseguro de la identidad humana y del ámbito mundanal en que la
existencia se desarrolla, o más bien a la resignada
aceptación de su enigmatismo indescifrable, tiene el
contrapeso de otro componente vital innegable aunque más soterrado, la indagación del misterioso sentido de cada vida individual y de la propia del autor

con sus reconocidas limitaciones; los artificios técnicos se ponen al servicio de la conjunción complementaria de estas dos líneas convergentes: predominio de la voz narrativa en primera persona, monólogo interior, integración del estilo directo con el indirecto libre, perspectivismo, contrapunto, y sobre todo el laborioso hallazgo de la flaubertiana palabra justa, apta para expresar con exactitud el difuso caos mundanal o la iluminadora revelación instantánea.

Lezama Lima ponderaba la atrevida fusión de su clasicismo quevedesco con los elementos populares del lunfardo; en efecto, no faltan en su obra expresiones criollas portadoras de una carga de estoicismo, ironía, nostalgia e incluso de velada altivez disfrazada de modestia. Borges prodiga en su estilo juegos especulares de simetrías, abunda en correspondencias y conjuntos duales plasmados con calculado equilibrio; propende a la frase breve, ascética en ornatos, con escasos pero reiterados adjetivos (infinito, remoto, caótico, secreto, intrincado, enigmático), apuntando a la esencialidad por la vía del sustantivo que, aun en enumeraciones, apuntala la densidad y la precisión expresivas; anáforas, oxímoros y paradojas anclan al lector en su mundo verbal y le impulsan al vuelo intelectual. Hay verbos que tienen un peculiar sabor en su obra y llegan a adquirir valor de signos borgianos o muestran el sello de su taller literario: pensar, saber, ver, consentir, frecuentar, prodigar, erigir, fatigar, ignorar, parecer, vislumbrar...; abundan las expresiones de indeterminación: vago, casi, acaso, apenas, tal vez, conjeturas, oscuro, ambiguo...; pero posiblemente sean los indicios de negatividad creados a partir del prefijo *in-* los rasgos más prodigados e identificadores de su estilo lingüístico: insondable, insaciable, inextricable, increíble, inmortal, inhabitable, inconcebible, insoportable, impuro, inexplicable, irracional, irregular, inquietud, incapaz, invariable, incomprensible, imperfecto, inalcanzable, inagotable,

invisible, imposible, incrédulo... Esto último puede
aportar claves para dilucidar su visión estética de la
realidad, apuntando hacia el nihilismo o al menos
hacia una indeterminación cognoscitiva, al escepticismo o al relativismo, confirmado aún más por su
frecuentación de las estructuras sintácticas disyunti-
vas o las caóticas enumeraciones acumulativas y aun
por las matizaciones parentéticas que van desde la
ampliación de lo antes escrito a su rectificación o
negación; ciertas fórmulas indirectas del tipo «no
podía no matarlo», «nadie pudo no observar» o «no
me maravillé de que no hablaran» corroboran lo
sugerido.

Borges, que suele ofrecer el resultado de sus imaginaciones como derivado de eruditas investigaciones,
que utiliza tantos datos librescos con ponderadas
deformaciones como apoyatura documental de intuiciones originales poéticas, no se encadena a sus fuentes, sino que con ellas da pábulo a su libertad fabuladora, recreando viejas historias y ancestrales mitos,
incorporando a sus construcciones verbales tan rigurosas y calculadas sustancia filosófica y teológica, ya
sea procedente de los libros bíblicos, de la patrística
medieval, de la cábala o de autores predilectos suyos,
como Spinoza, Leibniz, Kant, Schopenhauer, Nietzsche, Hume o Berkeley; si bien en Cervantes aprendió
el juego especular de las voces narrativas y la oculta-
ción autorial tras el biombo de ficticios manuscritos
encontrados azarosamente (en bibliotecas babilóni-
cas, como la Nacional de Buenos Aires por él regen-
tada, o en la concentrada biblioteca que puede ser la
Enciclopedia Británica), no renuncia a la personaliza-
ción de algunos relatos, cuando en ellos da cabida a
su propio yo, como cualificado testigo o confidente
de una vivencia subjetiva desde la memoria real o
fingida evocativa, e incluso llega a personalizar objetos inanimados como esos peldaños que «escalan»
muros o aquellos índices que «ignoran» ciertos nom-

bres propios. Su técnica para el cultivo de la expectativa y la sorpresa debe no poco a la estructura de los relatos policiacos tras cuyo rigor constructivo y la perfección del ensamblaje de sus piezas acaba por descubrirse, no sin cierta desazón, un divertimento formal. Pero en su prosa, como en las obras clásicas, importa también lo que se deja sin comunicar con explicitud, lo que de manera consciente se calla o no se explica del todo [10], no sólo porque sean cuestiones inefables para cuya expresión el lenguaje humano resulta insuficiente, sino para impulsar al lector por lo sugerido y no dicho a descifrar enigmas con su propio esfuerzo. Por debajo de una superficie de aspecto intelectual, implacablemente lógica y argumentativa, corre aquí un río de emociones y sentimientos pudorosamente callados y contenidos [11], vinculados sobre todo a su aguda conciencia de soledad cósmica y de desvalimiento, de limitación y finitud, de temporalidad y mortalidad, que se transporta a una actitud reflexiva, meditativa y melancólica y no llega a ocultar del todo su interior visión trágica a pesar de su actitud irónica ante los hechos contingentes, ya sean los de grandiosidad épica, ya los de la humilde cotidianidad. Las propias limitaciones de Borges se transmutan en arte literario con sentido universal en el que se abren ilusorios horizontes liberadores; así, la angustia por la dimensión temporal de la existencia humana se constituye en tema nuclear de su obra, soslayándola imaginativamente por la hipótesis de su circularidad incesante o por el recurso a la anacronía negadora de la consistencia del presente y de la linealidad histórica; otros recursos

---

[10] En *Otras inquisiciones* escribió que «esta inminencia de una revelación, que no se produce, es, quizás, el hecho estético».

[11] Rafael Cansinos-Asséns ya intuyó en 1927 esa característica de la poética borgiana, cuando lo presentaba como un escritor «fino, ecuánime, con ardor de poeta sofrenado por una venturosa frigidez intelectual».

imaginativos anuladores de la conflictividad inherente a la existencia humana, como el panteísmo, el idealismo gnoseológico, el solipsismo o la negación del principio de causalidad, son sabiamente conjugados en su obra de ficción, no para adormecer al lector sino para despertar su conciencia crítica y excitar sus ansias liberadoras después de haberlo encerrado en sus geométricos laberintos verbales como réplica de los que los propios humanos se forjan para sí mismos.

Carlos Fuentes estima que en el fondo de la poética borgiana se equipara la libertad con la imaginación y que su renovación técnica revela la mentira y falsedad del lenguaje convencional; por otra parte, Francisco Ayala ha visto con claridad que los personajes de Borges incorporan problemas con dimensión metafísica que se relacionan con cuestiones morales fundamentales y que sus preocupaciones se refieren más a cuestiones universalmente humanas que a las humanitarias de tipo social; también Jean Franco se ha referido a la función humanizadora del arte borgiano y a que sus ficciones rescatan vivencias del olvido, salvándolas de la destrucción al menos mientras dura la lectura. No sólo los realistas ingenuos, sino los de mente dogmática e inflexible, quedarán desconcertados ante ficciones tan llenas de relativismo, ambigüedad y escepticismo de este escritor, irónico y expresionista, reconstructor de una realidad verbal desde su conciencia, transformador de sus desconciertos y perplejidades en magistrales formas literarias con las que construye juegos de enorme seriedad, manifestando su desconfianza en la pretendida verdad del pensamiento lógico sistemático.

El retorcimiento conceptual y formal de las primeras ficciones borgianas (las contenidas en *Historia universal de la infamia, El jardín de los senderos que se bifurcan, Ficciones* y *El Aleph*) se ha ido simplificando progresivamente hasta llegar a la claridad y transparencia de los últimos cuentos (los incluidos entre los poemas de *El hacedor, Elogio de la sombra* y *El oro de los tigres,* o los recopilados en *El informe de Brodie, El libro de arena* y *Rosa y azul*), en los que se perciben rasgos de su génesis más oral y conversacional que de una escritura inmediata y directa; el propio autor se ha referido a su ideal de conjugar un estilo llano, casi hablado, con un argumento imposible.

Historia universal de la infamia presenta una «suma» de relatos basados en personajes anómalos vinculados entre sí por la maldad y la violencia, a los que Borges da nueva vida con su fantasía reanimadora; allí, aparte del prodigio de recreación verbal del lunfardo que se ofrece en «Hombre de la esquina rosada» desde la voz del narrador que en primera persona refiere a Borges como narratario una aventura violenta, debe destacarse una abreviación en lenguaje actualizado y retocado del ejemplo XI del *Conde Lucanor* [12]. En *El jardín...* el cuento que da título a la colección ejemplifica la deuda formal borgiana con la novela policiaca; de «La lotería de Babilonia», con sus intentos vanos de racionalizar la experiencia sometida al azar, el propio autor reconoce los aspectos simbólicos del juego, así como la irrealidad onírica de «Las ruinas circulares», en donde los individuos son proyecciones de la imaginación ajena, sueños soñados por otros; los demás cuentos juegan a enredar al lector en laberintos verbales y librescos de enorme complicación: «Tlön, Uqbar, Orbis Tertius» [13], donde un mundo imaginario extraí-

---

[12]   Véanse Thomas Montgomery, «Don Juan Manuel's tale of don Illán and its revision by J. L. Borges», *Hispania,* 47 (1964), y Cristina González, «Don Juan Manuel y Borges: el gran maestro de Toledo y el brujo postergado. Dos versiones de un ejemplo», *Ínsula,* 371, octubre 1977, pág. 1.

[13]   Marina E. Kaplan en «Tlön, Uqbar, Orbis Tertius» y «Urn Burial», *Comparative Literature,* 36 (1984), págs. 328-342, se centra en el análisis de su desenlace irónico a la luz de la obra de Thomas Browne.

do de una enciclopedia llega a sustituir al mundo real
y el funcionamiento así mental como verbal idealista
de aquél invierte los fundamentos de las convenciones vigentes en éste; algo parecido ocurre en «El
acercamiento a Almotásim», «Pierre Menard, autor
del Quijote», o en «Examen de la obra de Herbert
Quain»; en «La biblioteca de Babel» se introduce la
metáfora de los libros que plasman un desordenado
orden universal.

De las nuevas aportaciones incluidas en la sección
de «Artificios» de *Ficciones,* destacamos «Funes el
memorioso», relato definido por el autor como «una
larga metáfora del insomnio», donde recrea experiencias mentales por él mismo vividas sobre la misteriosa
capacidad de la memoria, y «El Sur», que él estima-
ba como su mejor cuento, forjado sobre recuerdos de
delirios sufridos por Borges en su afección septicémi-
ca de 1938; en «Tema del traidor y del héroe» convergen varios niveles de significación, desarrollando la
idea de la existencia predeterminada para cada hombre; en la misma línea, Lönnrot, el personaje razonador de «La muerte y la brújula», cae en su propia
trampa preparada para su asesino.

De la amplia y densa colección reunida en *El
Aleph,* la crítica ha centrado sus indagaciones en el
relato que le da título, poniendo de relieve su conjunción de sátira sobre la cultura argentina y la visión
mágica del mundo; en el laberinto semántico recreado en «La casa de Asterión», donde el pobre Minotauro es símbolo de la monstruosidad humana en
espera de una redención liberadora; en «Emma
Zunz», que presenta dos historias convergentes vinculadas por la protagonista que debe sacrificarse
para vengar la muerte de su padre; en «La otra
muerte» (titulada significativamente «La redención»
en su primera aparición el 9 de enero de 1949 en *La
Nación*), donde la ficción resulta más convincente que
la realidad, haciéndonos descreer en la consistencia

de ésta; en «Deutsches Réquiem», que ilustra por el ejemplo del nazismo las íntimas contradicciones de sistemas que acaban por destruir a sus propios promotores, o en «El inmortal», que, por medio de un ambicioso juego de laberintos y espejos en atmósfera alucinatoria, sugiere la identidad esencial de todos los humanos, con eficaz uso de referencias literarias productoras de desrealización en este caso. «La intrusa», donde se depura el tema de la violencia, neutralizándola con referencias costumbristas y notas de color local argentino, se incluye en esta colección pero también pasará a integrar la de *El informe sobre Brodie.*

El hacedor es, en palabras de su autor, una «desordenada silva de varia lección» que avecina poemas con ensayos y relatos, todos ellos brevísimos y de extremada concentración; los últimos participan del rigor, la metaforización y la actitud confesional [14] de las piezas poéticas; reaparecen los viejos temas de la fatalidad y la cíclica repetición predeterminada por una fuerza oculta, la nostalgia del pasado y de lo perdido, el espejo como símbolo clave de la aparien-cialidad de lo real, de la revelación de la conciencia y del desdoblamiento autocontemplativo. Son memorables el que da título al conjunto, además de «Las uñas», «El cautivo», «Diálogo de muertos», «La trama», «Borges y yo», donde, antes de que el yo narrador confiese no saber cuál de los dos escribe aquella página, se lee: «yo vivo, yo me dejo vivir, para que Borges pueda tramar su literatura y esa literatura me justifica», o «El testigo», por su densidad y patetismo simplemente sugerido.

---

[14]   El propio Borges no ignora el sutil e íntimo componente personal que se difunde, diluido, por toda su obra: «Un hombre se propone la tarea de dibujar el mundo (...). Poco antes de morir, descubre que ese paciente laberinto de líneas traza la imagen de su cara», leemos en el último párrafo de este libro.

También entre los poemas, predominantes en número, de *Elogio de la sombra* se incluyen breves relatos que no disuenan con los versos, como «El etnógrafo», «Pedro Salvadores», «Leyenda», «His end and his beginning» y «Una oración»; argumentos diversos se unifican estéticamente mediante la perspectiva resignada y nostálgica desde la vivencia de la madurez plena y además por su componente ético, que así se plasman en el último mencionado: «Desconocemos los designios del universo, pero sabemos que razonar con lucidez y obrar con justicia es ayudar a esos designios que no nos serán revelados»; para ellos el autor declara preferir las palabras habituales a las asombrosas, intercala rasgos circunstanciales que el lector suele exigir, simula «pequeñas incertidumbres» y narra hechos «como si no los entendiera del todo».

El relato que da título a la colección de *El informe de Brodie* presenta como memorial de un misionero la vida y costumbres de una tribu primitiva que, por debajo de las superficiales discrepancias con el mundo civilizado, también ofrece profundas coincidencias o analogías explotadas con aguda ironía por el autor; en «El evangelio según Marcos» se brinda en forma transparente, con sus más típicos recursos de estilo, la idea del fatalismo existencial. De todo el conjunto rechaza Borges la intención moralizante o persuasiva; se contenta con procurar distracción o emociones a través de las expectativas sembradas por su libre imaginación con sugerente complejidad.

De los trece relatos de *El libro de arena,* «Ulrica» muestra un excepcional tratamiento borgiano del tema amoroso; «El otro» evoca autobiográficamente la evolución de la personalidad a lo largo del tiempo, vinculada con la perpleja conciencia de duplicación; la melancolía y el sentido ético presiden respectivamente la construcción de «Utopía de un hombre que está cansado» y «El soborno»; «El Congreso», aquí incluido, es un boceto novelesco con deformados rasgos autobiográficos en un relato hecho en primera persona con desdoblamiento de perspectivas entre pasado y presente, narrado desde una soledad minotáurica donde no faltan ironía ni humorismo en el intento de crear unas Naciones Unidas paralelas como asamblea representativa de toda la humanidad, para revelar al fin que tal congreso ya existe: es la historia universal con todos los hombres que en el mundo han sido. Es éste un libro, como todos los suyos, donde se introducen unas «pocas variaciones parciales» a sus temas preferidos y de cuyos sueños el autor esperaba que «sigan ramificándose en la hospitalaria imaginación» de sus lectores.

Las ficciones de Borges nos trasladan a un reino soñado y mágico en el que el tiempo carece de peso, donde la conciencia puede fingir que está liberada de esa presión que supone el componente temporal de la realidad y de la historia; pero tal evasión permite acercarse con mayor profundidad a la captación del sentido de la vida y por instantes revela facetas desconocidas, misteriosas e incluso absurdas, pero no por ello menos reales y auténticas, del hombre y del universo que lo encierra en su indescifrable laberinto.

La existencia terrenal del más ilustre de los escritores argentinos concluyó en Ginebra en junio de 1986, pero para sus lectores siempre quedará, como los clásicos, vivo y alentando en las páginas de sus libros.

ALEJO CARPENTIER

ALEJO CARPENTIER, estimado como el mejor de los novelistas que Cuba ha producido, nació en La Habana en 1904, con ascendencia paterna francesa y madre de origen eslavo; incansable lector desde la infancia y educado en un ámbito familiar culto, cosmopolita y con aficiones musicales, se dedicó durante muchos años a actividades periodísticas; en su juventud compartió los afanes renovadores de políticos e intelectuales cubanos aglutinados sobre todo por el llamado «Grupo minorista» que impulsó la *Revista de Avance;* sus años de permanencia en París entre 1928 y 1939, adonde fue huyendo de la represión del dictador Machado, que lo había encarcelado, le brindaron ocasión de conocer de cerca los experimentos vanguardistas y el naciente movimiento surrealista; allí consagró también mucho tiempo a la lectura de los clásicos americanos y españoles, en particular a los cronistas de la época colonial, además de al estudio de disciplinas históricas y económicas. Durante la guerra civil española participó en el Congreso de escritores celebrado en Valencia en 1937 y cultivó la amistad de personalidades tan célebres como García Lorca, Salinas, Falla, Turina, Picasso, Vallejo, Nicolás Guillén, Eluard, Tzara, Malraux y Aragon. En sus últimos años, hasta su muerte en París, ocurrida en 1980, sirvió en cargos culturales y en funciones diplomáticas a su país, aun después de atenuado su inicial entusiasmo por la Revolución castrista, pero intacta su ilusión de considerar al socialismo como la solución más aceptable para la historia contemporánea. Sus viajes por tierras americanas, en especial su personal descubrimiento de Haití en 1943, de México al año siguiente y del interior de Venezuela, donde vivió diez años, le confirmaron en su vocación de novelista, que ya se había iniciado en sus juveniles años, cuando en prisión escribe en 1927, *Ecue-Yamba-O;* en relación con esa exploración geográfica y cultural de América puede ponerse la habitual estructura itinerante e indagatoria de su obra narrativa [1].

Carpentier fue un novelista de cultura muy vasta, dotado de refinada sensibilidad, calificada a veces de

---

[1] El lector podrá acceder a lo esencial de la obra narrativa de Alejo Carpentier a través de las siguientes ediciones:

Ecue-Yamba-O, Madrid, Editorial España, 1933; Barcelona, Bruguera, 1979.

El reino de este mundo, México, Edición y Distribución Iberoamericana de Publicaciones, 1949; Barcelona, Seix Barral, 1967.

Los pasos perdidos, México, E.D.I.P., 1953; Barcelona, Barral, 1972; Bruguera, 1979; Madrid, Cátedra, 1985.

El acoso, Buenos Aires, Losada, 1956; Montevideo, 1972; Barcelona, Bruguera, 1979.

Guerra del tiempo, México, Cía. Gral. de Ediciones, 1958; Barcelona, Barral, 1970.

El siglo de las luces, México, Cía. Gral. de Edics., 1962; Barcelona, Barral, 1964; Barcelona, Bruguera, 1979; Madrid, Cátedra, 1985.

El derecho de asilo, Barcelona, Lumen, 1972.

Concierto barroco, México, Siglo XXI, 1974.

El recurso del método, México, Siglo XXI, 1974.

La consagración de la primavera, México, Siglo XXI, 1978.

El arpa y la sombra, México, Sigo XXI, 1979.

Cuentos completos, Barcelona, Bruguera, 1979; incluye «El camino de Santiago», «Viaje a la semilla», «Semejante a la noche», «Los fugitivos», «Los advertidos», «Oficio de tinieblas» y «El derecho de asilo».

Obras completas de Alejo Carpentier, México-Madrid, Siglo XXI, vol. I, 1983; se proyecta un conjunto de catorce volúmenes.

proustiana, y de agudo sentido estético, interesado
por las corrientes filosóficas de su tiempo y por todo
tipo de innovaciones artísticas, que incluyen las pictóricas, arquitectónicas, cinematográficas, musicales
y hasta coreográficas; su especial aplicación a indagar
en la temporalidad histórica y en la música, aparte de
plasmarse en su estudio titulado *La música en Cuba*
(1946) [2], deja huellas decisivas a lo largo de toda su
producción novelesca; defensor incansable de la libertad, aunque atraído por la sociología marxista, pro-
curó mantener una actitud ideológica independiente
como artista. Postuló, como exigida por nuestro
tiempo, una novela de tipo épico que arrancase de la
historia pasada y presente, tuviera incidencia en la
futura y diese cabida a los movimientos y apetencias
de la colectividad humana, ampliando así las perspectivas del lector al ofrecerle cuadros históricos muy
dilatados a la manera de grandiosos frescos, en los
que también encuentran cabida aspectos mínimos de
la realidad, que se describen con minuciosidad y
donde la naturaleza se ofrece como cómplice y en
concordancia sinfónica con la historia. Su prosa,
transparente a pesar de su tendencia barroquizante,
tiende ante todo a mostrar la realidad, nombrando
adecuadamente sus componentes, más que a infor-

---

   [2]   Lo más interesante de su obra ensayística puede hallarse en
los siguientes libros:
La música en Cuba, México, F.C.E., 1946; La Habana, Luz-Hilo,
   1961.
Tientos y diferencias, México, UNAM, 1964; La Habana, Unión,
   1966.
Literatura y conciencia política en América Latina, Madrid, Alberto
   Corazón, 1969.
La ciudad de las columnas, Barcelona, Lumen, 1970.
*Bajo el signo de la Cibeles (Crónicas sobre España y los españoles,
   1925-1937),* Rodríguez Puértolas, ed., Madrid, Nuestra Cultura,
   1979.
*La novela latinoamericana en vísperas de un nuevo siglo y otros
   ensayos,* Madrid, Siglo XXI, 1981.

mar o a demostrar; supera el cultivo del documentalismo costumbrista y del psicologismo analítico, no
renunciando a ellos sino incorporándoles componentes mágicos, telúricos, míticos y animísticos, según él
mismo puntualizó con su formulación de los «contextos» que permitirían profundizar en el conocimiento
de América [3]. El universalismo carpenteriano se
asienta en la amplitud de sus asimilaciones culturales,
que engloban desde el mundo precolombino a las
varias revoluciones realizadas y sufridas por la humanidad, al afrocubanismo, a los clásicos españoles,
desde Cervantes y Quevedo a Valle-Inclán y Baroja, a
las corrientes vanguardistas europeas y a los experimentos artísticos contemporáneos; la integración de
tan dispares elementos le permitió ampliar sus horizontes estéticos e ideológicos, evitando una visión
provincialista y reducida.

Una de sus apetencias más notables como creador
literario consistió en trazar una síntesis histórica específicamente americana, fundamentada en documentación muy extensa y rigurosa, a través de la cual
se revelase la inmutable esencia de los hombres a
pesar de las variables alteraciones de sus circunstancias vitales; los procedimientos simbólicos utilizados
le permitirían alcanzar trascendencia y universalidad, desbordando los límites caribeños y americanos
en la indagación de cuya historia vertió sus mejores
esfuerzos.

Por una parte, su tendencia barroquizante quedaba
justificada por su convicción de ser el barroco un arte
peculiar de América, así como una poética válida
para captar con plenitud su realidad exuberante y
desbordada; por otra, mediante su teoría de «lo real

---

[3] Alejo Carpentier, *Tientos y diferencias,* La Habana, 1966;
Montevideo, Arca, 1967, 1970[2]; ensayo recogido parcialmente en
Literatura y conciencia política en América Latina, Madrid, Alberto
Corazón, 1969.

maravilloso», plasmada en el prólogo de *El reino de
este mundo* (1948), pretendía superar la estética del
realismo tradicional; allí establecía una caracterización pragmática de la novela que América exigía;
venía a consistir en una peculiar síntesis de lo más
aprovechable del surrealismo, esquivando su artificiosidad y su individualismo desaforado, pero aceptando su carga de subjetivismo, y a esto se añadía lo
tomado del realismo socialista con su pretensión de
totalidad, atendiendo a las circunstancias materiales
de la vida, pero despojándolo de su mecanicismo
objetivista al dar cabida a los aspectos espirituales de
la existencia. De esta suerte, se ponía Carpentier en
condiciones de superar las técnicas ingenuas de la
llamada generación criollista o mundonovista que le
precediera; su arte combinatorio tenía como antece-
sor al neosimbolismo que pretendió esquivar el realismo fotográfico como estéticamente estéril, y en su
fórmula se integraban tendencias expresionistas, fantásticas e impresionistas, a lo que se sumaba el interés
por registrar los aspectos cotidianos de la vida y la
atención a la colectividad social en su evolución
histórica. El novelista cubano pretende que lo narrado se ofrezca al lector con la apariencia de que surge
con libertad de la realidad misma que previamente ha
explorado con una documentación rigurosa y respe-
tando la verdad histórica esencial; de su exploración
en la historia real americana surgirá esa presencia
de lo maravilloso que el novelista concentra en sus
textos.

Como ya quedó apuntado en nuestra introducción,
la poética de Carpentier tiene sus precedentes en el
vanguardismo europeo, particularmente en el realismo mágico tal como lo formulara Franz Roh en 1925
en su libro *Nach-Expressionismus (Magischer Realismus)* y aun en el *Manifeste* de 1924, en que André
Breton proclamaba lo maravilloso como categoría
estética y modo de vida; el mismo año 1948, en que el

cubano anunciaba la existencia de lo maravilloso auténtico en América como un concepto cultural vivo, indicando que se revelaba a quienes renunciando al racionalismo creen en su presencia, Uslar Pietri se refería al realismo mágico en su ensayo *Letras y hombres de Venezuela,* considerando que debe estimarse lo que de misterioso hay en el hombre, el consiguiente derecho a la adivinación poética y a la negación artística de la realidad reducida a sus meras apariencias. Con el instrumento de esta nueva poética se intentará captar literariamente la autenticidad de la historia y de la existencia americanas en las vertientes ontológica y fenomenológica, merced a esta especie de realismo idealista que, sin cerrar los ojos a las realidades materiales, las complementa con aportaciones del mundo sobrenatural, no necesariamente de índole religiosa, y superreales.

El peculiar humanismo carpenteriano reside en su visión de la historia concebida en sus reiteradas estructuras como una suerte de prisión para los hombres; el retorno cíclico de sus esquemas no excluye en ella una evolución tendiente al progreso, pero el ser humano tiene una inesquivable dimensión temporal a la que no le es posible renunciar como no sea mediante la imaginación, con ayuda de la cual no sólo cree liberarse de su cárcel de tiempo, sino que impulsa el desarrollo histórico con su búsqueda de salidas o soluciones; en esta tensión motora importan no sólo los esfuerzos gigantescos y heroicos de las personalidades relevantes, sino también los del hombre en apariencia insignificante cuyos actos ignorados se suman a los de tantos otros en el tejido incesante de la intrahistoria e impulsan en su permanente dialéctica a la dinámica historia universal. La vieja oposición sarmientina entre civilización y barbarie renace en Carpentier bajo formas mucho más matizadas y tendiendo a la síntesis de dualidades tales como las de aquí-allá, presente-pasado, individuo-sociedad, con-

creción-abstracción, y sobre todo las tan unamunia-
nas de esencia-apariencia y ser-querer ser[4].

Con *Ecue-Yamba-O, historia afrocubana* (1933),
redactada parcialmente en su juvenil encarcelamiento
de 1927, se inicia la actividad novelística de Carpen-

---

[4] Ofrecemos a continuación al estudioso una muestra selectiva
y alfabetizada de los estudios críticos publicados sobre la obra de
Carpentier que estimamos de mayor utilidad:

Actas del XVII Congreso del Ito. Internac. de Lit. Iberoam., Madrid, Instituto de Cultura Hispánica, 1978; véase tomo I.

Alzola, C., en *Cinco aproximaciones a la narrativa hispanoamericana,* Playor, Madrid.

Arias, S. (comp.), *Recopilación de textos sobre A. C.,* La Habana,
Casa de las Américas, Serie Valoración Múltiple, 1977.

Barroso, J., *«Realismo mágico» y «lo real maravilloso» en «El reino
de este mundo» y «El siglo de las luces»,* Miami-Florida, Universal, 1977.

Bueno, S., «Carpentier en la maestría de sus novelas y relatos
breves», *Anales de Literatura Hispanoamericana,* 4, Madrid,
1975, págs. 149-172.

Camp de l'Arpa, 88, Barcelona, junio 1981.

Chao, R., *Palabras en el tiempo de Alejo Carpentier,* Barcelona,
Argos-Vergara, 1984.

Dorfman, A., «El sentido de la historia en la obra de A. C.», en
Imaginación y violencia en América, Barcelona, Anagrama, 1972.

Francés Benítez, «Arquetipos y mitos en *Ecue-Yamba-O», Mester,*
VIII, 2, 1979.

Giacoman, H. F. (ed.), *Homenaje a A. C.,* Nueva York-Madrid,
Las Américas-Anaya, 1970.

González Echevarría, R., *A. C.: The pilgrim at home,* Nueva York,
Cornell U.P., 1977.

——— «Alejo Carpentier», en *Narrativa y crítica de nuestra América,* Madrid, Castalia, 1978, págs. 127-160.

Harss, L., «A. C. o el eterno retorno», en *Los nuestros,* Buenos
Aires, Sudamericana, 1966.

Janney, F., *A. C. and his early works,* Londres, Tamesis, 1981.

Márquez Rodríguez, A., *La obra narrativa de A. C.,* Caracas,
Univ. Central, 1970.

——— *Lo barroco y lo real maravilloso en la obra de A. C.,* México,
Siglo XXI, 1982.

Mocega González, E., *A. C.: estudios sobre su narrativa,* Madrid,
Playor, 1980.

Müller-Bergh, K., *A. C. Estudio biográfico crítico,* Nueva York,
Las Américas, 1972.

tier dando pruebas de sus aficiones etnológicas y folcloristas como el subtítulo indica; el propio título es una expresión lucumí equivalente a «Dios, loado seas»; todavía hay aquí cierta inmadurez estética apreciable en la excesiva carga de documentalismo, exotismo científico y artificiosidad poco justificada en el caótico montaje de elementos culturales y vitales, entre los que se incluyen los inspirados en la música y en los rituales religiosos de los negros cubanos. A pesar de los desaciertos parciales, es visible su intento de captar el mundo mágico de una colectividad en sus vivencias al margen de la lógica racional. Su protagonista, Menegildo Cue, se yergue con carácter simbólico como representante de sus hermanos de raza en los trágicos avatares de su vida y en su muerte. Los personajes están sobriamente abocetados, resaltándose más que ellos la fuerza de la circularidad histórica, y aunque se aprecia el deseo de enaltecer al mundo negro por la riqueza de su mundo interior y su integración con la naturaleza, no llega a detectarse en los aspectos mágicos la trascendencia social pretendida ni se verifica una narración desde dentro del mundo recreado porque el narrador se interfiere con exceso. El propio autor llegó a conside-

Müller-Bergh, K. (ed.), *Asedios a A. C.: Once ensayos críticos sobre el novelista cubano,* Santiago de Chile, Edit. Universitaria, 1972.
Ramírez Molas, P., en *Tiempo y narración. Enfoques de la temporalidad...,* Madrid, Gredos, 1978.
Rodríguez Almodóvar, A., en *La estructura de la novela burguesa,* Madrid, Betancor, 1976.
Santander, C., «El tiempo maravilloso en la obra de A. C.», en Loveluck (ed.), *Novelistas hispanoamericanos de hoy,* Madrid, Taurus, 1976.
VV.AA., *Historia y mito en la obra de A. C.,* Buenos Aires, F. G. Cambeiro, 1973.
Verdevoye, P., «Las novelas de A. C. y la realidad maravillosa», *Rev. Iberoamer.,* 118-119 (1982), págs. 317-330.
Vila Selma, J., *El «último» Carpentier,* Las Palmas, Cabildo, 1978.
Volek, E., *Cuatro claves para la modernidad: análisis semiótico de textos hispánicos...,* Madrid, Gredos, 1984.

rar esta novela como un intento fallido, pero hay en ella aciertos parciales que residen en la plasmación de ciertas imágenes vanguardistas, en la exploración de los mitos de un pueblo y en la expresión literaria de la sexualidad y de la violencia.

El reino de este mundo [5] (1949) tiene el aspecto de una novela de aventuras y está inspirada en acontecimientos históricos vividos en Haití, pero potenciando mucho la presencia de los aspectos maravillosos vinculados a leyendas locales y a la realidad cotidiana; la historia se centra en cuatro períodos integrados por la presencia testimonial de Ti Noel: el primero arranca en 1760 con la rebelión de Mackandal y su trágica muerte, el segundo va desde la Revolución francesa al año 1802, el tercero y el último se sitúan en el ascenso y caída del tirano negro Henri Christophe en 1820 y en la etapa que sigue a su desaparición. La evolución histórica haitiana se narra en tercera persona con estilo expositivo a través de las experiencias del esclavo liberado Ti Noel y de su personal visión de los hechos; aunque se detecte una técnica en que se superponen textos históricos a un sustrato de sueños y mitos liberadores, no se intenta una simple reconstrucción del proceso, sino una presentación problemática y crítica de la posibilidad de transplantar esquemas racionales europeos a tierras americanas: la toma del poder por parte del ex cocinero Christophe funciona como una parodia fantástica, a través de su grotesca conducta, de los ambientes de la Francia dieciochesca y de su fastuosidad versallesca.

No importa tanto el elemental tratamiento de los caracteres particulares cuanto la plasmación de una existencia colectiva que se revive a través de una prosa imaginativa y a veces impregnada de lirismo; el

---

[5] Véase Emil Volek, «Análisis e interpretación de *El reino de este mundo*, en H. F. Giacoman, ed., *Homenaje a A. C,* págs. 145-178.

relato adquiere coherencia por la técnica del contrapunto y las reiteraciones de los motivos fundamentales, pero más aún por la presencia incesante de lo
maravilloso y la supervivencia legendaria del rebelde
y metamorfoseado Mackandal como responsables,
ambos, del movimiento histórico. El autor ha incorporado a su visión la de los pueblos que interpretan
los fenómenos de la realidad con una mentalidad
mitológica precientífica; de este modo, por su tratamiento estético, el aparente caos adquiere un orden
ideológico y la temporalidad poetizada difumina los
límites entre pasado y presente; es admirable la brillante recreación barroca de paisajes naturales y urbanos, y en el plano conceptual las meditaciones
finales de Ti Noel, superadoras del fatalista simbolismo de la serpiente, que son una llamada a mejorar el
mundo por la actividad humana. Aquí empieza a
plasmarse literariamente no sólo la virtualidad de la
imaginación como liberadora de la opresión, sino
también la paradoja de una libertad eufórica conseguida con sangre, que desemboca de nuevo en tiranía
sangrienta.

Los pasos perdidos (1953) es novela en que se
ejemplifica el tratamiento literario del realismo maravilloso en su fusión de espacio y tiempo, realidad y
ficción; su texto ofrece una estructura mítica además
de una dimensión simbólica y aun arquetípica en la
representación de seres, objetos, paisajes y situaciones. Uno de sus aspectos más notables estriba en su
modo singular de presentar la idea y la vivencia de la
temporalidad, que ya estaba en germen en el cuento
de 1944 «Viaje a la semilla», a través de la narración
hecha por su protagonista, un culto músico cubano
que en forma próxima al diario ejemplifica la añoranza humana del paraíso, perdido por la civilización
moderna. Así se plasma, a través de su búsqueda
frustrada de la inocencia inicial, de sus raíces culturales o de sus «pasos perdidos», toda una alegoría

sobre las inquietudes indagatorias del artista americano, nuevo Sísifo asediado por la rutina de su
existencia cotidiana. Su viaje parabólico hacia el pasado y al mismo tiempo hacia su propio interior,
remontando el Orinoco durante mes y medio, brinda
al novelista la posibilidad de realizar meticulosas y
sensuales descripciones plásticas[6]. Se trata de un
hombre que, fastidiado por su género de vida en la
gran ciudad neoyorkina durante los años próximos a
1950, casi llega a alcanzar en la selva venezolana el
hallazgo de su ser auténtico; allí recobra, en un
ámbito de asombro y misterio, impulsos creativos en
una especie de renacimiento espiritual que le permitirá volcarse con nueva vitalidad en su actividad artística. El novelista sugiere la posibilidad y aun la
necesidad de evadirse de una temporalidad conflictiva para que la conciencia despierte en otros ámbitos
y se lance, sin anclarse en el pasado, a la construcción
de un mundo distinto; desarrolla el conflicto entre
dualidades como las representadas por una inauténti-
ca sociedad alienante y la naturaleza que se intuye
como liberadora, entre el orden impuesto y la libertad espontánea, la monotonía rutinaria y la creatividad, entre lo convencional degradado y lo maravilloso sorprendente; se ofrecen además sugerentes reflexiones y fantasías, sobre todo en relación con la vida
concebida como proyecto, la historia como futuro en
construcción constante, donde el pasado se incorpora
al presente, hasta el punto de que el protagonista, en
la parábola de su peregrinación selvática, todavía
sigue buscando al final un horizonte abierto donde le
sea factible realizar su destino escapando de la decadencia.

El acoso (1956) noveliza los hechos sucedidos du-

---

6   Véase Klaus Müller-Bergh, «En torno al estilo de A. C. en
Los pasos perdidos», en H. F. Giacoman, ed., *Homenaje a A. C.*,
págs. 179-208.

rante los 46 minutos que dura la interpretación de la sinfonía *Eroica* de Beethoven [7] a un joven revolucionario que, perseguido por sus antiguos correligionarios terroristas, se refugia en una sala de conciertos [8]. Se han estudiado las tres partes de la novela en sus semejanzas con los movimientos de una sonata [9], y sus diversas secuencias en su analogía con variaciones musicales. El tratamiento de la temporalidadd, alterando la tradicional secuencia lineal, es uno de sus aspectos técnicos más logrados en su creciente ritmo angustioso y en los funcionales desplazamientos cronológicos, así como la multiplicidad de los conjugados puntos de vista y la penetración en el espacio urbano de La Habana. Se ofrece al lector un mundo agobiante por cerrado, la sugerencia de encierro en una cárcel sin salida plasmada en procedimientos de enorme coherencia interna que, de forma simbólica, remiten no sólo a la opresión política vivida en Cuba bajo la dictadura de Machado, sino, con carácter más universal, al transcurrir sufriente del hombre por el laberinto de la existencia. El duplicado punto de vista y los monólogos interiores del acosado y del taquillero de la sala, con inclusión de asociaciones mentales digresivas, contrapuntos y técnica de *flash-back,* ponen de manifiesto la radical soledad básica del ser humano. Carpentier elaboró aquí una estructura de múltiples piezas que el lector va descifrando progresivamente, reconstruyéndolas en su complejo significado, del que no está ajeno el sentido de la violencia revolucionaria, pero más aún el del desgarramiento producido por la existencia consciente.

---

[7]   Véase H. F. Giacoman, «La relación músico-literaria entre la Tercera Sinfonía *Eroica* de Beethoven y la novela *El acoso* de A. C.», en *Homenaje a A. C., 439-465.*

[8]   Véase A. J. Carlos, «El anti-héroe en *El acoso*», *ibíd.,* páginas 365-384.

[9]   Véase E. Volek, «Análisis del sistema de estructuras musicales e interpretación de *El acoso* de A. C.», *ibíd.,* págs. 385-438.

Guerra del tiempo (1958), con título deudor de la
definición de Lope de Vega que concibe al hombre
como «soldado de la guerra del tiempo», incluye tres
relatos titulados «El camino de Santiago» [10], «Viaje a
la semilla» [11] y «Semejante a la noche» [12]; la edición
mexicana incorporaba la novela corta *El acoso,* que
fue sustituida en la española por otros dos relatos,
«Los fugitivos» y «Los advertidos». Los tres iniciales
tienen en común al tiempo cósmico, histórico y personal como protagonista, tratado con renovadora
técnica en su recurso cíclico, así como la idea de la
igualdad esencial de los hombres en cualquier época y
el impulso aventurero alimentado de sueños e ilusiones como motor de la historia; de los dos últimos,
uno presenta las vicisitudes de un negro y un perro en
su común marcha hacia la libertad, el otro, las limitaciones humanas en el papel que desempeñan varios
elegidos de Dios.

El siglo de las luces [13] (1962), la novela con que su
autor empezó a trascender a un público más dilatado
de lectores, tiene a la revolución política como tema
esencial, presentado en el entramado de una historia
americana y europea, colectiva y familiar, entre los
años 1789 y 1808, donde se van entrelazando aventuras, viajes, intrigas, violencias y amores relatados por
un narrador omnisciente no muy distante de la perspectiva de los personajes centrales, Esteban, Sofía y

---

[10]   Véase H. Rodríguez Alcalá, «Sobre "El camino de Santiago" de A. C.», en H. F. Giacoman, *Homenaje a A. C.,* páginas 243-260.
[11]   Cuento antes publicado en La Habana, 1944, en edición
privada de tirada corta. «Oficio de tinieblas» es también otro
cuento publicado en la misma fecha en páginas de la revista
Orígenes; se reprodujo en *Hispamérica,* 9, 1975, págs. 87-93.
[12]   El citado *Homenaje* incluye sendos estudios de Roberto
Assardo y L. M. Quesada sobre esta obra en págs. 209-226 y
227-242.
[13]   Véase *ibid.* los ensayos de E. Desnoes, D. Pérez Minik y
C. Dumas sobre esta novela.

Víctor. Los dos primeros funcionan como protagonistas de la novela psicológica y de aprendizaje; el último, de la ambiciosa reconstrucción histórica-ficcional. El conjunto está dividido en seis grandes capítulos o partes, integrados a su vez por diversos apartados o secuencias encabezadas por títulos de pinturas goyescas; un breve epílogo cierra el conjunto. Interesa el examen de la confusión colectiva e individual producida durante el proceso revolucionario, así como el del conflicto entre los personajes y las contradicciones internas entre sus ideales y lo realizable. Importa también la dramatización de las grandes ideas motoras de la historia, particularmente de la dialéctica entre libertad, poder y violencia (la paradoja de la libertad impuesta por la fuerza y por el terror a la guillotina), o de la búsqueda del sentido de la existencia individual cuando los personajes en funcionamiento arquetípico se debaten entre una actitud de meros espectadores o de participantes activos en los sucesos. Más que de una apología entusiástica de la revolución, se trata de una lección de advertencia para evitar sus errores implícitos y sus extremismos, sin que se descuide la relevancia de las ideas renovadoras que, a pesar de las flaquezas humanas o de la inercia histórica, acaban por abrirse camino y realizarse, si encuentran respaldo en el compromiso personal.

Por lo demás, los abundantes elementos concretos de la realidad geográfica y sensorial, expresados con barroquizante acumulación, equilibran la riqueza de los integrantes abstractos y conceptuales que se formulan mediante múltiples alusiones culturales o ideológicas. El amplio espacio representado como lugar de los hechos narrados abarca desde tierras americanas, particularmente las caribeñas de Cuba, Guadalupe, Haití y Cayena, hasta las europeas francesas y españolas.

Más tarde publicará una novela corta titulada *El*

derecho de asilo (1972), que es una aproximación irónica y un tanto amargada a la historia contemporánea de Hispanoamérica, con el golpe de Estado como tema central y la permanencia inmutable de las situaciones injustas y opresivas de fondo a pesar de los cambios políticos superficiales; la angustia de quienes sufren y mueren por la realidad del régimen impuesto contrasta con la historia de amor vivida por un político profesional asilado en la embajada extranjera donde le acoge la complaciente mujer que es titular de la misma. Como ocurre en tantas otras novelas de trasfondo político, es posible reconocer aquí más de un rasgo coincidente con *Señor Presidente,* de Asturias.

Concierto barroco (1974), inspirada en el descubrimiento de la ópera *Moctezuma* de Vivaldi, testimonio de la influencia de América sobre Europa, tiene en su estructura fundamentación musical rigurosa *(allegro, adagio, vivace* y coda), pero es una novela abierta en sus integrantes parciales y en las situaciones narrativas, acrecentada tal apertura por los anacronismos y la aparente dispersión de sus componentes. Por medio del viaje que realizan a la Europa dieciochesca un potentado criollo mexicano y su criado negro, se va desvelando un mundo circular y envolvente, hasta concluir en la luminosa y vitalista Venecia como lugar de la fiesta final carnavalesca. Hay que hacer notar la simbología del color que funciona en los diversos ambientes geográficos (México, La Habana, un Madrid decepcionante, Italia), el *leit-motiv* del reloj que marca el paso del tiempo y los saltos cronológicos que avanzan hasta bien adentrados en el siglo XX con la visita a la tumba de Stravinsky; no faltan sugerencias de que los personajes viven ajenos al transcurso convencional del tiempo, así al hacer coincidir a Vivaldi con Louis Armstrong «Satchmo», de que el destino individual es susceptible de repetirse en otras vidas o que el arte es, además de impulso liberador, vínculo esencial de unidad entre los hombres.

El recurso del método (1974), aparte de varios epígrafes cartesianos que encabezan sus 22 capítulos, lleva un título paródico del *Discours de la méthode* con implicaciones de la teoría histórica de Gianbattista Vico acerca de sus *corsi e ricorsi;* se noveliza con notable humorismo y fantasía el tema nada cartesiano de la tiranía a través de las pretensiones y conducta de un caricaturesco déspota ilustrado; la figura del «Primer Magistrado» que busca en París evasión, compensación de su temido aislamiento y refugio final, está dotada de rasgos picarescos; él se constituye en protagonista y principal narrador; su antagonista es Miguel, el Estudiante arquetípico, que desempeña funciones de héroe popular enfrentado a la opresión política dictatorial y agigantado por su actitud rebelde y combativa. Destacan los procedimientos acumulativos e intensificadores que configuran una estructura narrativa tendiente a la amplificación; se obtiene especial eficacia estética y crítica en las páginas finales, donde se muestra el fluir de conciencia del dictador humillado en su desmoronamiento ideológico y vital; a pesar de su funcionalidad arquetípica, ni el Primer Magistrado ni el Estudiante carecen de concreción y emoción humanas.

La consagración de la primavera (1978) es otra novela de profunda inspiración musical, anticipada ya desde el título y en la reproducción de la melodía inicial de la célebre obra de Igor Stravinsky, pero también visible en el ritmo con que transcurre su temporalidad y en la armonía con que se conjugan sus componentes, sobre todo los temas de amor, muerte y triunfo de la vida. En sus páginas abundosas se reconstruye literariamente medio siglo de la historia contemporánea, desde la revolución soviética a la cubana, pasando por la guerra civil española, en la que se hace participar a Enrique, estudiante cuba-

no de arquitectura, enamorado de la bailarina rusa
Vera; ambos protagonistas viven historias paralelas
con ramalazos trágicos. Una vez más se entretejen los
mundos europeos y americanos, con ambientaciones
en París, La Habana, España, Alemania y Caracas,
lo que brinda al novelista ocasión de ofrecer amplias
interpretaciones culturales dando cabida a cuestiones
que atañen a la literatura, la música, el periodismo, la
arquitectura, la filosofía y aun la geografía. Es un
nuevo canto épico a la voluntad dinámica de los
hombres que, sin contentarse con sufrir la historia,
pretenden modificarla con la revolución; se exalta en
particular la cubana, en la que se integran los protagonistas viviendo en su seno una esperanza de vida
renovada, un renacer primaveral, una ilusión de
transformar las condiciones de vida de sus semejantes
y de producir un reencuentro con la auténtica cultura
del pueblo. Llega aquí el novelista a las más altas
cumbres de su estilo descriptivo barroquizante, enu-
merativo y moroso, prestando atención a la captación de los aspectos mágicos de la existencia y a la
investigación erudita en el tiempo histórico en que se
desarrollan las acciones novelescas, presentadas con
linealidad fundamental pero sin rehuir las visiones
retrospectivas o evocadoras que confieren unidad y
universalidad a su exploración humanística y social.

El arpa y la sombra (1979) fue la última novela que
Carpentier publicó; en ella el tema histórico de los
proyectos de Pío IX y León XIII de canonizar a
Cristóbal Colón adquiere tratamiento estético y se
despliega con voluntad reflexiva y lúdica a la par, a
base de imaginación e intuiciones poéticas y existenciales; no se pretende tanto fidelidad absoluta a la
documentación histórica sobre la personalidad del
protagonista, sino tratar sus actuaciones como pudieran haber sucedido, dando entrada a la fantasía en la
reconstrucción de sus pensamientos y conducta; un
elemento clave de la novela está en el diálogo que se

finge entre Andrea Doria y Colón, donde se somete a crítica la metodología de la investigación histórica. En los tres bloques paralelos con que se organiza la materia narrativa intervienen diversos protagonistas instalados en diferentes situaciones espaciales y cronológicas; existen también tres narradores: Colón, que posee rasgos y actitud humanizados por la humildad y franqueza de sus confesiones, sobre todo la expresada en su agonizante corriente de conciencia; un narrador impersonal irónico, que imprime ritmo lento al relato, y otro de tipo misterioso identificable como el espíritu del Almirante. Carpentier replantea la cuestión de la esencia y la apariencia en la historia, invitando al lector a la adopción de una actitud desmitificadora sobre personajes y hechos, dando una vez más pruebas de precisión y decoro estilísticos en su tratamiento de los aspectos culturales; exhibe también su habilidad técnica en cuestiones referentes al punto de vista y a la quiebra de las barreras temporales, haciendo convivir en simultaneidad cronológica a personajes de épocas muy distintas entre sí.

AGUSTÍN YÁÑEZ

El mexicano AGUSTÍN YÁÑEZ (1904-1980) significa un nexo entre la generación de Mariano Azuela y
la de Juan Rulfo, es decir, entre el realismo costumbrista de la novela de la Revolución y el realismo
mágico. Profesor, académico y político, inició su
actividad literaria en el ámbito de la novelística de la
Revolución y, en su afán de conseguir un «retrato de
México», indagó sobre todo en la vida contemporánea provinciana y algo menos en la capitalina, detec-
tando en una y otra un mundo cerrado, sombrío,
lleno de miedos, represiones y odios intensos, problemas universalizables sin dificultad. Toda su obra
narrativa [1], pero en particular sus cuentos, recrea el
pasado histórico mexicano con nostalgia; de ahí cierta tonalidad lírica, la inclusión de evocaciones autobiográficas y la visible intervención del autor super-
puesto a sus personajes; también es detectable la

---

[1]   Además de su producción novelesca, representada por *Pasión
y convalecencia* (1944), *Al filo del agua* (México, Porrúa, 1947...; La
Habana, Casa de las Américas, 1967), *La creación* (México, FCE,
1959...), *Ojerosa y pintada* (México, Libro-México, 1960), *La tierra
pródiga* (México, FCE, 1960...), *Las tierras flacas* (México, Joaquín Mortiz, 1964...) y *Las vueltas del tiempo* (1973), cuatro
volúmenes reúnen sus cuentos: *Flor de juegos antiguos* (1941),
Archipiélago de mujeres (1943), *Los sentidos al aire* (1964) y *La
ladera dorada* (1979); los tres primeros de éstos los ha estudiado
R. A. Young en *Agustín Yáñez y sus cuentos* (Londres, Tamesis
Books, 1978).

presencia temática de ciertos elementos legendarios y de símbolos mitológicos autóctonos que en la obra de Carlos Fuentes cobrarán luego mayor vigor y funcionalidad. Sus novelas están estructuradas con solidez, tendiendo a la circularidad, y escritas con precisión expresiva; por más que desarrolle tradicionales temas realistas, se aprecia en su autor —que no en vano leyó a Quevedo, a los autores españoles del 98, a Faulkner, Joyce y Dos Passos— la voluntad de ahondar con renovadas técnicas en el paisaje, las gentes y sus conflictos, desechando así cierto lastre de costumbrismo superficial presente en sus mentores mexicanos y dando vida a inolvidables criaturas de ficción [2].

En *Pasión y convalecencia,* novela poemática elaborada con notable galanura de estilo a partir de fragmentos líricos expandidos, se inicia su exploración literaria en la realidad nacional de México; su anécdota está centrada en las reacciones subjetivas que incluyen imágenes delirantes de un enfermo que, mientras decide regresar del campo a la ciudad, evoca con morosidad los dorados años de su infancia.

El título de *Al filo del agua* está formado por un sintagma denotador de la inminencia de un suceso, en este caso de la Revolución de 1910; se trata de una novela debeladora de varios tipos de tiranía, que marcó un hito en las letras de México similar al de *Pedro Páramo,* descubriendo a los mexicanos con su aporte crítico basado en la observación objetiva de la

---

[2]   Entre las aportaciones críticas más valiosas sobre su obra anotamos las de Emmanuel Carballo, *Agustín Yáñez* (La Habana, Casa de las Américas, 1966), John J. Flasher, *El México contemporáneo en las novelas de A. Y.* (México, Porrúa, 1969), Joseph Sommers, *Yáñez, Rulfo, Fuentes. La novela mexicana moderna,* centrado en *Al filo del agua* (Caracas, Monte Ávila, 1970) y Helmy F. Giacoman (ed.), *Homenaje a A. Y.,* Madrid-NY (Anaya-Las Américas, 1973), con aportaciones valiosas de E. Carballo, J. Sommers y J. S. Brushwood, entre otros estudiosos cuyos artículos se acogen en el libro colectivo.

realidad su propia cara y las máscaras con que la
disfrazan; ofrece indudable interés el análisis de la
sociedad rural de una aldea del estado de Jalisco [3],
dando cabida a un tratamiento lírico de la realidad
cotidiana, que brinda al lector un legítimo paladeo
verbal que incluye el regusto de los modismos nacionales. Aunque no faltan tintas negras, no hay amargura en el fondo de las evocaciones, máxime cuando
el estallido revolucionario parece aportar, por medio
de la urbana Micaela y del viajero Damián, una
renovación esperanzadora a la existencia apagada y
trágica de un pueblo polvoriento sumido en prácticas
religiosas negativistas de tipo casi monástico. Hay
aciertos en la interiorización conseguida mediante el
uso de variadas formalizaciones del flujo de conciencia, como también en la plasmación del sentimiento
de fracaso que tiene el puritano párroco Dionisio en
la última misa que celebra y en la ironía con que se
ofrecen los destinos fragmentarios, simultaneísticos a
veces rompiendo la linealidad temporal, de los personajes vinculados a vivencias de erotismo, violencia y
desequilibrio afectivo y mental. Aunque parece un
acierto la alternancia de estatismo y dinamismo en el
ritmo estilístico, adecuado a las tensiones reveladas
entre religiosidad y erotismo, tradicionalismo y progreso, y lo es sin duda la musicalidad de una prosa
tan cuidada en su eufonía, a veces resulta injustifica-
do el barroquismo desmedido en el lenguaje, y la
novela, excelente como iniciadora de renovaciones
técnicas que afectan al espacio abierto y a los planos
narrativos dispuestos con tanta armonía, hubiera ga-

---

[3]   Octavio Paz escribió unas sustanciosas páginas en 1961 para
la edición francesa de *Al filo del agua* bajo el título de «Novela y
provincia: Agustín Yáñez», recogidas luego en *Puertas al campo*
(Barcelona, Seix Barral, 1972, págs. 116-120). Kenneth M. Taggart
dedica un amplio estudio a la novela en *Yáñez, Rulfo, Fuentes: El
tema de la muerte en tres novelas mexicanas,* Madrid, Playor, 1982,
págs. 73-126.

nado valor estético de haberse practicado mayor contención expresiva. El narrador se sirve de la técnica faulkneriana de la omnisciencia selectiva múltiple, integrando en su discurso puntos de vista de los atractivos personajes, entre quienes cobran relieve, además de los mencionados, Lucas Macías, de privilegiada memoria; el fanático y complejo Luis Gonzaga Pérez, o el artista Gabriel, vinculado amorosamente con Victoria.

En *La creación* incrementa los artificios en la ruptura de la secuencia temporal y las introspecciones conseguidas mediante monólogos interiores entrelazados; la alternancia de ritmos recuerda vagamente la de los movimientos sinfónicos, en congruencia con las aficiones musicales del protagonista Gabriel, aprovechado de la anterior novela, cuya andadura seguimos desde 1920 a 1935, vacilante entre la atracción de dos mujeres, Victoria y María, mecenas de su carrera artística e inspiradoras de su quehacer. Personajes públicos del campo histórico y literario, tal vez excesivos en su acumulación, se entremezclan con criaturas ficcionales para desarrollar el tema de la creación estética y poner de relieve el valor de la libertad en el cultivo del arte superando los corsés del dirigismo ideológio. La empresa del novelista resulta algo monótona y deficiente por su falta de tensión.

Ojerosa y pintada, novela-río que bucea en la vida de la capital mexicana, toma su título de un poema de López Velarde; su construcción es muy ambiciosa y está entretejida con planos simbólicos, no siempre integrados con fortuna en la trama de los episodios, en los que un taxista desempeña función vinculadora en la plasmación de la idea de que la ciudad uniformiza a sus habitantes, haciendo de ellos un solo y complejo individuo dotado de múltiples disfraces para acomodarse a las diversas circunstancias vitales. La vieja dialéctica Civilización-Barbarie renace en la novela épica *La tierra pródiga,* que presenta la fuerza

incoercible de la feraz naturaleza en la costa, conta-
giadora de su dinamismo y violencia al estilo de una
obra que pone en pie personajes colmados de instin-
tos primitivos, cuyas conciencias se transparentan
mediante un habla popular próxima en ocasiones al
territorio de la lírica; un hombre de empresa, Ricardo
Guerra, funciona como protagonista, empeñado en
encauzar las fuerzas naturales con la racionalización
técnica frente a la resistencia de las retrógradas e
inveteradas convenciones sociales; un mensaje económico subyace en estas páginas: México no puede
permitirse el lujo de desperdiciar la potencialidad de
sus exuberantes regiones lindantes con el mar.

En *Las tierras flacas* consigue tal vez Yáñez su
mejor acierto en la estructuración equilibrada y en el
uso funcional del monólogo interior, cuando, al pin-
tar la vida rural con resonancias bíblicas que afectan
hasta a la nominación de sus criaturas, penetra en las
reacciones psicológicas de los campesinos ante el
proceso mecánico e industrializador emprendido en
los años veinte; abundantes muestras de la paremio-
logía mexicana con el verismo conversacional que
aportan contribuyen a dibujar los caracteres de los
personajes y a que se revele no sólo su autenticidad
interior sino también sus tendencias conservadoras,
que se resisten a asimilar los avances técnicos; en las
tierras áridas y depauperadas donde se sitúa la acción
habita una pléyade de pobres campesinos, esforzados
en su trabajo de escaso rendimiento, primitivos en sus
formas ancestrales de vida, dominados por el cacique
Epifanio Trujillo, que se conduce con resabios feuda-
les, y en familiar comunicación con la ultratumba a
través de sus antepasados ya fallecidos, a la manera
de Juan Rulfo.

Una característica resulta común y unificadora del
estilo de los cuentos de Yáñez, visible ya desde *Pasión
y convalecencia* y reafirmada todavía en los de *La
ladera dorada:* las evocaciones del tiempo pasado,

sobre todo el vivido en su propia infancia, forjadas con una técnica de fragmentarismo e incorporando elementos folclóricos para sugerir el contraste con los nuevos estilos de vida en diversos ámbitos de la sociedad mexicana.

ARTURO USLAR PIETRI

La figura del venezolano ARTURO USLAR PIETRI ofrece, amén de su faceta de destacado novelista[1], narrador, poeta, ensayista y autor dramático[2], un completo perfil de intelectual cuya voz llega a ambos lados del Atlántico. Nacido en Caracas en 1906, Uslar Pietri, doctor en Ciencias Políticas, ha sido director del diario *El Nacional,* senador, varias veces ministro de diferentes carteras (Educación, Hacienda, Interior) y, en 1963, candidato a la presidencia de la

---

[1]   Siete son sus novelas: *Las lanzas coloradas,* Madrid, Zeus Editorial, 1931, y Alianza Editorial, Madrid, 1983; *El camino del Dorado,* Buenos Aires, Losada, 1947, 1977[6]; *El laberinto de Fortuna, Un retrato en la geografía,* Buenos Aires, Losada, 1962; *El laberinto de Fortuna. Estación de máscaras,* Buenos Aires, Losada, 1964; *Oficio de difuntos,* Barcelona, Seix Barral, 1976; *La isla de Robinson,* Barcelona, Seix Barral, 1981, y *La visita en el tiempo,* Madrid, Mondadori, 1990.

[2]   De entre toda esta producción, destacaremos seis colecciones de cuentos (*Barrabás y otros relatos,* 1928; *Red,* 1936; *Treinta hombres y sus sombras,* 1949; *Pasos y pasajeros,* 1966; *Moscas, árboles y hombres,* 1973, y *Los ganadores,* 1980), sus piezas teatrales de corte intelectualista, *El dios invisible* (1957) y *Chúo Gil y las tejedoras* (1960), y las recopilaciones de algunos de sus ensayos y artículos más importantes, tituladas: *Vista desde un punto* (1971), *Fantasmas de dos mundos* (1979) y *Godos, insurgentes y visionarios* (1986), esta última centrada en la problemática de la identidad cultural e histórica de la América hispánica. Para aquel sector de su obra mencionado al principio de esta nota, puede consultarse *Uslar Pietri, renovador del cuento venezolano* (Caracas, Monte Ávila, 1969), de Domingo Miliani.

República de Venezuela, a la que representó ante la
Sociedad de Naciones en Suiza y ante la Unesco en
París. No falta, tampoco, para dibujar por completo
su personalidad la crítica literaria, a la que ha contribuido con antologías, artículos y estudios sobre
las letras de su país y las hispanoamericanas en
general [3], que enseñó en la Universidad de Columbia [4]. En relación a éstas, ya sabemos que él fue uno
de los primeros en aplicarles la categoría «realismo
mágico», al referirse en un ensayo de 1948 a su
primer libro, *Barrabás y otros relatos* (1928) —del
que existe reedición reciente (Caracas, Monte Ávila,
1978)—, sin duda alguna, marcado por la lectura de
la traducción española del libro de Franz Roh publicada en 1927 por la *Revista de Occidente,* de Ortega y Gasset, que también ejercía su magisterio intelectual y estético entre los jóvenes venezolanos de la
llamada «generación del 28», a la que pertenece nuestro autor.

Podríamos caracterizar de forma sintética y concentrada la novelística de este Uslar Pietri a partir de
un tema central, el poder político, y una poética
narrativa de corte tradicional, pero de gran efectivi-
dad y de un primor artístico extraordinario, en el que
sobresale tanto la claridad de los planteamientos
compositivos como, muy especialmente, la tensión
estilística —con frecuencia, casi podríamos decir que
lírica— de la prosa. Todo ello, además, en el marco
ambiental e histórico de Venezuela, trascendida en
las novelas de Uslar Pietri hasta hacerla representar
el papel de escenario arquetípico para el esclareci-

---

[3] De 1940 data su *Antología del cuento moderno venezolano
(1895-1935),* elaborada conjuntamente con Julián Padrón; de
1948, *Letras y hombres de Venezuela,* y de 1954, una *Breve historia
de la novela hispanoamericana,* Madrid, Edime, 1974².

[4] Para un estudio de este autor, se debe consultar la compilación dirigida por Efraín Subero *Contribución a la bibliografía de
Uslar Pietri,* Caracas, Universidad Católica Andrés Bello, 1973.

miento de la identidad hispanoamericana que el autor ha planteado con frecuencia en sus textos discursivos [5].

Las lanzas coloradas anunciaba ya en 1931 el programa general que acabamos de esbozar a partir del episodio histórico de la guerra de la independencia venezolana, proclamada el 5 de julio de 1811. A ello se refiere el título, procedente de una arenga del general insurrecto José Antonio Páez, que pedía a sus soldados la victoria y «las lanzas teñidas en la sangre de los enemigos de la patria». Sin embargo, pese a la belicosidad de tan emblemático título, el relato está muy lejos de planteamientos maniqueos. Todo se centra en la contraposición entre dos personajes centrales, el agónico Fernando Fonta, hacendado de Aragua y descendiente de españoles, y su mayordomo, el esclavo mulato Presentación Campos, un decidido hombre de acción. El señor, a cuya maduración o aprendizaje intelectual y vital la novela presta atención destacada, entra en contacto en Caracas con Francisco de Miranda y su grupo insurgente, que le instruyen en los principios de la Revolución francesa, mientras que Presentación se subleva contra el amo y se enrola luego en la tropa realista del español José Tomás Boves, el Diablo (quien finalmente, más allá del punto cronológico aquí alcanzado, será atraído para la causa de Venezuela por el propio Páez). Los dos últimos capítulos de *Las lanzas coloradas* incrementan si cabe este contraste extremo con las contradictorias muertes en la misma batalla del hacendado, que huye, y su antiguo esclavo, embriagado en «su orgasmo de valor».

Esa deliberada confusión de los papeles que, teóricamente, debieran haber desempeñado los personajes principales indica, como decíamos, un deseo de supe-

---

[5]   *En busca del Nuevo Mundo,* México, FCE, 1969; *La otra América,* Madrid, Alianza, 1974.

rar todo esquematismo, del que es índice asimismo la frase del capítulo segundo que define la estirpe de Fernando Fonta: «los abuelos heroicos mezclados con los malos hombres, los religiosos con los locos, los que acometían grandes empresas junto con los borrachos y ladrones. Alguna sangre del encomendero, algo de sangre de indio, algo de negro». Ese capítulo, de admirable factura, proporciona retrospectivamente los antecedentes del protagonista nacido en 1790, y los lleva hasta don Juan de Arcedo, que, en pos de El Dorado, terminó fundando la hacienda familiar de Aragua. La segunda novela de Uslar Pietri amplía, en cierto modo, esta analepsis de la primera, desarrollando con minuciosidad y precisión narrativa la historia y a la vez leyenda de uno de los personajes más desaforados y fascinantes de la conquista americana, Lope de Aguirre, «el loco» —o «el traidor», como a él mismo gustaba llamarse—, protagonista de otras novelas de nuestra lengua, como las muy conocidas de Ramón J. Sender (1964) o Miguel Otero Silva (1979). En él se personifica con intensidad máxima el tema del poder político y su dominación no sólo sobre los demás, sino incluso sobre la personalidad toda de aquel que lo experimenta apasionadamente.

Dicho tema se encarna, pues, ahora en la figura de un tirano, el capitán del gobernador Pedro de Ursúa, que finalmente morirá víctima de la espiral de crímenes a la que le lleva su traición y ansia de poder, como lo hará luego en el caudillo criollo general Peláez, al que Uslar Pietri dedica *Oficio de difuntos* (1976), arquetípica «novela de Dictador» en la serie que desde Valle-Inclán y Asturias nos lleva hasta Francisco Ayala, Roa Bastos, García Márquez y tantos narradores hispánicos más. Media, no obstante, entre las dos obras de 1947 y 1976, *Un retrato en la geografía* (1962), que posee asimismo positivo interés.

Precede a este título, y al de una segunda novela,

Estación de Máscaras, el de «El laberinto de Fortuna», ratificado con los versos de Juan de Mena, que a modo de lema sugieren la incertidumbre de las suertes individuales y colectivas en las inestables naciones hispánicas. Para el general Diego Collado —que recobra su libertad perdida durante quince años de cárcel cuando se abre un proceso de transición política por la muerte en la cama, tras veintisiete años de poder absoluto, del dictador Juan Vicente Gómez— «Venezuela era una gallera, donde se jugaba el destino de los hombres» (I, 4), como al Valle-Inclán de *El Ruedo Ibérico,* España se le figura una gigantesca plaza de toros, un inmenso ruedo taurino en cuyo centro, la arena, se da un espectáculo eterno de intransigencia, violencia y muerte.

Un retrado en la geografía reitera un planteamiento que ya viene de la primera novela del autor, la interacción de lo individual y lo colectivo, que aquí está presente también, respectivamente, en el aprendizaje y maduración de un joven protagonista, Álvaro, hijo del general represaliado, y en la búsqueda de las señas de identidad venezolanas por parte de personajes intelectuales, todos ellos relacionados con Álvaro, como Ferro, Sormujo o Milvo. No falta la vinculación expresa entre alguna de las fallas de la convivencia nacional y las raíces españolas (por ejemplo, en lo que toca a la intolerancia, en VI, 5), reforzado esto por la presencia de la guerra civil del 36 como telón de fondo inexcusable en toda la segunda parte de la novela.

En Álvaro Collado reaparece el debate juvenil entre la reflexión y la acción que ya encontrábamos en Fernando Fonta: «Soy un insensato, soy un torpe, soy un inválido. Un puro sentimental ridículo, un imaginativo inerme, un vacilante que llega a gozar de la voluptuosidad de su vacilación. No he sabido ni creer ni obrar. Si hubiera sabido creer no hubiera habido tanta contradicción insalvable entre mis palabras y mis actitudes. Si hubiera sabido actuar hubiera llegado pronto a una decisión final» (VII, 5). Ésta se plasma, efectivamente, en un activismo que lleva a Álvaro hasta el rito de iniciación de disparar contra un policía en el transcurso de los incidentes que se producen en la Universidad y al consiguiente destierro, abierto sin embargo a la esperanza en el párrafo final, cuando el protagonista, desde la cubierta del barco, ve desvanecerse en la noche las últimas visiones de su patria: «La luz se borró. Ya no quedaba sino su pequeña vida en la soledad inmensa. Pero en ella sentía viva, con su prodigiosa presencia, el ansia de resurrección que el hombre es.»

Aunque algunos rasgos del dictador Páez parecen haber pasado al protagonista de *Oficio de difuntos* (1976), es precisamente el general Juan Vicente Gómez el que inspira en mayor medida la figura novelística de Aparicio Peláez, el tirano que gobierna su innominado país durante veintisiete años, desde el derrocamiento de su predecesor el general Prato, que le había dejado el mando con motivo de un viaje a Europa por razones de salud, hasta su muerte natural, demorada en exceso hasta el extremo de arraigar en sus súbditos el temor de que su presidente fuese inmortal.

Aparicio Peláez es un personaje gris, campesino provinciano enrolado en guerras de facciones y que a fuer de hombre de confianza de los más osados y ambiciosos se va invistiendo de poder hasta llegar a identificarse completamente con él. Representa el tipo de dictador hispánico poco brillante, pero muy efectivo. Esto último, sobre todo, en lides militares, pues en las políticas le basta con un intrigante hieratismo definido así por uno de sus ministros: «Yo lo he visto en el Gobierno. Observa mucho, reflexiona y decide con mucha prudencia. Nada de desplantes, ni de precipitaciones. Yo no he visto un hombre con más calma. A veces a uno le parece que está adormilado» (pág. 175). Etopeya congruente con la propia visión que de su papel tiene el generalísimo: «A mí no me importa la presidencia, para recibir diplomáticos y asistir a recepciones y ponerse levitas apretadas. A mí lo que me interesa es el mando y ése lo tengo aquí con el ejército» (pág. 199).

El título de la novela hace referencia a su estructura retrospectiva, pues todo parece remitir al encargo que se le ha hecho al capellán castrense y de la Presidencia, el escéptico y disipado clérigo Alberto Solana, para que preparase y pronunciase la oración fúnebre en el oficio de difuntos que precedería al entierro del dictador en su villa natal de Tacarigua. Con tal motivo, que finalmente no llega a plasmarse en la realidad ante la reacción generalizada de rechazo popular hacia la memoria del muerto, el sacerdote recuerda la trayectoria de Peláez. La artificiosidad de este planteamiento compositivo, válido por lo demás por la claridad con que se resuelve el relato de la historia que se nos narra, es muy notable, pues Solana no es testigo de toda la información que se nos transmite mediante el fácil recurso de un narrador omnisciente en tercera persona que supera con mucho la limitada perspectiva que un solo personaje, por noticioso que fuese, podría proporcionarnos.

Algo de esta estructura, y mucho de la temática general tal y como la hemos esbozado hasta aquí, reaparece en su última obra a medio camino entre la biografía histórica y la novelesca. En efecto, en *La isla de Róbinson* (1981) se esboza, sin excesivo énfasis, un plano temporal o «relato primero», desde el que el protagonista, en la balsa que le lleva por el Pacífico desde Guayaquil a Lambayeque, rememora lo que ha sido su novelesca vida, que concluirá en tierra firme, en Amatape, interrumpiendo su singladura, justamente en el año 1854. Sin embargo, este amago autobiográfico queda contradicho por la distancia narrativa de la tercera persona predominante a lo largo del relato.

Se trata de la historia de un personaje real, idealista y romántico, que tuvo no obstante cierta influencia en el desarrollo de los acontecimientos relacionados con la independencia de la América hispana. Simón Rodríguez, nacido en 1771, profesó desde joven las ideas revolucionarias del Enciclopedismo francés, sobre todo en lo referente a la enseñanza. Su alias *Róbinson* significa precisamente una llamada al hombre puro, esencial, con el que construir la sociedad nueva, al modo de lo propuesto por el *Emilio* de Rousseau, una de sus lecturas favoritas. De todo ello logra imbuir la joven mentalidad de su pupilo Simón Bolívar, con quien recorre Europa, donde perciben con claridad la descomposición y debilidad de la Metrópoli y con la noticia de la derrota de Trafalgar, la viabilidad militar del levantamiento. Simón regresará a América cuando el proceso es ya imparable, y sigue al Libertador sembrando por doquier su mensaje educativo revolucionario, explícito en escritos que la narración de Uslar Pietri recoge. También se incluyen piezas de su correspondencia con Bolívar, donde asoman ya indicios del desengaño por la distancia insalvable entre lo soñado y lo real, y de la amargura por el cambio de talante que el maestro creía percibir en la actitud de su discípulo y que atribuía a la fuerza corruptora del Poder, ese tema a cuyo dilucidamiento novelístico Arturo Uslar Pietri ha dedicado las más importantes de sus obras narrativas.

En 1990 le fue concedido a Uslar Pietri el premio Príncipe de Asturias de las Letras por ser, según el jurado, «el creador de la novela histórica moderna en Hispanoamérica». Su última novela, *La visita en el tiempo,* publicada precisamente ese mismo año, se centra en la atormentada y trágica figura de don Juan de Austria, el hijo bastardo del emperador Carlos V.

MIGUEL OTERO SILVA

Otro venezolano, MIGUEL OTERO SILVA (1908), fue también, además de novelista innovador de técnicas y estilo, apreciable poeta y autor de críticas y ensayos periodísticos; su experiencia personal, compartida con Uslar Pietri, de la opresión bajo la dictadura de Juan Vicente Gómez, pudo impulsarle a la adopción de planteamientos políticos en su obra narrativa [1], desde *Fiebre* (1939), centrada en la oposición estudiantil expuesta sin demasiada unidad artística, oscilando entre el ardor del compromiso personal denunciador y el distanciamiento reflexivo con respecto a los hechos evocados; son estimables el lirismo en el tratamiento del paisaje, el dramatismo con que se configura al protagonista y el clima febril final. En *Casas muertas* (1955) hereda los mejores logros del simbolismo de Rómulo Gallegos, incrementando con mayor sutileza la actitud denunciadora al plasmar un narrador omnisciente la existencia gris de Ortiz, una ciudad provinciana grande y rica

---

[1] *Fiebre,* 1939, Caracas, Tiempo Nuevo, 1971; Barcelona, Seix Barral, 1977; *Casas muertas,* Santiago de Chile, Editorial Universitaria, 1955; Barcelona, Seix Barral, 1975; *Oficina n.º 1,* 1960, Barcelona, Seix Barral, 1975; *La muerte de Honorio,* Caracas, Monte Ávila, 1963; Barcelona, Seix Barral, 1975; *Cuando quiero llorar no lloro,* Caracas, 1970; Barcelona, Seix Barral, 1971; *Lope de Aguirre, Príncipe de la libertad,* Barcelona, Seix Barral, 1979; *La piedra que era Cristo,* Bogotá, La Oveja Negra, 1984; Barcelona, Plaza y Janés, 1985.

que se debate entre la violencia y la opresión del
régimen dictatorial, hasta acabar consumida por las
epidemias en la desolación del saqueo y las ruinas,
pero sin que dejen los más jóvenes de alentar la
voluntad de reconstrucción, con aciertos en las reiteraciones, en los análisis psicológicos, el patetismo y la
concisión. *Oficina n.º 1* (1960) es una novela petrole-
ra, unida a la anterior por la dinámica figura de
Carmen Rosa, que vive su aventura amorosa con el
maestro Carvajal en el nuevo espacio a donde ha ido
a buscar sentido para su vida tras la muerte del novio
Sebastián; surge allí un pueblo nuevo con precarias
condiciones de vida en vísperas de una renovación
tecnológica, económica y social del ámbito rural presentado en forma abigarrada con la actuación de
obreros, capataces, comerciantes, aventureros codi-
ciosos y criminales sin escrúpulos. Prosigue la tarea
de denuncia en *La muerte de Honorio* (1963), centrada ahora en la situación del preso político, examina-
da desde diversos puntos de vista en interrogatorios y
conversaciones, a la vez que se realizan cinco calas en
la sociedad a través de otras tantas profesiones: las de
contable, médico, militar, barbero y periodista. Más
decisiva en el terreno de la experimentación formal,
coincidente en el tiempo con las de Garmendia y
González León, es *Cuando quiero llorar no lloro*
(1970), con su calculada estructura tripartita presidi-
da por los tres personajes llamados Victorinos, coincidentes en su fecha de nacimiento, así como en la de
su muerte violenta, aunque procedentes de tres clases
sociales distintas; es meritorio su ensamblaje de puntos de vista, incorporando a los monólogos interiores
de los protagonistas los juicios del narrador omnisciente o limitado a una presentación objetiva de los
hechos en visión retrospectiva; pero la violencia lo
domina todo, desde la composición, tan simétrica en
sus alternancias, que violenta el caos de la realidad
histórica, al estilo, fragmentado y roto con frecuen-

cia; sin que falten notas de humor agrio lleno de voluntad satírica, domina el sentimiento de frustración, de modo más visible en las relaciones amorosas que revelan la dificultad de lograr una vida armónica y libre para los tres Victorinos, coincidentes en su destino común destructivo, el de la muerte en plena juventud, a pesar de sus orígenes y circunstancias diferenciadoras. El autor también se ha sumado a los ya múltiples recreadores de un personaje mitificado y desconcertante en las variadas interpretaciones de que ha sido objeto su actitud rebelde con su *Lope de Aguirre, Príncipe de la libertad* (1979), reconstrucción épica de una figura histórica atractiva por su singularidad, que de nuevo relaciona a Otero con Uslar. Todos los temas novelados por Otero Silva tienen visibles implicaciones políticas[2] cuando analiza la violencia social y económica como elemento consustancial del desarrollo histórico; un fondo ideológico determinista se va presentando progresivamente con menor dogmatismo y con dimensiones más humanizadas. También es observable la proximidad a los planteamientos de Onetti en su deseo de «expresar la aventura humana» sin ocultar cuanto hay en ella de desmoralizador, sobre todo dentro del ámbito urbano y con la sujeción economicista a un tiempo y espacio opresores que condenan a sus habitantes a la soledad, la ignorancia mutua, la incomunicación y la insolidaridad. Por último, en *La piedra que era Cristo* (1984), título que toma prestado a San Juan de la Cruz, pone de relieve la figura humana y judía de Jesús, en sus contactos con otros personajes evangélicos; con un estilo de marcado ritmo ternario penetra el novelista en su intimidad, prestando especial atención a los seres más humildes, tratados con auténtica simpatía.

---

[2]   Véase C. Singler, «Una lectura política de *Lope de Aguirre...*», *Caravelle*, 49 (1987), págs. 113-128.

JUAN CARLOS ONETTI

El uruguayo JUAN CARLOS ONETTI, nacido en
1909, que vivió muchos años en Argentina y desde
1973 en España, fecundo en colaboraciones periodísticas, dedica la mayor parte de su obra literaria a
explorar lo absurda que resulta la existencia alienada
del hombre urbano, con tanta frecuencia desarraigado, escéptico o lleno de frustraciones, cuando no
desesperado o esperando su muerte como un final
liberador; sus preferencias se centran en la plasmación del proceso degenerativo que sufren los individuos; lector de Hamsun y Joyce, de Céline y Faulkner, de Dos Passos y de Proust, es con justicia estimado, junto con su admirado Roberto Arlt, rebeldes
ambos en sus actitudes, como uno de los más decisivos renovadores formales de la novela hispanoamericana, sobre todo al configurar un mundo rioplatense
entre real y soñado, liberado ya de las ataduras
rígidas del documentalismo, interesado más que en
captar unos paisajes o unos ambientes físicos, lo que
Jean Franco denomina una «geografía moral», donde
ocupan lugar destacado los obstáculos que la sociedad opone a la comunicación y a la existencia misma
de los seres humanos que, torturados y aislados en un
territorio confuso y neblinoso, imagen reducida del
universo, se desmoronan víctimas de los acontecimientos, incapaces de rectificar errores cometidos en

su conducta. El lector de sus novelas [1] se debate entre desnudas referencias a la realidad objetiva y una atmósfera de pesadilla que se resiste a una captación racional, pero en la que se intuye la comunicación de una conciencia de la limitación humana y la visión de la vida como un proceso de progresiva decadencia; la densidad y opacidad de su estilo convierten la lectura en esforzada actividad, que se ve insuficientemente premiada por la incompleta aproximación a la comprensión o a la revelación de lo misterioso ocultado;

---

[1]   Incluimos a continuación, en ordenación cronológica, lo más notable de las aportaciones de Onetti a la ficción narrativa:
El pozo, Montevideo, Signo, 1939; Montevideo, Arca, 1973⁶; Barcelona, Seix Barral, 1982³.
Tierra de nadie, Buenos Aires, Losada, 1941; Barcelona, Seix Barral, 1979.
Para esta noche, B. A., Poseidón, 1943; Barcelona, Bruguera, 1978.
La vida breve, B. A., Sudamericana, 1950; Barcelona, Argos Vergara y Edhasa, 1979.
Un sueño realizado y otros cuentos, Montevideo, Número, 1951.
Los adioses, B. A., Sur, 1954; Montevideo, Arca, 1970; Barcelona, Barral, editores, 1978.
Una tumba sin nombre, Montevideo, Marcha, 1959; *Para una tumba sin nombre,* Montevideo, Arca, 1967; Barcelona, Edhasa, 1978; Barcelona, Seix Barral, 1982³.
La cara de la desgracia, Montevideo, Alfa, 1960.
El astillero, B. A., Cía. Gral. Fabril Edit., 1961; Barcelona, Seix Barral, 1978, y Bruguera, 1982; Madrid, Cátedra, 1983.
El infierno tan temido (cuentos), Montevideo, Asir, 1962.
Tan triste como ella y otros cuentos, Montevideo, Alfa, 1963; Barcelona, Lumen, 1976, 1982³.
Juntacadáveres, Montevideo, Alfa, 1964; Barcelona, Seix Barral, 1978.
Jacob y el otro. Un sueño realizado y otros cuentos, Montevideo, Banda Oriental, 1965.
La novia robada, Caracas, Monte Ávila, 1968; Madrid, Siglo XXI, 1973, 1980³.
La muerte y la niña, Buenos Aires, Corregidor, 1973.
Tiempo de abrazar y los cuentos de 1933 a 1950, Montevideo, Arca, 1974.
Tiempo de abrazar, Barcelona, Bruguera, 1978.
Dejemos hablar al viento, Barcelona, Bruguera, 1979.
Cuando entonces, Madrid, Mondadori, 1987, 99 páginas.

sus criaturas deambulan por ámbitos que pueden estar inspirados en la realidad topográfica conocida por el autor, pero transfigurados imaginativamente en una atmósfera intelectual y emotiva desquiciada, sin que el novelista se ate a un tratamiento paisajístico minucioso ni abunde en derroches de fantasía inverosímil.

Onetti alcanza maestría indiscutible en la plasmación objetiva de profundas vivencias subjetivas, atraído por la exploración de la mediocridad vital, de lo que la existencia cotidiana tiene de gris y monótono con su carga de tristeza y desesperanza; su estilo brumoso y difuminado está en armonía con esa realidad explorada, con esas existencias enrutinecidas en que los individuos se despersonalizan y adquieren entidad de objetos inservibles, con ese mundo mentiroso e insatisfactorio, captado desde una visión pesimista pero desesperadamente interesada por salvaguardar cuanto en el espíritu humano pueda quedar aún de noble y elevado.

Sus personajes habitan en un mundo cerrado, empeñados en vano en huir de su realidad convencional para terminar todavía más aislados en otro mundo creado por sus propios sueños, debatiéndose entre la resignación y la angustiada desesperanza o aceptando con fatalismo un destino impuesto desde fuera; sufren intensas crisis de identidad hasta perder la clara conciencia de su pasado. Los casos más llamativos se presentan en la forja de Brausen y de su *alter-ego* el doctor Díaz Grey, a quien advierte que se cuide de someterse a su autor, como si ignorase su inevitable dependencia con respecto a su creador; también Larsen y Medina son figuras plenas de patetismo, el primero de los cuales, presente en varias novelas, no acaba de encontrar justificación a su existencia, reducida a pura gestualidad vacía por mecánica y a la parodia de actividades humanas carentes de sentido. Todas sus criaturas funcionan como signos de la precaria situación del hombre contemporáneo que se debate entre la confusión de su conciencia en impaciente búsqueda de un camino liberador, réplica de la indagación emprendida por el fabulador literario que vierte en moldes estéticos la expresión de sus experiencias y preocupaciones, inventando una realidad verbal sustitutoria de la objetiva cotidiana para sobrevivir en ella. Se detecta un profundo cansancio en el novelista, que se traspasa a sus personajes agobiados y abatidos, aislados del mundo y de la sociedad por su conciencia abrumada por misteriosa culpabilidad, que genera en ellos enfermedades y desequilibrio psíquico, donde tal vez no esté ausente el concepto religioso cristiano-judaico del pecado y de la consiguiente corrupción de la carne.

La visión de un mundo desquiciado, en donde los individuos se enajenan y son incapaces de mantener unas relaciones sociales constructivas, se refuerza mediante la técnica de narración fragmentaria y por la acumulación de signos y símbolos portadores de sugerencias de ruina y desamparo, tales como la oscuridad y la permanente humedad, manchas y polvo, chatarra y olores desagradables, suciedad y degradación de materiales vinculada al paso incesante del tiempo. El novelista plasma con acierto el vacío espiritual engendrado por la conciencia de la inutilidad de esfuerzos condenados a inevitables fracasos en personajes que, en su abúlica indiferencia, se limitarán a contemplar la vida sin comprometerse en modificar sus condiciones, o a lo sumo esperando una renovada existencia que les venga dada desde fuera; frustrados en esa incumplida esperanza, varios recurrirán al suicidio como espejismo liberador de su desazonante angustia, otros se sumergirán en evasivas ensoñaciones compensadoras de amarguras vividas, y algunos buscarán en vano un camino de salvación y de escape para su soledad en unos amores envilecidos, interesados, sin llegar en su relación a la integración de personas que se comunican lo mejor de su propio ser.

Una de las técnicas más frecuentadas por Onetti consiste en hacer que sus personajes evoquen con reiteración obsesiva sus recuerdos de vivencias pasadas, pero no de una manera sucesiva en su temporalidad, sino con discontinuidad cronológica; lo mismo hacen los narradores con su fragmentación del discurso, creando la sensación de un tiempo no fluyente, inmóvil y superponible en sus breves cortes, haciendo que el lector comparta la vivencia subjetiva de una realidad carente de concreción histórica, casi de tipo mítico, en la que se producen obsesivas repeticiones de sucesos y sentimientos con mínimas variaciones. Ello refuerza la comunicación de esa visión desolada de la desintegración del individuo en el seno de una sociedad carente de un sistema consolidado de valores y donde el hombre es víctima de los acontecimientos sin que se le brinde la oportunidad de corregir la vida vivida; sus inestables personajes sufren crisis de identidad que les hace alejarse de sí mismos intentando crearse infructuosamente una nueva personalidad, para terminar en actitud fatalista aceptando con pasividad unos destinos que se les imponen a sus débiles voluntades.

En la producción narrativa de Onetti han detectado sus críticos [2] una etapa inicial en la que el autor

[2] Ofrecemos al estudioso una selección alfabetizada de los trabajos críticos sobre la obra de Onetti que juzgamos de mayor interés por su profundización y amplitud:

Aínsa, F., *Las trampas de Onetti*, Montevideo, Alfa, 1970.
—— «Onetti, un "outsider resignado"», *CHA*, 243, 1970, 612-638.
Cuadernos Hispanoamericanos, 292-294, octubre-diciembre 1974.
García Ramos, R., ed., *Recopilación de textos sobre J.C.O.*, La Habana, Casa de las Américas, 1969.
Giacoman, H. F., ed., *Homenaje a Juan Carlos Onetti*, Las Américas-Anaya, Nueva York-Madrid, 1974.

propende a un descriptivismo detallista, pero desdibujado cuando no confuso y oscuro; entonces elabora un estilo en el que se aprecia su lucha por encontrar la palabra adecuada; se atisban en sus personajes ciertos esfuerzos por afirmarse como seres individualizados en una sociedad amorfa. Más tarde, desde 1954, su estilo se hará menos puntilloso, de menor tensión y complicación verbal, y sus criaturas marginales se mostrarán casi abúlicas en su mundo cerrado y sin claros horizontes.

En el relato breve titulado *El pozo* (1939) un Eladio Linacero, desarraigado y solitario, evoca por escrito en la noche, huyendo de su soledad, sus experiencias en las relaciones eróticas con varias mujeres, revivien-

Gómez Mango, L., ed., *En torno a J. C. O.*, Montevideo, Fundación de Cultura Universitaria, 1970.

Harss, L., «J. C. O. o las sombras en la pared», en *Los nuestros*, Buenos Aires, Sudamericana, 1973[5], 214-251.

Kadir, D., *Juan Carlos Onetti*, Boston, Twayne, 1977.

Ludmer, J., *Onetti. Los procesos de construcción del relato*, Buenos Aires, Sudamérica, 1977.

Milian-Silveira, M. C., *El primer Onetti y sus contextos*, Madrid, Pliegos, 1986.

Millington, M., *Reading Onetti: Language, Narrative and the Subjet*, Liverpool, F. Cairns, 1985.

Moreno Aliste, X., *Origen y sentido de la farsa en la obra de J. C. O.*, Universidad de Poitiers, Centre de Recherches Latin-Américaines, 1973.

Murray, J., «Onetti's *El astillero* as an ideological novel», *Symposium*, 40, 2 (1986), 117-130.

Ortega, J., «La temporalidad en cuatro relatos de J. C. O.», en *Letras hispanoamericanas de nuestro tiempo*, Porrúa, Madrid, 1976.

Rama, A., «Origen de un novelista y de una generación literaria», en la ed. de *El pozo*, Montevideo, Arca, 1973[6], págs. 47-101.

Verani, H., «Juan Carlos Onetti», en Roy, J., compil., *Narrativa y crítica de nuestra América*, Madrid, Castalia, 1978, 161-198.

—— «Contribución a la bibliografía de J. C. O.», *CHA*, 292-294, Madrid, 1974, págs. 731-750.

—— *Onetti: el ritual de la impostura*, Caracas, Monte Ávila, 1981.

—— ed., *Juan Carlos Onetti. El escritor y la crítica*, Madrid, Taurus, Col. Persiles, 1987, 416 páginas.

do en su laberíntico monólogo interior una sensibilidad plena de amargura; su personalidad se muestra con frecuencia desdoblada y sumergida en una atmósfera urbana no por irreal menos opresora; la narración en primera persona brota de la conciencia de un hombre cuarentón, asqueado y desilusionado por entero de la humanidad, con honda percepción de su aislamiento, autoengañado a veces y sumergido en el pozo de su desesperanza destructiva tras las sucesivas frustraciones de su apetencia de comunicarse con plenitud, que relata fragmentadamente en estas páginas con laconismo desgarrado y adjetivación muy precisa, revelando en sus divagaciones facetas de su espíritu soñador, altivo e insatisfecho, en ocasiones próximo a una actitud nihilista en su vacío afectivo, desprovisto de cualquier tipo de amistad, resentido y despectivo para con todo. En Eladio ya se configuran las características básicas de numerosos personajes de obras posteriores. El breve relato está lleno de tensión en su expresividad; confesional y dramático, el lenguaje veraz, seco y áspero a veces, se tiñe del desgarramiento afectivo que lacera el ánimo del narrador, quien busca mirando a su interior dar salida con sinceridad a su afán comunicativo, urgido por la necesidad de revelar la hondura de su conciencia que se siente culpable, de dar a conocer, ante todo a sí mismo, su ser auténtico. La construcción es fluyente como la espontaneidad de las evocaciones que van surgiendo de la memoria del narrador, y al lector le es permitido asistir al proceso de una composición que se va haciendo ante sus ojos con ritmo muy vivaz.

Para Vargas Llosa la fecha de publicación de esta novelita constituye también la del nacimiento de la moderna novela en Hispanoamérica; en ella se comunica al lector la visión sombría y amargada de la vida urbana, así como las desilusiones de la edad adulta; la soledad radical del protagonista, carente de ideales, se ha visto como símbolo de un país aislado, de un Uruguay carente de sólidas tradiciones históricas.

Onetti trazó aquí un relato en varios planos con alternancias en la organización de tiempo y espacio dentro de la simultaneidad con que se integran en la conciencia de su personaje sensaciones, ideas, recuerdos, deseos y sueños, aproximándose a la fluidez del discurso lírico, como si el tiempo se hubiese detenido y Eladio viviera en un presente absoluto cuando escribe sus memorias como respuesta artística a la insatisfacción de su existencia, logrando con su introspección reflexiva que el lector capte no sólo una crisis de conciencia, sino los conflictos sufridos por el emisor durante el proceso de su enunciación.

Con *Tierra de nadie* (1941) se avanza más aún en la exploración de las conciencias, con afán de registrar con realismo el desierto moral caracterizador de la ciudad de Buenos Aires, cuyo ámbito urbano confiere unidad a un relato en el que se suman breves escenas fragmentadas y fugaces conversaciones, encuentros fortuitos y desencuentros, amoríos vividos en atmósferas sórdidas, crímenes y pensamientos confusos. Su prólogo pone en relación con las circunstancias históricas el indisimulado pesimismo temático y tonal de la novela, en la que empieza a fraguarse la figura de Larsen como arquetipo del individuo conflictivo en el seno de la agobiante sociedad urbana con sus habitantes desarraigados y amorales, solitarios como los de Dos Passos. El autor maneja desde fuera a sus criaturas, que intentan lograr una proximidad física entre sí reveladora de su enorme distanciamiento moral y de su carencia de conexiones profundas; sus diálogos no descubren su auténtico ser interior, sino que ocultan su personalidad; la andadura del relato es muy poco fluida, en concordancia con la incapacidad comunicativa de los personajes. El lector puede sentirse interesado por la configuración de un ambiente urbano en donde como en un entramado azaroso se van haciendo y deshaciendo unas existencias humanas que soportan presiones inesquivables en su conducta, condicionantes de su visión del mundo hasta llegar a sumergirse en la apatía y la indiferencia. Al novelista no le interesó establecer rígidas relaciones causales entre los hechos y las actitudes de sus criaturas, sino tan sólo ofrecer algunas de sus vivencias inconexas o levemente enlazadas; de nuevo aparece un protagonista, el abogado Aránzazu, que se siente atraído por la relación amorosa y la conquista de una felicidad imposible, hasta acabar envilecido en una progresiva degradación de su conducta.

Para esta noche (1943) muestra la soñada tentativa de Osorio por fugarse de la dictadura bajo la que vive, en un ambiente insufrible en el que es dado adentrarse como en una exploración de los círculos infernales dantescos. En *La vida breve* (1950) todavía se incrementa la sensación que el lector padece de estar sumergido en una atmósfera onírica; una prosa turbia, poco fluida, reveladora del desinterés o de la impotencia del novelista por poner claridad en un mundo caótico, desazona al lector, que se siente incapaz de ordenar racionalmente una realidad desquiciada entretejida de hechos anormales y poblada de seres amorales. Brausen, su narrador y protagonista, *voyeur* rutinario y desdoblado como Arce en su personalidad, crea otro nuevo ser en su Díaz Grey del guión cinematográfico en una apertura hacia el reino de la fantasía, y termina por prevalecer sobre su propio creador literario afirmándose a sí mismo en sus sueños. El discurso narrativo se plantea como una búsqueda, de tintes policíacos, en la que el personaje pretende acercarse a su ser auténtico, perdido en los tortuosos laberintos de su conciencia y de la sórdida sociedad que lo circunda; se entretejen diferentes perspectivas con fusión de diversos planos temporales y espaciales, dando cabida al monólogo

interior que incluye momentos líricos en el desnuda-
miento de la intimidad. Se trata de una ambiciosa
novela en la que se ha visto el inicio de la madurez
creadora de Onetti con su característica ambigüedad
estructural y estilística; la visión del mundo que ofrece su narrador reitera viejas posiciones del autor,
como la imposibilidad de mantener relaciones afecti-
vas plenamente gratificantes, el hastío de la rutina, la
conciencia de mediocridad, la inadaptación a la realidad presente o el refugio en el mundo de los recuerdos como tabla de salvación en el naufragio de la
existencia. Brausen acumula en su indagación una
serie de breves vidas ficticias, potencialmente desa-
rrollables en un final abierto; él es el fundador del
mundo mítico de Santa María, el imaginador de
otros estilos de vida, el ficcionador de experiencias
sucesivas soñadas que llegan a imponerse sobre la
realidad objetiva, hasta el punto de que su creatividad imaginativa se convierte en su razón de ser y
justifica su existencia. El fragmentarismo de las secuencias encuentra cierta unificación en la visión que
Brausen posee de la existencia como juego y en su
poética de la novela dentro de la novela, afianzada
mediante el recurso literario del doble como en un
reflejo especular de planos reales y fantásticos en
donde Díaz Grey, que reaparecerá en obras posteriores como personaje central, surge como duplicación
soñada por el narrador de esa inestable situación
oscilante entre su carácter real y ficcional.

Después de *Un sueño realizado y otros cuentos*
(1951), *Los adioses* (1954) eleva el grado de ambigüedad a altas cotas, centrándola en la misteriosa relación entre un innominado personaje y dos mujeres de
distinta edad; él, tuberculoso, se ha refugiado en un
sanatorio de montaña, donde espera unas cartas fe-
meninas y recibe las visitas alternativas de las dos
mujeres; el lector participa de la curiosidad y de las
expectativas de los demás personajes, vacilantes unos

y otros entre dispares conjeturas acerca de la personalidad y conducta del enigmático protagonista,
quien termina por suicidarse en un acto culminador
de su creciente agonía espiritual que ha ido minando
su existencia a la vista de la proximidad de su con-
sunción física, destrozado, tanto como por la enfer-
medad, por el fluir temporal indetenible y la angustia
de la aniquilación que le amenaza. Un tendero, imperfecto narrador testigo, acumula datos dispersos
añadiendo a lo que observa sus imaginaciones sobre
los personajes centrales, a quienes resulta imposible
conocer en su autenticidad. En la técnica del relato se
adivina la huella de Faulkner, sobre todo en la acumulación de informaciones, opiniones y datos insegu-
ros, deficientes o contradictorios que van configurando una visión parcial y a veces engañosa de conductas y actitudes personales. Al final el lector no sabe a
ciencia cierta si ha leído una historia tormentosa y
complicada de amor y muerte o si, por el contrario,
todo se reduce a otro caso de incomunicación que
ejemplifica la vaciedad y frustración de una existencia
sin amor, así como la inaccesibilidad a lo profundo
de la conciencia de cualquier humano. Este bucear en
las conciencias parece interesar al novelista mucho
más que la descripción profusa de la exterioridad
ambiental a la que también aquí renuncia ascética-
mente sin concesiones paisajísticas.

Onetti volverá a indagar de una manera sutil y con
puntilloso refinamiento en los mecanismos de disolu-
ción de la personalidad en *Para una tumba sin nombre*
(1959), buscando una respuesta, que acaba siendo
insatisfactoria, a los problemas de la identidad individual y del destino humano, a través de la historia de
una mujer, Rita, narrada desde complementarios
puntos de vista hasta el desenlace de su muerte en
Santa María, degradada en la prostitución. Díaz
Grey es el dominante narrador testigo cuya labor
completa otro narrador omnisciente. Como en expe-

rimentos anteriores, el decurso de la acción no avanza con clara linealidad hacia su clímax o final cerrado, sino que se va desflecando en variadas alternativas superpuestas y hasta contradictorias entre sí; también aquí opera con amplitud el poder de la imaginación como compensadora de la realidad objetiva, como ocurre luego en los cuentos reunidos bajo el título de *El infierno tan temido* (1962) y en *La cara de la desgracia* (1960), donde el novelista demuestra, bajo una aparente sencillez, sus dotes estilísticas de precisión y densidad expresivas, así como el dominio cabal de las técnicas narrativas, sobre todo del discurso sin mediador, transmitido en primera persona, con que un hombre revela su angustiada conciencia de culpabilidad y su afán de liberarse de ella mediante el amor; se compromete al lector para que colabore imaginativamente en la resolución de los problemas planteados y hasta llegar a su final abierto se le enfrenta con una cadena de ambigüedades, contradicciones y silencios del narrador, que asienta su relato en una reiteración de dualidades formales deformando deliberadamente sus recuerdos de los hechos vividos.

El astillero (1961) presenta una construcción kafkiana, rebosante de amargura, angustia y nihilismo, en cuya historia deambulan hombres absurdos cuyas vidas yuxtapuestas testimonian el fracaso colectivo en la edificación de una existencia aceptable. El viejo Larsen, colaborador con el infame Petrus en la restauración de un astillero próximo a Santa María, se relaciona con la hija loca de su socio y con la mujer de Gálvez, otro empleado; conoce también al doctor Díaz Grey y su vida se desliza entre existencias opacas tan fantasmales como el ámbito urbano que les circunda, hasta acabar muriendo de pulmonía y soledad cuando está a punto de aflorar la primavera. Todos son seres ruinosos, con personalidad desmoronada, condenados al vacío interior, réplica del inactivo astillero, que van sumando gestos sin sentido, labores sin clara finalidad, relaciones frustradas, sugiriendo de esta suerte la situación desolada del hombre en un mundo al que no domina, aplastado por ritos y convenciones desprovistos de autenticidad y funcionalidad. Lo grotesco y lo trágico se alían con equilibrada conjunción en una novela estimada por muchos como la mejor de Onetti, en la cual Larsen, huyendo en vano de su vacío y soledad radicales, es elevado a categoría de arquetipo del individuo condenado a la limitación y al fracaso; aquí llega el novelista a la maestría en su arte de la indefinición, de la fluctuación relativista, a través de un narrador que yuxtapone versiones diversas y divergentes de los mismos hechos hasta configurar un mundo de incertezas, de inseguridades, similar al de la existencia cotidiana.

Amor y desamores, destrucción y fracaso siguen acumulándose en *Tan triste como ella y otros cuentos* (1963). En *Juntacadáveres* (1964), escrita antes que *El astillero,* reconstruimos la vida anterior de Larsen, mediocre y gris, desarrollada con la desilusión de quien se sabe caminar irremisiblemente hacia la muerte a cada instante. El protagonista, artista fracasado, dirige un burdel, que desea perfecto, en Santa María, con la oposición activa de los más influyentes de la población, que a los cien días de su fundación desbaratan la empresa de su promotor, al que apodan «Juntacadáveres». La ternura del autor aflora en la evocación que hacen de sus propias vidas las tres pupilas —María Bonita, Nelly e Irena— aisladas del resto de una sociedad pintada en sus limitadas ambiciones, miserias, mediocridades y rutinas, que revelan su despersonalización e inautenticidad derivadas de la falsedad de formas y normas en ella cultivadas. Un joven, Jorge Malabia, también enredado en amores con su cuñada —la viuda Julia— que acaba enloqueciendo y muriéndose, actúa como narrador objetivo e imparcial, observando con perplejidad los movimientos y reacciones de una fauna humana miserable y absurda, no distante a la actitud del autor, que también preferiría evadirse de esa realidad simbólica tan llena de sordidez. Reaparece Díaz Grey como testigo impasible y escéptico, al lado de otros personajes espiritualmente invertebrados que oscilan entre el asco, la desilusión y la irresistible atracción de quienes, como Jorge, se degradan en la amoralidad de la vida urbana de Santa María, cifra de la corrupción y deshumanización que sufre el individuo aherrojado en la ciudad, donde la existencia transcurre como un juego esforzado e inútil, regidos por reglas incomprensibles si no irracionales. Realismo y objetividad predominan en los puntos de vista que se combinan enriqueciendo la ficción imaginativa con la aportación de personajes testigos que narran con frialdad emotiva, a cuyas voces se añade la de un personaje anónimo, portavoz de la colectividad, que proporciona ciertas claves sobre la historia y pormenores significativos de la vida de la comunidad santamariana. Diálogo no siempre coherente y monólogo interior se entretejen en mesuradas rupturas de la linealidad cronológica progresiva, dentro de una estructura demasiado suelta y sin trabazón, con exceso de escenas secundarias que debilitan la fuerza de la historia central. Hay aquí atisbos de una actitud autorial menos fatalista y deprimente, apreciable en su atención al paisaje y en su tratamiento lírico, pero sobre todo en la voluntad de dotar a sus criaturas de impulsos superadores y de vitalismo dinamizador.

Luego se suceden los cuentos [3] reunidos en *Jacob y*

---

[3]   El lector hallará en los siguientes libros buena parte de sus cuentos y una buena, aunque reducida, muestra de su actividad ensayística:

Cuentos completos, B. A., Centro Editor de América Latina, 1967; Caracas, Monte Ávila, 1968; B. A., Corregidor, 1974, 1976[2].
Obras completas, México-Madrid, Aguilar, 1970. (Como en tantos

el otro (1965), *La novia robada* (1968), con personajes
dotados de libérrima potencia imaginativa, *La muerte
y la niña* (1973), *Tiempo de abrazar y otros cuentos*
(1974, 1978). *Dejemos hablar al viento* (1979), con
título que traduce un verso de Ezra Pound, sugiere en
sus últimas líneas que un voraz incendio consume la
ciudad de Santa María, desarrollando un presagio
esbozado en el lejano cuento «La casa de arena» por
Díaz Grey. Medina, médico, pintor y comisario de
policía, funciona como personaje central y narrador
«a tropezones» en la primera parte de su propia
historia pasada, que tanto recuerda a la de su compañero Brausen, ambos volcados a la ensoñación
constructiva o destructora desde su entidad de criaturas soñadas, presas de la desilusión; se ofrecen desde
Lavanda evocaciones fragmentadas de las tormentosas relaciones que en Santa María mantuvo Medina
con mujeres de mala vida. En la segunda parte un
narrador anónimo objetivo relata a retazos y con
indefinición cronológica algunos hechos sucedidos en
Santa María en torno a un misterioso Julián Seoane,
joven suicida, y a Medina, a cuyas actuaciones e
íntimas reflexiones tiene parcial acceso el lector cuando él regresa a aquella ciudad como comisario.

La producción cuentística de Onetti se inicia en
1933; en sus páginas se acumulan gestos y acciones
sin demasiado sentido, situaciones violentas, una atmósfera de incoherencia no lejana de la irracionalidad de ciertas pesadillas, así como un aspecto mecánico no carente de humorismo ambiguo en la conducta de personajes dotados de perceptible tendencia a la
fabulación imaginativa, tal vez para paliar su soledad
y compensar sus carencias vitales recurriendo a en-

---

otros casos, el título es engañoso, pues su contenido se reduce a
las novelas y cuentos publicados antes de la fecha citada.)
Réquiem por Faulkner y otros artículos, Montevideo, Arca-Calican-
to, 1975.

142 DARÍO VILLANUEVA - JOSÉ MARÍA VIÑA LISTE

soñaciones y duplicaciones[4]. La crítica ha visto en
sus cuentos planteamientos novelescos simplificados
en los cuales se potencia por intensificación el dramatismo que en las novelas se plasma de manera más
morosa al configurar el proceso de decadencia moral,
lo mismo que al registrar momentos de vidas inciertas
sometidas a decepciones y desamparo o vivencias de
seres aprisionados en espacios cerrados, sin horizontes estimulantes para sus proyectos.

En el conjunto de su obra narrativa, Onetti insiste
en presentar antihéroes, seres humanos insatisfechos,
condenados a la limitación y al fracaso de los que en
vano intentan a veces evadirse para fraguarse una
nueva personalidad. El autor ha indagado con empeño en el posible sentido de la existencia humana
explorando el misterio de sus criaturas en el pasado
por ellas vivido, y en su afán de autenticidad ha
desembocado en visiones reiteradamente pesimistas
en las que predominan imágenes confusas, casi oníricas, de decadencia física y desmoronamiento espiritual. Su estilo expresivo es denso, indirecto, no del
todo transparente, algo pudoroso con frecuencia; con
él se acerca a la revelación, al desubrimiento com-
prensivo de los aspectos negativos y tristes de la
existencia humana, sin que Onetti llegue tampoco a
su plena iluminación, atormentado también él por la
imposibilidad de tamaña empresa, desbordado por la
indescifrabilidad del misterio que en lo profundo de
cada ser humano anida.

Cuando entonces (1987), con título tan sugerente
del peso del tiempo pasado, es su última novela corta
hasta la fecha, en donde relata una historia amorosa,
tan pesimista, gris y marginal como las demás, introduciendo también elementos de técnica policíaca, si-

[4] Véase John Deredita, «El doble en los cuentos de Onetti», en *El cuento hispanoamericano ante la crítica,* Madrid, Castalia, 1973, págs. 150-164.

guiendo los pasos de Magda, una prostituta a quien se acaba por encontrar muerta; al igual que en *Mazurca para dos muertos,* de Cela, la lluvia, aquí la tormenta se convierte en tópico reiterativo, oscilando la acción, narrada por un periodista, confuso y no fidedigno, entre dos espacios ya conocidos por el lector de Onetti, Lavanda y Buenos Aires en ambientes tabernarios y bohemios; los propios personajes irán sembrando detalles que paliarán la confusión y el caos informativo, pero no lograrán evitar la sensación de que la verdad del caso resulta inaccesible por entero.

JOSÉ LEZAMA LIMA

JOSÉ LEZAMA LIMA, poeta y ensayista, además de novelista [1], nació en Cuba, en el campamento militar de Columbia (La Habana), en 1910, y murió en 1976; una persistente afección asmática le llevó a sumergirse en lecturas abundantes desde edad temprana (se dice que a los nueve años descubrió el *Quijote*) y a llevar un tipo de existencia enclaustrada aunque no asocial; conoce a Juan Ramón Jiménez en 1936, dos años antes de acabar sus estudios universitarios de Leyes; desde 1937 promovió y dirigió revistas literarias como *Verbum, Espuela de plata, Nadie parecía* y *Orígenes* [2]. El llamado «peregrino inmóvil», que reali-

---

[1] Lo esencial de la obra literaria de Lezama podrá encontrarlo el lector en las siguientes ediciones:

Paradiso, La Habana, UNEAC, 1966; México, Era, 1968; Madrid, Cátedra, 1980; Barcelona, Bruguera.

Oppiano Licario, México, Era, 1977; La Habana, Arte y Literatura, 1977; Barcelona, Bruguera.

Cangrejos, golondrinas (5 cuentos: el que da título a la colección, «Fugados», «Para un final presto», «El patio morado» y «Juego de las decapitaciones»), Buenos Aires, Calicanto, 1977.

Juego de las decapitaciones (los mismos cuentos en otro orden), Barcelona, Montesinos, 1982.

Obras completas, 2 vols., México, Aguilar, 1975 y 1977.

Poesía completa, Barcelona, Barral Editores, 1975; Madrid, Aguilar, 2 tomos, 1988.

Cartas (1939-1976), Madrid, Orígenes, 1979.

[2] Fue esta última la de mayor vida, ejemplar y admirada, entre

zó tantos viajes imaginarios, tan sólo salió de su Cuba natal en breves períodos, durante su infancia a los Estados Unidos y luego unos pocos días a México en 1949 y a Jamaica en 1950 [3].

1944 y 1956. Allí aparecen publicados los cinco capítulos iniciales y la parte final de su futura novela *Paradiso*. Véase A. Riccio, «Los años de *Orígenes*», en C. Vizcaíno, ed., cit. infra, *Coloquio Internacional...,* I, 21-36, así como J. Prats Sariol, «La revista *Orígenes*», *ibíd.,* I, 37-57.

[3] Para satisfacción del estudioso presentamos una selección alfabetizada de trabajos útiles para profundizar en la obra literaria de Lezama:

Camacho, A., *Paradiso y Oppiano Licario: la cosmovisión poética de J. L. L.,* Madrid, Orígenes, 1985.

Cortázar, J., «Para llegar a Lezama Lima», en *La vuelta al día en ochenta mundos,* México, Siglo XXI, 1967, págs. 135-155; *idem,* Madrid, 1970, tomo II, págs. 40-81.

Fazzolari, M. J., *Paradiso y el sistema poético de L. L.,* Buenos Aires, F. García Cambeiro, 1979.

Fernández Sosa, L. F., *José Lezama Lima y la crítica anagógica,* Miami, Ediciones Universal, 1977.

Figueroa-Amaral, E., «Forma y estilo de *Paradiso*», *Revista Iberoamericana,* 72 (1970), 425-435.

Gimbernat, E., «*Paradiso:* contracifra de un sistema poético», *Cuadernos Hispanoamericanos,* 318 (1976), 671-686.

Guillermo, E., y Hernández, J. A., «*Paradiso,* culminación del barroco cubano», *Papeles de Son Armadáns,* núm. 219, Palma de Mallorca, junio 1974, págs. 223-248.

Hernández, O. J. «Sobre los "cuentos mágicos" de Lezama Lima», *Espiral/Revista,* 3, Editorial Fundamentos, Madrid, 1977.

Junco, M., *Paradiso y el sistema poético de L. L.,* Buenos Aires, García Cambeiro, 1979.

Revista Iberoamericana, 92-93, Universidad de Pittsburgh, 1975 (estudios de S. Sarduy, G. Sucre, J. Ortega, E. Rz. Monegal, J. J. Arrom, R. González Echevarría, E. M. Santí).

Ruiz Barrionuevo, C., *El «Paradiso» de L. L.,* Madrid, Ínsula, 1980.

Souza, R., *The Poetic Fiction of J. L. L.,* Columbia, Univ. of Missouri Press, 1983

Suárez-Galbán, E., ed., *Lezama Lima. El escritor y la crítica,* Madrid, Taurus, 1987.

Ulloa, J. C., *José Lezama Lima. Textos críticos,* Miami, Ediciones Universal, 1979.

Su obra narrativa, al igual que buen número de sus ensayos [4], puede estimarse como prolongadora de su quehacer poético situable en la línea estética que integra elementos procedentes de Góngora, Mallarmé, Valéry y Rilke, geométrico, límpido, hermético, impregnado de misticismo católico que inspira su peculiar visión teológico-poética de la actividad literaria, del decurso histórico y de la existencia humana. Para quien definía al poeta como «engendrador de imágenes», ellas son el núcleo de toda su producción, planteándose a partir de las mismas su indagación en la realidad del mundo invisible como una empresa de difícil realización, pero por lo mismo estimulante para el autor en la consecución de su meta y para el lector a la hora de recibir la comunicación de las exploraciones de aquél. Es ilustradora del sentido de su obra la idea por él reiterada de que los escritores europeos avanzaron desde las fábulas a los mitos, en tanto que los americanos en su creación de cultura

Valdivielso, J., *Bajo el signo de Orfeo: L. L. y Proust,* Madrid, Orígenes, 1980.

Varela Jacome, B., «Estructuras novelísticas de L. L.», *Anales de Lit. Hispanoamericana,* núm. 6, Madrid, 1977, págs. 175-204.

Vargas Llosa, M., «*Paradiso,* de José Lezama Lima», en Jorge Lafforgue, comp., *Nueva novela latinoamericana,* B. A., Paidós, 1972, tomo I, 131-141.

Villa, Álvaro de, y Sánchez Boudy, José, *L. L.: peregrino inmóvil (Paradiso al desnudo),* Miami, Ediciones Universal, 1974.

Vizcaíno, Cr., ed., *Coloquio Internacional sobre la obra de L. L.* (Universidad de Poitiers, 1982), Madrid, Fundamentos, Colección Espiral/Ensayo, 2 vols. (I, Poesía; II, Prosa), 1984.

VV.AA., Pedro Simón, ed., *Recopilación de textos críticos sobre J. L. L.,* La Habana, Casa de las Américas, Serie Valoración Múltiple, 1970.

Zoido, A., «Ante *Paradiso* de L. L.», *Cuadernos Hispanoamericanos,* 318 (1976), 687-712.

[4]   Destacamos *Analecta del reloj* (1953), *La expresión americana* (1957), *Tratados en La Habana* (1958), *La cantidad hechizada* (1970), *Esferaimagen* (1970), *Las eras imaginarias* (1971) e *Introducción a los vasos órficos* (1971).

evolucionan de los mitos a la imagen, ansiosos de conocimiento y de compartir su experiencia acerca de los aspectos originales de su mundo; lo es también la de que el ser humano está destinado a la resurrección y llamado a vivir una vida eterna y no sólo condenado a una muerte aniquiladora, o la de que la existencia de Dios confiere sentido pleno a la realidad histórica deficiente. Para Lezama la metáfora, de la que tan amplio y brillante uso hace, posee la virtualidad de mostrar las semejanzas entre objetos y realidades en apariencia inconexos[5]; las imágenes de que se sirve con prodigalidad son fruto de su acendrada sensibilidad, pero no menos de su vasta erudición acumulada en multitud de variadas lecturas, abarcadoras desde autores orientales y neoplatónicos a los contemporáneos, lo cual no impide que sea la suya una estética radicada en una penetrante intuición de la que interesa su síntesis recreadora, así como su atención a la función poética de la lengua, generadoras ambas en su alianza de una nueva visión[6], desinteresado por la «información prosaica y pragmática»[7] y alejado en su estilo del realismo expresivo; se diría que desdeña la ilusión realista y aprecia en grado sumo la capacidad que la asociación verbal tiene de maravillar y de expresar las secretas relaciones entre los objetos y entre las experiencias humanas. Su reconocible barroquismo simbólico no se

---

[5] Escribe Severo Sarduy: «Importa la justeza cultural de sus metáforas: lo que ponen en función sus relaciones, no sus contenidos; lo que cuenta no es la veracidad —en el sentido de identidad con algo no verbal— de la palabra, sino su presencia dialógica, su espejo» (en *Escrito sobre un cuerpo*).

[6] «El sujeto metafórico actúa para producir la metamorfosis hacia la nueva visión», escribe Lezama en *La expresión americana*, pág. 15.

[7] J. Cortázar, *La vuelta...*, 1967, pág. 144; él mismo escribe que «leer a Lezama es una de las tareas más arduas y con frecuencia más irritantes que puedan darse» (*ibíd.*, pág. 137).

queda en mero revestimiento ornamental [8] o en gratuito juego formal, sino que trasciende la mera verbalidad en su búsqueda de la armonización de contrarios, en la indagación de lo misterioso desconocido penetrando en el complejo mundo interior del espíritu humano.

Entre los años 1936 y 1946, intercalándolos en su predominante actividad poética y crítica, ya había publicado cinco cuentos [9] de tipo maravilloso u onírico, próximos a la estética surrealista, carentes de coherencia lógica, con situaciones colindantes con lo absurdo, más atractivos por su derroche imaginativo e imaginístico que por su interés argumental. «Fugados», donde lluvia y olas dominan obsesivamente la ambientación, apareció en la revista *Grafos* en 1936; el año 1941 *Espuela de plata* acoge los titulados «El patio morado», poetización de vivencias infantiles en el ámbito mágico de un palacio episcopal donde reside un loro descrito con minuciosidad colorista, y «Juego de las decapitaciones», relato de magia de tipo bizantino en que personajes orientales populares y cortesanos viven peripecias de intrigas, cárceles, fugas, venganzas, traiciones y muertes; «Para un final presto», que fantasea el suicidio colectivo en el fuego programado por una secta de estoicos, con caóticos desplazamientos en la cronología, ve la luz en 1944 en la revista *Literatura;* y en *Orígenes* el año 1946 lo hace «Cangrejos, golondrinas», negación poética de la estabilidad del tiempo y de los lugares en su historia y geografía diseñadas con libérrima fantasía.

---

[8]   Es insuficiente el análisis de A. R. Quintián en «*Paradiso* de J. L. L., escritor neobarroco», en *Actas del XVII Congreso...,* Madrid, Ediciones Cultura Hispánica, 1978, tomo I, *El barroco en América,* págs. 573-582.

[9]   Véase E. Suárez-Galbán, «Una obra ignorada: los cuentos de L.», en *Coloquio Internacional...,* II, 7-18, donde los presenta como precursores de su obra narrativa y analiza aspectos de «Fugados».

En *Paradiso* (1966), la única novela que Lezama logró ver publicada en vida, se vierten unos quince años de trabajo dedicado a realizar una transmutación poética de vivencias personales y de toda una mitología que tiene vinculaciones, sugeridas en el propio título, con la Biblia, Dante, Milton y Proust, la de un paraíso perdido que se intenta recuperar mediante la evocación reconstructora y perfeccionante de la realidad, precedida y simultaneada por su laboriosa exploración formal e intelectual en moldes poemáticos [10] y ensayísticos. Un texto de calidad poética, enigmático y casi criptográfico, para algunos hermético, ofrece como asidero para el lector la figura central pero no exactamente protagonística de José Cemí («José soy yo» = José Lezama), trasunto del autor, que sin rígida estructura evolutiva recrea las etapas de la formación de su personalidad, en el seno de su familia primero, luego en el ambiente estudiantil, donde se integran las decisivas relaciones amistosas con Foción y Fronesis, y finalmente en sus experiencias juveniles de creatividad poética. La realidad captada se representa a menudo con tintes oníricos que informan muchas recreaciones de fenómenos objetivos, con lo que se sumerge al lector en una prolongada atmósfera de fantasía y maravilla que afecta incluso a los momentos en que los personajes viven experiencias tormentosas, violentas, dolorosas y aun mortales. De este modo el novelista pone en pie con su verbalidad, tropical y excesiva para Vargas Llosa, un mundo autónomo, sustituyente del real, recreando una realidad idealizada, volcando su acti-

---

[10]   La empresa novelística de Lezama aparece prefigurada en versos de *Aventuras sigilosas* (1945), sobre todo en lo referente a la fusión del autor con su madre, impulsora de su actividad literaria, como conservadora y eternizadora del pasado familiar. Su obra narrativa debe conectarse con la poética: en ambas se aspira a una profundización sentimental y cognoscitiva en el hombre y el mundo a través de la imagen.

vidad literaria en la configuración de un lenguaje evocativo y descriptivo, renovado en su estilo y expresividad, remitiendo a un plano secundario de su ocupación las cuestiones que afectan al asunto, a su estructuración lógica, a los recursos consagrados por la técnica narrativa, a la configuración realista de los caracteres y aun a la inteligibilidad directa o inmediata de su comunicación; más que a la plasmación verosímil de seres y del mundo en que se insertan, su afán le acicatea a expresar el misterio total del ser humano en sus rasgos esenciales y arquetípicos, así como a plasmar la génesis y el proceso creativo de esta parábola del tránsito mundanal del hombre que apetece la libertad de la inocencia original y la plenitud de la vida eternizada.

Aunque el predominio de la exploración de la función poética del lenguaje y la visión lírico-subjetiva sean obvios, no es imposible leer *Paradiso* como una «Bildungsroman» o novela de aprendizaje que ofrece puntualmente el itinerario de la educación afectiva, intelectual y estética de un muchacho, explorando a su compás los secretos del mundo visible e invisible a los que accede a través de sus experiencias sensuales, sexuales y mentales; la novela deja cabida también a la realidad cotidiana y social de la vida habanera con sus ambientes y objetos característicos que aparecen incluso con mayor definición que los propios personajes en su evocación nostálgica de la etapa infantil, pero siempre con procedimientos de captación metafórica e imaginística, vinculando el nivel real con el alegórico por medio de la fantasía que torna maravillosos hasta los aspectos más prosaicos de la cotidianidad; esto es aquí lo esencial, aun marginándose el autor de las convenciones y categorías normativas que suelen regir la producción novelesca: la exploración cognoscitiva del mundo y del hombre por la vía de las imágenes para conferir visibilidad a lo que los sentidos no pueden acceder, en actitud coincidente con la poética integradora [11] que se remonta a la estética del barroco del siglo XVII. Por ello no es infrecuente encontrar sobre *Paradiso* juicios como los de Cortázar, quien razonablemente escribió de ella que era a la vez «un tratado hermético, una poética y la poesía que de ella resulta» y auguró que «encontrará difícilmente a sus lectores» [12].

Lezama ha señalado que su novela desarrolla tres etapas en la formación de José Cemí, su figura central, a lo largo de unos veinte años. La primera ofrece su «vida placentaria» en el ámbito familiar (eje, hogar, fuego y foco, ancla espacial y cifra del mundo para el héroe), entre los incesantes diálogos femeninos aportadores de su primer nutriente cultural; en esta crónica de la vida de una familia acomodada cubana el niño abre sus ojos al mundo, amparado por su madre Rialta, poetización de la madre real, Rosa María Lima, llena de ternura y presentada con sumo respeto en homenaje admirativo y afectuoso en su función de puente que une al asmático, sensible, contemplativo lector y oyente infantil con el mundo exterior; tampoco faltan la evocación de su hermana mayor, Rosita, llamada Violeta por su timidez en la versión inicial de *Orígenes* y finalmente Violante, la de su padre, José María Lezama, desfigurado su nombre en el de José Eugenio Cemí, cuya muerte [13] prematura hace más hondo y vivido el sentimiento de soledad del hijo, y la de la abuela materna, Celia, llamada aquí doña Augusta, en cuya casa se acoge la familia tras la muerte del padre.

---

[11] Véase Jolanta Bak, «*Paradiso:* una novela poética», en *Coloquio Internacional...*, II, 53-62, cit. *supra*.

[12] J. Cortázar, *La vuelta al mundo...*, 1967, pág. 138.

[13] El autor reconoce que la muerte de su padre, en 1919, le hizo «hipersensible a la presencia de la imagen» (*Recopilación de textos...*, pág. 12), cit. *supra*.

La segunda etapa se centra en el hallazgo de la amistad, experiencia placentera y tormentosa, ampliadora en todo caso de horizontes intelectuales y vitales: platonismo, erotismo, conocimiento del pecado y de actitudes más rebeldes que revolucionarias en el ámbito universitario entre disquisiciones elucubrativas de tipo filosófico; en Upsalón, apelativo desfigurador de la Universidad de La Habana, José Cemí, que sigue interviniendo como sutil narrador e intérprete de los acontecimientos, instintivo y razonador, buscador de su liberación en la poesía, conecta con otros dos jóvenes personajes, configurados más como arquetipos que como tipos humanos, Eugenio Foción y Ricardo Fronesis; el primero, figura del individuo que vive sin meta, entre tinieblas, dionisíaco y homosexual, con proclividad a la locura, es símbolo de la autodestrucción; el otro lo es de la eticidad responsable, indagador de vivencias radicales, explorador de los orígenes, figura apolínea que pugna por hallar salida de las tinieblas hacia la plena luminosidad. En esta etapa destacan los capítulos dedicados a la exploración de la sexualidad y de la conciencia de pecado, elementos imprescindibles en la cosmovisión totalizadora del autor, así como la presentación de experiencias compartidas a través del diálogo y la discusión. Es inolvidable el capítulo IX con su inserción del episodio de la manifestación estudiantil plasmada en clave irónica y épica con descripción evocativa de una contienda entre aqueos y troyanos; pero más decisivo es el capítulo anterior, consagrado a la exploración del erotismo como vía de acercamiento a la belleza y de huida de la mortalidad, de asombrosa expresividad hiperrealista, donde las situaciones escabrosas se salvan de la vulgaridad por el ingenio descriptivo, el humorismo y la fantasía imaginística, no sin implicaciones críticas sobre las relaciones humanas objetualizadas y despiadada burla sobre la ridiculez de situaciones exhibicionistas o de lo grotesco que hay en ciertas actitudes mecánicas[14].

La tercera etapa muestra al angustiado y solitario Cemí buscando afanoso la iluminación y la anhelada infinitud a través de su visión imaginística y poética; en ella se inserta la muerte de Oppiano, lejano y enigmático arquetipo, elemento de fusión entre lo visible y lo invisible, fugaz testigo de hechos trascendentales en la maduración de Cemí, como la muerte del padre y de su tío Alberto; se intenta superar en visiones oníricas las barreras limitadoras del tiempo y del espacio, así como conciliar dos ritmos vitales, el llamado sistáltico o pasional caracterizado por la violencia y la acción, y el hesicástico o equilibrado, apetecido por Cemí, en su voluntad de conseguir serenidad o sofrosine, para llegar a una actitud de suave contemplación que propicie su actividad poética de proyección casi mística, en camino hacia la consecución de la plenitud paradisíaca.

No es fácil empresa la de configurar la construcción de *Paradiso*[15], cuya historia centrada en Cemí sufre múltiples desvíos y derivaciones y cuyos complejos elementos integrantes poseen más una coherencia poética que temática; si bien no excluye la realidad observada, predomina sobre ella la inventada, recordada e intuida, pues la imaginación se aplica a la tarea de captar una realidad más profunda y rica

---

[14]   Véase Juan Goytisolo, «La metáfora erótica: Góngora, Joaquín Belda y Lezama Lima», *Espiral/Revista,* 1, Madrid, Fundamentos, 1976, págs. 33-72.

[15]   Octavio Paz expresa al autor en carta de 1966 su asombro y deslumbramiento por la lectura de «este artificio verbal de riqueza increíble (...), un mundo de arquitecturas en continua metamorfosis» (*Recopilación...,* pág. 316). En su lectura parcial de la obra, a la luz de los capítulos publicados en *Orígenes,* Vicente Aleixandre apreciaba, según carta de 22 de marzo de 1950, el «sutilísimo tejido de la trama psicológica tan depurada y minuciosa», reveladora de un arte maduro «asociado a un conocimiento humano existido» (*ibíd.,* págs. 308-309).

que la costumbrista, penetrando en zonas pocas veces
exploradas antes por la narrativa, desde una visión
del mundo conseguida por libérrima síntesis personal
de componentes culturales clásicos, americanos,
orientales[16] y cristianos, a los que se confiere forma
poética aun a costa de la deformación de los mismos.
Por eso es aceptable la propuesta de Emir Rodríguez
Monegal de realizar una lectura anagógica que atien-
da al sentido espiritual del texto tratando de llegar a
su secreto misterio; quien no sucumba en la ardua
aventura lectora es posible que termine por sentir la
atracción de términos verbales que le transportan a
un mundo extraño de insólita belleza, lleno de mara-
villas que revelan con asombro facetas ocultas de la
realidad. Asimilar la sugerente poética de Lezama y
desvelar algo de la oscuridad significativa de su obra
exige un esfuerzo participativo en algún modo recrea-
dor, descifrador o interpretativo; el receptor, al compás marcado por el autor, se ve obligado a reconstruir internamente su visión de seres y objetos, a
ordenar estéticamente el caos que se suele captar en
la visión inmediata del mundo y a reemplazar la
mentira histórica por la verdad poética.

A esta novela, tan ajena a la fluencia temporal,
espacial y psicológica que creemos percibir en la
realidad vital, es imposible encontrarle, como indica-
ba J. Cortázar, una trama que dé cohesión narrativa
a sus innúmeros componentes que van desde la evocación de hechos autobiográficos a la pura invención
de situaciones mágicas y eróticas; las variadas secuencias acumuladas y yuxtapuestas encuentran su agluti-
nante en la fantasía, por lo que su lectura hay que
realizarla con participación imaginativa, sin vedarse

---

[16]   Lezama asimila símbolos del budismo y los aplica a su afán
de superar lo difícil, bucear en lo secreto, pero más aún a su
integración de verdad, bondad, sabiduría y amor para la consecución de totalidad e infinitud.

el disfrute verbal de su léxico, sintaxis y recursos retóricos, compensador por vía sensorial de la frecuente carencia de comprensión intelectual plena a la que ofrecen resistencia tantas páginas surgidas de una actitud poética arbitraria con flecos de anárquica, incluso heterodoxa y extravagante en su estética, como opina J. R. Ribeyro [17]. El autor, que escribe para reafirmar el sentido valioso de la vida combatiendo el aislamiento solitario y eternizando intuiciones, recurre a un narrador sensible ante lo maravilloso, capaz de asombrarse en la contemplación del mundo (no sólo del objetivo y cotidiano, sino también del religioso, mágico y sobrenatural), procurador de focalizaciones múltiples (véase en el capítulo III la celebración festiva y la muerte del violinista, observadas desde distintos ángulos), captador agudo de gestos reveladores de movimientos anímicos de los personajes, conocedor y comentarista de sus vivencias pasadas y presentes, a veces cómplice del lector; también él, Cemí, que es depositario de una crónica familiar y personal, está preocupado por la esencia verbal de la historia y de la poesía, ávido de ampliación cognoscitiva. La ingenuidad de la técnica narrativa de Lezama, desentendido en este campo de artificios elaborados, incurrente en presentaciones de personajes con excesivas connotaciones sentimentales, se compensa con su deslumbrante estilo lingüísti-

---

[17]   También Cortázar, al leer los fragmentos previos de *Paradiso,* tuvo la impresión de habérselas con los cuadernos de una esfinge o de un centauro; denunciaba el peligro incesante y no incierto de extraviarse en la lectura, entenderla mal o a medias; pero aun en los pasajes para él menos inteligibles sintió lo que, en una variante expresiva borgiana, llamaba «la inminencia de la comprensión» (de su carta a Lezama de 5 de agosto de 1957, en *Recopilación...,* págs. 311-313). Cristina Peri Rossi anima al lector al placer del descubrimiento, disfrutando lentamente de sus deleites que «están encerrados bajo la corteza irritante de escollos, obstáculos, laberintos y pasajes oscuros» (*ibíd.,* pág. 277).

co y con su denodado empeño de eternizar el tiempo y las experiencias humanas mediante las imágenes[18].

Existe cierta afinidad, que afecta también al talante literario de sus autores, entre *Paradiso* y el *Criticón* de Baltasar Gracián; ambas obras, dotadas de implícita religiosidad, se configuran como novelas arquetípicas, estimadoras del hombre como síntesis e imagen de la creación, con intencionalidad docente más o menos explícita, presente al menos en el común afán de hacer de sus personajes centrales cifras simbólicas de la humanidad con sus errores y desviaciones, con el estigma del pecado original, con la conciencia de sus deficiencias personales, pero también con su empeño de superarlas mediante la ayuda de la gracia divina, sembradora de esperanza y animadora de la terrena peregrinación[19].

El estilo barroquizante de *Paradiso,* integrador de los elementos más variados y hasta en apariencia inconciliables, puede llegar a desalentar al lector por su enrevesamiento, como reconoce Vargas Llosa; el lector común de novelas no suele estar habituado a tal proliferación de adjetivos y símiles, ni a la intromisión de largas digresiones parentéticas, ni al recargamiento ornamental, de manera que su ánimo queda sumido en confusión e incluso llega a sentirse como mareado por el zigzagueo de esta prosa, por su acumulación de artificios expresivos y por la presencia de materiales culturales tan diversos como aquí se acopian. Tal confusión se incrementa por la práctica

[18]   Además de las analogías parciales con M. Proust, los estudiosos de la obra de Lezama han visto en su concepción artística del tiempo componentes platónicos y cristianos (San Agustín, escolástica, Santo Tomás), así como influencias del pensamiento de Dilthey, Bergson, Scheler, Heidegger y Ludwig Klages. Acerca de su circularidad o eterno retorno, apuntan más hacia una inspiración helenística reforzada con Orígenes y Escoto que a Nietzsche (véase J. C. Ghiano, *Recopilación...,* pág. 262).

[19]   Véase J. C. Ghiano, *Recopilación de textos...,* pág. 263, cit. *supra,* en VV.AA., 1970.

de la elusión con la que Lezama suele evitar la
mención directa de seres y objetos, con preferencia
por un sistema de referencias alusivo y perifrástico,
de indudable eficacia estética. Por otra parte, el barroquismo lingüístico, que complementa al estructural y conceptual, también se afirma en la plasmación
de sensaciones (colores, sabores, olores) expresadas
con deslumbrante minuciosidad descriptiva, practicando un arte evocativo de seducción o encantamien-
to verbal en el que el lector puede acabar por dejarse
prender, sumergiéndose en un mar de palabras crea-
doras de un modo sustitutorio del real o cotidiano, o
adquiriendo una visión más iluminada de ese mismo
mundo, merced a imágenes utilizadas como signifi-
cantes de complejos significados que dotan de vida a
lo inanimado y eternizan volátiles impresiones, a la
vez que confieren un predominante ritmo lento al
relato y parecen eternizar también al tiempo evocado.
La suntuosidad formal, la exuberancia expresiva, la
acumulación desorbitada de sugerencias nos hacen
pensar en un manierismo estético, pero es más exacto
sospechar que en la raíz de este estilo se funden las
vertientes conceptistas y culteranas de la poética barroca española; de Quevedo y Góngora conjugados
se nutre el arte lezamesco con su expresividad intelec-
tualizada y sensual a la par, con su agudeza ingeniosa, su profundo humorismo y su excesiva verbalidad,
que, conviviendo, acaban por producir un efecto
revelador y deslumbrador, a la vez que una experiencia placentera a quien se decide a entrar esforzada-
mente en el juego laborioso del autor, paladeando
tantas exquisiteces preciosistas con tal derroche diseminadas por las páginas de *Paradiso* [20].

_____

[20]   En el libro *La expresión americana* hay un ensayo clave para
dilucidar no sólo el sistema poético de su autor, Lezama, sino la
participación exigida al lector y los potenciales frutos de su colaboración; es el titulado «Mitos y cansancio clásico», donde se decla-
ran su voluntad de estilo y la eficacia intelectual implícita del

Lezama Lima, devorador pantagruélico de las más dispares lecturas[21], crea en esta novela un mundo monstruosamente embellecido por lo hiperbólico de su estilo y de su construcción; en sus páginas se encierra un fabuloso bestiario, multitud de referencias a la naturaleza, a la geografía, a la pintura e incluso a la gastronomía, todo ello dotado a menudo de funcionalidad simbólica y reveladora de la misteriosa condición del hombre en un mundo caótico, que el autor trata de reducir a armonía y concierto con ánimo más próximo a la ironía y a la ternura comprensiva, cercano del tratamiento hondamente benévolo y distendido que Cervantes enseñó a cuantos novelaron tras él; en la obra de ambos late el mismo impulso de libertad cognoscitiva y artística, exacerbada en *Paradiso* en lo que atañe a lenguaje, estructura, estética e ideología, que confiere a su texto unidad no tanto temática cuanto de tonalidad, visión del mundo y estilo, fruto de una original personalidad.

Oppiano Licario, la otra novela de Lezama, es una obra póstuma, ofrecida a los lectores como un texto inconcluso y fragmentario; su autor había barajado para ella varios títulos, entre ellos los de «Inferno», «La muerte de Oppiano Licario», «El reino de la imagen» y «Fronesis». Debe leerse como una continuación estética y formal de *Paradiso,* cuyos personajes centrales tornan a reaparecer aquí (aunque Foción y Fronesis con vidas ya alejadas de Cemí), así como motivos e ideas capitales en aquella, que ahora se amplifican y ahondan más todavía. El autor prosigue en su línea creativa caracterizada por la sugestividad conceptual e imaginística, introduciendo varia-

---

mismo, cuando leemos: «Sólo lo difícil es estimulante: sólo la resistencia que nos reta es capaz de enarcar, suscitar o mantener nuestra potencia de conocimiento.»

[21] H. Rogmann denuncia algunas significativas deficiencias culturales del autor en «Anotaciones sobre la erudición en L. L.», en *Coloquio Internacional...,* I, 77-85.

ciones sobre los recursos explotados previamente para aplicarlos a la incansable indagación de Cemí en su mundo y en las gentes que lo habitan, pero más aún en su propia conciencia. Con respecto a la novela precedente hay aquí menor peso de elucubraciones filosóficas y de disquisiciones literarias, por lo que resulta un estilo de mayor fluidez, dada la atenuación de las digresiones; no obstante, sigue vivo el interés del autor por la plasmación verbal refinada de las relaciones eróticas y por la captación sensual de objetos y elementos naturales y paisajísticos.

En la caracterización arquetípica de Licario, tan afanoso de resurrección como el mismo Lezama, se funden rasgos con los que ya se había configurado tanto a Fronesis, buscando a su madre y a la idea de maternidad, como a Cemí, indagador del sentido y función de la existencia humana; aquel Licario, que en *Paradiso* se constituye en guía espiritual de Cemí al quedar éste en orfandad de padre, mantendrá ahora su personalidad enigmática, como héroe esforzado en alcanzar el conocimiento perfecto y dominar el tiempo, volcado todo su afán visionario en descubrir lo oculto y darle forma comprensible. En el encuentro de Cemí con Ynaca Eco, hermana de Oppiano, y en su unión sexual que pretende atraer al hermano ausente, se han visto episodios clave, casi ejes de la obra. A la luz de la edición del manuscrito que dejó Lezama, accesible desde 1977, el lector debe seguir prescindiendo en su lectura del criterio de verosimilitud y aun con frecuencia renunciando al discurso intelectual de tipo lógico para sumergirse en un mundo suscitador de emociones estéticas por la vía de la asociación imaginativa [22], a la manera que accede a los textos poéticos versificados por el autor.

---

[22]   Tienen interés los trabajos de M. Fazzolari, «Las tres vías del misticismo en *Oppiano Licario*», en C. Vizcaíno, ed., *Coloquio Internacional...*, II, 125-134, y E. M. Santí, «*Oppiano Licario:* la poética del fragmento», *ibíd.*, II, 135-151.

MANUEL MUJICA LÁINEZ

Nacido en el mismo 1910 que Lezama Lima, y muerto ocho años más tarde que él, en 1984, el bonaerense MANUEL MUJICA LÁINEZ ofrece a lo largo de una laboriosa carrera como escritor numerosas concomitancias estéticas con su colega cubano, desde una compartida impronta proustiana y lírica hasta temas y planteamientos comunes, como el del paraíso perdido o el aprendizaje, pasando por una evidente convergencia en ese realismo maravilloso que tan frecuentemente hace de la novela hispanoamericana, cuyo curso estamos trazando, un verdadero *romance*. Ambos comparten, en efecto, un culturalismo de inabarcables fronteras que lo impregna todo en sus respectivas producciones novelísticas, muy diferentes por lo demás, pues si la de Lezama está concentrada en dos obras, la de Mujica se extiende, entre 1938 y 1984, hasta un total de dieciséis títulos. Y sirven a esa riqueza intelectual y artística de sus contenidos dos estilos contrapuestos, apolíneo el del argentino, dionisíaco en su barroquismo el del cubano. Pero ambos fueron cosmopolitas y universales, si bien el calificativo de «peregrino inmóvil» que tanto se ajusta a la personalidad de Lezama se traduce en un conocimiento efectivo del mundo en el caso de Mujica Láinez.

Descendiente de antiguas familias españolas —vasca la rama paterna, castellana la materna—, en la estirpe del escritor descuellan dos figuras de las más importantes de las letras argentinas del XIX, el poeta Juan Cruz Varela y el prosista Miguel Cané, que Mujica Láinez biografió en 1942. El ambiente marcadamente culto de su contorno familiar se completó con una formación selecta, primero en su Buenos Aires natal y luego en la «Ecole Descartes» de París, adonde los Mujica se habían trasladado en 1923. En Europa permanecerán tres años, en los que el futuro escritor visitará también Londres. De nuevo en Buenos Aires, concluye sus estudios secundarios e inicia los de Derecho en la Universidad, que abandonará dos años más tarde. Y luego de su ingreso en el funcionariado, en 1932 Manuel Mujica Láinez entra en el diario bonaerense *La Nación,* al que seguirá ligado como redactor y crítico de arte hasta su jubilación en 1969, fecha en la que se instala en su finca «El Paraíso», en Cruz Chica (Córdoba), a unos ochocientos kilómetros de Buenos Aires.

Unas veces —las más— por mor de su ejercicio periodístico, otras en calidad de comisionado oficial, Mujica Láinez será peregrino del mundo: en 1938, Bolivia, con motivo de la paz del Chaco; en 1940, Japón, Corea y China; en 1945, la Europa que se repone de la gran guerra; en 1958, ya como director general de Relaciones Culturales de la Cancillería argentina, nombrado por el Gobierno de la «Revolución Libertadora», de nuevo Europa, con especial atención a la mediterránea, y en ella a España e Italia, en donde visita por vez primera Bomarzo, el mágico enclave de Pier Francesco Orsini, en Viterbo, que inspirará su novela más trascendente, premio nacional de Literatura en 1963, luego convertida por Alberto Ginastera en una cantata y una ópera, representada en los más importantes teatros del mundo, pero que hubo de esperar hasta 1972 para su estreno en el Colón de Buenos Aires, donde cinco años antes había sido prohibida por la Municipalidad en aras de «la tutela de los intereses de la moral pública».

Quiere decirse que Manuel Mujica Láinez ilustra el arquetipo del escritor americano en el que confluyen la herencia hispana con una más amplia impregnación europea —en especial francesa— sin que ello represente en modo alguno volver las espaldas a la realidad y la historia de su país. En él sobresale, singularmente, el equilibrio entre todos estos elementos, no tan fácilmente armonizables como a primera vista nos haría creer la síntesis alcanzada por su pluma.

En este sentido ofrecen sumo interés las dos primeras obras publicadas en libro por Mujica Láinez, constitutivas de lo que él gustaba llamar «mi academia», en remedo de la fase formativa en el dibujo clásico que los artistas plásticos debían pasar antes de dar rienda suelta a su talento creativo. En efecto, nuestro autor, que había comenzado a escribir verso y prosa en francés durante su estancia parisina, que dedicará cuatro poemas en ese idioma a la caída de Francia en 1940 y que pondrá en admirable español cincuenta sonetos de Shakespeare en 1963, comienza hacia 1927 a publicar poesía modernista, narraciones y artículos en diarios y revistas bonaerenses, firmando como Manuel B. (de Bernabé) Mujica Láinez, para consolidar definitivamente su presencia literaria con dos libros, de 1936 y 1938, que la crítica interpreta como una asunción meridiana de su identidad hispánica y su decidido engarce con la tradición literaria de su lengua.

Nos referimos a *Glosas castellanas* (1936), recopilación de ocho trabajos, la mayoría aparecidos previamente en *La Nación,* que representan otros tantos homenajes a las lecturas españolas, en especial de *El Quijote,* realizadas por el joven escritor, y a su primera novela, de 1938, *Don Galaz de Buenos Aires,* narración histórica ambientada en la colonia e inspirada por la efemérides del cuarto centenario de la fundación de la ciudad en 1536. El protagonista es un verdadero Quijote rioplatense, que ostenta además el nombre del hijo de Lanzarote del Lago, cuya vida aventurera y mística se desarrolla a través de una estructura episódica como la de los relatos picarescos. Mujica ha reconocido la influencia y magisterio que en él ejercía por aquel entonces Enrique Larreta, amigo de su familia, así como la huella de *La gloria de don Ramiro* en *Don Galaz de Buenos Aires,* obra muy significativa de cara al desarrollo posterior de una de sus líneas narrativas, la de un *romance* en el que la historia se manipula desde la fantasía.

Tardará catorce años en aparecer la segunda novela de Mujica Láinez, iniciadora de una serie de cuatro títulos que el autor rotuló como la «saga de la sociedad porteña», a la que seguirá una trilogía de novelas históricas abierta por *Bomarzo* (1962), ampliable con nuevos títulos de un tercer ciclo de otras ocho novelas aparecidas entre 1972 y el año de la muerte del autor [1]. El resto de su producción litera-

---

[1]   De las *Obras completas* de Manuel Mujica Láinez, la Editorial Sudamericana de Buenos Aires había publicado ya entre 1978 y 1983 cinco volúmenes, el primero de los cuales está prologado por Jorge Cruz. En ellos se incluyen, por riguroso orden cronológico, junto a las demás obras del autor, sus cinco primeras novelas: *Don Galaz de Buenos Aires* (1936), *Los ídolos* (1952), *La casa* (1954), *Los viajeros* (1954) e *Invitados en «El Paraíso»* (1957). Su producción novelística se completa con los siguientes títulos: *Bomarzo* (Buenos Aires, Sudamericana, 1862; Barcelona, Seix Barral, 1983, con un estudio preliminar de Marcos-Ricardo Barnatán), *El unicornio* (Buenos Aires, Sudamericana, 1965; Barcelona, Seix Barral, 1983), *De milagros y melancolías* (Buenos Aires, Sudamericana, 1969), *Cecil* (Buenos Aires, Sudamericana, 1972), *El laberinto* (B. A., Sudamericana, 1974), *El viaje de los siete demonios* (B. A., Sudamericana, 1974), *Sergio* (B. A., Sudamericana, 1976), *Los cisnes* (B. A., Sudamericana, 1977), *El gran teatro* (Barcelona, Planeta, 1979), *El escarabajo* (Barcelona, Plaza y Janés, 1982) y *Un novelista en el Museo del Prado* (Barcelona, Seix-Barral, 1984). En su discurso de ingreso en la Academia Argentina de Letras (1965), que se puede leer en el volumen IV de sus *Obras completas,* Mujica Láinez anunciaba la redacción de otra novela más, titulada *El Inca,* «que tendrá por centro a la personalidad desvelante del Inca

ria, dejando al margen su poesía recopilada por primera vez en el tomo tercero (1980) de sus *Obras completas,* no se nos presenta en modo alguno desconectada de su novelística, sino todo lo contrario, en especial, aunque no exclusivamente, por la profunda inspiración bonaerense de la gran mayoría de sus obras. Tal sucede con sus tres biografías, *Miguel Cané (padre). Un romántico porteño* (1942), la de Hilario Ascasubi, titulada *Vida de Aniceto el Gallo* (1943), y la de Estanislao del Campo, *Vida de Anastasio el Pollo* (1947), considerada por la crítica como uno de los grandes libros de su autor. Pero el fervor porteño tiene otras manifestaciones más palmarias si cabe: en 1943, el *Canto a Buenos Aires,* prologada por un soneto de Borges, que recoge, en siete partes compuestas con dísticos alejandrinos de rima consonante, un bosquejo familiar y desmitificador de la historia de la ciudad hasta el presente de la escritura (1941); en 1946, *Estampas de Buenos Aires,* donde la ciudad es recreada a través de los dibujos de Marie Elisabeth Wrede y la palabra del escritor que la vincula autobiográficamente con sus propios recuerdos personales; y en 1949 y 1950, dos colecciones de relatos en los que la realidad y la fantasía se enhebran sin solución de continuidad.

Nos referimos a *Aquí vivieron,* conjunto de lo que el propio subtítulo califica como «historias de una quinta de San Isidro» situadas en el amplio período que va de 1583 a 1924, y *Misteriosa Buenos Aires,* obediente a un mismo diseño de desarrollo temporal (desde 1536 hasta 1904, en este caso) y unidad espacial. Repárese, a propósito de estos últimos libros, en la proyección cronológica de la anécdota, que junto a la libertad imaginativa de su tratamiento nos sugieren de inmediato el realismo maravilloso de algunas de

---

Garcilaso de la Vega», sobre el que ya había publicado un trabajo en *La Nación* hacia finales de 1934.

las mejores novelas del autor, al igual que otro volumen de narraciones de Mujica Láinez, *Crónicas reales* (1967), donde se traza en clave de desenfadado humor la historia de una imaginaria dinastía reinante en un indeterminado país próximo al mar Negro, desde el medievo de su fundador, Conde von Orbs zu Orbs, hasta el propio siglo XX [2].

Como ya quedó apuntado, entre 1952 y 1957 Manuel Mujica Láinez desarrolló una tetralogía o saga donde esa misma ambientación porteña se armoniza con un propósito estético y testimonial a la vez: estilizar por medio del arte narrativo la inexorable decadencia y aniquilación de la aristocracia a la que el escritor pertenecía, proceso que parecía haberse precipitado con la llegada al poder, en 1946, del peronismo, al que Mujica se opondrá activamente desde su puesto directivo en la disidente Sociedad argentina de Escritores y como candidato del conservador Partido Demócrata en las elecciones del 11 de noviembre de 1951.

No se encontrará, sin embargo, en ninguna de estas páginas la más mínima pugnacidad ideológica, sino una resignación nostálgica que el escritor destila en arte verbal. En la tercera de estas novelas, *Los viajeros* (1955), que es a la vez un auténtico *bildungsroman,* el protagonista y narrador, Miguel —miembro espúreo de una ranciosa familia que vive, soñando con viajar a la Francia de sus amores, en

---

[2]   Para un más amplio conocimiento de este autor, véanse los siguientes libros: María Emma Carzusán, *Manuel Mujica Láinez* (Buenos Aires, Ediciones culturales argentinas, 1962); Eduardo Font, *Realidad y fantasía en la narrativa de Manuel Mujica Láinez* (Madrid, José Porrúa Turanzas, 1976); Jorge Cruz, *Genio y figura de Manuel Mujica Láinez* (Buenos Aires, Eudeba, 1978); George O. Schanzer, *The Persistence of Human Passions: Manuel Mujica Lainez's Satirical Neo-modernism* (Londres, Tamesis Books, 1986), y Sorkunde Frances Vidal, *La narrativa de Mujica Láinez* (Bilbao, Universidad del País Vasco, 1986).

una quinta del pueblo del extrarradio bonaerense
fundado por uno de sus antepasados— resume en
estas palabras el simbolismo de la situación cuando
ayuda a rescatar los pocos objetos de arte supervi-
vientes de un atroz incendio: «Era como si llevára-
mos con nosotros los últimos despojos de un mundo
—de una concepción del mundo— que moría entre
las llamas de "Los Miradores", metamorfoseados,
al aniquilarse, en la torre en llamas del blasón,
un mundo del cual no quedarían más que ruinas
humeantes» [3].

Este tema, y el registro para su tratamiento, sobra-
rían para acreditar la unidad de esta «saga de la
sociedad porteña», pero no son los únicos elementos
que contribuyen a ella. Mujica Láinez gusta, por
ejemplo, de trasladar personajes y situaciones de una
novela a otra, y tal cosa ocurre aquí con Lucio
Sansilvestre y Duma, que dan título a dos de los tres
capítulos extensos que configuran la primera obra de
la serie, *Los ídolos* (en este orden de cosas es de
destacar, asimismo, que «el gran *leit-motiv*» de *Invitados en el Paraíso,* las aventuras de Benvenuto Cellini,
anuncia la gestación de *Bomarzo*). Pero no menor
trascendencia para el logro de aquel objetivo tiene la
personificación del tema en un enclave espacial de
connotaciones tan ricas como es la mansión familiar
(de lo mismo hay huellas en otras novelas argentinas
de la época, como *La casa de los Felipes,* 1951, de
Luisa Mercedes Levinson, o *La casa del ángel,* 1954,
de Beatriz Guido). Hace un momento mencionábamos «Los Miradores». «El Paraíso», nombre de la
finca que Mujica Láinez adquirirá en las montañas
cordobesas doce años después de haberlo puesto en el
título de su novela, es, por su parte, el edén intempo-
ral en el que Tony y su madre, aristócratas y estetas,

---

[3]   Citamos por *Obras completas,* tomo V, Buenos Aires, Sudamericana, 1983, pág. 256.

quisieran salvar de la violencia del siglo, encarnada en la cercana cosmópolis, a quienes, como ellos, se aferran a un mundo refinado y selecto que ya se ha ido. Mas de la relevancia de este emblema da fe desde su propio título la que acaso sea la novela más trascendente de la tetralogía: *La casa*.

En su libro sobre el realismo maravilloso, Irlemar Chiampi escribe que «a renovação da linguagem ficcional hispanoamericana tem como eixo a problematização da perspectiva narrativa e a conseqüente critica do próprio ato de contar»[4]. Ese propósito es el que lleva ahora a Mujica Láinez a resolver eficazmente el compromiso de modular una nueva variante del tema central de la serie que estamos comentando, haciendo narradora y protagonista a una noble mansión de la calle Florida, construida en 1885 por un senador de la República, y sesenta y ocho años más tarde en proceso de demolición.

Como, según reza el lema de Eliot, «Houses live and die», esta casa puede rememorar en voz alta, al tiempo que su demolición va avanzando inexorablemente, la descomposición de la familia que la erigió y habitó hasta perder su propiedad. La casa participa de la ideología aristocrática de quienes la poseyeron, habla y se lamenta como una gran dama que asume como propios los pecados de sus dueños, de los que fue escenario y testigo a la vez. Ninguna innovación desconocida aporta este bizarro hallazgo del punto de vista y la voz narrativa (basta recordar, por no remontarnos a los relatos lucianescos y de transformaciones, los locuaces perros cervantinos), pero sí la más pertinente configuración para un *romance* en el que lo natural y lo sobrenatural, la animación de los objetos —una constante en la estética de Mujica Láinez— y la convivencia de los fantasmas del pasado con las ruinas del presente, aparecen imbricados

---

[4]   I. Chiampi, *ob. cit.,* pág. 72.

de acuerdo con lo que reclama el más genuino realismo maravilloso.

Por los años de redacción de esta saga porteña
Manuel Mujica Láinez se sintió intrigado, a través de
ciertos reportajes de prensa, por un enclave insólito
de la vieja Italia, el castillo medieval de Bomarzo,
cerca de Viterbo, al que uno de sus propietarios, el
duque Pier Francesco Orsini, enriqueció en pleno
Renacimiento con un inquietante parque donde la
desbordada naturaleza arropa un conjunto impresio-
nante de monstruos de piedra. Cuando en 1958 pudo
visitarlos por primera vez, y luego de nuevo en 1960,
el novelista argentino experimentó, según sus propias
declaraciones, una identificación tan intensa como si
en realidad se reencontrase con parajes conocidos de
siempre por él. Iniciada entonces una laboriosa tarea
de acopio de datos referentes a Bomarzo y su creador, en 1976 Manuel Mujica Láinez publicaría con
ese título su novela más extensa y lograda, amén de
más universal, traducida ampliamente, galardonada
en la Argentina, y fuera de ella con el premio John F.
Kennedy, amén de transformada en la ópera que ya
mencionamos con el concurso de Alberto Ginastera.

Bomarzo es, en nuestro criterio, una de las manifestaciones más conspicuas del realismo maravilloso
hispanoamericano, en donde la historia es manipula-
da en aras de la fantasía para el logro de propósitos
expresivos de la máxima trascendencia y amplitud.
Bomarzo es, así, una novela de espacio y tiempo,
novela de época, la Italia del Renacimiento, y el
Manierismo que Mujica Láinez ha sabido recrear
artísticamente con gran acopio de figuras de entre las
capitales para la historia de aquel período, como si de
un verdadero «roman fleuve» se tratase. Pero es
también, y muy sobresalientemente, una «novela de
personaje», el duque de Bomarzo, Pier Francesco
Orsini, vástago contrahecho de una estirpe güelfa de
condotieros y papas, amigo de Benvenuto Cellini y de

Paracelso, que se identifica con la figura anónima que Lorenzo Lotto pintara en su lienzo conocido como *Retrato de un desconocido* o *Retrato de gentil-hombre en el estudio*.

Pier Francesco Orsini es a la vez protagonista y narrador, pues el texto de *Bomarzo* se presenta fenoménicamente como unas memorias de características muy particulares. Ello permite su autoidentificación como «un típico hombre del Renacimiento» (página 199), época contradictoria, entre la superstición y la razón, como también es contradictorio el duque, que se ve a sí mismo —«esteta giboso» llega a llamarse (pág. 363)— convertido «en un monstruo, al tratar de realizar la síntesis astuta de las contradicciones» (pág. 654): paganismo y cristianismo, Dios y Demonio, crueldad y refinamiento, belleza y miseria, Jano sexual. «Así era yo (...). Un príncipe intelectual, un hombre de esta época, poco menos que arquetípico, situado entre la Edad Media mística y el Hoy ahíto de materia» (pág. 356).

Mas esas contradicciones, y lo peregrino de las historias encadenadas que en *Bomarzo* se encuentran, aparece resuelto en armonía artística por gracia, de nuevo, de una sabia elección del planteamiento narrativo básico. En efecto, las memorias de Vicino Orsini abarcan desde su nacimiento romano de 1512 hasta su paradójica muerte, envenenado como tantos otros personajes de su contorno, en 1572, en contradicción con el vaticinio del físico y astrólogo Sandro Benedetto, que le había augurado la inmortalidad. Pero de una forma deliberadamente confusa, que en la última página de la novela parece apuntar hacia una reencarnación del príncipe renacentista en el autor material del texto que tenemos entre las manos, el protagonista-narrador vence al tiempo, disfrutando de la «prerrogativa sobrenatural» (pág. 587) de componer sus memorias con un lapso de cuatro siglos entre el momento de lo vivido y la hora de narrar, que el duque de Bomarzo comparte con los hombres y mujeres contemporáneos, instancias presentes y operantes a lo largo del discurso como lectores implícitos del mismo.

«Que el lector actual no se asombre. En aquel tiempo las cosas sucedían así» (pág. 415), es la reiterada instrucción que el autor también implícito nos da, para introducirnos sin brusquedad en un universo más propio del *romance* peregrino que de la *novela* realista, cuyos fundamentos empiricistas tan sólo estaban empezando a despuntar en el tiempo de Vicino Orsini. Otro tanto se deduce de su vida, desde el horóscopo de su nacimiento hasta su invención fabulosa, y en cierto modo autobiográfica, del sacro bosque de los monstruos de Bomarzo, libro en piedra que suple y mejora el proyecto inconcluso de un poema manierista sobre el mismo tema y con aquel nombre como título, que «estaba bien construido, pero no valía nada» (pág. 488). Hay un párrafo en *Bomarzo,* obra de entre las más significativas para ilustrar la continuidad entre *romance* y realismo maravilloso, que resume con exactitud el significado literario de la novela de Mujica Láinez: «Y lo mismo que el *Orlando* es un adiós nostálgico a la edad en que la realidad y la fantasía eran inseparables porque formaban una esencia única, sucesos minúsculos y maravillosos como el que motiva estas reflexiones, al desarrollarse repentinamente y encender de mágica claridad reverberante la atmósfera cotidiana del mercado prosaico del mundo, simbolizaban también, con sus últimos brotes esporádicos, la despedida desconcertada de una época en la que lo real y lo fantástico empezaban a clasificarse en distintos ficheros para siempre, a una época en que la generosa ilusión hizo flamear los estandartes poéticos» (pág. 409) [5].

---

[5]   Todas las citas de *Bomarzo* están tomadas de la novena edición, Buenos Aires, Sudamericana, 1974.

Después de *Bomarzo* ninguna otra obra de Mujica Láinez alcanzó tal grado de excelencia, ni entre las dos de planteamiento histórico que le siguieron en el decenio de los sesenta, ni entre sus últimas producciones aparecidas, luego de un silencio narrativo de tres años coincidente con la instalación del escritor en su mansión serrana de «El Paraíso».

Así *El unicornio* (1965) es un autoplagio de las memorias del duque de Bomarzo, esta vez en boca del hada Melusina, asimismo dotada del «absurdo privilegio de la inmortalidald», que cuenta a siglos de distancia sus amores medievales con Aiol, el Doncel del Unicornio, símbolo contradictorio también de lo puro y lo torpe. *De milagros y de melancolías* (1969) reitera, por su parte, una estructura o esquema de unidad temático-espacial y variación diacrónica que ya estaba en *Aquí vivieron* y *Misteriosa Buenos Aires*. Se trata, ahora, de una libérrima fabulación de lo que podría haber sido una historia de Hispanoamérica desde los fundadores y gobernadores hasta los libertadores, caudillos y líderes, con clave contenidamente paródica.

Después de 1972, y hasta el mismo año de su muerte en 1984, Mujica Láinez no hará sino reiterar las líneas maestras de su arte con ocho títulos más de marcado caráter epigónico. El patrón —más que novelístico, de «relatos enmarcados»— al que acabamos de referirnos explica, por ejemplo, *El viaje de los siete demonios* (1974), cada uno de ellos representativo de uno de los pecados capitales y encarnados —siempre el juego ucrónico— en un vasto arco temporal que va desde el siglo I de nuestra era hasta el XXIII, sin que falte tampoco la parodia que se ceba aquí, joyceanamente, en diversos textos literarios de diferentes literaturas. La suave e imaginativa sátira de las debilidades humanas aparece también en *Cecil* (1972), que nos recuerda *La casa* por la elección del enfoque y voz narrativas. Se trata, en este caso, de un

perro inglés, émulo de los cervantinos citados en uno
de los lemas, que al trazar su autobiografía pinta
también el universo de su amo, el escritor, y de todos
los que lo rodean.

Entramos así, de nuevo, en el ámbito bonaerense
de la literatura, al que ilustra, con un registro de
sexualidad novedoso en Mujica Láinez, *Sergio*
(1976), biografía de un delicado personaje cuyo destino es la huida, que a veces semeja, por lo que de
novela de deformación tiene, una paráfrasis porteña
de *Justine*. Con *Los Cisnes* (1977) volvemos a encon-
trarnos con el eje de una casa decrépita del Buenos
Aires de siempre, la llamada «El Palacio de los Cisnes», que suscita una visión desenfadada del mundo
artístico porteño que Mujica cultivó y tan bien cono-
cía. Tan sólo destacaremos, por su relativa originalidad y fuerza narrativa, *El gran teatro* (1979), una
auténtica novela estructural, de protagonista colectivo, que a partir de una drástica limitación espacio-
temporal —la trama se desarrolla a lo largo de las
cuatro horas de una noche de 1942, en que el Teatro
Colón da *Parsifal*— nos ofrece un microcosmos de la
gran ciudad, la vida como una abigarrada malla o
red de dos mil quinientas «humanas hormigas» cuyos
pensamientos y sensaciones simultáneas presentan
una sinfonía relativista, como la del *Point-counter-
point* de Aldous Huxley.

No faltan tampoco refacciones de la serie histórica
iniciada por *Bomarzo*. *El escarabajo* (1982) es un
decepcionante relato, de ardua lectura, que un talis-
mán egipcio con tal imagen hace desde el momento
de su creación, como obsequio a la Reina Nefertiti,
hasta la época contemporánea, tres mil años más
tarde. Salvamos de esta serie, como lo haríamos con
El gran teatro a propósito de la anterior, *El laberinto*
(1974), contrapunto español del período de *Bomarzo*.
Estamos, en efecto, ante una autobiografía y fragmentado diario de un pícaro y aventurero toledano.

Ginés de Silva, amigo de El Greco y del Inca Garcilaso (episodio en el que Mujica insertó, al parecer, materiales de su proyectada novela sobre este personaje), viajero por la piel de toro y supérstite de la Armada Invencible, que recala finalmente en las Indias urgido por la ambición del Dorado, para morir, allá por 1658, en la batalla de San Bernardo, junto al visionario Pedro Chamijo, conocido como el Inca Huallpa, sublevador de los indios calchaquíes.

Dos aspectos cumple destacar, además, para conceder a *El laberinto* el lugar que le corresponde en el conjunto de la obra del autor y de la narrativa hispanoamericana. El primero de ellos es su planteamiento, ni destructivo ni mitificador, de la figura del protagonista y la empresa española de la que fue partícipe. El título es emblema de la vida, y ésta, una suma de motivos contradictorios: gloria y ridículo, grandeza y torpeza, generosidad y abyección. Y el segundo viene a reforzar una vez más la identidad entre *romance* y realismo maravilloso que establecíamos en nuestra introducción. Ginés de Silva, formado «en un medio del cual era familiar el milagro» (pág. 75), es sometido al «hechizo americano» por un locuaz personaje, el vendedor de pájaros sevillano Pedro Flequillo, que «abrió frente a mí las puertas del misterio y de la magia de las Indias Occidentales» (pág. 141). El encuentro con la realidad de ultramar esfumará alguna de aquellas quimeras, pero sobrecogerá al protagonista por la desmesura de América (cfr. pág. 262 y sigs.), haciendo cierta así —y regresamos a nuestras argumentaciones preliminares— una de las dos «unidades culturales» que Irlemar Chiampi estableció a partir de los certeros atisbos de lo «real maravilloso» propuestos por Carpentier: nos referimos, claro es, al ideologema «de crónica» o «de maravilla».

El último libro de Manuel Mujica Láinez, *Un novelista en el Museo del Prado* (1984), impreso tres meses antes de su muerte, conecta con un tema presente ya en el penúltimo capítulo de *Sergio,* al dar vida y animación nocturna a las pinturas y esculturas de la pinacoteca española. Ello confirma algo que resulta patente en toda revisión de conjunto, por vertiginosa que ésta sea de la trayectoria literaria del escritor bonaerense: la unidad y reiteración de los temas y planteamientos. Pero de ese mapa coherente que refleja el universo de Mujica Lainez destaca, señera, una obra irrepetible, *Bomarzo,* de la que no hemos ponderado todavía como merece esa calidad de página, más frecuente de lo que es común en textos tan extensos como éste, que nos gustaría ejemplificar en aquella en la que Pier Francesco Orsini se lamenta de no haber sido capaz de reconocer el genio de un español que encontró en Lepanto y que treinta y cuatro años más tarde escribiría la genial fusión del *romance* medieval y la *novela* moderna que es *El Quijote.*

ERNESTO SÁBATO

El argentino ERNESTO SÁBATO FERRARI nació en
Rojas, provincia de Buenos Aires, la noche de San
Juan de 1911, en el seno de una familia de inmigrantes italianos inscribible dentro de la burguesía media;
cursó sus primeros estudios en el Colegio Nacional de
La Plata, donde fue discípulo de Pedro Henríquez
Ureña; acabaría por doctorarse en Ciencias Físicas
en 1937 y por ampliar su formación investigadora en
los laboratorios Curie-Joliot de París; ejerció la docencia universitaria en su país natal algunos cursos.
En sus años juveniles mantuvo vinculaciones con el
Partido Comunista y cierta atracción afectiva por el
anarquismo; crisis intelectuales le llevaron al abandono de la ciencia y de una adscripción política concreta, pero manteniendo en todo momento un ejercicio
riguroso de la inteligencia y una actitud batalladora
en favor de los derechos humanos y de los principios
democráticos y en contra de la violencia, lo que le
llevó finalmente a presidir la comisión investigadora
sobre la represión sufrida en Argentina bajo las dictaduras militares anteriores al mandato presidencial de
Raúl Alfonsín, dentro de una tradición remontable a
Sarmiento y José Hernández, que en aquellas tierras
exige de sus escritores famosos la adopción de compromisos cívicos concretos. Sus primeras actividades
literarias las desarrolla en el marco de la prestigiosa

revista *Sur* desde 1941; en sus páginas verá la luz un
capítulo de una novela que con el título de *La fuente
muda* proyectaba (*Sur,* núm. 157, noviembre de 1947,
págs. 24-65); a la reconocida influencia ejercida en
sus años juveniles por Henríquez Ureña debemos
añadir la del pensador antipositivista Alejandro
Korn, así como las debidas a las tempranas lecturas
de Miguel de Unamuno, siempre por él admirado, de
Kierkegaard, Nietzsche, Dostoievski, Kafka, Poe,
Lautréamont, Stirner, Jaspers, Camus o Sartre.

La personalidad introvertida y discretamente neu-
rótica de Sábato terminó por encontrar un camino de
afirmación creadora en el cultivo del arte pictórico y
literario, sobre todo a partir de la decisión tomada en
1943 de abandonar el territorio de la matemática y la
física para consagrarse por entero a las disciplinas
humanísticas, convencido de su mayor utilidad para
contribuir al mejoramiento de las personas y para
devolver al hombre, alterado en sus vivencias por el
mecanicismo, su perdida unidad interior y su comunión con la comunidad social y con el universo; su
esposa, Matilde Kurninsky-Richter, no ha sido ajena
al proceso de reconversión y liberación interior del
escritor, quien particularmente en sus novelas, en
cuyas páginas hay insumidas tantas circunstancias de
su propia biografía, encontrará la posibilidad de una
liberación catártica de sus personales obsesiones, entre las que se incluye la vivencia de asedio y persecución incesantes por parte de las misteriosas fuerzas
del mal omnipresente. Con Unamuno coincide en
varias notas de su poética e ideología, en la plasmación expresionista y patética de su sentimiento trágico de la vida y en la forja de personajes paradójicos o
conflictivamente contradictorios; también ambos están próximos en su extremosidad y en su común
propósito de sembrar una desesperanza estimulante
para despertar de su inconsciencia a los lectores a fin
de transformarlos en sus actitudes éticas. Hay ade-

más un parentesco entre la obra sabatiana y ciertos planteamientos ideológicos y estéticos del surrealismo y del existencialismo, especialmente en cuanto afecta a la reducida validez del simple conocimiento racional para la exploración profunda del ser humano y de sus problemas o a la estimación positiva del arte y de la literatura como formas alternativas de conocimiento válidas para la profundización en los aspectos subjetivos, emotivos e inconscientes vinculados al existir de los hombres.

Por estos cauces desarrolla Sábato su creación novelística [1] como una investigación totalizadora, abarcadora del ser humano en sus más amplias dimensiones, como una aventura exploradora de orden cognoscitivo y metafísico que no pretende concluir en el mero conocimiento descriptivo, sino desembocar en una transformación ética de las conciencias individuales y de la comunidad social. Sus escritos han sido justamente calificados como literatura problemática, indagadora en las cuestiones más candentes de la vida: en su paradójico caminar hacia la destrucción y la muerte, en la soledad y el amor, en la esperanza y la desesperación, en el optimismo y la frustración, en la función del poder, el apetito de libertad, el sentido de la existencia, el mal a ella adherido, el destino y el

---

[1]   El acceso a la producción narrativa de Sábato, escasa en cantidad pero de tan alta densidad, resultará factible para el lector a través de las siguientes ediciones, las que más han difundido su obra:

El túnel, Buenos Aires, Sur, 1948; Buenos Aires, Eudeba, 1966; Sudamericana, 1961; Madrid, Cátedra, 1976; Barcelona, Edhasa, 1977; Barcelona, Seix Barral, 1978, 1983.

Sobre héroes y tumbas, Buenos Aires, Fabril Editora, 1961; Barcelona, Seix Barral, 1978; México, Fondo de Cultura Económica, 1979; Buenos Aires, Sudamericana; Barcelona, Planeta.

Abaddón el exterminador, Buenos Aires, Sudamericana, 1974; Madrid, Alianza, 1975; Barcelona, Seix Barral, 1978.

Narrativa completa, Barcelona, Seix Barral, 1982.

fin del hombre, sus ansias de absoluto y la presencia
o ausencia de Dios en el mundo. Al igual que en la
obra del dramaturgo español Antonio Buero Vallejo,
existe en la de Sábato una reiterada y funcional
presencia de ciegos y cegueras que actúan como
símbolos polivalentes susceptibles de iluminar y acla-
rar algo más lo mucho que hay de oscuro y confuso
en el ser humano, en cuyas significaciones se entrecruzan y conviven las de la oscuridad intelectual, la
tragedia de la incomprensión del misterio del mundo
y de la vida, la alienación, el desvalimiento o desamparo, la soledad (tratada con angustiada desnudez)
surgida de la imposible comunicación plena, los abis-
mos de la demencia y la irracionalidad, e incluso la
conciencia atormentada de culpa, pecado y castigo.

La visceral desconfianza sabatiana con respecto al
racionalismo como único instrumento desentrañador
de la realidad no le lleva a la renuncia absoluta del
ejercicio intelectual en su producción, sino a la
conjunción dialéctica de inteligencia imaginativa y
emotividad apasionada, al cultivo de un tipo de novela con función testimonial en que lo diurno y lo
nocturno del alma humana tienen cabida, así como a
la autoexigenia constructiva que le obligó en sus tres
únicas salidas a la palestra de la novela a realizar un
arduo y martirizante esfuerzo de escritura hasta lograr unos frutos cuya densidad significativa elogia
acorde la crítica, así como su seriedad e intensidad
comunicativa. En la profundización psicológica es
Sábato un escritor excepcional, aun contando con su
predecesor americano Eduardo Barrios, a quien
aventaja, merced al inteligente aprovechamiento del
psicoanálisis en sus diversas vertientes doctrinales, en
sus exploraciones sobre la radical soledad humana y
en los misterios y absurdos vinculados a cualquier
existencia; pocos novelistas han dramatizado mejor
que él la agonía del hombre en crisis, ni afirmado con
mayor decisión los valores más respetables del ser

humano al sentirlos amenazados por una sociedad cosificante.

Para realizar sus novelas, planteadas como búsquedas metafísicas con ambición de totalidad, Sábato ha sometido a examen en primer lugar a su propia conciencia, como la del hombre que tiene siempre más a mano, pero ampliando luego su indagación al horizonte de la sociedad argentina y aun de la vida local bonaerense con proyección universalizadora, que incluye a los hombres contemporáneos en lo mucho que tienen en común como padecedores de una crisis espiritual de la que no siempre se sienten responsables ni con capacidad para superar. Su defensa contra quienes le reprochan una tendencia demasido subjetivista estriba en justificar sus novelas como también incidentes en la sociedad por cuanto ellas ofrecen un testimonio sobre el mundo en donde los personajes están condenados a desarrollar su dolorosa existencia; para Sábato la grandeza de la novela actual radica en que se hace expresiva de las crisis más acuciantes que sufren los individuos como miembros de un tejido social que los interrelaciona condicionándolos en sus opciones, incluso en las que ellos creen asumir con entera libertad y hasta con rebeldía. El peculiar realismo que practica ofrece también el espectáculo de lo confuso en el vasto territorio indagado, despreocupándose por buscar coherencia a toda costa en la novela; al científico sí debe ser exigible la coherencia y no siempre al artista, por cuanto que éste debe dar testimonio del caos y de la confusión del mundo contemporáneo; así procede Sábato, insertado en una línea productiva común a otros novelistas actuales que revelan la incongruencia de las circunstancias vitales de los individuos y la sociedad por medio de la parcial incoherencia narrativa. Por otra parte, su realismo es integrador de elementos objetivos y subjetivos, potenciando sobre todo la presencia de éstos e interfiriendo el plano de

lo inconsciente en el de los hechos objetivos verifica-
bles, mediante cruces de sueños y fenómenos de tipo
parapsicológico, en una atmósfera misteriosa. Justamente es el misterio una de las palabras-clave de sus
novelas, junto con túnel, cueva, gruta, madre, sexo,
tinieblas, incesto, ciego, ojo, testimonio, fracaso y
absoluto; todas ellas portadoras de connotaciones
simbólicas que no siempre explicita el autor, por lo
que deberá intepretarlas el lector para descifrar el
mensaje, en el que se insertan y ensartan enigmas
como motivos recurrentes a lo largo de su trilogía
novelesca; ésta ofrece variaciones progresivamente
enriquecidas sobre el tema unitario del destino humano y de las implicaciones éticas de la existencia,
atendiendo a las relaciones del individuo con la comunidad y oponiendo su literatura problemática a la
gratuita, así como su actitud indagatoria a la mera-
mente lúdica o evasiva. En su obra hay muchos
rasgos característicos de la literatura confesional,
brotada de la convicción de que la parte descubrible
de la verdad se hallará en el interior del hombre,
apoyándose en su investigación más que en el psicoanálisis de orientación freudiana en exploraciones de
la psiquiatría antropológica, como las practicadas
por Jung y Jaspers sobre los arquetipos, los símbolos míticos y el inconsciente colectivo, respaldándo-
se en técnicas aprendidas desde sus contactos parisi-
nos con el surrealismo, como el montaje de elementos oníricos y en apariencia absurdos. El hondo
argentinismo del autor no se detecta tan sólo en el
conocimiento y utilización de la historia patria,
cuyos componentes de violencia y permanente crisis
de identidad explora, o en las más detalladas referencias y localizaciones topográficas en la geografía
del país o en el laberinto de la babilónica ciudad
porteña, sino también en su amplio interés por las
más dispares lecturas, que desde luego incluye la de
los clásicos del país e indefectiblemente la de Borges,

y en la afición al cultivo de las cavilaciones metafísicas.

No es difícil verificar la estrecha relación existente entre su producción novelística y la ensayística[2]; en este último campo Sábato se ha prodigado más que en el otro, con títulos bajo los que suelen englobarse artículos breves que vieron la luz primera en muy diversas publicaciones, tales como *Uno y el Universo* (1945); *Hombres y engranajes* (1951), subtitulado «reflexiones sobre el dinero, la razón y el derrumbe de nuestro tiempo»; *Heterodoxia* (1953); *El otro rostro del peronismo* (1956); *El caso Sábato. Torturas y libertad de prensa* (1956); *El escritor y sus fantasmas* (1963); la antología por él presentada como *Tango, discusión y clave* (1963); *Tres aproximaciones a la literatura de nuestro tiempo* (1969), donde se ocupa de la obra de Robbe-Grillet, Borges y Sartre; *La convulsión política y social* (1969), que recoge y sistematiza textos de diversos autores; *La cultura en la encrucijada nacional* (1973), o *Apologías y rechazos* (1979). Además son ya varias las antologías que

---

    [2]   Dejamos constancia de lo más granado de la obra ensayística de Sábato, en ordenación cronológica editorial:

Uno y el universo, Buenos Aires, Sudamericana, 1945.
Hombres y engranajes, Buenos Aires, Emecé, 1951.
Heterodoxia, Buenos Aires, Emecé, 1953; con el anterior: Madrid, Alianza, 1973.
El otro rostro del peronismo, Buenos Aires, Impr. López, 1956.
El caso Sábato. Torturas y libertad de prensa, Buenos Aires, Ed. del autor, 1956; Losada, 1963.
El escritor y sus fantasmas, Buenos Aires, Aguilar, 1963.
Tango, discusión y clave, Buenos Aires, Losada, 1963.
Tres aproximaciones a la literatura de nuestro tiempo, Chile, 1969; Buenos Aires, Alfa Argentina, 1974.
La convulsión política y social, Buenos Aires, Edicom, 1969.
La cultura en la encrucijada nacional, Buenos Aires, Edics. de Crisis, 1973.
Apologías y rechazos, Barcelona, Seix Barral, 1979.
Robotización del hombre, Buenos Aires, Centro Editor de América Latina, 1981.

recopilan algunos de sus artículos más notables,
como las tituladas *Itinerario* (1969); los *Ensayos,* que
editó Losada (1970); *Páginas vivas* (1974), entre las
que se seleccionan materiales de interés artístico,
literario y lingüístico; la *Antología,* de la Librería
del Colegio (1975), que abarca temas que van desde
revolución y literatura a las funciones de la novela,
marxismo, existencialismo y reconstrucción de la Argentina; *Diálogos Borges-Sábato* (1976), o *Páginas de
Ernesto Sábato,* seleccionadas por el autor (1983).

Este muestrario no exhaustivo es sobradamente
probatorio de la amplitud de horizontes culturales
abarcados por el interés del autor; aquí se refuerza su
imagen de escritor ético, problemático, apasionado
por las cuestiones más conflictivas del mundo contemporáneo y de su país natal, hábil conjugador de
razonamiento sistemático y de sentimiento ardoroso,
dueño de un estilo caracterizado por su brillantez,
inclusión de aforismos, poder de convicción, independencia y aun rebeldía intelectuales, acercamiento al
lector en tono coloquial y de fuerte impacto afectivo,
con ritmo cautivador de la atención y sintaxis propensa a la expresión paradójica, adoptando posiciones francas y definidas sobre aspectos ideológicos y
morales, que cobran forma dramatizada en sus novelas. En una somera presentación de las ideas verte-
bradoras de tales ensayos que reaparecerán con frecuencia en digresiones novelísticas bastará destacar
las siguientes: el principio de incerteza científica extrapolable a la difícil posibilidad de racionalizar la
realidad, la validez del lenguaje como formulador del
conocimiento en relación con la subjetividad cognoscitiva, la concepción de la historiografía contaminada
por la ficción, la indagación del universo condenada
a concluir en la exploración de la complejidad individual, la vinculación inesquivable de sujeto y objeto, el
uso de los procedimientos metafóricos y simbólicos
con función no tanto deslumbradora cuando ilumi-

nadora de la realidad, las tensiones entre localismo y universalidad, el peligro de autodestrucción que corre el individuo y la humanidad entera con sus errores a veces irreparables, la asunción de las razones del corazón pascalianas, la pérdida de la ilusión de absoluto o de la esperanza de eternidad que desembocan en actitudes angustiosas, demenciales, solitarias, suicidas o destructivas; la posibilidad de optimismo fundamentada en la instintividad o al menos en la sospecha de que el mundo debe tener algún sentido, por lo que el hombre sigue actuando, proyectando o sencillamente viviendo; la visceral oposición a todo totalitarismo, a la mecanización y desacralización de la existencia, al racionalismo excluyente de la imaginación y del sentimiento, al capitalismo, a la creencia ingenua en el progreso forzoso y a la tecnolatría; la convicción de que a través del mito y de la ficción literaria es posible acercarse más al descubrimiento de la realidad profunda o de que la vida misma se rige por paradojas, contradicciones e insensateces, más que por una actitud general y permanentemente razonable; la voluntad de superar las muy variadas posiciones antitéticas que en la actualidad histórica están en pugna, alentando una fe en la renovación de la vida humana y esperanzas de incrementada libertad y justicia universal; la experiencia amorosa como salvación parcial, siempre amenazada de fracaso; el respeto sagrado a toda persona en su concretividad.

Todas estas posiciones y actitudes inciden en la obra específicamente literaria de Sábato sin que ella tenga naturaleza probatoria, demostrativa, propagandística ni solucionadora, sino simplemente mostradora de una realidad significativa, particularmente en lo que respecta a la ansiable integración de ideas y pasiones, a la armonización del hombre y la sociedad, que viven en tensiones y escisiones, tratando de asumir la compleja realidad desde la complejidad del yo individualizado. Sus novelas pretenden profundizar

en la crisis de valores contemporánea que engendra
inseguridad, pesimismo o nihilismo, explorar el misterio de la existencia a la cual está siempre vinculado
el mal; así, es explicable que parezcan carentes de
alegría y que se llenen de tristeza y compasión al
constatar tragedias y miserias; tienen aires de profecía y de revelación, de anticipación de un futuro
catastrófico pero todavía evitable, de pretensión de
formular lo inefable como si de un conocimiento
místico se tratase en ellas. Sábato definió al escritor
como un «exagerado» y él mismo lo es en grado
notable, de modo desgarrado, diseñando atmósferas
apocalípticas probablemente con ánimo de «despertar al hombre que viaja hacia el patíbulo» y descu-
brirle, antes de que llegue inconsciente a su final, las
dimensiones de eternidad y absoluto. Presionado por
fantasmales obsesiones interiores, Sábato intenta liberarse de ellas en su escritura, y de esta suerte
también confía ayudar a sus lectores a conseguir una
similar catarsis, a descubrir el drama de la historia
personal y colectiva, así como a ir desvelando algún
sentido para su existir; su iluminación cognoscitiva
pretende llegar a una salvación. Propugnador de que
la literatura se incardine en la vida auténtica, admite
y cultiva, considerándolas legítimas, las innovaciones
de tipo formal, lingüístico, técnico y estructural, en la
medida que son exigidas para expresar una realidad
nueva o una visión renovada de la misma; rechaza,
sin embargo, como decadentes los experimentos no
justificados por el ahondamiento en la condición
trágica del hombre. En esta actitud es coincidente
con la adoptada, en teoría y práctica, por la mayor
parte de los novelistas destacados de su generación,
desde Cortázar a Bioy Casares, sin excluir siquiera a
Mujica Láinez. Su poética, detectable en múltiples
páginas ensayísticas, sobre todo en las de *El escritor y
sus fantasmas* e incluso en las de su trilogía novelesca,
va más allá de planteamientos estéticos, incluyendo el

afán de elevación espiritual de la humanidad, de comunión, catarsis e integración.

El túnel (1948) es la primera novela de su trilogía; intensa, breve y densa; suscitadora de admiración hasta en lectores como Albert Camus y Graham Greene. En ella se ofrece fragmentadamente el proceso psicológico de un pintor, Juan Pablo Castel, solitario en el túnel de su existencia, neurótico esquizofrénico y paranoico, cuya vida parece una pesadilla en su desgarro interior; él mismo, como narrador-protagonista, realiza un análisis minucioso y moroso de su situación anímica y la reconstrucción de su conducta desequilibrada que desembocó en un crimen pasional, relatando en primera persona sus indagaciones detectivescas de conciencia, con voluntad de ser imparcial y objetivo, sin pretender encontrar un sentido final a sus actos, que, en un encadenamiento incontrolable, le llevaron al asesinato de María Iribarne, esposa de un ciego, de la cual se había sentido abandonado, incapaz de compenetrarse con ella, frustrado en su fallido intento de comunicación profunda. La confesión de Castel resulta de sumo interés porque en sus palabras hallamos la revelación de una demencia razonadora y a veces intelectual, que es resultado de una filosofía desesperada. Su vivencia más permanente es la de transitar por un túnel, símbolo de su existencia oscura y aislada, dotado a tramos de paredes transparentes pero que siguen siendo obstáculos para una comunicación plena con las personas que se desplazan por el otro lado. Se trata de un personaje intelectual, pero a la vez hipersensible, tímido, imaginativo, solitario, analista en exceso de sus propias reacciones, que vive en una permanente tensión entre su incontrolable fantasía y su afán de orden mental; de ahí que también su narración autobiográfica esté volcada en un estilo veloz en su desequilibrio, sometida a vacilaciones, analepsis, saltos bruscos entre ideas no siempre lógi-

camente concatenadas, sino inconscientemente aso-
ciadas, hasta la producción de pasajes característicos
de un tratamiento estético surrealista. Sus incoheren-
cias psíquicas no restan un ápice a la concentrada
tensión de su relato, dotado de potente unidad estructural, de un estilo dinámico dentro de su morosidad analítica. Es innegable su deuda con la filosofía
existencialista: el propio análisis de conciencia da
cabida a la elaboración de una crítica, a veces explícita, de la sociedad convencional con su quiebra de
valores, a la vez que revela múltiples posibilidades
irresueltas de variadas interpretaciones, particula-
mente las relacionadas con el misterio que entraña
toda existencia humana, la inabarcable realidad del
«otro», el deseo inalcanzable de unión perfecta, estable y posesiva con otra persona, o el sentido hondamente trágico de que el hombre acabe por destruir lo
que más ama o de que esté condenado a avanzar en
la osuridad y con tropiezos hasta el final del túnel de
su vida, sin la esperanza cierta de hallar nunca la luz.
Castel, como el Mersault de *L'étranger* camusiano
en su prisión, escribe desde su enclaustramiento, y
como autor ficticio de su relato se nos va revelando
progresivamente al contemplar retrospectivamente su
existencia hasta hacernos llegar a la captación de su
final vacío interior. En su visión predominan las
imágenes de soledad, oscuridad y aislamiento, deformando la realidad desde su introspección autoanali-
zadora, exhibiendo una personalidad desdoblada que
avanza hacia su ruina y desmoronamiento; sin embargo, el discurso de su pensamiento corre por cauces
formalmente lógicos, incluso inflexiblemente silogísti-
cos, abundoso en comparaciones con objetos concretos, imágenes y metáforas, con prolijidad escasamente selectiva y con digresiones autojustificativas, lo
cual incrementa el clima de confusión, alimentada
por el tratamiento subjetivo de la realidad objetiva.
Además de la del túnel, otra imagen de potente fun-

cionalidad es la representada en la pintura *Materni-dad*, en cuyo plano secundario se observa a una mujer asomada —se diría casi en réplica de un conocido cuadro de Dalí— a una ventana con vista al mar, en una actitud sugerente de soledad ansiosa y deses-perada, que revela las inquietudes de su autor, Castel, y brinda ocasión para que se provoque su encuentro comunicativo con María; la destrucción de la pintu-ra, previa al asesinato de la mujer, es un presagio de la muerte de ésta; el tema principal del cuadro, que muestra a una madre absorta en la contemplación de su hijo, prefigura la relación materno-filial entre Ma-ría y Castel; ella está caracterizada como un ser ambiguo, tentador y contradictorio: tierna, compasi-va, amenazante, reservada hasta la inaccesibilidad, misteriosa. Juan Pablo es un arrogante personaje que, aun en su extralimitación, es figura del hombre actual, de quien se resaltan los rasgos de soledad, incomunicación, vivencia angustiada, egocentrismo posesivo, tendencia a la negatividad desesperada y ansia de definición; María, casada con el ciego Allen-de, lectora de Sartre, es enigmática en su presente y pasado, no menos inestable y desconcertante que Castel; Allende, cuya serenidad y estoicismo contras-tan con la impulsividad y sensualidad de María, también pone fin a su vida tras la pérdida de su esposa, abatido por el descubrimiento de su falseada relación; Hunter, primo de la mujer, contribuye a la confusión en virtud de sus ambiguas relaciones con ella, suscitadoras de furibundos celos en Castel y desencadenantes de su agresividad. Sin duda, la «exa-geración» sabatiana ha elegido estas situaciones lími-te para poner más de relieve con su tratamiento hiperbólico otras situaciones humanas no por menos anormales carentes de tensiones trágicas; en este sen-tido, la novela es susceptible de adscripción a las educativas o de aprendizaje.

Pero no agota en esto su riqueza; es además un

testimonio estético de la alienación y deshumanización contemporáneas, así como una reflexión sobre la
creatividad literaria captable en las digresiones de
Castel dedicadas a su propio discurso narrativo, en
sus referencias al narratario o al lector implícito
constituido en confidente del protagonista, que trata
de escapar así, mediante su escritura confesional, de
su confinamiento en la cárcel, de su yo rompiendo las
paredes de su soledad. Los problemas más intensos
que el hombre pueda vivir aparecen aquí dramatiza-
dos, con especial atención al gesto, a la mirada, a la
palabra exacta en la comunicación de su conciencia
afligida por la incomprensión de su propia existencia
y por sus vivencias de condenado sin esperanza de
liberación.

La crítica ha volcado sus esfuerzos en el sondeo de
elementos que pueden proceder de doctrinas psiquiá-
tricas y psicoanalíticas, a la luz de Freud y Jung, así
como en la influencia de la filosofía existencial, y por
supuesto en las aportaciones de esta novela a la renovación técnica y en el desentrañamiento de su complejo y sugerente simbolismo. También ha sido vista
como prólogo o preparación de las dos posteriores, no
sólo por el desarrollo que en ellas se hará de temas y
motivos que aquí estaban en germen o apuntados,
sino por la expansión que Castel y María encontrarán
en Fernando Vidal Olmos y en su hija Alejandra.
León Klimovsky la llevó al cine en 1952, con la
colaboración de Sábato, que adaptó su texto al guión,
pero sin llegar a captar su hondura psicológica y
existencial. Ha obtenido difusión y aceptación universales a través de su versión a más de quince lenguas.

En *Sobre héroes y tumbas* (1961) es apreciable la
mayor amplitud de horizontes abarcados a lo largo
de trece años de elaboración, el intento de conseguir
una «novela total» que, sin desatender a la indagación en los espíritus individuales, alcance una visión
de la ciudad de Buenos Aires y de la sociedad argenti-

na, y a partir de ellas de la humanidad entera y aun de lo que espera al hombre más allá de la muerte. Se trata de una novela de innegable complejidad, constituida por cuatro partes con sendos títulos, tan atrayentes en su enigmatismo como el del mismo libro y que han sido amplia y diversamente interpretados («El dragón y la princesa», «Los rostros invisibles», «Informe sobre ciegos» y «Un Dios desconocido»). Un hilo conductor de la lectura lo brinda el relato de la relación amorosa entre Martín y Alejandra, pero otra de las múltiples rutas lleva al lector a la evocación de la decadente clase dirigente argentina a través de la exploración de una vida familiar en la que los valores han degenerado, o a la visión de la conflictividad política y cultural, a las tensiones entre anarquía y oligarquía, e incluso al contraste integrador entre historia e intrahistoria. La trama argumental está desarrollada con la ambición de mostrar un panorama argentino insumido en otro universal con sus luces y sombras, apoyándose en un cúmulo de personajes dubitativos y contradictorios, entre los que cobran mayor relieve Alejandra Vidal, mujer siempre a medio camino entre ser angélico y demoníaco; Martín del Castillo, idealista adolescente angustiado por el propio hecho de vivir; Fernando Vidal, de dimensiones heroicas en su perturbación y perversidad; Bruno, un *alter ego* sabatiano en sus indagaciones intelectuales, y el general Lavalle, cuyas andanzas en vida y muerte con el tatarabuelo de Alejandra, Celedonio Olmos, se evocan en reiterados y consonantes contrapuntos que contribuyen a conferir mayor profundidad al significado personal e histórico de la novela.

Ésta se configura como una búsqueda al menos doble: la del sentido de la existencia humana y de la auténtica identidad de la nación argentina; de ahí también la pertinencia de una doble y fundida estructura, viajera y detectivesca. El novelista escribe una

vez más con ánimo de liberarse y liberar a sus lectores
de oscuras obsesiones, a las que da alcance universal,
explorando laberintos que puedan conducir al secreto
central de la existencia; el componente trágico radica
en que ese intento optimista finalice con la desolación
de la negatividad y del fatalismo o al menos con la
vaga e irracional esperanza de que el anhelo instintivo de vivir neutralice a la desesperación o de que
fugaces momentos de comunión amorosa o simplemente amistosa compensen dilatadas vivencias de
soledad radical. El discurso narrativo va desvelando
un inmenso fresco del mundo, del que se destacan sus
caracteres misteriosos y caóticos y en cuya tenebrosi-
dad se indaga a través de símbolos que se intensifican
en su reiteración matizada, se ahondan y cargan de
sustancia significativa; se funden indisolublemente
objetividad y fantasía en la plasmación de variados
tipos humanos, muchos de los cuales permanecen
indescifrables, como siempre vistos entre brumas; se
integran hechos históricos desde las guerras civiles
entre unitarios y federales hasta la caída de Yrigoyen,
o los conflictos vividos bajo el peronismo; el novelista
sigue buceando en las conciencias a través de los
motivos de conducta de sus personajes, en sus pasiones, odios, complejos edípicos y de persecución, frustraciones, mentiras, ilusiones, amores, sueños y esperanzas. El lenguaje novelístico es oscilante entre la
rapidez nerviosa y la lenta gravedad, entre el desbor-
damiento difuso y la parsimonia expresiva; se configuran variadas palabras-idea mediante la fusión de
dos vocablos («niñamurciélago», «madrecloaca»); el
hondo lirismo de algunos pasajes equilibra abundantes asperezas de tipo naturalista; ciertos rasgos de
humor irónico volcados sobre la sociedad y sus usos,
rayanos en la sátira y el sarcasmo, atenúan el desgarramiento de otras pinturas hechas con tintes fatalis-
tas, apocalípticos y nihilistas, pero sin dejar de aten-
tar contra la estabilidad de los valores cultivados por

la burguesía; reiteradas metáforas e imágenes refuerzan el sentido de exploración y soledad, caminos, barcos, canales, mar, islas, alcantarillas, cloacas, desiertos o puentes; cierto calor humano brota de las maternales e infantiles que en torno a la relación entre Alejandra y Martín se construyen.

Se integran en la novela reflexiones existenciales sobre el arte, como el desmedido intento de mostrar la infinita e inabarcable realidad en los estrechos límites de un libro, la visión de la actividad creadora como engendrada por el desajuste con el mundo, las carencias y la insatisfacción vital del artista que ansía recobrar su armonía interior construyendo una realidad mejor hecha que la que sufre a diario y con cuya plasmación pueda salvarse, justificando su vida, e incitar a otros a la cooperación en semejante tarea transformadora. Además de digresiones dedicadas a la crítica estética y específicamente a la literaria (con referencias a Cervantes, Dostoievski, Proust, Borges o a la propia obra de Sábato), hay otras muchas de índole filosófica, social, política y económica, que abarcan desde la relación alma-cuerpo o la muerte al fútbol y la prostitución, desde el marxismo y el peronismo al mal, los italianos y judíos, o a Dios mismo. Con todo, lectores y críticos coinciden en que lo más atractivo de la novela reside en el relato de los amores entre Martín y Alejandra, en la épica retirada de Lavalle y en el dantesco «Informe sobre ciegos», tan comentado y diseccionado ya; sobre ellos se siguen acumulando múltiples y complementarias interpretaciones, algunas de ellas dentro de las líneas psicologistas, arquetípicas y sociológicas, además de las específicamente literarias, lo cual es un índice revelador de la riqueza de la novela y de la amplitud de sus sugerencias vertidas en torno al individuo, a la sociedad y a la historia humana. En particular, el «Informe» —llevado al cine por Mario Sábato, hijo del autor, en 1980, con el título de *El poder de las tinieblas*— es un auténtico sondeo metafísico, más que psicológico, planteado en el propio discurso de Fernando, su autor ficticio, con una estructura de viaje e indagación policial, en atmósfera mítica y trágica; aquel «Sigfrido de las tinieblas», en quien se funden componentes tomados de Edipo y de Tiresias, sufre alucinaciones reveladoras en su búsqueda que le adentra por los territorios de la violencia, la justicia, la libertad, el incesto y la incomunicación, en un retroceso o regresión biológica que incluye transformaciones zoológicas, ofreciendo en su conjunto una visión terriblemente negativa del individuo y la sociedad degradados y caminando hacia la total aniquilación. Se trata de una verdadera novela intercalada, a la manera cervantina, de tonalidad alucinatoria, que incluye visiones de pesadilla, instalándose en aquellos niveles oníricos que otros novelistas argentinos, como Roberto Arlt o Julio Cortázar, tan acertadamente expresaron, donde se pone en práctica una estética de la violencia y la repulsión. Demasiado coincidiría Sábato con Onetti si su visión se redujera a pinturas tan negras; en su novela se brinda también un margen de esperanza, una desesperada invitación a confiar en la vida y en un renovado estilo de vivirla; no todo en ella es crueldad, suciedad y muerte; el amor y la amistad pueden funcionar como impulsos constructivos, todavía es posible que la existencia tenga un sentido oculto; hay personajes positivos, generosos, altruistas, que a ratos son felices y comparten su felicidad fugaz con otros: tales, Humberto, Bucich, Hortensia Paz, Bruno y aun el propio Martín. La parte cuarta deja resonando, como compensador del pesimismo dominante, un mensaje afirmativo que se sustenta en un doble componente, religioso y solidario. Y la siembra de esperanza no afecta tan sólo a los argentinos, cuya conflictiva historia se condensa simbólicamente en la personalidad de Alejandra y alegóricamente en la expedición de Lavalle, sino a la humanidad entera, siempre que unos y otra sepan sacar partido de este ultimátum desesperado superando sus irreprimibles tendencias autodestructivas. Las últimas líneas del texto abren, en efecto, una ventana al futuro esperanzado, basado en el hecho real de que los hombres se aferran heroicamente a la vida misma, porque, en palabras del *Eclesiastés* (IX, 4), «aún queda esperanza para quien está entre los vivos».

Se ha visto como polifónica la estructura total de esta novela de amor y muerte en la que la multiplicidad de discursos narrativos procede de diversas voces conjugadas y complementarias; se estima la armoniosa integración de los planos temporales y de las funcionales situaciones espaciales y descripciones topográficas, lo apropiado del ritmo narrativo en su variedad, las distintas focalizaciones y contrapuntos, la oportuna inclusión de monólogos interiores y la elaborada sustentación en símbolos, mitos y conceptos como el clásico de Edipo o los judeocristianos de culpa, pecado, castigo y redención. Esta obra, traducida ya a unas veinte lenguas, que tiene tanto de barroca como de expresionista, sugerente y abierta en su aspecto de novela-río, con una oscuridad que es más de fondo que formal, puede ser también asumida como novela educativa si centramos su lectura en la observación del desarrollo de la personalidad de Martín del Castillo, aprendiz de héroe que atraviesa pruebas tan formativas como las del miedo, el amor, la sexualidad, el saber y la muerte, cuya superación le va conduciendo hacia la adopción de decisiones personales y la madurez.

Trece años más transcurrieron hasta que vio la luz *Abaddón el exterminador* (1974), tercera y ya última novela de Sábato, con título tomado del nombre del quinto jinete apocalíptico: «et habebam super se regem angelum abyssi cui nomen hebraice Abaddon, grece autem Apollyon, latine habens nomen Exterminans» (*Apoc.* IX, 11); este acorde inicial contribuye

ya a la configuración de una atmósfera tenebrosa y a
dotar a la novela de un poderoso elemento unificador
en relación con su mensaje: la humanidad está al
borde del abismo. Decididamente se trata de una
novela-ensayo muy discursiva, en que el autor vuelca,
acuciante e incisivo, sus ideas ya conocidas y hace
uso libérrimo de variadas técnicas sin renunciar un
ápice a la subjetividad; es más, el propio Sábato se
incluye entre los personajes ficticios con elementos de
su biografía externa e interna, acosado por la misteriosa secta de los ciegos, hasta llegar a su propia
ceguera, a su metamorfosis en murciélago y a su
enterramiento final, realizando un patético desnuda-
miento de tipo autopsiquiátrico, con voluntad de
producir de nuevo un exorcismo liberador o una
catarsis al convertir en arte sus opresivas obsesiones.
Múltiples personajes de sus anteriores novelas reaparecen aquí en sus entrecruzadas vidas y opiniones; de
entre ellos se destacan al loco alcoholizado Natalicio
Baragán, en su actuación de profeta de la destrucción, y al joven Bruno, *alter ego* sabatiano, testigo de
sucesos y conflictos; algunos de ellos son o fueron
personas realmente existentes, como Irène Curie, Ful-
canelli, los pintores surrealistas Óscar Domínguez y
Víctor Brauner, Ernesto Che Guevara, Borges o la
propia esposa del autor, Matilde, discretamente oculta tras la M. inicial de su nombre.

Muchos episodios parecen inconexos, a manera de
piezas sueltas o dispersas, como si no interesara su
ordenación sistemática, siguiendo la técnica con que
los *collages* pictóricos captan la realidad contemporánea; esta misma realidad se ofrece aquí desde una
visión que se diría contagiada del añejo gnosticismo y
dotada de la cualidad penetradora de la mística: es
previo y obligado el conocimiento del propio ser si se
pretende llegar al conocimiento del universo, el hombre es un ser radicalmente dual que debe asumir su
esencia trágica y su desgarramiento interior entre las

tensiones luminosas y oscuras en pugna, la liberación de las fuerzas demoníacas sembradoras del mal se consigue cuando se alcanza la captación plena de la verdad, que es salvadora. Se trata de una novela con aspectos de obra ocultista, que debe leerse como indagación que encamina hacia la revelación de la realidad compleja y dialéctica con que la existencia humana se exhibe; sus rasgos estructurales de amorfismo y fragmentarismo se condicen con la exploración onírica emprendida por el autor, que, utilizando una vez más recursos aprendidos del surrealismo y de la psiquiatría, forja atmósferas de pesadilla y tonalidades de profecía anunciadora de una inminente destrucción universal, desciende a las profundidades de la conciencia y vuelve de nuevo a plantear problemas ideológicos y vitales que afectan a la actividad artística, a las relaciones interpersonales y a las actitudes éticas. La coherencia textual queda asegurada por la poderosa presencia y actuación del yo del propio autor-protagonista, que unifica los muy dispares componentes acumulados en llamativas disonancias y llega a incluirse como novelista en el trance de ir creando su obra progresivamente; la inclusión de tal proceso creativo se efectúa mediante la técnica que André Gide denominó «mise en abyme»; por otra parte, la incorporación del autor ficcionalizado como personaje, afectado aquí por un paranoico complejo de persecución, es un procedimiento de reconocida estirpe cervantina. Sábato, el autor real, es también un fundamental receptor de su relato: se cuenta a sí mismo su visión del mundo, pero al escribirla deja un testimonio accesible a otros lectores reales que llegan a compartir imaginativamente sus experiencias; existen además otros narratarios entre sus personajes, sobre todo Bruno, Marcelo y Silvia, que mantienen abierta la comunicación, incluso por escrito, con el autor ficcionalizado.

Es una novela donde se sintetizan experiencias

vitales, ideas, fantasías, miedos, frustraciones, esperanzas y escritos anteriores del autor, tras la gestación de la cual ha quedado como agotado, sin nada más que decir y decidido a enmudecer para siempre en el campo novelístico. Su mensaje es una provocación para las conciencias, una desesperada llamada hecha en tonos catastrofistas que intenta llegar a tiempo de evitar la aniquilación del mundo, donde se intuye el terror ante la amenaza de un insensato final entre explosiones atómicas. Aún sería posible, con la salida trágica que decide para sí mismo el protagonista, el refugiarse en la paz silenciosa del sepulcro, porque la vida misma es angustiosa; esa es otra manera de descifrar el novelesco mensaje, terminante e incitante de una reacción que se oriente a la construcción de un orden personal y mundial nuevo, en el cual la vida pueda desarrollarse con armonía, derrotadas las ocultas fuerzas del mal y restablecido el hombre en el centro de este mundo terrenal.

La novela tiene carácter totalizador y alegórico en su captación de la realidad humana e histórica, y por su misma naturaleza integradora de muy dispares elementos —objetivos y subjetivos, racionales y oníricos, míticos y metafísicos, sociológicos y políticos, morales y religiosos, místicos y metaliterarios—, su lectura deja la impresión de un texto, más que híbrido, monstruoso. El hecho de que también sea una novela de ideas no la hace menguar en su literaturidad ni en su carácter novelesco porque, aparte de que tales ideas se presentan dramatizadas y dotadas de tensión conflictiva, se intenta explorar la naturaleza del hombre, y los hombres no sólo hablan, sienten y actúan, sino que también piensan y barajan ideas. Sábato ha procedido aquí con la actitud testimonial de un «mártir», como un testigo sufriente, condenado a revelar su infierno interior, o a la manera de un poeta visionario que desesperadamente alza una barrera ante el abismo hacia el que corre precipitada la humanidad en bloque; forja para ello un mundo alucinante, reforzado estilísticamente por medios de intensificación y patetismo expresionistas, hasta configurar una estructura explosiva que rompe los habituales moldes novelísticos por la enorme presión a que se someten los elementos en ella integrados [3]. El

---

[3]   Añadimos una rigurosa selección de trabajos críticos sobre la obra sabatiana en ordenación alfabética, con la confianza de su utilidad para el estudioso:

Barrera López, T., *Estructura de Abaddón el exterminador*, Sevilla, Escuela de Estudios Hispano-Americanos y C.S.I.C., 1982.

Callan, R., «Sábato's fiction: a Jungian interpretation», *BHS*, LI, 1 (1974), 48-59.

Cersósimo, E. B., *Sobre héroes y tumbas: de los caracteres a la metafísica*, Buenos Aires, Sudamericana, 1972.

Correa, M. A., *Genio y figura de Ernesto Sábato*, Buenos Aires, Eudeba, 1971.

Cuadernos Hispanoamericanos, núm. 391-393, Madrid, enero-marzo de 1983.

Dapaz, L., «*Sobre héroes y tumbas:* misterio ritual de purificación. La resurrección de la carne», en *Novelistas hispanoamericanos de hoy*, Madrid, Taurus, 1976, págs. 197-236.

Dellepiane, A., *Ernesto Sábato, el hombre y su obra*, Nueva York, Las Américas, 1960.

—— *Sábato, un análisis de su narrativa*, Buenos Aires, Nova, 1970.

Francis, N., y Adams, W. F., «The limits of Rationalism in Sábato's *El túnel*», *Revista de Estudios Hispánicos*, XIII, 1 (1979), 21-28.

Gálvez, M., «Algunos elementos surrealistas del *Informe sobre ciegos*», *Anales de Literatura hispanoamericana*, núm. 4, Madrid, 1975, 295-304.

—— «*Abaddón el exterminador* o la más alta función paradigmática en la narrativa de Ernesto Sábato», *ibídem*, núm. 5, Madrid, 1976, págs. 275-290.

Giacoman, H. F. (ed.), *Homenaje a Ernesto Sábato*, Madrid, Anaya-Las Américas, 1973.

Heck, F., «Sábato, Robbe-Grillet and the New Novel», *Revista de Estudios Hispánicos*, 12, 1 (1978), 41-52.

Neyra, J., *Ernesto Sábato*, Buenos Aires, Ministerio de Cultura, 1973.

Oberhelman, H. D., *Ernesto Sábato*, Nueva York, Twayne, 1970.

Predmore, J., *Un estudio crítico de las novelas de Ernesto Sábato*, Madrid, Porrúa, 1981.

resultado final es un cosmos semántico que encierra en su interior un caos a cuya interpretación se llega mediante el desciframiento de múltiples claves diseminadas en el texto.

Richards, H. J., «Digressions in the Structure of *El túnel*. An aspect of Sábato's Art», *Kentucky Romance Quarterly,* 29, 4 (1982), 405-422.

Siebenmann, G., «Ernesto Sábato y su ambición de una novela metafísica», *Língua e Literatura,* 7, São Paulo, 1978, 325-334.

—— «E. S. y su postulado de una novela metafísica», *Revista Iberoamericana,* 118-119 (1982), págs. 289-302.

Urbina, N., «Sábato; bibliografía crítica comentada», *Hispania,* 73, 4 (1990), págs. 953-977.

Wainerman, L., *Sábato y el misterio de los ciegos,* Buenos Aires, Losada, 1971; Buenos Aires, Castañeda, 1978².

JULIO CORTÁZAR

JULIO CORTÁZAR (1914-1984), nacido en Bruselas de padres argentinos, que regresan a Buenos Aires al acabar la guerra europea en 1918, vivió en Argentina hasta 1951 y desde entonces en París y Provenza; es considerado, junto con su reconocido maestro Borges, como uno de los más notables y meritorios renovadores de la narrativa contemporánea; toda la obra literaria [1] de este autor, que parecía pensar

---

[1] El lector podrá acceder a la diversa e inclasificable obra narrativa de ficción cortazariana a través de las siguientes ediciones más difundidas:

Bestiario, Buenos Aires, Sudamericana, 1951 (8 cuentos).

Final del juego, México, Los Presentes, 1956 (9 cuentos); Buenos Aires, Sudamericana, 1964 (18 cuentos).

Las armas secretas, Buenos Aires, Sudamericana, 1959 (5 cuentos); Madrid, Cátedra, 1978.

Los premios, Buenos Aires, Sudamericana, 1960; Barcelona, Bruguera, 1980.

Historias de cronopios y de famas, Buenos Aires, Minotauro, 1962; Barcelona, Edhasa, 1970.

Rayuela, Buenos Aires, Sudamericana, 1963; Barcelona, Edhasa, 1977; Madrid, Cátedra, 1984.

Todos los fuegos el fuego, Buenos Aires, Sudamericana, 1966; Barcelona, Edhasa, 1971; Madrid, Alfaguara, 1984. (8 cuentos).

Ceremonias, Buenos Aires, Sudamericana, 1966; Barcelona, Seix Barral, 1968 (23 cuentos, que incluyen los de *Final del juego* y *Las armas secretas*).

La vuelta al día en ochenta mundos, México, Siglo XXI, 1967; Madrid, Siglo XXI, 2 tomos, 1970.

como francés y sentir como americano, está impulsada por una voluntad artística que supo aliar con armonía los ingeniosos juegos técnicos y la grave revelación de la misteriosa existencia de los seres humanos; sus páginas agradan o desconciertan, pero en uno y otro caso incitan al repudio de actitudes rutinarias y a que el lector prosiga sus descubrimientos de formas más auténticas de vivir; su irrenunciable sentido del humor, su ironía metafísica, su poderosa fantasía, su profundización psicológica, no son ajenas a una preocupación social volcada en la suge-

El perseguidor y otros cuentos, Buenos Aires, Centro Editor de América Latina, 1967 (7 cuentos).

62/Modelo para armar, Buenos Aires, Sudamericana, 1968; Barcelona, Edhasa, 1978.

Último round, México, Siglo XXI, 1969.

Cuentos, La Habana, Casa de las Américas, 1964; La Habana, Instituto del Libro, Ediciones Huracán, 1969 (19 cuentos).

Relatos, Buenos Aires, Sudamericana, 1970 (39 cuentos de colecciones anteriores).

La isla a mediodía y otros relatos, Barcelona-Madrid, Salvat-Alianza-RTVE, 1971 (12 cuentos).

Prosa del observatorio, Barcelona, Lumen 1972.

Libro de Manuel, Buenos Aires, Sudamericana, 1973; Barcelona, Edhasa, 1977.

Octaedro, Madrid, Alianza Tres, 1974 (8 cuentos); Buenos Aires, Sudamericana, 1974.

Los relatos: I, Ritos; II, Juegos; III, Pasajes, Madrid, Alianza, 1976 (53 cuentos).

Alguien que anda por ahí, Madrid, Alfaguara, 1977; Barcelona, Bruguera, 1978 (11 cuentos); México, Hermes, 1977.

Un tal Lucas, Madrid, Alfaguara, 1979.

El perseguidor y otros relatos, Barcelona, Bruguera, 1979 (11 cuentos).

Queremos tanto a Glenda y otros relatos, Madrid, Alfaguara, 1981.

Deshoras, Madrid, Alfaguara, 1983.

Los autonautas de la cosmopista, Barcelona, Muchnik, 1983. Colab. de Carol Dunlop.

El examen, Buenos Aires-Barcelona, Sudamericana-Planeta, 1986; Madrid, Alfaguara, 1987. Obra póstuma, original de 1950; el autor corrigió pruebas en 1984.

Divertimento, Madrid, Alfaguara, 1988. Póstuma; su original se redactó en 1949.

rencia implícita de romper con una aceptación pasiva de la existencia cotidiana. Sus complejos juegos narrativos funcionan para el lector como una ascesis que potencia en él el estado de vigilia, la lucidez intelectual y el vuelo imaginativo. No es posible ignorar que junto a la dimensión estética de su producción hay otras en ella implicadas: la metafísica, la social y la política [2]; Cortázar acepta impulsos que le llegan de Alfred Jarry, Lautréamont y Artaud, como los que le vienen de sus más cercanos Macedonio Fernández, Borges, Arlt o Marechal, con quienes coincide en su inquietud por indagar el destino del ser humano, su naturaleza secreta y misteriosa, su problemática integración en el laberinto de la sociedad. En *La vuelta al día en ochenta mundos* o en declaraciones de Morelli, su *alter ego* en *Rayuela,* es posible detectar los principios esenciales de su poética: el rechazo de un «orden» impuesto y la sustitución del mismo por nuevas visiones y actitudes, la estimación de la creatividad imaginativa como liberadora de la existencia encorsetada o rutinaria, el ejercicio de la

---

[2] Lo esencial del resto de la polifacética obra de Cortázar se halla en las siguientes ediciones:

Presencia (poemas bajo el seudónimo de Julio Denis), Buenos Aires, El Bibliófilo, 1938.

Los Reyes, Buenos Aires, Gulab y Aldabahor, 1949; Buenos Aires, Sudamericana, 1970.

Buenos Aires, Buenos Aires, Buenos Aires, Sudamericana, 1968.

Viaje alrededor de una mesa, Buenos Aires, Rayuela, 1970.

Pameos y meopas, Barcelona, Ocnos, 1971.

La casilla de los Morelli, Barcelona, Tusquets, 1973.

Silvalandia, México, Ediciones Culturales G. D. A., 1975.

Fantomas contra los vampiros internacionales, México, Excelsior, 1975.

Territorios, México, Siglo XXI, 1978.

Nicaragua, tan violentamente dulce, Barcelona, Muchnik, 1984.

Argentina: años de alambradas culturales, Barcelona, Muchnik, 1984.

Salvo el crepúsculo (poesía), Madrid, Alfaguara, 1985.

ironía y la paradoja como instrumentos de ruptura con la falsificación, la siembra de la duda para provocar actitudes críticas y activas con respecto a creídas y confortables seguridades, la extrañeza inquietante, la alteración radical de lo previsible, la táctica de disuasión sobre identificaciones con personajes o de aproximaciones tan sólo sentimentales a la realidad, con el fin de impulsar hacia un distanciamiento más lúcido y desapasionado en la observación de unos y otra. No sólo hay muchos niños en sus cuentos, sino que además muchas de sus criaturas literarias adultas no acaban de renunciar en sus reacciones más espontáneas a su íntimo ser infantil, donde reinan la maravilla, el asombro y la libertad; lección de libertad es la constante rebelión del autor contra la rutina de las fórmulas expresivas y de los usos lingüísticos convencionales; son frecuentes las técnicas compositivas de tipo «mosaico» o *collage* que, adecuándose a la fragmentación de la experiencia humana, desempeñan la funcionalidad de promover la captación de una realidad mundanal ofrecida como confusa unidad de piezas sueltas o caóticas; también sus personajes suelen sufrir la escisión entre lo que quisieran ser y la existencia concreta que las circunstancias les imponen, entre sus auténticas apetencias y la adaptación más o menos forzada a la colectividad o al sistema vigente en su grupo más próximo.

Es posible que de Borges haya heredado Cortázar buena parte de su concepción del arte literario como un juego de libertad y de sensibilidad; en atmósfera de ludismo ensoñador creará tensiones mínimas, extremadas por acumulación, que ofrecen nuevas visiones de la vida cotidiana; ambos escritores aproximan de tal modo el mundo real al ficticio que las fronteras entre esos planos se desdibujan: todo cabe en el territorio de la realidad posible, sueños, deseos, esperanzas y angustias, provocando una ilusión de plenitud y de complejidad laberíntica a la vez. Mediante una actitud irónica, cuando no satírica, Cortázar se rebeló contra las formas narrativas que brindan una falseada, por reduccionista, visión de la realidad total; se opone también al lenguaje marchito con su aparente olvido del estilo y su desenfado expresivo antiacademicista, hasta alcanzar la dimensión metalingüística a través de la parodia y la intertextualidad; revolucionando la forma novelística pretendió revolucionar asimismo visiones, actitudes y conductas humanas con el fin de hacerlas más conscientes y auténticas, menos alienadas. No hay, pues, olvido de la realidad cotidiana en su obra, sino por el contrario indagación en sus aspectos ignorados, los menos visibles, penetración en sus secretas honduras; se mira no sólo a «este lado», el de lo ordenado y sistemático, lo estructurado y clasificado, sino también al «otro lado», la región de lo misterioso y oculto. A pesar de la brillantez de sus recursos técnicos, de sus construcciones rigurosas, de su estilo tan incisivo, evita que el lector llegue a confundir el arte con la realidad misma y le disuade de que use la literatura como un medio; prefiere predisponerlo a la aceptación de que lo maravilloso forma parte del entramado de la vida diaria y que no siempre está adscrito a seres u objetos excepcionales; así Cortázar, sin incurrir en deshumanización, enriquece la visión de la realidad, poniendo al servicio de su creación narrativa una amplia cultura, que abarca la pintura, la música, especialmente el jazz, el cine, la literatura de todo tipo y no sólo la contemporánea, y de ésta las aportaciones formales menos convencionales. Su actitud artística, que surge de una ética de la autenticidad, de la curiosidad por lo desconocido, de la asunción de la existencia como creatividad, siembra en sus lectores actitudes similares, orientadas a la transgresión de las normas injustificadas, a la rebeldía solida-

ria y a la práctica de unas relaciones humanas más
profundas y honradas[3].

Varios de sus libros, de genericidad indefinible,
incorporan sistemas constructivos análogos al mon-

---

[3] De entre la prolífica labor crítica desarrollada sobre su obra,
seleccionamos la de los siguientes estudiosos como más útil y
sugerente:

Alazraki, J., *En busca del unicornio: los cuentos de J. C. Elementos
para una poética de lo neofantástico,* Madrid, Gredos, 1983.
—— y otros, eds., *Julio Cortázar: La isla final,* Madrid-Barcelona,
Ultramar Eds., 1983.
Alegría, F., «Rayuela o el orden del caos», en *Literatura y revolu-
ción,* México, F. C. E., 1970, págs. 126-146; también en Giaco-
man, ed., *Homenaje,* págs. 81-94.
Amicola, J., *Sobre Cortázar,* Buenos Aires, Escuela, 1969.
Aronne, L., *Cortázar, la novela mandala,* Buenos Aires, F. García
Cambeiro, 1972.
Benedetti, M., «J. C.: un narrador para lectores cómplices», en
Letras del continente mestizo, Montevideo, Arca, 1967, 58-76.
Books Abroad, Univ. Oklahoma, 50, 3 (1976), 503-608.
Boldy, St., *The Novels of J. C.,* Cambridge U. P., 1980.
Brody, R., *J. C. Rayuela,* Londres, Tamesis Books, 1976.
Cuadernos Hispanoamericanos, 364-366, Madrid, 1980.
Curutchet, J. C., *J. C. o la crítica de la razón pragmática,* Madrid,
Ed. Nacional, 1972.
Dellepiane, A., «J. C.», en J. Roy (comp.), *Narrativa y crítica de
nuestra América,* Madrid, Castalia, 1978, 233-257.
Escamilla, R., *J. C.: visión de conjunto,* México, Novaro, 1970.
Filer, M. E., *Los mundos de J. C.,* Nueva York, Las Américas,
1970.
Franco, J., «París, ciudad fabulosa», en Loveluck (ed.), *Novelistas
hispanoamericanos de hoy,* Madrid, Taurus, 1976.
Fuentes, C., «*Rayuela:* la caja de Pandora», en *La nueva novela
latinoamericana,* México, J. Mortiz, 1969, 67-77.
García Canclini, N., *Cortázar: una antropología poética,* Buenos
Aires, Nova, 1968.
Genover, K., *Claves de una novelística existencial: Rayuela de C.,*
Madrid, Playor, 1973.
Giacoman, H. F. (ed.), *Homenaje a J. C.,* Las Américas-Anaya,
N.Y.-Madrid, 1972.
González Bermejo, E., *Conversaciones con C.,* Barcelona, Edhasa,
1978.
Harss, L., «C. o la cachetada metafísica», en *Los nuestros,* Buenos
Aires, Sudamericana, 1966, 252-300.

taje cinematográfico, la comunicación directa y espectacular característica del *happening,* el *collage* pictórico o el integracionismo musical, incluyendo en sus páginas dibujos, fotogramas o tipografía que

Lagmanovich, D. (ed.), *Estudios sobre los cuentos de C.,* Barcelona, Hispamérica, 1975.

Lastra, P. (ed.), *J. C.: el escritor y la crítica,* Madrid, Taurus, 1981.

Mac Adam, A., *El individuo y el otro. Crítica a los cuentos de C.,* Buenos Aires, La Librería, 1971.

Mora, C. de, *Teoría y práctica del cuento en los relatos de Cortázar,* Sevilla, CSIC., 1982.

Morello-Frosch, M., «La tiranía del orden en los cuentos de C.», en Pupo-Walker (ed.), *El cuento hispanoamericano ante la crítica,* Madrid, Castalia, 1973, 165-178.

Ortega, J., «Rayuela», en *La contemplación y la fiesta,* Lima, Ed. Universitaria, 1968, 29-44.

Picon Garfield, E., *¿Es J. C. un surrealista?,* Madrid, Gredos, 1975.

—— *Cortázar por Cortázar* (entrevista), México, Xalapa, Universidad Veracruzana, 1981.

Planells, A., *C.: metafísica y erotismo,* Madrid, Porrúa Turanzas, 1979.

Ramírez Molas, P., en *Tiempo y narración. Enfoques de la temporalidad...,* Madrid, Gredos, 1978.

Rein, M., *J. C.: el escritor y sus máscaras,* Montevideo, Diaco, 1969.

—— *Cortázar y Carpentier,* Buenos Aires, Crisis, 1974, págs. 7-144.

Revista Iberoamericana, 84-85, julio-diciembre 1973.

Roy, J., *J. C. ante su sociedad,* Barcelona, Península, 1974.

Sarduy, S., «Del Ying al Yang», en *Escritos sobre un cuerpo. Ensayos de crítica,* Buenos Aires, Sudamericana, 1969, 9-30.

Scholz, L., *El arte poético de J. C.,* Buenos Aires, Castañeda, 1977.

Sola, G. de, *J. C. y el hombre nuevo,* Buenos Aires, Sudamericana, 1968.

Sosnowski, S., *J. C.: una búsqueda mítica,* Buenos Aires, Noé, 1973.

Vinocur, S., y Tirri, N. (eds.), *La vuelta a C. en nueve ensayos,* Buenos Aires, Carlos Pérez, 1968.

VV.AA., *Cinco miradas sobre Cortázar,* Buenos Aires, Tiempo Contemp., 1968.

VV.AA., *Lo lúdico y lo fantástico en la obra de Cortázar* (Coloquio Internacional celebrado en la Universidad de Poitiers), M., Fundamentos, 1986, 2 vols.

liberan al autor de las restricciones del lenguaje y de
la imprenta e impulsan al lector hacia asociaciones
imaginativas; por este camino se constituye Cortázar
en creador de una nueva forma de ensayo crítico que
se funde con la ficción, negando pragmáticamente la
pureza de los géneros literarios, contaminándolos con
su plasmación original de la dialéctica entre verdad e
ilusión, realidad y sueño; así se problematiza la relación del arte con el mundo, se desacralizan los esquemas culturales vigentes y se propone el uso del lenguaje como una aventura intelectual.

   No son escasas sus aportaciones a la renovación de
la narrativa; Angela Dellepiane sintetiza las de orden
estilístico en las que pueden resumirse así [4]: imágenes
y metáforas que revelan lo maravilloso inserto en la
realidad o que hacen descender de lo fantástico a lo
cotidiano, adjetivación sugestiva y enriquecedora del
sustantivo, verbos insólitos pero de fuerte virtualidad
evocadora, yuxtaposición de elementos carentes de
conexión explícita que patentizan el vago discurso del
pensamiento, elipsis que revelan las dudas del espíritu, predominio de la construcción verbal en unos
casos o nominal en otras productoras de estilo fragmentado y ritmo desigual, reiteraciones que plasman
estados obsesivos, inesperadas interrupciones o sus-
pensiones que invitan al lector a completar frases
inacabadas, enumeraciones que abren nuevas significaciones por las asociaciones o disparidades provoca-
das, ciertas palabras-clave que apuntan a un misterio
oculto que debe descifrarse, onomatopeyas y locucio-
nes que subrayan el tono conversacional, frases pa-

Yurkievich, S., en *La confabulación con la palabra,* Madrid, Taurus, 1978, págs. 9-27.
—— *A través de la trama,* Barcelona, Muchnik, 1984; véanse
páginas 83-131.
   [4]   En J. Roy (ed.), *Narrativa y crítica de nuestra América,*
Madrid, Castalia, 1978, págs. 227-228.

rentéticas que sugieren discusión, ampliación, reducción o negación de lo dicho antes, uso de diversos niveles de lenguaje desde el refinamiento culto a la distensión familiar; añádase a todo ello la inclusión del absurdo, el humor y la ironía puestos al servicio de una comunicación viva y anticonvencional, los diálogos incoherentes, las parodias lingüísticas, los clichés verbales, los giros cómicos en finales inesperados desconcertantes, los violentos contrastes entre unos tonos poéticos y otros de pedestre prosaísmo, elementos que apuntan en su conjunción a la producción de veracidad estética, pero también ontológica y ética, contraria a la rutina, a ciertos inconsistentes mitos burgueses y a la conculcación de la rigidez de los dogmas sociales. Así se configura una literatura estimulante de la libertad individual, impulsora del surgimiento de «cronopios» que apuesten por lo inseguro e inestable, liberados de aprisionantes hábitos mentales y de irreflexivas costumbres alienantes; se forja una amplia obra narrativa con apariencia de construcción desordenada y fragmentaria, pero que logra ofrecer una visión más coherente de la caótica realidad, complementando actitudes rígidamente racionales con otras imaginativas más espontáneas, interesándose por lo excepcional, lo inconexo y lo singular. No cabe duda de que para la asimilación de este tipo de literatura se hace imprescindible la colaboración de un «lector cómplice, camarada de camino»[5].

Se ha hecho notar la presencia de la violencia en la obra narrativa de Cortázar; no siempre se plasma en una agresividad entre seres humanos, sino que puede proceder de objetos, de circunstancias azarosas y de animales domésticos; es sobre todo la violencia de lo

    [5] *Rayuela,* pág. 453; recuérdense las tesis de J. M. Castellet en su celebrado ensayo *La hora del lector,* Barcelona, Seix Barral, 1957.

inesperado y anormal, de lo extraño que convierte a los personajes en víctimas [6] de fuerzas misteriosas que invaden sus vidas con escasas posibilidades de resistirse a ellas y ante la impasibilidad del mundo circundante; son víctimas ejemplares desde Gabriel Medrano en *Los premios,* al inolvidable Johnny Carter de «El perseguidor» u Oliveira en *Rayuela;* pero también el lector se ve afectado como víctima de situaciones literarias que contribuyen a modificar sus ideas sobre la realidad o que le estimulan a cambiarse a sí mismo en su visión y conducta, o a despertar a la lucidez de conciencia inducido por narradores testigos, no actuantes, a la manera de intelectuales que viven de sus análisis sobre los actos humanos e instalados en la realidad del arte, como el crítico Bruno en «El perseguidor» o el filósofo de «Las babas del diablo».

Desde *Bestiario* (1951) se van perfilando sistemas cerrados en los que se enclaustran voluntaria y resignadamente personajes como los dos hermanos de la «Casa tomada», donde moran dejando que el tiempo transcurra, apáticos y sin tomar decisiones frente a la misteriosa fuerza ruidosa que los va desalojando de ella en un orden espacial riguroso; tanto ese como los otros cuentos («Carta a una señorita de París», «Lejana», «Ómnibus», «Cefalea», «Circe», «Las puertas del cielo» y el que da título a la colección) ofrecen lo fantástico en un marco de verosimilitud, dentro de un contexto de minucioso realismo, al igual que la revelación del «Aleph» borgiano, sugiriendo que la realidad puede convivir con la excepcionalidad e introduciendo lo sorprendente en un ámbito de familiaridad; allí se van sumando soledades e incomunicaciones a pesar de los intentos de relacionarse y

---

[6] Se detectan analogías en el *pharmakos,* al que se refiere Northrop Frye como «personaje en la ficción irónica que tiene el papel de víctima propiciatoria o de víctima elegida arbitrariamente» (*Anatomy of Criticism,* Princeton, 1957, pág. 367).

de romper marcos impuestos; sucesos maravillosos alteran las coordenadas espaciotemporales e instauran sorpresas metafísicas y dudas acerca de las creencias admitidas como lógicas. En *Final del juego* (1956, 1964), sin desaparecer el clima angustioso, hay mayor carga de ironía y ternura; de este libro son memorables «Las ménades», tan desconcertante como una pesadilla; «Torito», centrado en un boxeador destruido, o «Axolotl», que revela una conciencia angustiada de la mostruosidad del ser humano. En *Las armas secretas* (1959) se enriquecen las perspectivas y la penetración consiguiente en la interioridad humana; se incrementan las expectativas, las dudas y el asombro; surgen temas capitales y procedimientos narrativos desarrollados después en las grandes novelas, apuntándose ya rasgos de futuros personajes arquetípicos, como en el mencionado Johnny Carter, el saxofonista drogadicto, obsesionado por romper las cadenas de la temporalidad y por conseguir perfección y plenitud absolutas en su arte, con el cual lleve algún sentido a su existencia dolorida. *Los premios* (1960) es una novela abierta, susceptible de interpretación alegórica y ética; en ella se concilian costumbrismo y realismo mágico, localismo y universalidad; una galería de tipos humanos convivientes se brinda en el barco donde desde Buenos Aires inician un crucero hacia Europa; se les prohíbe, sin razones, comunicarse con la tripulación y acceder a la popa; las reacciones de los pasajeros son muy diversas, desde la aceptación de la situación y la perplejidad a la voluntad de rebelión y a la transgresión de las normas; el lector simpatiza con quienes no se resignan a la pasividad y tratan de establecer su propio orden superando el aislamiento impuesto y apostando por la libertad con riesgo. En Persio se ha visto un antecedente de Morelli: en la novela se insertan nueve soliloquios suyos de carácter poético cuya conexión con el argumento es enigmática; él parece quedarse fuera del juego, aceptando desde su contemplación la complejidad de lo real.

Historias de cronopios y de famas (1962) es un jocoso manual irónico y burlesco susceptible de conducir hacia la autenticidad al lector en gestos y conductas, oponiéndose a la inconsciencia rutinaria a través del enfrentamiento distendido con las actitudes de unos tipos humanos intuitivos, amantes de la espontaneidad vital, rechazadores del orden rígido, como contrapunto de las cuales se ofrecen las de otros seres convencionales y calculadores, prisioneros de su propia monotonía repetitiva que los deshumaniza.

Rayuela (1963) es una de las más famosas novelas experimentales de nuestro siglo, que, por cuanto permite que el lector asista a su proceso constructivo [7], se remonta a antecedentes del tipo de *Cómo se hace una novela* de Unamuno o al *Ulysses* de Joyce. El antinovelista Morelli ejemplifica la rebelión contra la lógica del discurso narrativo y contra la literaturización superficial del lenguaje, superando la descriptividad y la pretendida coherencia gnoseológica del realismo tradicional. El experimento incluye la activa participación intelectual, reconstructiva e imaginativa de un lector que es llamado a funcionar como cómplice del novelista, de los narradores y de los personajes en el común decurso por el laberinto de enredadas vías y con enigmáticos centro y salida; la invitación al juego participado que aspira a cierta comprensión del sentido de la existencia se insinúa desde el título; sus reglas son de enorme flexibilidad y la fundamental es la de conculcar la jerarquía de valores

---

[7]   «Inevitable que una parte de su obra fuese una reflexión sobre el problema de escribirla», se lee en su pág. 501, cap. 99. Véase Y. David-Peyre, «La technique des collages et des montages dans *Rayuela* de J. C.», *Caravelle,* 21 (1973), págs. 65-88. También se refiere al *collage* S. Yurkievich en «Salir a lo abierto», contenido en su libro *A través de la trama,* Barcelona, Muchnik, 1984.

que el lenguaje, la filosofía y la misma literatura han ido imponiendo con el tiempo a la sociedad; la parodia y la ironía en situaciones vitales y en conversaciones atentan contra la solidez de las convenciones recibidas, a la par que van revelando el vacío que se encierra bajo estructuras absurdas e insignificantes impuestas a la realidad o nuestro conocimiento fragmentario e insuficiente del mundo, lo cual aporta a la novela un componente trágico y amargo: la constatación de una imposible comprensión cabal de las circunstancias vitales del ser humano, que se alzan como muros impenetrables a sus esfuerzos intelectualizadores. No carece tampoco de una vertiente ética, plasmada en la búsqueda de autenticidad a través de la coherencia entre la esencia personal y las apariencias; se sugiere que la configuración de un hombre nuevo debe fundamentarse en una renovada percepción de su ser, conseguida la cual sería posible encontrar nuevo sentido a su existencia integrada en relaciones interpersonales aceptables. Si nos atenemos a la voz orientadora de Morelli, que ofrece aspectos informativos nada despreciables [8], la obra está configurada como un desafío para el lector acostumbrado a novelas que le presentan una relación mimética pretendidamente fiel con el mundo externo; más que la plasmación de personajes definidos, interesa al novelista mutar, desplazar y reconstruir al lector como personaje integrado entre los suyos ficcionales, haciéndolo responsable de elecciones y decisiones (simbólicamente sugeridas en el libre ordenamiento de su propia lectura), comprometido en los dramas ajenos, siguiendo el hilo conductor de las relaciones entre Oliveira y La Maga, que luego se amplían a las de Traveler con Talita.

Como tema esencial de la novela pudiera admitirse

---

[8]   Se trata de una aportación análoga a lo que N. Frye denomina aspecto «anatómico» de la novela, *op. cit.,* págs. 312-313.

el de la exploración de los vínculos entre la vida y la literatura, indagando en la condición del hombre y del artista e interrogándose sobre la autenticidad de las formas de existencia y del arte; así se funden pensamiento y sentimiento, reflexión y acción, en la búsqueda de un hombre integrado, dejando cabida para lo azaroso e inesperado, con margen incluso para el irracionalismo. Aunque se rechace la concepción de la trama argumental y de los personajes, de la coherencia y la causalidad lógica, de las situaciones y del desenlace tal como se entendían estos elementos de la novela tradicional, se procede con una técnica sintética que crea sugestivas e imprevisibles figuras humanas cuya actividad se desarrolla en torno a dos ejes geográficos, París y Buenos Aires. Tres partes definidas se detectan en el conjunto: la primera (capítulos 1-36) ocurre en «el lado de allá», donde Horacio Oliveira, argentino que vive en París con La Maga uruguaya, madre de Rocamadour, pasa su tiempo reflexionando sobre literatura, política, jazz, pintura y los conflictos entre los humanos, hasta que es deportado a su país de origen; la segunda (caps. 37-56) transcurre en «el lado de acá», en Buenos Aires, donde encontramos a Oliveira con su antigua novia, Gekrepten y los viejos amigos, Traveler y Talita, dedicado a actividades circenses y luego administrando un manicomio en el que Oliveira acaba por ser paciente hasta que se precipita por una ventana en un acto suicida tal vez fallido; la tercera (caps. 57-155) está constituida por los llamados «capítulos prescindibles» que «desde otros lados» comentan y complementan todo lo anterior, incorporando las reflexiones de Morelli acerca de la lengua, la literatura, la creación artística y la existencia, las cuales revelan sus angustiosas inquietudes que, al igual que su estética, parecen ser comunes con las del autor. A veces es Horacio el narrador, en actitud discursiva o dialéctica, como un testigo observador que reflexionara en voz alta; otras, un narrador omnisciente, satírico y erudito, entrometido en la acción y novelista profesional; con ellos se interfiere Morelli en sus interesantes teorías sobre el lenguaje y el arte de novelar en las que se encuentran los fundamentos de la novela entera [9].

La clave de su estructura fragmentaria puede encontrarse oculta en el capítulo 55, el único que no consta en el «Tablero de dirección»; todo el texto novelesco, «desaliñado, desanudado, incongruente, minuciosamente antinovelístico» (pág. 452), tiene un propósito provocativo y autocrítico; el desconcierto que siembra impulsa a la reflexión sobre novela y literatura, pero juntamente sobre la forma y el sentido de la existencia humana; también sugiere con juvenil rebeldía la búsqueda de autenticidad en el arte y en la vida, postulando con su renovada visión y escritura una modificación de la realidad, humanizándola y asumiéndola en su incesante movilidad, sin pretender ordenar literariamente el desorden [10], sino aceptando el caos mundanal tal como es.

En *Todos los fuegos el fuego* (1966) se acrecientan a la vez el juego con la temporalidad y la simultanei-

---

[9] Cortázar en *La vuelta al día en ochenta mundos* reconoce explícitamente su desdoblamiento: «fui también un tal Morelli y lo dejé hablar en un libro». Para su teoría de la novela, véanse los caps. 79, 82, 84, 94, 97, 99, 112, 115, 116, 145 y 154 de *Rayuela,* y para su autocrítica, *La vuelta...,* t. II, pág. 57.

[10] La situación trágica del novelista estribaría en que con *Rayuela,* obra al fin aceptable como literaria, trata de cumplir la orden de Oliveira: «No hagamos literatura», en situación coincidente con quienes, queriendo innovar de raíz la comunicación estética, no pueden prescindir absolutamente de todos los elementos heredados de la tradición y se ven forzados a seguir sirviéndose de la palabra inteligible. Lezama Lima comentará que «la novela medita sobre la novela, al final las palabras son vivencias, porque las palabras y las vivencias están insufladas de una trágica comicidad» (en «Cortázar y el comienzo de la otra novela», *Casa de las Américas,* julio-agosto de 1968, pág. 61; repr. en *Homenaje a J. C.,* Madrid, Anaya, 1972, pág. 28).

dad, la incorporación de datos objetivos (algunos de ellos muy argentinos) portadores de credibilidad para la ficción, y la técnica simbólica como instrumento de indagación en el ser humano y en los conflictos de la existencia cotidiana. Son destacables los cuentos titulados «La señorita Cora», con su habilidosa interpenetración de monólogos interiores, «La salud de los enfermos» o «Instrucciones para John Howell»; de manera fantástica se yuxtaponen espacios y tiempos diversos; añadamos la mención de «Autopista del sur», con su imaginativa adaptación a una situación límite de violencia y agresividad hasta el regreso a la normalidad ansiada y alienante, o «Reunión», en donde se cifra a veces el punto de inflexión para la conversión de las preocupaciones políticas y los anhelos revolucionarios de Cortázar en materiales literaturizables; en «La isla a mediodía» y en el cuento del que toma título la colección crece el virtuosismo técnico, pero mengua algo la profundidad humana de los otros.

La vuelta al día en ochenta mundos (1967) inaugura su aportación a un género sin fronteras entre la ficción y el ensayo, con no poco de memorias confesionales sobre actitudes vitales y apetencias estéticas; es libro de imprescindible lectura para quien desee conocer los lúdicos fundamentos poéticos de Cortázar, su peculiar teoría de la novela y su personalísima manera de asumir la existencia y la actividad literaria sin renunciar a actitudes infantiles[11]. Allí se encuentran pistas que orientan sobre la génesis de muchas páginas ficcionales y claves para el desciframiento de su sentido cabal; también allí se plasma la rebeldía del autor frente a cualquier tipo de constricción culturalista al uso y se vuelca una ingente acumulación

---

[11]   Véase L. Harss, «Infancia y cielo en Cortázar», en P. Lastra, ed., *J. Cortázar: el escritor y la crítica,* Madrid, Taurus, 1981, págs. 258-267.

de sugerentes ilustraciones gráficas y de incitantes citas, fruto de variadas indagaciones y lecturas.

62. *Modelo para armar* (1968) es una obra cuyo título remite al capítulo 62 de *Rayuela,* donde Cortázar a través de Morelli formula las características de una novela renovadora; también aquí se cuenta con la complicidad descifradora del lector y con su potencia imaginativa, a veces al margen de la logicidad, para dotar de algún sentido a la complejidad de perspectivas y reflejos especulares que se vierten en párrafos de estilo brillante y eficaz. Siguiendo a unos viajeros intelectuales por Europa que deambulan solitarios y confusos por París, Londres y Viena, el autor penetra en sus conductas alienadas y en sus íntimos dramas personales sin incurrir en excesos psicologistas ni conductistas, describiendo sencillamente las situaciones y el azaroso orden de las casualidades; tanto o más que las interrelaciones personales se explora la vaciedad existencial y la complementariedad asociativa de los humanos. La obra carece de rigidez formal; más bien es un conjunto de piezas en apariencia inconexas, que el lector debe ir reconstruyendo y organizando como una aventura arquitectónica; se inscribe de esta suerte dentro de la corriente estética de la recepción textual en la que el interés se desplaza desde el relato del autor o del personaje al lector que lo recibe, de modo que su lectura hay que afrontarla como si de un largo poema surrealista se tratara, cultivando la asociación entre las sugerencias sin aferrarse al abrogado principio de la causalidad, para alcanzar una asimilación más intuitiva que racional. También para los personajes, indefinidos y brumosos, con vidas no planificadas, todos ellos narradores, sus palabras y actos tienen un sentido de búsqueda; incluso sus juegos eróticos desempeñan una función exploratoria de la realidad; entre ellos, Juan es el más identificable con Cortázar y hacia él convergen los demás. Todo el conjunto tiene el aspec-

to de un «discurso meditativo»[12], simbólico, fragmentario en sus múltiples puntos de vista, con abundantes monólogos interiores, que puede dejar desazonado al lector si no asume la obra como una novela lírica en cuyo desarrollo se objetivizan los conflictos de la conciencia sobre los enigmas de la vida, el destino y sus ocultas leyes, los límites de lo posible y la muerte misma, sugiriendo la situación trágica de cada persona que debe irse construyendo a sí misma enfrentándose en soledad con sus proyectos y vivencias.

Como un álbum o muestrario de recortes ensayísticos, narrativos y críticos, puede asumirse *Último round* (1969), donde el autor sigue experimentando con la estructura del relato, observando la realidad con lucidez y espíritu lúdico, descubriendo lo misterioso y absurdo que hay bajo las apariencias y situaciones más comunes; cierto humorismo subversivo no logra ahogar la capacidad de ternura y compasión de Cortázar por las vivencias kafkianas del hombre contemporáneo, al que muestra deambulando por oscuros laberintos.

También presenta aspecto de *collage* en su estructura fragmentaria y disonante, lo mismo que en su variada y funcional tipografía, el *Libro de Manuel* (1973), estimado como una *Rayuela* política y orientado hacia un humanismo esperanzado de tipo socialista, sin renunciar a renovadas formulaciones estéticas conciliables con ello, mediante las cuales se vierte la historia en estructuras literarias. A la luz de los recortes periodísticos que para un niño, protagonista silencioso, sus padres seleccionan y coleccionan, aquél tendrá ocasión de ilustrarse sobre los hombres

[12]   Es expresión utilizada por Katalin Kulin, que todavía la puntualiza como «meditación sobre el conflicto del yo», en «Discurso de *62. Modelo para armar*, de J. C.», *Anales de Literatura Hispanoamericana*, 12, Madrid (1983), págs. 99-114.

y el mundo tal como son en su autenticidad histórica contemporánea; a ello se añaden aspectos de la vida del músico Andrés, del extraño Lonstein y de la Joda, el inmaduro grupo revolucionario que actúa en París. El problema central planteado es el de la existencia asumida como elección comprometida, con la que se enfrenta también al lector, despertándole de su posible aceptación pasiva de un mundo engañoso. El autor se oculta bajo la voz de un narrador omnisciente y testimonial, designado como «el que te dije»; a su aportación humorística, ahora cargada de seriedad rebelde y denunciadora sin didactismo explícito, se suman las observaciones del personaje narrador, Andrés, que va desvelando el proceso constructivo con sus dificultades, y los puntos de vista de otros con él convivientes, como Óscar, Francine, Ludmilla y Lonstein, el jugador con el lenguaje. Aparte de la presencia de un erotismo, directo y descarnado a veces, lírico otras, hay que hacer notar como novedad técnica la ampliación del monólogo silente en intercalaciones textuales con otra tipografía, ofreciendo incluso de manera simultánea y caleidoscópica varios niveles de conciencia, en los que otra vez afloran potenciadas las preocupaciones sobre la angustia del vivir, la injusticia social, la frustración, la apetencia de libertad, la forja de un hombre nuevo, el omnímodo poder de la razón destructora de mitos y algunos de los problemas políticos americanos pendientes de solución (colonialismo, guerrilla urbana, tortura, represión, explotación humana, subdesarrollo).

Luego vendrán los ocho sombríos cuentos de *Octaedro* (1974), ejemplares muestras del mantenimiento de la tensión y la expectativa en la narración, proyectados hacia el horror [13] de la existencia conde-

---

[13]   Véase P. Lastra y G. Coulson, «El motivo del horror en *Octaedro*», en *J. C.: el escritor y la crítica,* ed. cit., págs. 340 y sigs.

nada a soledad y muerte, con ahondamiento en las dudas acerca de la consistencia del espacio y el tiempo hasta hacer desconfiar al lector de la verdad de las apariencias sensibles; los once agrupados bajo el título de *Alguien que anda por ahí* (1977), sin alardes virtuosistas, aunque no se pueda ocultar el dominio que Cortázar ha conseguido sobre sus técnicas, unificados por la presencia incesante de lo racionalmente incomprensible y la inevitabilidad de la destrucción de individuos y relaciones humanas, por lo desesperanzado y abrupto de sus finales, que instalan al lector en una actitud interrogativa, asombrada y temerosa; memorables son «Apocalipsis de Solentiname», por sus intensos contrastes de luces y sombras, o «Reunión en un círculo rojo», por la intromisión del horror en la vida cotidiana. El humor se hará sátira del academicismo y de la solemnidad encubridora de vacíos en *Un tal Lucas* (1979), otro libro de expresión lingüística desinhibida, fluida, voluntariamente descuidada, en el que Cortázar es casi un epígono de sí mismo en sus juegos de plurivocidades caleidoscópicas. Además de seguir depurándose su estilo, se profundizará en la exploración de los aspectos dialécticos de la realidad, así como en la alternancia de lugares, tiempos y perspectivas en los cuentos de *Queremos tanto a Glenda* (1980), de donde son destacables la angustiosa intrusión de extraños seres en el «subte» de «Texto en una libreta» y el compromiso político conciliable con el estético en «Recortes de prensa». En *Deshoras* (1983) se hace más vívida la inquietante conciencia de mortalidad y el afán de recuperar vivencias del pasado («Diario para un cuento»), como en un presentimiento del acabamiento final transitando por las sendas laberínticas de la decrepitud y el dolor; reaparecen el obsesivo temor a lo que el azar depara y el tema de la represión política («Pesadillas», «Sartasa»), pero todavía hay lugar para el humor, los juegos de palabras ingeniosos y el no decir del todo. Con *Los autonautas de la cosmopista* (1983), una obra que, tras la forma superficial de una parodia de libros de viajes [14], ofrece una poética versión de experiencias autobiográficas en una excursión de más de un mes, realizada a lo largo de la autopista París-Marsella por el autor y su esposa, Carol Dunlop; se enriquece también la visión del lector sobre objetos y situaciones dotados de un significado más rico del que su banalidad pudiera llevarnos a sospechar, incitándole a una común profundización con los protagonistas en sus actos, gestos y relaciones personales cotidianas con individuos y objetos muy diversos.

Los cuentos de Cortázar suelen ser apreciados por los lectores de su obra con mayor aceptación y complacencia estética que sus desconcertantes experimentos novelísticos; con aquéllos ha contribuido a la creación de una nueva retórica del relato breve, mostrando recortes significativos e intensos de la vida, fundiendo en perfecta alianza objetividad e imaginación, desatendiendo la obsesión por hacer que estuviesen presididos por la racionalidad o la coherencia lógica y dotándolos de una creciente tensión y de un ritmo de semejante libertad al del jazz en su fluencia, hasta conseguir formas esféricas [15], en las que tiene amplia cabida la fantasía y el misterio a partir de su atenta captación de la realidad y de la observación de sus dimensiones maravillosas y poéticas; prevalece en tales cuentos un clima angustioso ante la presencia de lo absurdo o lo desconocido, frecuentemente conseguido con depurada economía de medios técnicos y mediante una estructura dramática y cerrada, opues-

---

[14]   El tema del viaje como ocasión de realización personal ya había sido desarrollado por el autor, por ejemplo en «La isla a mediodía» de *Todos los fuegos el fuego* y en «Vientos alisios» de *Alguien que anda por ahí.*

[15]   Véase su poética del cuento en el ensayo «Del cuento breve y sus alrededores», en *Último round,* ed. cit., págs. 35 y sigs.

ta a la de sus novelas de apariencia caótica, desordenada, abierta y fragmentaria. También se hace visible
la incitación a construir otro estilo de vida más libre
que rompa con el orden y los sistemas impuestos, a la
comunicación e integración más auténticas y armóni-
cas del hombre con la sociedad, a trascender las
limitaciones del tiempo y del espacio aceptando y aun
buscando lo novedoso que destruya la rutina alienante en la existencia cotidiana. Algunos de ellos han
sido llevados al cine [16]: en «Autopista del Sur» se
inspiró Jean-Luc Godard para su *Wek-end,* y «Las
babas del diablo» sirvieron de punto de partida para
Blow-up, de Michelangelo Antonioni.

---

[16]   Véase J. A. Mahieu, «Cortázar en cine», *Cuadernos Hispanoamericanos,* 364-366, Madrid (1980), págs. 640-646.

AUGUSTO ROA BASTOS

La trágica constante del exilio hispanoamericano se cumple una vez más en el escritor paraguayo Au- gusto Roa Bastos. Aunque nacido en la capital de su país, Asunción, en 1917, su infancia transcurrió en Iturbe, localidad de la provincia de Guairá, donde su padre administraba un ingenio de azúcar propiedad de un catalán de origen sefardí. La guerra del Chaco, a la que Roa se incorporó voluntariamente antes de cumplir los dieciséis años, interrumpió sus estudios, desarrollados en un colegio de Asunción gracias a una beca conseguida por un tío obispo, que ya no serían reanudados por el escritor en ciernes, dedicado desde muy pronto al periodismo escrito y radiofóni- co. De 1937 data una novela suya inédita, *Fulgencio Miranda,* y de 1942, un libro galardonado con el premio nacional de poesía, *El ruiseñor de la aurora y otros poemas* [1].

En los años cuarenta, Roa Bastos, jefe de redac- ción del diario *El País,* viajó a Inglaterra, invitado por el British Council, y luego a Francia, una vez acabada ya la guerra y cuando Malraux era ministro del gobierno de De Gaulle [2]. De regreso al Paraguay,

---

[1] Su otro libro de poemas aparecido hasta el presente es *El naranjal ardiente (Nocturno paraguayo),* publicado parcialmente en 1960 y completo por la editorial Alcántara de Asunción en 1983.

[2] Fruto de este viaje es un libro de reportajes y entrevistas a

llegó a representar tres piezas teatrales antes de que su apoyo al movimiento revolucionario de 1947 contra el gobierno de Morínigo le llevase, como a cerca de 400.000 compatriotas suyos, a un destierro tan sólo dulcificado por breves visitas, que se cortaron definitivamente con su expulsión y consiguiente retirada del pasaporte paraguayo por el gobierno del dictador Stroessner en abril de 1982.

A lo largo de estos años, Augusto Roa Bastos se ha dedicado al periodismo, la crítica, la docencia y la elaboración de guiones cinematográficos[3], primero en Buenos Aires y luego en Francia, donde en 1976 inició una fecunda estancia como profesor asociado de la Universidad de Toulouse. Allí enseñó guaraní, literatura hispanoamericana y creación literaria, al tiempo que desarrollaba la suya propia e intervenía en numerosos jurados y congresos, tanto en Europa como en América[4].

Pablo Casals, Luis Cernuda y Salvador de Madariaga titulado *La Inglaterra que yo vi,* Asunción, 1946.

[3] Esta faceta de Roa Bastos tiene gran interés e importancia. Conocemos al menos ocho colaboraciones suyas de este tipo con directores cinematográficos hispanoamericanos como Lautaro Murúa, Lucas Demare, Cecilio Madanes y Manuel Antín. Destacaremos el guión de *Hijo de hombre* (1960), basado en uno de los capítulos de la novela homónima de Roa, filme de Demare que fue premiado en San Sebastián y Roma, y la versión de *Señor Presidente,* realizada por Madanes en 1966.

[4] De entre la bibliografía sobre Augusto Roa Bastos destacaremos los siguientes libros: David William Foster, *The Myth of Paraguay in the Fiction of Augusto Roa Bastos* (Chapel Hill, University of North Carolina, 1969) y *Augusto Roa Bastos* (Boston, Twayne, 1978); Helmy F. Giacoman (compilador), *Homenaje a Augusto Roa Bastos* (Nueva York, Anaya-Las Américas, 1973); Varios autores, *Seminario sobre «Yo el Supremo», de A. Roa Bastos* y *Segundo seminario sobre «Yo el Supremo»...* (Poitiers, Centre de Recherches Latino-américaines, 1976 y 1980, respectivamente); G. Vila Barnes, *Significado y coherencia del universo narrativo de Augusto Roa Bastos* (Madrid, Orígenes, 1904), y Francisco Tovar, *Las historias del dictador, «Yo el Supremo», de Augusto Roa Bastos* (Barcelona, Ediciones del Mall, 1987).

Aparte sus libros de cuentos[5], la producción narrativa de Augusto Roa Bastos, sucinta pero de reconocida trascendencia en el conjunto de la literatura hispanoamericana, se centra en una «Trilogía Paraguaya», de la que han sido publicadas hasta el presente *Hijo de hombre* (1960) y *Yo el Supremo* (1974), y se cerrará con *El Fiscal*.

En una entrevista aparecida en la revista paraguaya *Senderos* en abril de 1982, Roa Bastos aporta interesantes datos en relación con este su proyecto novelístico todavía inconcluso. En su origen estuvo una novela inédita —salvo un breve fragmento aparecido en *Letras de Buenos Aires* en junio de 1981— e incompleta titulada *Contravida,* que el escritor abandonó aprovechando diversos materiales de la misma para lo que más adelante sería *Yo el Supremo,* mientras que *El Fiscal* parece haberse sobrepuesto como proyecto en marcha a otras dos obras, *Los Congresos* (o *Los Chamanes*) y *La Caspa,* de la que Roa llegó a publicar una entrega en la revista barcelonesa *Quimera* (16, 1982). Mas a mediados de 1989 el escritor anunció y justificó la quema de su manuscrito, «mil quinientas carillas y tres años de trabajo, que no habían conseguido modelar la obra soñada», para reiniciar su escritura «contra todas las emboscadas del desaliento, de las chapucerías, de la frustración» (*El País,* Madrid, 28 de junio de 1989, pág. 40).

Hijo de hombre, la primera obra de la trilogía, ha sido objeto, por su parte, de una revisión en profundidad del texto originario veintidós años después de su primera salida, con motivo de la traducción fran-

---

[5]   *El trueno entre las hojas* (Buenos Aires, Losada, 1953); *El baldío* (Buenos Aires, Losada, 1966); *Los pies sobre el agua* (Buenos Aires, Centro editor de América Latina, 1967); *Madera quemada* (Santiago de Chile, Editorial Universitaria, 1967); *Moriencia* (Caracas, Monte Ávila, 1969); *Cuerpo presente y otros cuentos* (Buenos Aires, Centro editor de América Latina, 1971), y *Lucha hasta el alba* (Asunción, Editorial Arte Nuevo, 1979).

cesa de 1982[6], hasta el extremo de convertirse, según leemos en la nota preliminar del autor, en «una obra enteramente nueva, sin dejar de ser la misma con respeto al original». Idea reforzada por un nuevo lema, de Yeats, incorporado a la página inicial del capítulo primero: «Cuando retoco mis obras es a mí a quien retoco».

En ese mismo escrito prologal Roa Bastos certifica que la inspiración de toda su trilogía se encuentra en la vida y la historia de la sociedad paraguaya, así como en las particularidades de su cultura bilingüe, de características totalmente peculiares en el conjunto de los países hispanoamericanos. En esto último, el sustrato de un discurso oral guaraní que la escritura en castellano expresa tan sólo parcialmente, encuentra Roa Bastos la matriz generadora de toda su literatura de ficción. Y en la historia de su país, el elenco de personajes y acontecimientos que nutren sus novelas y las traban entre sí. Cronológicamente, la primera es, desde este punto de vista, *Yo el Supremo,* consagrada a la figura de José Gaspar Rodríguez de Francia, líder civil de la emancipación política del Paraguay y su «dictador perpetuo» entre 1814 y 1840. Su huella indeleble en el pueblo paraguayo asoma en el primer capítulo de *Hijo de hombre* a través de Macario Pitogüe, «maravilloso contador de cuentos» y «memoria viviente del pueblo», con el que se rela-

---

⁶ La primera edición de *Hijo de hombre* apareció en Buenos Aires, Losada, 1960; la traducción a la que nos referimos, *Fils d'homme,* a cargo de Iris Giménez, en París, Pierre Belfond, 1982, con un prólogo del autor; y la primera edición española del texto definitivo corresponde a Ediciones Alfaguara, Madrid, 1985. Aparte de frecuentes variantes estilísticas, la versión final incluye un nuevo capítulo, que pasa a ser el noveno, y suprime todos los párrafos posteriores a los dos primeros del apéndice rotulado *«(De una carta de Rosa Monzón»)».*
En cuanto a *Yo el Supremo* (Buenos Aires, Siglo XXI Argentina, 1974) resulta particularmente recomendable la edición preparada por Milagros Ezquerro (Madrid, Ediciones Cátedra, 1983).

ciona de niño el personaje narrador Miguel Vera, que desarrolla una narración centrada en dos acontecimientos sangrientos, el levantamiento agrario de 1912 y la crudelísima guerra del Chaco, que mantuvieron entre 1932 y 1935 Bolivia y Paraguay. *El Fiscal,* por su parte, serviría de enlace cronológico entre las otras dos novelas y prolongaría su curso temporal hasta épocas recientes. Según el propio Roa Bastos, comenzará con la muerte del tirano Solano López, arrinconado en Cerro-Corá con un pequeño ejército de niños el primero de marzo de 1879 —fragmento de *El Fiscal* [7] que ya ha sido publicado—, para concluir en el momento en que entró en servicio la primera turbina de la presa de Itaipú, aproximadamente cien años más tarde.

Hijo de hombre consta, en su versión definitiva, de diez capítulos de considerable autonomía narrativa que con el uso alternante de la primera y la tercera personas desarrollan a grandes trancos y con notorias elipsis entre ellos la historia de dos comunidades campesinas paraguayas, la de Itapé y la de Sapukai, desde un pasado mítico configurado por la palabra del oráculo Macario cuando narra el origen de la imagen del Cristo tallado por el leproso Gaspar Mora, que, no sin oposición inicial de la Curia, acabará poseyendo un santuario en el cerro de Itapé. El sentido bíblico del título de la novela, explícito en uno de los lemas del profeta Ezequiel que preceden al cuerpo del texto junto a una cita del «Himno de los muertos» de los guaraníes, que vaticina la resurrec-

---

[7] Efectivamente, Roa Bastos desarrolla ese episodio bajo el título de *Cándido López,* como ilustración narrativa de los cuadros que el pintor argentino de ese nombre dedicó a reproducir minuciosamente los hechos de la guerra del Paraguay, en la que intervino en el bando vencedor de la Triple Alianza argentino-brasileño-uruguaya. La primera edición del volumen que recoge el relato y las pinturas es italiana, *Il sonambulo* (Parma, Ricci, 1976), a la que siguieron la brasileña (1977) y la española (1985).

ción por medio del habla, cobra en este capítulo
pleno significado por la modificación que sin éxito el
propio Macario quisiera hacer de la denominación
que los clérigos dan a aquel enclave religioso, *Tupá-
Rapé,* esto es, «Camino de Dios». Para Macario el
cerrito del Cristo leproso se hubiera debido llamar
Kuimbaé-Rapé, Camino del Hombre, pues para él la
única eternidad posible era la rebeldía y la solidaridad: «redimirse y sobrevivir en los demás».

En ese mismo capítulo inicial asoma la voz y la
figura eje para la disposición estructural de todo el
conjunto y el propio desarrollo de la anécdota: el
antes citado Miguel Vera. Pues *Hijo de hombre* se
revelará en su última página, mediante los fragmentos de la carta de la doctora Rosa Monzón, como el
manuscrito en donde éste, que conoció a Macario
siendo niño y llegó a ser alcalde de Itapé, había
recogido hasta su muerte violenta los momentos más
dramáticos de la existencia de su pueblo y del paraguayo en general.

Poco después de la muerte de Macario llegó al
ferrocarril y con él el cambio en las relaciones de
producción y la configuración social de la zona. La
primera intentona revolucionaria de militares y campesinos será abortada precisamente en 1912, cuando
los gubernamentales hacen chocar en la estación de
Sapukai una locomotora llena de explosivos contra el
convoy rebelde. Miguel Vera, luego de sus estudios
militares en Asunción, regresará a Itapé, confinado
por sus actividades conspiratorias, y allí colaborará
con líderes campesinos como Cristóbal Jara o Silvestre Aquino en la formación de una montonera.

Tras el fracaso de su intento, el diario que el
teniente escribe en un destacamento militar de castigo
situado en el islote de Peña Hermosa recoge las
primeras noticias referentes al estallido de la guerra
en el Chaco y la represión de las manifestaciones
internas que reclaman la defensa intransigente del

territorio al margen de los intereses económicos en juego. Sigue, siempre en forma de diario, la narración de los desastres de esta guerra, a la que el teniente Vera acaba por incorporarse. También lo hacen el sargento Silvestre Aquino y el cabo Cristóbal Jara, que morirá heroicamente defendiendo lo que de forma absurda se había convertido en la clave de una contienda muy pronto calificada como «la guerra de la sed»: un camión cisterna.

El nuevo capítulo IX de la versión definitiva, publicado previamente en forma de cuento en un volumen que lleva su mismo título, *Madera quemada* (1967), posee ciertamente un gran valor sincrético en relación al conjunto de la novela. Consiste en la declaración que una celadora de la Orden Terciaria, la hermana Micaela, hace al nuevo alcalde de Itapé, cuyo nombre no menciona, pero es el propio Miguel Vera, acerca de la venganza de que ha sido objeto su predecesor cuando la guerra del Chaco, Melitón Isasi, que había convertido en sus barraganas a varias mujeres del lugar, entre ellas la esposa del sargento Crisanto Vera y la hermana de otros dos soldados, los mellizos Goiburú. Para Micaela el final de la contienda no podía significar nada bueno para un pueblo condenado a un destino nefasto desde la blasfemia del entronizamiento en el cerrito del Cristo tallado por Gaspar Mora. Allí, precisamente, aparecerá crucificado y a medias degollado el cadáver de Melitón. Y la novela concluye con un mensaje desesperado: la guerra, ganada por los paraguayos, de nada ha servido más que para la desgracia del pueblo, representada en el condecorado sargento Crisanto Villalba, que, enloquecido, ha volado, con las bombas de mano que le quedaban del Chaco, su casa deshonrada. Miguel Vera, cerca ya de su propia muerte, vislumbra que una nueva violencia habrá de estallar, esta vez sin enemigo externo sino interno, como cuando los campesinos le pidieron que les instruyese en el uso de las armas, pues «Algo tiene que cambiar. No se puede seguir oprimiendo a un pueblo indefinidamente».

El propio Augusto Roa Bastos ha definido, en una de las entrevistas ya mencionadas, su segunda novela *Yo el Supremo* como una reflexión sobre la imposibilidad del poder absoluto, complementada en su momento por *El Fiscal,* donde se tratará de la imposibilidad que todos tenemos de juzgar a los otros. Esta actitud parece corresponderse, por cierto, con la del escritor paraguayo hacia el personaje histórico de Gaspar de Francia, el prócer fundacional del Paraguay, singularizado entre la abigarrada estirpe de los dictadores hispanos e hispanoamericanos por su formación ilustrada, de la que procede, como es bien sabido, el impulso revolucionario de los que lucharon por la independencia de su país contra España. Roa no trata a su personaje «à parti pris», sino que le reconoce el logro de lo que para el Paraguay de entonces eran casi utopías, la autodeterminación, la soberanía y la independencia, con un coste relativamente llevadero de violencia y maldades y, cómo no, el fracaso en última instancia de otra utopía verdaderamente insuperable: la del poder absoluto.

Con todo, no existen dudas de la pertenencia de este texto a la brillante tradición de un subgénero que tiene su origen en una novela que Roa Bastos conoce a fondo y cuyo protagonista recoge explícitamente rasgos del propio Francia: *Tirano Banderas,* de Ramón del Valle-Inclán. *Yo el Supremo* se inserta, pues, con todo merecimiento en la serie de novelas de Dictador jalonada por destacadas aportaciones de Miguel Ángel Asturias, Francisco Ayala, Alejo Carpentier, Arturo Uslar Pietri y Gabriel García Márquez, pero ostenta en su seno un marchamo de originalidad e independencia no sólo, ni tan siquiera preferentemente debido a aquella neutralidad de juicio que algunos llegaron a entender como auténtica reivindicación del Dictador perpetuo del Paraguay.

Aludimos al hecho de que por encima de la documentación histórica con la que el novelista ha trabajado, que por explícita en su discurso es innegable, *Yo el Supremo* resulta más que una novela documento, una novela «textual» que desarrolla como tema nuclear una especie de «referente interno» sagazmente planteado por Raúl Dorra [8].

El discurso de la novela se presenta organizado a base de lo que su editora Milagros Ezquerro denomina «modalidades de escritura». El primer texto que desencadena todos los demás ofrece características muy marcadas: se trata de un facsímil —lleno, pues, de significado icónico— de un pasquín manuscrito en el que, literalmente, «Yo el Supremo Dictador de la República» hace crueles previsiones *post mortem* sobre sus servicios civiles y militares y sobre sus propios despojos, que serán sometidos antes de su incineración a ultrajantes manipulaciones y exhibiciones muy parecidas a las que hubo de padecer el cadáver de Santos Bandera.

El hallazgo de tan comprometedor escrito en la puerta de la catedral de Asunción desencadena toda la intriga de la novela: hallar su verdadero redactor entre todos aquellos que podrían haberlo perpetrado, los ocho mil escribientes que hay en la República, de los cuales el secretario de Francia, Policarpo Patiño, consigue acuartelar muy pronto a siete mil doscientos treinta y cuatro...

Todo lo que se dicen mutuamente, en la intimidad de la cámara presidencial, el Supremo y Patiño constituye una de las líneas de aquella modulación textual: los *apuntes*. La *Circular perpetua,* por su parte, contiene las instrucciones y órdenes que aquél dicta a

---

[8]   En su artículo «*Yo el Supremo:* la circular perpetua», *Texto crítico,* 9, 1978, págs. 58-70.

éste para conocimiento y cumplimiento de los funcionarios del Estado. La perspectiva única del Dictador configura su *Cuaderno privado,* y junto a otras variantes de entidad menor, hay que contar las numerosas *notas,* ya insertas a pie de página, de contenido erudito, que apuntan hacia la existencia de un compilador que toma la palabra en la última página de tan abigarrado discurso.

Esta presencia final nos hace retomar nuestro argumento en el punto en que citábamos el artículo de Raúl Dorra. El compilador justifica su trabajo de acopio y asimilación de numerosísimos documentos, legajos, estudios, tradiciones orales y entrevistas. Pero concluye paradójicamente que la historia encerrada en las páginas precedentes es tal por haber sido narrada, no por haber sucedido, de manera que los personajes y hechos que la constituyen poseen una existencia ficticia y autónoma.

Mas hay en esta *Nota final del compilador* otra iluminación de la máxima importancia para el entendimiento cabal de *Yo el Supremo:* la evidencia etimológica de que «dictador» es «el que dicta» a sus amanuenses, meros instrumentos de su verbo, y en este sentido sustituyen a «los escritores, historiadores, artistas, pensadores», indeseables para la República, como los consideraba Platón. José Gaspar Rodríguez de Francia ha asumido como supremo poder el de la exclusiva de la palabra escrita, para lo que ha perseguido, reprimido o expulsado a los que la venían utilizando libremente en su país. Por eso el pasquín es el máximo signo de insurrección: suplanta la voz de su dictado para urdir una venganza feroz contra la dictadura.

Por todo ello, la novela de Roa Bastos más allá de la reconstrucción de una era dictatorial paraguaya es una audaz metáfora sobre las relaciones profundas entre la palabra (la escritura) y el poder, que tan pronto percibieron los cínicos fundadores de la Retórica.

Ya en el tramo final de la novela, una de sus últimas secuencias representa con brillantez lo dicho. Se trata del diálogo que el Supremo mantiene con su perro Sultán, cuyo *tú* da paso sin solución de continuidad a un verdadero apóstrofe del dictador consigo mismo. El Supremo, decrépito ya, ve con angustia el final que se acerca, y no le preocupa entonces la pérdida del poder... sino la pérdida del verbo. La afasia, y no el derrocamiento. Así, Augusto Roa Bastos ha elevado la trascendencia de su obra más conocida desde el digno nivel del episodio nacional al plano simbólico de la alegoría.

JUAN RULFO

La figura del mexicano JUAN RULFO (1918-1986) se nos presenta con características realmente excepcionales, en especial por lo exiguo de su obra y la extraordinaria importancia cualitativa de la misma.

Efectivamente, en una época en que la literatura está sometida a poderosas mediaciones mercantilistas, por no decir industriales, que demandan de los escritores de éxito una producción constante de originales para abastecer el voraz circuito editorial, Juan Rulfo ocupa un lugar señero en el panorama de las letras hispanas tan sólo con tres libros, de los cuales exclusivamente uno es una novela, de reducidas dimensiones, por otra parte, y los otros dos, una colección de relatos y un volumen facticio, editado casi a regañadientes de su autor, que recoge tres textos escritos para el cine [1].

---

[1] *El llano en llamas,* México, Fondo de Cultura Económica, 1953 (existe una edición académica, a cargo de Carlos Blanco Aguinaga, publicada en Madrid, Cátedra, 1986³, que incorpora dos cuentos publicados independientemente en 1955 y añadidos a los 15 iniciales desde la edición de 1970); *Pedro Páramo,* México, F.C.E., 1955 (edición académica de José Carlos González Boixo, Madrid, Cátedra, 1988⁵), y *El gallo de oro y otros textos para cine,* con presentación y notas de Jorge Ayala Blanco, México, Era, 1980, y Madrid, Era-Alianza Editorial, 1982. Existe, además, un volumen de *Obra completa,* con prólogo y cronología de Jorge Rufinelli, Caracas, Biblioteca Ayacucho, 1977.

Y sin embargo, parafraseando el dicho de T. S. Eliot sobre Edward Morgan Foster, el prestigio de Juan Rulfo aumentaba con cada libro que *no* publicaba, gracias a la pervivencia, sobre todo, de su novela de 1955 *Pedro Páramo,* considerada por Carlos Fuentes «la máxima expresión que ha logrado hasta ahora la novela mexicana» [2], incluida por Jorge Luis Borges entre las cien obras más importantes de la literatura universal y reconocida por doquier como una pieza maestra gracias a no menos de medio centenar de traducciones a lenguas distintas.

Pedro Páramo, con su apolínea esbeltez de poco más de cien páginas, representa un prodigioso salto cualitativo, a la altura de 1955, en el curso de la novela mexicana, salto extrapolable por lo demás al conjunto de la narrativa hispanoamericana. Nos estamos refiriendo a la superación del costumbrismo localista —llámesele novela indigenista, de la selva, de la revolución...—, no en forma de su absoluto abandono, sino por la vía de su elevación trascendente hacia modalidades de nueva novela cuyo máximo común denominador en la mayoría de los casos es el realismo maravilloso, del que *Pedro Páramo* nos parece un ejemplo arquetípico.

Algunos críticos, como Carlos Blanco Aguinaga, han explicado este tránsito por razones internas de la sociedad, la cultura y el arte mexicanos. Con los años cincuenta la etapa revolucionaria parece dar paso a una situación de gran estabilidad institucional y prometedor desarrollo económico. El país está cambiando hacia una evidente trayectoria de modernización, y ello suscita, en seguida, la demanda de un nuevo lenguaje artístico para un país renovado. Los temas y la retórica de la Revolución han quedado atrás; el valor instrumental, propagandístico,

[2] En *La nueva novela hispanoamericana,* México, Joaquín Mortiz, pág. 16.

de la literatura debe dar paso a la expresión subjetiva, que el existencialismo predominante en Europa favorece, y a planteamientos trascendentes, más allá de lo inmediato. Acreditadas voces, como la de Octavio Paz, por ejemplo, reclamaban entonces a los artistas mexicanos una presencia y una voz universales.

Quien mejor, y más pronto, da respuesta a tales requisitorias desde la literatura narrativa es Juan Rulfo con *Pedro Páramo,* considerada en seguida como el más pertinente trasunto hispánico de lo que para la novelística occidental había representado la obra de William Faulkner. Sin embargo, es un hecho cierto que en el momento de escribirla Juan Rulfo no había leído todavía al autor de *As I Lay Dying,* pero sí se sentía identificado con otros escritores menos conocidos, como el novelista islandés Halldór Laxness —premio Nobel en 1955— o el suizo Charles-Ferdinand Ramuz. Mas nadie puede discutir la mexicanidad de su obra, e incluso la presencia decisiva en ella —tanto en *Pedro Páramo* como en su libro de cuentos dos años anterior, *El llano en llamas*— de ese período decisivo para la historia de México representado por la Revolución iniciada en 1910, cuya influencia en la biografía del escritor fue, con toda certeza, determinante en la constitución de su personalidad.

En efecto, Juan Rulfo a la vez que universal es un escritor de raíces, conformado por el tiempo y el espacio de su trayectoria vital. Nació en Sayula, un poblachón del estado de Jalisco, en la comarca de Los Bajos, que sugerirá el escenario de toda su obra. Y lo hizo en 1918, en un momento especialmente decisivo en el proceso revolucionario, cuando Carranza, un año antes de su asesinato, intenta aplicar las reformas emanadas de la Constitución de 1917 y debe enfrentarse con la oposición sin cuartel de Villa y Zapata.

Precisamente recibe ahora el nombre de Ciudad Venustiano Carranza la localidad de San Gabriel, donde transcurrirá la niñez de Rulfo hasta los diez años de su edad. En 1924, cumpliendo un terrible sino familiar, su padre, Juan Nepomuceno Pérez Rulfo, muere asesinado, cuando, amainada aparentemente la furia de la revolución política y social, estalla —y con especial incidencia en el estado de Jalisco— la llamada guerra de los Cristeros, rebelión de los católicos integristas contra la legislación laica del gobierno federal.

Ya en Guadalajara, confiado a la tutela de una de sus abuelas tras la muerte de su madre, acaecida en 1930, Rulfo pasará los primeros años de su adolescencia en un internado —que él gustaba calificar de «orfelinato»— y en 1933, ante la huelga que clausura la Universidad en la ciudad de su residencia, se traslada a la capital de la República, bajo la tutela de un tío, el coronel Pérez Rulfo, con el que vive en el cuartel del Molino del Rey. Muy pronto abandona los estudios de Derecho por un empleo de archivista en el Departamento mexicano de Migración, donde se produce el encuentro fundamental con el poeta y cuentista Efrén Hernández, bien relacionado en los medios literarios de la capital, a quien Rulfo debe gran parte del estímulo que le llevará a escribir y publicar, además de la directriz estética de trascender lo regionalista hacia la intensidad poética, prescindiendo en la escritura de lo anecdótico o incidental. Todo ello constituirá desde entonces el principio estético básico que Rulfo aplicará a lo largo de su carrera.

Comienza ésta con una narración, «La vida no es muy seria en sus cosas» —publicada en 1945 en la revista *América*—, que Rulfo no recogerá luego en *El llano en llamas*. En ella aparece ya un planteamiento afín al realismo mágico —el narrador cuenta la historia de un niño que aún no ha nacido— y el fatalismo, soledad y desamparo que impregnan el mundo creado por su narrativa.

No era esta, sin embargo, la primera experiencia creativa del autor. Rulfo había escrito entre 1938 y 1940 una extensa novela sobre la ciudad de México y la alienación de un campesino emigrado a ella, titulada *El hijo del desconsuelo,* que más adelante destruirá por considerarla viciada de retoricismo y excesos sensibleros. De ella subsiste, por suerte, un fragmento convertido en un relato con el título de «Un pedazo de noche», protagonizado por una prostituta. Efrén Hernández se lo arrancó para una revista de exiliados españoles, que finalmente no llegó a publicarlo. Sí lo hizo en 1959 la *Revista mexicana de Literatura.*

En 1953 aparece la primera edición del único libro de narraciones de Juan Rulfo, con quince piezas, seis publicadas previamente en revistas entre 1945 y 1951, y nueve inéditas: *El llano en llamas,* obra que pasó prácticamente desapercibida. En 1955 se imprimen otros dos relatos, en sendas publicaciones periódicas —«El día del derrumbe» y «La herencia de Matilde Arcángel»—, incorporados a aquel volumen en la reedición de 1970 que elimina otros tantos textos y altera el orden del conjunto.

Desde 1946, el escritor trabajaba, primero como viajante y luego como oficinista, para la compañía de neumáticos Goodrich-Euzkadi, lo que no le impidió disfrutar de una beca del Centro Mejicano de Escritores y relacionarse con los de su generación. En 1954, según declaraciones del propio autor, comienza a escribir en un cuaderno escolar una novela que durante muchos años había ido bullendo en su cabeza. En cuatro meses reúne trescientas páginas manuscritas, que luego reduce en la inmediata versión mecanográfica. El original recibe, sucesivamente, los títulos de *Los murmullos* y *Una estrella junto a la luna;* con aquel mismo título se publica un adelanto ese mismo año en la *Revista de la Universidad de*

México, y con el de «Un cuento», otro en *Letras patrias.* En septiembre de 1954 el manuscrito, ya titulado *Pedro Páramo,* entra en el Fondo de Cultura Económica. En marzo del año siguiente se publica, en edición de dos mil ejemplares. Archibaldo Burns hace la primera reseña, negativa, en *Méjico en la cultura.* Luego Alí Chumacero, jefe de producción del Fondo de Cultura Económica, le critica en la *Revista de la Universidad de México,* ya citada, cierta falta de unidad, juicio que descorazona al escritor, pues, según él, «lo primero que trabajé fue la estructura». En cuatro años se venderán mil ejemplares, y el resto lo regalará el autor.

Por aquel entonces Juan Rulfo trabaja como guionista para el cine comercial [3], y en la comisión para el plan de riegos de Papaloapán. Luego será encargado de la Biblioteca de la Sociedad mexicana de Geografía y Estadística, se incorporará al centro de producción radiotelevisiva de Guadalajara y, finalmente, al Instituto Nacional Indigenista, para el que realiza una fructífera labor de documentación escrita y foto-

---

[3]   Las colaboraciones cinematográficas de Juan Rulfo, a las que se hace cumplida referencia en el libro de 1980 mencionado en la nota 1, fueron bastante numerosas: el argumento y diálogos de *El despojo* (1960), de Antonio Reynoso; el guión de *Paloma herida* (1962), en colaboración con su director, Emilio Fernández; el argumento de *El gallo de oro* (1964), de Roberto Gavaldón, en cuyo guión colaboraron García Márquez y Carlos Fuentes; textos para el mediometraje experimental *La fórmula secreta* (1964), de Rubén Gámez; y el guión de *Pedro Páramo (El hombre de la Media Luna)* (1976), de José Bolaños, que colaboró en aquella tarea con el novelista. Esa misma novela había sido llevada al cine por Carlos Velo en 1966, con guión del mismo, Carlos Fuentes y Manuel Barbachano Ponce. Varios cuentos de Rulfo dieron lugar, además, a sendos filmes: *Talpa* (1955), de Alfredo B. Crevenna; *El rincón de las vírgenes* (1972), de Alberto Isaac; *N'entends-tu pas les chiens aboyer?* (1974), de François Reichenbach, y *El hombre* (1978), de José Luis Serrato. En *En este pueblo no hay ladrones* (1964), película de Alberto Isaac sobre el cuento de Gabriel García Márquez, Juan Rulfo tiene una aparición incidental como actor.

gráfica, de la que se hizo en 1983 una exposición en París [4].

Mientras tanto, la tibia recepción de su novela de 1955 se había transformado en un reconocimiento unánime de su condición de obra maestra, gracias, entre otros, a tan influyentes intelectuales como Carlos Blanco Aguinaga, Carlos Fuentes y Octavio Paz. Y al éxito en el mundo hispánico sucede inmediatamente el internacional, sin que sean necesarias obras nuevas para alimentar el creciente interés que la narrativa de Juan Rulfo suscita [5].

---

[4]   Para la faceta biográfica del autor, debe consultarse *Juan Rulfo. Autobiografía armada,* Buenos Aires, Corregidor, 1973, que ordena su cronología y reprodue opiniones suyas vertidas en diversas entrevistas.

[5]   Para la bibliografía de Juan Rulfo, pueden orientarnos los siguientes repertorios: Arthur Ramírez, «Hacia una bibliografía de y sobre Juan Rulfo», *Revista Iberoamericana,* 86, 1974, págs. 135-171; E. Kent Lioret, «Continuación de una bibliografía de y sobre Juan Rulfo», *Revista Iberoamericana,* 89, 1974, págs. 693-705, y José Carlos González Boixo, «Bibliografía de Juan Rulfo», *Cuadernos Hispanoamericanos,* 421-423, 1985, págs. 469-490, y «Bibliografía de Juan Rulfo: nuevas aportaciones», *Revista Iberoamericana,* 137, 1986, págs. 1051-1061. De entre ella mencionaremos en secuencia cronológica tan sólo los estudios publicados en forma de libro: Hugo Rodríguez Alcalá, *El arte de Juan Rulfo,* México, Instituto Nacional de Bellas Artes, 1965; Varios autores, *Recopilación de textos sobre Juan Rulfo,* La Habana, Casa de las Américas, 1969; Manuel Ferrer Chivite, *El laberinto mexicano en/de Juan Rulfo,* México, Novaro, 1972; J. Sommers (compilador), *La narrativa de Juan Rulfo. Interpretaciones críticas,* México, SepSetentas, 1974; Helmy F. Giacoman, *Homenaje a Juan Rulfo,* Nueva York-Madrid, Las Américas-Anaya, 1974; Violeta Peralta y Liliana Befumo Boschi, *Rulfo. La soledad creadora,* Buenos Aires, Fernando García Cambeiro, 1975; Donald Gordon, *Los cuentos de Juan Rulfo,* Madrid, Playor, 1976; Nila Gutiérrez Marrone, *El estilo de Juan Rulfo: estudio lingüístico,* Nueva York, Bilingual Press, 1978; José Carlos González Boixo, *Claves narrativas de Juan Rulfo,* León, Colegio Universitario, 1980 (segunda edición, 1984); Marta Portal, *Análisis semiológico de «Pedro Páramo»,* Madrid, Narcea, 1981; Joaquín Sánchez McGregor, *Rulfo y Barthes: análisis de un cuento,* México, Domes, 1982; N. E. Álvarez, *Análisis arquetípico, mítico y simbólico de «Pedro Páramo»,* Miami, Universal, 1983;

De hecho, además de las *Noticias históricas de la vida y hechos de Núñez de Guzmán,* aparecidas en 1962, Juan Rulfo sólo verá en vida otro libro más, en 1980, una recopilación facticia de tres trabajos para el cine escritos entre 1959 y 1964. Se trata del guión corto *El despojo,* dos breves textos leídos en *off* en otros tantos de los diez episodios del mediometraje experimental *La fórmula secreta,* producido en 1964 por Rubén Gámez —cuya difícil hermenéutica aconsejó que el propio Rulfo redactara una a modo de sinopsis, reproducida en el programa de mano del estreno (1965)—, y un relato propiamente dicho, *El gallo de oro,* historia del gallero Dionisio Pinzón y la cantante de palenques apodada *La Caponera,* que revela todas las obsesiones del universo rulfiano, pero cuya escritura lineal y escueta acreditan su condición de argumento para un filme, y no de pieza literaria en el sentido pleno del término.

Durante sus últimos veinte años, Rulfo no abandonó, según todos los indicios, la creación narrativa. Sabemos por ejemplo de una novela, *La cordillera,* varias veces escrita y destruida por la drástica autoexigencia del autor, que, cansado de ella, anunció la preparación de un nuevo volumen de relatos titulado *Días sin floresta.* Así, cuando en 1983 le fue concedido el premio Príncipe de Asturias de las Letras, declaró disponer de casi un centenar de cuentos, y asimismo adelantó un nuevo título de libro, *El hom-*

Luis Leal, *Juan Rulfo,* Boston, Twayne, 1983; L. Ortega Galindo, *Expresión y sentido de Juan Rulfo,* Madrid, Porrúa, 1984; Marta Portal, *Rulfo: dinámica de la violencia,* Madrid, Cultura Hispánica, 1984; José Riveiro Espasandín, *Juan Rulfo. «Pedro Páramo»,* Barcelona, Laia, 1984, y Milagros Esquerro, *Juan Rulfo,* París, Editions L'Harmattan, 1986. Asimismo resultan imprescindibles el libro de Joseph Sommers, *Yáñez, Rulfo, Fuentes: La novela mexicana moderna,* Caracas, Monte Ávila, 1970, y el volumen monográfico dedicado al autor por la revista *Cuadernos Hispanoamericanos,* 421-423, 1985.

bre de las muletas de hule. Con su fallecimiento,
producido el 7 de enero de 1986 en la Ciudad de
México, menudearon las especulaciones sobre sus
inéditos. Pero lo único cierto es que la gloria literaria
del autor de *Pedro Páramo* se asienta exclusivamente
sobre esta novela singular, arropada de un exiguo
corpus de veinte relatos, los de la edición definitiva de
El llano en llamas, el primerizo (y repudiado por su
autor) «La vida no es muy seria en sus cosas», el
procedente de su primera e inédita novela («Un pedazo de noche») y «El gallo de oro», si nos decidimos a
considerarlo como tal relato.

Según ya destacamos en nuestra introducción, el
panorama de la narrativa hispanoamericana posterior a 1940 quedaría inaceptablemente trunco si nos
centrásemos tan sólo en las producciones novelísticas, ignorando la cantidad, calidad y significación de
numerosas colecciones de relatos, entre las cuales *El
llano en llamas* se nos figuraba entonces «incomparable e irrepetible». Cumple añadir ahora que es la
estética del relato y no otra la que configura esencialmente la personalidad narrativa de Juan Rulfo, tanto
en un sentido puramente formal como en el de la
serie literaria en la que el escritor se inserta. En
efecto, la crítica ha trazado convincentemente una
trayectoria del cuento mexicano de los años treinta y
cuarenta, que nos lleva directamente al escritor de
Sayula, trayectoria en la que la tesis y la antítesis
estarían representadas, respectivamente, por el cuento realista-costumbrista y el modernista-cosmopolita,
las cuales darían paso a una síntesis en forma de
narraciones depuradas de lo anecdótico, técnicamente muy trabajadas e innovadoras, y con notable impronta lírica. En la amalgama de todo ello fue maestro Efrén Hernández, mentor literario que Rulfo
siempre reconoció como tal.

Así son, precisamente, los cuentos de *El llano en
llamas,* auténticos relatos puntuales, dotados de má-

xima intensidad en el desarrollo de una temática marcada, sobre todo, por la violencia y la muerte.

El cuento que da título a la colección quintaesencia las características de todo el conjunto. Se trata de un discurso en primera persona —como diez de las diecisiete piezas que componen el libro— en el que un personaje apodado *El Pichón,* narrador de extrema crueldad, refiere sus andanzas con diferentes partidas revolucionarias que sembraron el terror en la comarca del Llano incendiando sus resecos maizales. No faltarán nunca, en el germen de las narraciones, anécdotas derivadas de la convulsa historia mexicana: la reforma agraria en «Nos han dado la tierra»; la emigración hacia el poderoso vecino en «Paso del Norte»; la asonada cristera en «La noche que lo dejaron solo»... Pero ese bagaje histórico-costumbrista nunca será apurado, sino que dejará paso, mediante una prosa lírica, carente de dinamismo —poco épica, en definitiva—, a un desarrollo en clave subjetivizadora, existencialista y trágica, a la que contribuye con eficacia la condición precaria —más que «no fidedigna»— del yo narrador: el tonto del pueblo en «Macario», un anciano que intenta recordar en «La cuesta de las comadres», el niño cuya hermana tendrá que prostituirse porque la crecida del río se había llevado el ganado de la familia en «Es que somos muy pobres»; el romero asediado por el remordimiento de haber asesinado a su hermano en «Talpa»...

Mucho de *El llano en llamas* aparece luego en *Pedro Páramo.* Así, el escenario inhóspito del Llano y el momento terrible de la Revolución. Otro tanto cabe decir con respecto a la técnica narrativa, pues, como en seguida veremos, el discurso de *Pedro Páramo* está fragmentado en unidades cuasi poemáticas, regido por un principio invariable de esencialismo expresivo, articulado desde la primera y la tercera personas gramaticales, y nutrido para su desarrollo por un diálogo de extrema eficacia, como el que predomina en dos de los relatos más impresionantes de aquella colección, «Paso del Norte» y «No oyes ladrar los perros», los cuales comparten, por lo demás, un tema central en la novela de 1955: la relación paterno-filial.

Pese a lo engañoso de su título, *Pedro Páramo* no es una novela de personaje, sino una «novela de espacio», porque su verdadero protagonista, según el propio autor ha declarado reiteradamente, es un pueblo: Comala. Existe tal topónimo en la geografía real de Jalisco, pero Juan Rulfo no parte concretamente de ese enclave de población, sino que aprovecha el nombre por sus resonancias significativas. En la primitiva versión de las páginas iniciales de la novela, en vez de «Vine a Comala» se lee: «Fui a Tuxcacuexco». Rulfo juega con el sentido de *comal,* recipiente de barro donde se preparan las tortillas a la brasa, para erigir un ámbito calcinado —como el del «Llano en llamas»—, una tierra árida connotada asimismo por el nombre y el apellido del personaje que da título a la obra, cuya muerte se describe así en el último párrafo de su texto: «Dio un golpe seco contra la tierra y se fue desmoronando como si fuera un montón de piedras». El catalizador de la creación fue, tal y como el propio Rulfo revela en su *Autobiografía armada* (págs. 60-61), una visita al pueblo de su niñez treinta años después de haberlo abandonado, para comprobar su ruina, la soledad de sus calles y casas, tan sólo habitadas por los espectrales murmullos —uno de los títulos que el texto tuvo— de las casuarinas agitadas por el viento.

Pedro Páramo es un cacique, representante de un poder arbitrario y despótico, responsable del hundimiento del pueblo al que sojuzga. No se trata pues, exactamente, del mismo tipo de «gran chingón» —oportunista y trepador— que nos encontraremos en figuras como el Federico Robles o el Artemio

Cruz de Carlos Fuentes, los jóvenes cachorros de la Revolución inicialmente concebida contra los caciques y luego traicionada en propio beneficio por aquéllos, al igual que controlada en el territorio de su influencia por los más hábiles de éstos, entre los que se encontraba precisamente Pedro Páramo. No obstante la intensa manipulación a que está sometido el tiempo en el discurso de la novela, se puede reconstruir con relativa precisión su desarrollo cronológico, perfectamente encuadrable entre mediados del siglo XIX —la guerra de «los tres años» y la presidencia de Benito Juárez— hasta los momentos de la revuelta cristera (1926-1929), a la que se incorpora otro de los personajes de Rulfo, el padre Rentería. Media, por supuesto, un decisivo episodio centrado en la revuelta social anterior, liderada en la novela por personajes como el Perseverancio o el Casildo, que dan muerte a Fulgor Sedano —el capataz de la Media Luna, solar del cacique—, para ser en seguida neutralizados por Pedro Páramo mediante el soborno y la protección de su nuevo hombre de confianza, Damasio *el Tilcuate*.

Por esta doble encarnadura mexicana, en el espacio y el tiempo particulares y concretos que el escritor experimentó como propios, *Pedro Páramo* coincide plenamente, como hace un momento adelantábamos ya, con su único libro de relatos publicado dos años antes. Ambas obras pertenecen, pues, a un ciclo narrativo de evidente identidad. Pero existe en la novela un elemento diferencial lo suficientemente destacado como para que ésta represente un verdadero salto cualitativo en la breve pero sumamente intensa trayectoria artística de Juan Rulfo.

Nos referimos, en concreto, al realismo maravilloso, que en *Pedro Páramo* no sólo configura la particular ambientación del mundo que nos presenta, y la elaboración de sus personajes, sino que está encarnado en la propia disposición estructural del discurso,

lo que hace de esta obra uno de los ejemplos más
perfectos de aquella forma de trascender en literatura
la representación de la realidad hacia el enriquecimiento de la misma más allá de lo puramente empírico. No nos cabe duda, por otra parte, de que la
condensación casi lírica de la escritura en *Pedro
Páramo* contribuye a ese logro estético verdaderamente excepcional.

En unas declaraciones a Fernando Benítez, Rulfo
ha revelado los entresijos de su creación en lo que a
esta novela se refiere. Pero sólo mediante una especie
de ascetismo creativo atinó con la forma definitiva
con que la plasmaría. «Suprimí las ideas con las que
el autor llenaba los espacios vacíos, y evité la adjetivación entonces de moda. Se creía que adornaba el
estilo, y sólo destruía la sustancia esencial de la obra,
es decir, lo sustantivo. *Pedro Páramo* es un ejercicio
de eliminación. Escribí doscientas cincuenta páginas
donde otra vez el autor metía su cuchara. La práctica
del cuento me disciplinó, me hizo ver la necesidad de
que el autor desapareciera y dejara hablar a sus
personajes libremente, lo que provocó, en apariencia,
una falta de estructura. Sí hay en *Pedro Páramo* una
estructura, pero una estructura construida de silencios, de hilos colgantes, de escenas cortadas, donde
todo ocurre en un tiempo simultáneo que no es un
tiempo. También se perseguía el fin de dejarle al
lector la oportunidad de colaborar con el autor y que
llenara él mismo esos vacíos. En el mundo de los
muertos el autor no podía intervenir» [6].

Se nos disculpará la extensión de la cita por la
enjundia de su contenido. Realmente, Juan Rulfo
hace aquí una precisa explicitación de lo que su
novela es en cuanto organismo artístico (lo que nos
permite, por otra parte, percibir la absoluta identidad

[6] «Conversaciones con Juan Rulfo», en *Homenaje Nacional*,
México, INBA, 1980, pág. 14.

de sus objetivos con los de los grandes renovadores de la novelística contemporánea, desde Joyce a Faulkner): un discurso narrativo condensado, de textura lírica, con disposición fragmentaria, de temporalidad difusa más que progresiva, y ausencia de la mediación del narrador omnipresente, todo lo cual configura un lector implícito necesariamente cooperante, cuya mantenida e inteligente actividad aporte los elementos tan sólo sugeridos por el texto, pero ausentes de él, en forma de lo que la moderna fenomenología literaria, y la estética de la recepción de ella derivada, denominan «lugares de indeterminación». Y concluye con una frase rotunda que nos proyecta hacia la órbita del realismo maravilloso: *Pedro Páramo* recrea el mundo de los muertos.

Cuando defendíamos, en nuestra introducción, la pertinencia de esta categoría crítico-literaria en contra de los partidarios de arrumbarla definitivamente, establecíamos los perfiles específicos de ese realismo maravilloso frente a otras posibilidades, como, por ejemplo, la literatura fantástica, para concluir que la diferencia está en la existencia o no de solución de continuidad entre lo natural y lo sobrenatural.

En *Pedro Páramo* tal conexión se da con la mayor de las naturalidades en un sentido que podemos relacionar —como lo hicimos ya a propósito de Miguel Ángel Asturias— con la cultura indígena, porque, como Octavio Paz recuerda en *El laberinto de la soledad,* para los antiguos mexicanos la oposición entre muerte y vida no existía, al menos con tan radical pugnacidad como para nosotros, sino que ambos estados se prolongaban el uno en el otro como movimientos alternativos de un ciclo infinito. Pero lo verdaderamente extraordinario es el modo en que la propia estructura narrativa se corresponde, potenciándola, con esta concepción de la realidad.

Esa estructura es, efectivamente, dual, en homología con esas dos facetas —vida/muerte— del mundo que representa. Dual en cuanto a su desarrollo narrativo, a la forma de modalización y a la disposición temporal.

El texto de *Pedro Páramo* se articula en setenta secuencias o viñetas de reducidas dimensiones, a modo de fragmentos narrativos y poemáticos a la vez, entre los cuales el blanco tipográfico oculta bruscas transiciones diegéticas, temporales, enunciativas y de todo tipo, que el lector habrá de solventar con una hermenéutica inteligente. La crítica ha identificado, plausiblemente, dos partes en este discurso: la primera comprendería las treinta y siete primeras unidades, y la segunda, las restantes. El criterio de distinción es bastante claro y doblemente fundamentado: en la parte inicial predomina un narrador representado en primera persona, Juan Preciado, y en la segunda, la tercera persona de un narrador básicamente objetivo, que apenas si interfiere en el diálogo de los personajes. Complementariamente, Juan Preciado lleva consigo el plano temporal de un relato primero —su viaje a Comala para encontrarse allí con su padre, Pedro Páramo, y recriminarle su olvido hacia él y hacia su madre—, desde el que, en la segunda parte, se proyecta —muerto ya ese personaje narrador— un relato retrospectivo de lo que ha sido la vida del cacique. Tal división no es, sin embargo, tajante, pues la mezcla de los tiempos se da ya desde el principio de la narración. Según la cronología interna que se podría trazar, Pedro Páramo está muerto desde 1926, y su hijo Juan Preciado fallece en Comala ocho años más tarde, cuando intentaba presentarse ante él.

En el relato primario la perplejidad del lector es mayor, por la inserción de ráfagas temporales correspondientes al pasado, por su propia disposición cronológica invertida, a la que nos referiremos en seguida, y por el hecho de que casi todos los personajes con los que Juan Preciado se encuentra en Comala están ya muertos: el arriero Abundio Martínez, hijo bastardo de Pedro Páramo; Eduviges Dyada, que fuera amiga de Dolores Preciado, madre de Juan; Damiana Cisneros, criada de Pedro Páramo... El visitante —y con él el lector— va descubriendo poco a poco el carácter fantasmal de todas estas presencias. «Si usted viera el gentío de ánimas que andan sueltas por la calle», le confiesa en la secuencia 31 Donís, otro personaje amargado por el resentimiento de la convivencia incestuosa con su hermana, que pese a sus propias palabras («Ninguno de los que todavía vivimos estamos en gracia de Dios»), acaba por esfumarse como una alucinación.

Luego de este último encuentro se produce la muerte del propio narrador, según se sugiere en la secuencia trigésimo sexta, y en la siguiente, en la que se sitúa el punto de transición entre primera y segunda parte, nos encontramos con el verdadero relato primario, o situación desde la que Juan Preciado ha contado su llegada a Comala, sus espectrales encuentros en ella y su abandono de la vida real: el protagonista está sepultado en la misma tumba de Dorotea la Cuarraca, la alcahueta del hijo bastardo favorito de Pedro Páramo, Miguel. Dorotea resulta ser, pues, la destinataria de todo el relato anterior de Juan Preciado, su *narratario,* y no los lectores de la novela.

A partir de este punto prevalece, como apuntamos ya, el relato retrospectivo referente a la vida del cacique, y a su despótico dominio sobre Comala, de lo que no faltan, no obstante, adelantos en secuencias interpoladas en la parte primera. Esta línea diegética tiene asimismo un desarrollo selectivo y discontinuo, pero cabe integrarla en torno a cinco núcleos principales: la niñez y adolescencia de Pedro Páramo; su boda con Dolores Preciado y el asentamiento de su cacicazgo mediante recursos puestos en práctica por su hombre de confianza, Fulgor Sedano, que no duda en recurrir al asesinato, como en el caso de Toribio

Aldrete; la conducta también despótica de su hijo preferido, Miguel Páramo, muerto por una caída del caballo; la pasión amorosa e infeliz de Pedro Páramo por Susana San Juan, que muere loca invocando el nombre de un amante que nunca existió; y la propia muerte del cacique a manos de uno de sus numerosos bastardos, precisamente Abundio Martínez, que había conducido hasta Comala a Juan Preciado. Como telón de fondo de estos dos últimos trancos está la revolución y la revuelta de los cristeros, en la que interviene el padre Rentería, otra figura atormentada —que recuerda en ciertos aspectos el *Mosén Millán* de Ramón J. Sender, publicado en México en 1953— por no haber sido capaz de oponerse a la tiranía de Pedro Páramo.

La novela de Juan Rulfo ofrece, así, una amalgama de documento y revelación de la realidad. Es un alegato contra la injusticia y la opresión del poder, cuyas determinantes personales y materiales refleja con sobrecogedora condensación. Pero también contiene una propuesta trascendente sobre nuestra naturaleza, gracias a un sincretismo simbológico que incluye mitemas clásicos y judeo-cristianos, como el de la búsqueda del padre y del paraíso perdido —acaso inexistente—, de la culpa y la expiación, o el del descenso a los infiernos (de Comala dice Abundio en la secuencia segunda: «Aquello está sobre las brasas de la tierra, en la mera boca del infierno. Con decirle que muchos de los que allí se mueren, al llegar al infierno regresan por su cobija»). A ellos se yuxtapone, por supuesto, otra mitología de origen autóctono, pero no por ello menos universal. La filiación, la interrogante sobre el origen, por ejemplo, como ha apuntado Octavio Paz. Pero, sobre todo, la identidad de la vida y la muerte como las dos caras inseparables de una misma realidad.

MARIO BENEDETTI

En pocos escritores se da a la vez tan intensa fidelidad a la temática de su país —el Uruguay en este caso— y una trascendencia internacional más allá, incluso, de los límites de su propia lengua, como en el caso de MARIO BENEDETTI, nacido en Paso de los Toros en 1920 [1], cuya variada obra es ampliamente conocida en Europa y está traducida a veinte idiomas. Tras los primeros años transcurridos en Tacuarembó, muy cerca de su pueblo natal, los Benedetti se trasladaron en 1924 a Montevideo, en cuyo Colegio Alemán recibe Mario una educación rigurosa en lo cultural, pero extremadamente autoritaria, que deja honda huella en él. Muy pronto el futuro escritor comienza a trabajar en múltiples oficios, primero en Buenos Aires y luego otra vez en la capital uruguaya, para publicar en 1945 su primer libro, un poemario, índice de una de las facetas de su creatividad nunca abandonadas [2], a la que seguirá inmedia-

---

[1] El desentrañamiento de la identidad real del Uruguay, tema constante en toda la obra de Benedetti, alcanza su máxima expresión en el polémico ensayo de 1960 *El país de la cola de paja,* que contenía ya entonces elementos premonitorios de la profunda crisis que la República oriental habría de padecer en el decenio siguiente, testimoniada también por el escritor en libros de corte político como *Crónicas del 71* (Montevideo, 1972) o *Terremoto y después* (Montevideo, 1973).

[2] Su constante producción poética, de la que son muestras recientes *Viento del exilio* (México, 1981) y *Preguntas al azar*

tamente el ejercicio profesional de otra no menos
importante —la periodística— en revistas como *Mar-
ginalia, Número* o *Marcha*. En esta última desempeña
diversos cometidos hasta su cierre por decreto del
gobierno militar en 1973[3]. En cuanto narrador, Benedetti se estrena con el volumen de cuentos *Esta
mañana* en 1949, y cuatro años después como novelista: *Quién de nosotros*[4]. De 1957 data su encuentro
con Europa, y de 1959, su primera estancia en los
EE.UU., varias de cuyas Universidades recorre entonces como conferenciante. Paradójicamente, esta
última experiencia contribuye, según el propio Benedetti ha declarado en varias ocasiones, a identificarlo
ya por completo con el significado político antiimperialista de un acontecimiento histórico simultáneo, la
revolución cubana, de la que desde entonces ha sido
invariable defensor en múltiples foros. En 1968 se
incorpora, además, al Consejo de dirección de la

(Madrid, 1986), tuvo una primera recopilación —que no recoge,
por cierto, el libro de 1945— en *Inventario. Poesía completa (1950-
1980)* (Madrid, 1980, 1983²).

[3]   De su labor periodística proceden libros de tono humorístico,
como *Mejor es meneallo,* publicado en dos series de 1961 y 1965, o
más amargo, como *El desexilio y otras conjeturas* (Madrid, 1985),
que reúne dos años de colaboraciones en el diario madrileño *El
País.*

[4]   Entre sus libros de relatos destaca singularmente *Montevidea-
nos,* aparecido en 1959, ampliado con ocho piezas más tres años
después y publicado ahora junto con *Esta mañana* (Madrid, Alfaguara, 1984). En 1970 aparecieron unos *Cuentos completos* (Santiago de Chile, Editorial Universitaria), colección que se reedita en
España, puesta al día, en 1986 (Madrid, Alianza Editorial).
Además de una narración extensa en verso, *El cumpleaños de
Juan Ángel* (México, Siglo XXI, 1971), Mario Benedetti es autor
hasta el momento de cuatro novelas: *Quién de nosotros* (Montevideo, Número, 1953; México, Nueva Imagen, 1982⁸); *La tregua*
(Montevideo, Alfa, 1960; Madrid, Alfaguara, 1983), de la que hay
una edición académica con amplio estudio preliminar de Eduardo
Nogareda (Madrid, Ediciones Cátedra, 1978); *Gracias por el fuego*
(Montevideo, Alfa, 1965; Madrid, Alfaguara, 1973), y *Primavera
con una esquina rota* (Madrid, Alfaguara, 1982).

Casa de las Américas, cuyo Centro de investigaciones literarias de La Habana llegará a dirigir, como también, entre 1971 y 1973, el Departamento de Literatura Hispanoamericana de la Facultad de Humanidades y Ciencias de Montevideo [5]. Es precisamente en estos años cuando Benedetti interviene de forma más activa y trascendente si cabe en la vida de su país, sumido ya en la crisis social y política que daría al traste con su trayectoria de República estable y democrática. Benedetti es miembro destacado, entonces, del llamado «Movimiento de Independientes 26 de Marzo», integrado en la coalición progresista «Frente Amplio». Con la instauración por el presidente Bordaberry en junio de 1973 de un gobierno anticonstitucional, el escritor inicia un largo exilio, que le llevará a Argentina, Perú, Cuba y, finalmente, España [6].

---

[5] No falta tampoco la crítica literaria en la vasta producción de Mario Benedetti: *Literatura uruguaya del siglo XX* (Montevideo, 1963, 1969²); *Genio y figura de José Enrique Rodó* (Buenos Aires, 1966); *Letras del continente mestizo* (Montevideo, 1967); *El escritor latinoamericano y la revolución posible* (Buenos Aires, 1974), y *El ejercicio del criterio: crítica literaria, 1950-1970* (México, 1981). Ultimamente, Benedetti ha reeditado, notablemente ampliada, una autoantología de sus escritos sobre literatura uruguaya, americana y europea: *Crítica cómplice* (La Habana, 1971; Madrid, Alianza Tres, 1989). En su título resume el autor la que considera condición fundamental para el ejercicio de la crítica: una comunicación entrañable con la obra que se lee, una forma de complicidad que no implica necesariamente el elogio indiscriminado ni excluye la armonización del impulso intuitivo con el método riguroso.

[6] Para el estudio de la obra y personalidad literaria de Mario Benedetti, ténganse en cuenta las siguientes referencias básicas: Emir Rodríguez Monegal, *Literatura uruguaya del medio siglo* (Montevideo, Alfa, 1966); Varios autores, *Mario Benedetti, Variaciones críticas* (Montevideo, Libros del Astillero, 1973), y *Recopilación de textos sobre Mario Benedetti* (La Habana, Casa de las Américas, Serie «Valoración múltiple», 1976). Freda Pérez Beberfall es la recopiladora de una bibliografia de y sobre Mario Benedetti en la *Revista Iberoamericana*, 114-115, 1981.

El particularismo uruguayo —o más concretamente *montevideano,* por recoger el título de uno de los libros más representativos de Benedetti— al que nos referíamos al principio de estas páginas es una nota de caracterización indudable de nuestro autor, pero en nada empece el universalismo de su mensaje, como tampoco la constante impronta irlandesa sumió en el mero costumbrismo la literatura del autor de *Dubliners.* En efecto, Benedetti es un novelista urbano, que aborda temas que tocan muy de cerca al hombre y a la mujer de la ciudad y lo hace en el marco de una poética realista tradicional —esto es, verista— que asimismo lo singulariza frente a la del *realismo maravilloso,* al que se adscriben tantos de los más importantes nombres de la narrativa hispanoamericana contemporánea, y fue, como ya quedó dicho, responsable del éxito de los mismos ante los lectores europeos (tan sólo en su narración en verso *El cumpleaños de Juan Ángel* se alteran las convenciones de la verosimilitud aristotélica, sobre todo en el desarrollo del tiempo de la historia a través del discurso). Más aún, Benedetti se ajusta en cierta medida al modelo, rechazado en Europa desde los primeros años sesenta, del escritor *comprometido,* aunque de ello encontremos más elementos en su personalidad completa que en su obra literaria, sobre todo antes de los años que acaban de ser mencionados, pues para él la revolución cubana, la dictadura chilena y la de su propio país representaron la más concluyente justificación histórica para adoptar como literato una postura «civil» que en otros ámbitos geopolíticos parecía ya fuera de lugar.

Sus novelas quedan, sin embargo, muy lejos del esquematismo al que condujo la poética del «realismo socialista» en años inmediatamente anteriores. Conservan, eso sí, un planteamiento ético y de denuncia fácilmente perceptible, sobre todo, en *Gracias por el fuego* y *Primavera con una esquina rota,* pero cualquier exceso en este sentido está de antemano corregido por el hálito de comprensión humanista con que se trata a los personajes y acontecimientos de las historias que narra. Benedetti participa de la idea de que la literatura es comunicación, y consigue tal objetivo con gran amplitud porque de las situaciones puntuales que presenta siempre se desprende un mensaje de *sim-patía* —es decir, identificación vivencial o sentimental— para el lector, al que el texto intenta en todo caso seducir con una estructura clara, una elocución directa y sencilla que pocas veces cae en el retoricismo, y una hábil adaptación de los artificios y experimentos narrativos a las expectativas de un público medio —que no mediocre— para el que, con Henry James, la primera y única obligación que por anticipado se puede imponer a una novela es la de que sea interesante. Líneas más abajo de este mismo ensayo jamesiano de 1884, ya mencionado por nosotros, sobre «El arte de la ficción» figuran dos máximas que se ajustan con exactitud a la personalidad novelística del escritor uruguayo: «La novela, en su sentido más amplio, es una impresión personal, directa, de la vida», y «Desde luego que no se escribirá una buena novela a menos que se posea sentido de la realidad; pero será difícil dar una fórmula para producir ese sentido»[7].

Se perciben, con todo, a lo largo de la producción novelística de Mario Bendetti ciertas constantes compositivas que apuntan ya en su primera novela, *Quién de nosotros* (1953), de mediana extensión. Nos referimos, en concreto, a la modalización en primera persona, con lo que ello significa de perspectiva coherente y planteamiento casi diríamos *confidencial* de las relaciones entre la voz narrativa y sus destinatarios. En este caso se trata de voces, pues la

---

[7] Citamos por la traducción de Roberto Yahni en Henry James, *El futuro de la novela,* Madrid, Taurus, 1975, págs. 21 y 23.

novela narra un argumento convencional —el triángulo amoroso o «ménage à trois»— desde las perspectivas complementarias de sus protagonistas Miguel y Alicia (la pareja inicial) y Lucas (el amante),
los tres antiguos compañeros de estudios y montevi-
deanos. Alicia abandonará a su marido para irse con
Lucas, en cierto modo incitada a ello por el propio
Miguel.

En la primera parte es precisamente este personaje,
de carácter marcadamente contemplativo, el que narra en el cuaderno de su diario íntimo. Luego es
Alicia la que hace lo propio en forma de carta de
despedida, excesivamente retórica a veces, al que ha
sido su esposo durante once años. Y sin duda el texto
más peculiar es el tercero: un relato de Lucas, que es
escritor, inspirado en la historia «real» de sus amores.
Lo más interesante está, sin embargo, en las notas a
pie de página, en donde Lucas revela cómo ha manipulado la «realidad» para crear su ficción, lo que
introduce en el conjunto de la obra la perspectiva de
la «mise en abyme» o duplicación interior. De la
metanovela, en una palabra.

Todo ello revela ciertas similitudes de planteamiento con el «nouveau roman», sin que ello signifique en
modo alguno mimetismo o subordinación. De nuevo
el hálito humanista de Benedetti, al que antes nos
referíamos, actúa como eficaz antídoto contra los
excesos intelectuales y formalistas de aquella escuela,
de los que apenas si se salva otro novelista que no sea
Michel Butor. El juego estructural tan evidente en
Quién de nosotros no resulta en modo alguno gratuito, sino que trasciende en el plano temático como la
forma más idónea para transmitir un mensaje de
relativismo moral, del que es asimismo índice el propio título, recogido en la última frase de la novela,
correspondiente a la nota número 34, que Lucas ha
puesto a su narración: «¿Quién de nosotros juzga a
quién?»

«Son las once de la noche y los ojos me arden. Estoy satisfecho, sin embargo. He realizado mi único principio: ser el más sincero de los mediocres; el único consciente de su vulgaridad»: en este párrafo de la primera parte de la obra de Mario Bendetti podemos encontrar un doble adelanto de lo que será su segunda y más difundida novela, aparecida siete años más tarde. En efecto, *La tregua* (1960) es también, en cuanto texto fenoménicamente justificado, un diario íntimo que recoge el último año de vida profesional, desde un 11 a un 28 de febrero, protagonizado por un oscuro empleado montevideano de una firma importadora de repuestos automovilísticos, Martín Salomé, que en alguna ocasión (sábado 18 de mayo, por ejemplo) descarta la posibilidad de que «este diario tuviera un lector que no fuera yo mismo».

Tal planteamiento sugiere ya de inmediato un tema inexorablemente asociado a las novelas de ambientación urbana y oficinesca: la grisura personal y colectiva. Martín Salomé recuerda el 7 de mayo que «en una amueblada de la calle Rivera, debe hacer unos seis o siete años, una mujer me dijo esta frase famosa: "Vos hacés el amor con cara de empleado"», y este mensaje es todavía más explícito en la página correspondiente al 14 de septiembre: «Lo más trágico no es ser mediocre pero inconsciente de esa mediocridad; lo más trágico es ser mediocre y saber que se es así y no conformarse con ese destino que, por otra parte (eso es lo peor), es de estricta justicia.»

No es este el único tema de la obra. Destaca asimismo otro que reaparecerá en las siguientes novelas del autor uruguayo: la incomunicación insuperable, no sólo entre meros conocidos o compañeros de trabajo —que llega entre ellos a extremos de crueldad, como el de que es víctima el oficinista Menéndez mediante una feroz broma recogida en el diario el 9 y 10 de septiembre—, sino incluso entre personas

vinculadas por lazos de parentesco e intimidad, como
le ocurre al protagonista con sus hijos, el homosexual
Jaime, Esteban y Blanca.

Mucho de ello hay en la efímera relación amorosa
que Martín Salomé mantiene con una compañera de
trabajo a la que dobla en edad, Laura Avellaneda,
nombrada en el diario por su apellido incluso después
de haberse convertido en su amante. Avellaneda
irrumpe en la vida de Martín el 27 de febrero; el 17 de
mayo, aún con el tratamiento recíproco del usted, se
produce la declaración amorosa; la entrega, el 28 de
junio, registrada en magro resumen. El 20 de septiembre, Martín, que acaba de cumplir cincuenta años,
toma la decisión de casarse. Y el 23 de ese mismo mes
se produce la muerte súbita de la joven. Sigue un
vacío de casi cuatro meses en el diario, y una de sus
penúltimas entregas (lunes 24 de febrero) resume el
significado de esta novela escueta, directa y por ello
con frecuencia emocionante: «Es evidente que Dios
me concedió un destino oscuro. Ni siquiera cruel.
Simplemente oscuro. Es evidente que me concedió
una tregua. Al principio, me resistí a creer que eso
pudiera ser la felicidad. Me resistí con todas mis
fuerzas, después me di por vencido y lo creí. Pero no
era la felicidad, era sólo una tregua. Ahora estoy otra
vez metido en mi destino. Y es más oscuro que antes,
mucho más.»

Gracias por el fuego (1965) muestra ya indicios
claros de literatura comprometida, con el análisis
crítico de la democracia uruguaya que ofrece a partir
de la figura del empresario, político y magnate de la
prensa Edmundo Budiño y de su familia, en términos
que no resultaría difícil desentrañar en clave de la
realidad contemporánea del país.

La novela acredita indudables méritos en lo que a
la habilidad técnico-narrativa del autor se refiere
—sobre todo en la expresión directa del flujo interno
del pensamiento de ciertos personajes—, desmereci-

dos un tanto, sin embargo, por el poco matizado efectismo de algunos de sus planteamientos —por ejemplo, la burda estratagema del primer capítulo, situado en Nueva York— y cierta sobrecarga retórica de varias de sus páginas.

Salvo dicho capítulo y el final, ambos sustentados por un narrador en tercera persona, todo el discurso mana del yo de dos personajes relacionados entre sí. El que predomina notoriamente es Ramón Budiño, hijo de Edmundo, un individuo inadaptado y problemático que termina por trascender hacia un plano político la incomunicación que le separa de su padre: «¿Cuándo empezó el desencanto? ¿Cuándo dejó de ser Papá para convertirse en el Viejo? *Termino el editorial y estoy contigo.* Nunca estará conmigo. Nunca estaré con él. ¿Acaso lo odio? Puede ser, no lo descarto» (capítulo 4). La solución a este doble conflicto es también efectista. Ramón planea el asesinato de su propio padre, tras autodefinirse monologalmente en términos como los siguientes: «Les presento a Ramón Budiño, vivisector de las relaciones con su padre, insomne fuera del foco, cobarde que se juega su última carta de valentía, (...) inminente huérfano por propia decisión y meditado fogonazo, (...) izquierdista pálido sentado a la derecha, (...) aburrido de órdago, padre desolado y sin norte, animoso sexual, perplejo incurable, yo» (capítulo 13). Esa perplejidad le llevará a trocar el crimen por una autoinmolación, haciendo cierto el lema de Pavese —*I suicidi sono omicidi timidi*— que precede al capítulo siguiente, donde monologa su cómplice y amante, Dolly, la mujer de su hermano Hugo Budiño.

Los títulos de las novelas de Benedetti suelen tener un marcadísimo sentido emblemático, que se recoge y explicita hacia el final de su texto, como hemos visto ya. Tal ocurre en esta novela, en el último capítulo que narra el encuentro entre Edmundo Budiño y su querida Gloria Caselli, que lo desprecia profundamente. El plutócrata ha comprendido el comportamiento de su hijo muerto y lo interpreta conforme a su propia manera de pensar, que enlaza parcialmente con la tesis expuesta en el capítulo inicial de ambientación neoyorquina: «Este país es una porquería. La prueba la tenés en que nadie haya tenido suficientes cojones para matarme. Anota esto. Si algún día alguien me mata, entonces puede ser que este país tenga salida, tenga salvación. Tampoco es seguro, pero al menos habrá una posibilidad». Pero el narrador, desde el pensamiento de Gloria, corrige esa interpretación: «Acaso el pobre Ramón se mató por cobardía, acaso se tiró desde el noveno piso por no matar al padre, pero de todos modos consumó su venganza. Porque esa muerte ha vuelto vulnerable a Edmundo Budiño. Esa amenaza que no se cumplió ha colocado muchas amenazas en el aire. Gracias por el fuego.»

El tema de la última novela hasta el presente de Mario Benedetti posee también, de forma explícita, una impronta política indudable, pues trata del drama del exilio, concretado aquí en un conjunto de personajes hispanoamericanos, entre los que se encuentra un transparente *alter ego* del autor. *Primavera con una esquina rota* es una novela también pluriperspectivística, y por ello estructural y colectiva desde el momento en que presenta los hechos a partir de diferentes ángulos de incidencia complementarios entre sí. Pero de nuevo el escritor ha preferido enraizar en la entraña humana un asunto que podría dar pie a planteamientos menos intimistas, de alcance épico, de ser sometido a las directrices de una poética como la del realismo socialista.

El discurso se articula en unidades correspondientes a los personajes centrales de un drama que no sólo es de represión y destierro, sino también de desamor. Las secciones tituladas INTRAMUROS corresponden a Santiago, un preso político que escribe a su esposa Graciela misivas tensas y poemáticas a la espera de una liberación que, tras cinco años de encarcelamiento, le llevará al exilio, donde ella se encuentra. HERIDOS Y CONTUSOS es el rótulo unitario para los capítulos donde, en tercera persona, se narran los avatares de la familia de Santiago y Graciela, compuesta además por el abuelo DON RAFAEL y la niña BEATRIZ, que poseen ambos sendas series propias de capítulos, en donde se plasman sus respectivos enfoques, de forma a veces poco convincente para lo que se esperaría de un personaje infantil. El OTRO es Rolando Asuero, que acaba por construir un triángulo amoroso con sus amigos y compatriotas Santiago y Graciela, y su perspectiva nos llega también en tercera persona a través de secciones en estilo indirecto libre. El conjunto se completa, como quedó ya apuntado, con EXILIOS, los capítulos que transmiten, con el signo diacrítico de la letra cursiva, el testimonio personal del escritor.

En los últimos capítulos —ahora EXTRAMUROS— Santiago se expresa ya en libertad, volando hacia el exilio, donde le espera una realidad afectiva que todavía ignora, y la novela concluirá por dejar en esperanzado interrogante. Y lo hace de forma poemática —antes se había incluido ya un poema completo de Benedetti— retomando una vez más el sentido del título general de la novela: «después de estos cinco años de invierno nadie me va a robar la primavera (...) la primavera es como un espejo pero el mío tiene una esquina rota / era inevitable no iba a conservarse enterito después de este quinquenio más bien nutrido / pero aun con una esquina rota el espejo sirve, la primavera sirve» (pág. 196).

OTROS NARRADORES
NACIDOS ENTRE 1900-1920

Entre los autores de obras narrativas que, nacidos a partir de los años iniciales del siglo XX hasta 1920, o excepcionalmente en los últimos del XIX, cuya producción se publica a partir de 1940, mencionaremos a los mexicanos Gregorio López y Fuentes (1897-1966), que cultivó el tema de la Revolución, si bien con perceptible estilización del realismo o conjugándolo con el simbolismo y la alegorización desde obras tan tempranas como *El vagabundo* (1922) o *El indio* (1935) hasta *Los peregrinos inmóviles* (1944), *Entresuelo* (1948) o *Milpa, potrero y monte* (1951); José Revueltas (1914-1976), adscribible al realismo crítico y a la lucha por la justicia social sin rehuir la crudeza ni renunciar a sus personales posiciones ideológicas, autor de *Los muros de agua* (1941), *El luto humano* (1943), donde experimenta con el tema de la muerte y de la violencia mediante la dislocación temporal y espacial e insertando monólogos, pero con insuficiente unidad artística y deficiente asimilación de procedimientos faulknerianos, *Los días terrenales* (1949), *En algún valle de lágrimas* (1956), donde un monologante hombre maduro somete a revisión su vida con notable verosimilitud psicológica, *Los motivos de Caín* (1957), *Los errores* (1964) o *El apando*[1] (1969), además de cuentos como los reunidos en

---

[1] Véase *El apando y otros relatos,* Madrid, Alianza, 1985. Su *Obra literaria* en dos tomos se publicó en México en 1967.

Dios en la tierra (1944) o en *Dormir en tierra* (1960); Juan José Arreola[2] (1918), novelista que también cultivó el relato corto, alía en su obra imaginación e intelectualismo, planteando con dosis de humor situaciones problemáticas y paradójicas, autor de *Confabulario* (1952), donde clama por una existencia más libre, y de *La feria* (1963), en que se aborda con técnica fragmentaria y actitud irónica un tema provinciano entretejido con sus propias vivencias infantiles, novela elogiada por Octavio Paz por su prodigiosa creatividad verbal; y Elena Garro (1920), también guionista de cine, atraída por la exploración de temas que afectan a la vida cotidiana individual, como la felicidad y la desdicha, la soledad y el erotismo, la angustia por la mortalidad o la búsqueda del sosiego, entre cuyas obras destacan *La semana de colores* (1964) y *Los recuerdos del porvenir* (1965), ambientada lejos del tumulto urbano y estimada por O. Paz como «una de las creaciones más perfectas de la literatura hispanoamericana contemporánea».

Aparte de Lino Novás Calvo[3] (1905), llegado a Cuba con siete años desde su Galicia natal, profesor más tarde en Estados Unidos, buceador de oníricas atmósferas y mágicas vivencias negras, a la par que valedor de los derechos humanos del negro explotado en la novela *El negrero* (1933) o en relatos breves como los de *Cayo Canas* (1946), dos cubanos seleccionaremos en este período, Virgilio Piñera (1912-1979), autor de excelentes cuentos y de novelas como *La carne de René* (1952), *Pequeñas maniobras* (1963)

---

[2] Véanse la tesis doctoral de Jesús A. Benítez, *La obra de J. J. Arreola,* Madrid, Universidad Complutense, 1985, y las páginas que le dedica Bertie Acker en *El cuento mexicano contemporáneo,* Madrid, Playor, 1984. *Confabulario definitivo* fue editado en México por Joaquín Mortiz, 1978, y en Madrid por Cátedra, 1986.

[3] Véase R. D. Souza, *Lino Novás Calvo,* Boston, Twayne, 1981.

o *Presiones y diamantes* (1966), en las que aflora una
actitud irónica, cuando no pesimista, bordeando la
angustia por la conciencia del absurdo que parece
regir la existencia, y Onelio Jorge Cardoso (1914),
creador de abundantes e incisivos cuentos, como los
reunidos en *El caballo de coral* (1960) y en *La otra
muerte del gato* (1964). De la República Dominicana
puede mencionarse a Manuel del Cabral (1907), poeta, autor de relatos y de novelas tales como *El
escupido* (1970) y *El Presidente negro* (1973), inspirada en Leónidas Trujillo; a Andrés Francisco Requena
(1908-1952), con *Camino de fuego* (1941) y *Cemente-
rio sin cruces* (1949), y al político Juan Bosch (1909),
creador de docenas de cuentos y autor de la novela *El
oro y la paz* (1975), inquieto siempre por los problemas de sus conciudadanos. En Puerto Rico, a Enrique Laguerre [4] (1906), adscribible al realismo crítico cuando aborda problemas económicos y conflictos entre las clases sociales en ambientes concretos,
como en *La resaca* (1949), *El laberinto* (1959) o *Los
amos benévolos* (1977); Ernesto Juan Fonfrías (1909),
también cuentista, novelista en *Conversando en el
Batey* (1958) y en *Raíz y espiga* (1963); Aníbal Díaz
Montero (1911), notable organizador de la materia
narrativa en *La brisa mueve las guajanas* (1953) o en
Una mujer y una sota (1955); César Andreu Iglesias
(1915), que logra cautivar al lector en *Una gota de
tiempo* (1948) o en *Los derrotados* (1956), como también lo hace Ricardo Cordero (1915), integrando
historicidad y fantasía cuando alza su canto a la
libertad en *El gigante y la montaña* (1959), o Guillermo Cotto-Torner (1916), al tratar del desarraigo de
los emigrantes en *Trópico de Manhattan* (1951); y a

---

    [4]   Sobre Laguerre véanse las páginas que dedica Luz M.ª Um-
pierre en *Ideología y novela en Puerto Rico*, Madrid, Playor, 1983,
a las obras *La llamarada* (1935), *Cauce sin río* (1960) y *El fuego y su
aire* (1970), así como a la constante preocupación social del novelista, siempre oscilando entre el escepticismo y la esperanza.

René Marqués [5] (1919-1979), que desplegó notable actividad política perceptible tanto en sus dramas y cuentos como en sus novelas *La víspera del hombre* (1959), donde se transparentan sus planteamientos nacionalistas a través de la existencia simbólica de un adolescente, o en los relatos de *Otro día nuestro* (1955) y en *La mirada* (1974). Mario Monteforte Toledo (1911) destaca entre los narradores de Guatemala [6], si bien vivió exiliado en México, por el agudo estilo en que vierte su protesta social y sus reivindicaciones políticas con planteamientos de ámbito localista e inserción en la naturaleza; además de sus cuentos reunidos en *Casi todos los cuentos* (1974), merecen mención sus bien trabadas novelas, de brillante expresividad, como *Anaité* (1940), *Entre la piedra y la cruz* (1948), *Donde acaban los caminos* (1953), *Llegaron del mar* (1966), en que desarrolla el conflictivo tema de la irrupción de los conquistadores españoles en la cultura autóctona, y *Los desencontrados* (1976). De El Salvador es justo nombrar a Salvador Salazar Arrué (1899-1975), todavía incapaz de trascender los horizontes localistas en relatos como *Trasmallo* (1954) pero ya algo más ambicioso en el ámbito abarcado por *La sed de Sling Bader* (1971), y a Hugo Lindo (1917), que supera en universalismo y en depuración estilística a su compatriota en sus breves relatos contenidos en libros como *Aquí se cuentan cuentos* (1959) o en *Espejos paralelos* (1974), pero sobre todo en sus novelas *¡Justicia, señor Gobernador!* (1960), de tema político, y *Cada día tiene su afán* (1965), de tema amoroso. Adolfo Calero Orozco (1899) y Manolo Cuadra (1908-1957) destacan en Nicaragua, el primero por sus *Cuentos pinoleros* (1944) y *Así es*

---

[5]   Véase el reciente estudio de V. Peterson, *Idea y representación literaria en la narrativa de René Marqués,* Madrid, Pliegos, 1986.

[6]   Para una visión de conjunto, S. Menton, *Historia crítica de la novela guatemalteca,* Guatemala, Edit. Universitaria, 1960.

Nicaragua (1976), el otro por su colección de pequeñas narraciones de exaltación épica e injerencias míticas titulada *Contra Sandino en la montaña* (1942); pueden añadirse algunas estimables aportaciones de poetas que irrumpen en el género del relato menor, como José Coronel Urtecho (1906) y Pablo Antonio Cuadra (1912). En Costa Rica son figuras apreciables, que en algún caso rebasan en audiencia las fronteras nacionales, Max Jiménez (1900-1947), de tonalidad exaltada en sus denuncias, como en *El domador de pulgas* (1936); José Marín Cañas (1904-1981), cuya producción se inicia con cierto éxito desde los años veinte al novelar de modo realista conflictos bélicos en tierras americanas y culmina con *Pedro Arnáez* (1942), de excelente factura, aunque teñida de pesimismo al explorar las interioridades de la vida de un individuo problemático; el popular Carlos Luis Fallas (1911-1966), cuya ideología marxista no se oculta en sus novelas denunciadoras de la explotación laboral a que están sometidos los campesinos y en las que toma inequívoco partido contra el neocolonialismo y el monopolio bananero, exaltado en *Mamita Yunai* (1941) o en *Gente y gentecilla* (1947), pero ya con mayor mesura y equilibrio constructivo, aunque sin renunciar a su transparente sinceridad, en *Marcos Ramírez* (1955), la mejor de sus novelas; Yolanda Oreamuno (1916-1956), valiosa por la honda y convincente introspección lograda en *La ruta de su evasión* (1949); Fabián Dobles (1918), que a veces logra equilibrar denuncia y lirismo, penetrante en la esencia de la vida nacional en novelas tales como *Ese que llaman pueblo* (1942), *El sitio de las abras* (1950) y *En el San Juan hay tiburón* (1967) o en su excelente colección de relatos *Historias de Tata Mundo* (1955), y Joaquín Gutiérrez (1918), explorador de nuevas vías expresivas en novelas y relatos de variada factura, desde la infantil *Cocorí* (1947), muy divulgada, hasta *Puerto Limón* (1950) o *Te acordás hermano* (1978). Renato Ozores (1910) es el más meritorio de los panameños, sobre todo por tres obras de la década de los cincuenta: *Playa honda* (1950), *Puente del mundo* (1951) y *La calle oscura* (1955). De los venezolanos, el versátil Guillermo Meneses (1911), no sólo por sus amenos cuentos y relatos, sino por novelas de variada construcción aunque siempre centradas en los conflictos que sufre el hombre en el mundo actual, como *Canción de negros* (1939), *Campeones* (1939), *El mestizo José Vargas* (1942) y, como más destacable, *La misa de Arlequín* (1962), en la que integra elementos dispersos de su producción anterior.

Entre los colombianos se debe tener en cuenta a José A. Osorio (1900-1964), orientado hacia la exploración social en *El hombre bajo la tierra* (1944), y a Eduardo Zalamea (1907-1963), de aliento sostenido en *Cuatro años a bordo de mí mismo* (1934); mayor relieve tiene Eduardo Caballero Calderón (1910) por su abundosa creatividad, su limpio estilo y su agudeza crítica conciliada con una esmerada y sugestiva construcción estética, como demuestra en *El arte de vivir sin soñar* (1943), en *El Cristo de espaldas* (1952), la más conocida de sus novelas, centrada en la lucha y fracaso de un sacerdote enfrentado a una sociedad retrógrada y represiva en el ámbito de la guerra civil, en *Siervo sin tierra* (1954), *La penúltima hora* (1955), *Manuel Pacho* (1962), tan violenta y desesperada como la descarnada *El buen salvaje* (1965), o en *Caín* (1969) y en *Historia de dos hermanos* (1977), obras de intenso dramatismo y convincente desesperanza, al plasmar la cruda e inmutable opresión deshumanizante de los explotados; también son dignos de mención Antonio Cardona (1914-1960), volcado hacia el descriptivismo de la naturaleza regional en sus cuadros narrativos de *Cordillera* (1945), y Manuel Zapata (1920), tan inquieto por los problemas de marginación racial expuestos con densidad y vigor desde *He visto la noche* (1953), pasando por *Detrás del rostro* (1962), hasta *Chango el gran putas* (1983).

Entre los novelistas ecuatorianos de este período, aquel cuyas obras rebasaron con más amplitud las fronteras de su país fue Jorge Icaza [7] (1906-1978), potenciador y representante más típico del realismo indigenista, que se complace en ofrecer la situación de opresión injusta y degradada en que viven indios y mestizos desde actitudes moralistas y redentoras, casi ciego ante el paisaje natural, cargando las tintas en la sordidez, la violencia o la desolación desesperada, con un esquematismo simple de tipo maniqueo reduccionista en exceso, escasa individualización de los personajes y un estilo áspero, jadeante y seco sólo a ratos aliviado por delicados pasajes emotivos; las más conocidas de sus obras son *Huasipungo* (1934), *En las calles* (1935), *Cholos* (1938), *Media vida deslumbrados* (1942), *El chulla Romero y Flores* (1958) y la ambiciosa trilogía de *Atrapados* (1972), además de otros relatos breves agrupados en *Seis relatos* (1952) y *Viejos cuentos* (1960) [8]. En Ecuador fueron no pocos los novelistas de esta época que prolongaron la línea realista de Jorge Icaza, más conocidos los del Grupo de Guayaquil [9], entre los cuales no debe omitirse en una breve reseña al menos a José de la Cuadra (1904-1941), con su evidente preocupación social en *Guasitón* (1938), ni a Humberto Mata (1904), todavía claramente indigenista impulsivo en *Sal* (1963); algo más equilibrado resulta Alfredo Pareja Díez-Canseco (1908), cultivador de la novela urbana, proclive al

---

[7] Véase M. Corrales, *Los relatos de Jorge Icaza: contribución a una tipología de la novela indigenista de América,* Tesis, Madrid, Universidad Complutense, 1974.

[8] Sobre los autores que aquí mencionamos y otros del mismo período hay información en el libro de Edmundo Ribadeneira, *La moderna novela ecuatoriana,* Quito, Casa de la Cultura, 1958. Véase también *Revista Iberoamericana,* LIV, 144-145 (1985).

[9] Karl Heisse, *El grupo de Guayaquil. Arte y técnica de sus novelas sociales,* Madrid, Playor, 1975.

naturalismo con ágiles diálogos y nítidas descripciones, vitalista y convincente merced a sus aportaciones autobiográficas de compromiso político y social, aunque algo endeble en la construcción de sus memorables *Baldomera* (1938) y *Hombres sin tiempo* (1941), hasta alcanzar mayor madurez mesurada desde el distanciamiento y la nostalgia del recuerdo en su trilogía *Los nuevos años* (*La advertencia,* 1956, *El aire y los recuerdos,* 1959, *Los poderes omnímodos,* 1964) o por la decidida inclusión de la dimensión imaginativa, apenas entrevista antes de *Las pequeñas estatuas* (1970) o *La Manticora* (1974); Demetrio Aguilera Malta (1909-1981), siempre movido por su voluntad denunciadora de las condiciones sociales inaceptables, ocasional precursor del realismo mágico [10], resulta ya destacable por *Don Goyo* (1933), donde tienen amplia cabida un paisaje colorista y sensualista, la visión animista del mundo natural, así como el tratamiento naturalista de la sexualidad, por *Canal Zone* (1935), oposición humanista y moral a la presencia imperialista norteamericana en Panamá, por *La isla virgen* (1942), o por sus novelas de inspiración histórica ya en la época contemporánea —*Una cruz en la Sierra Maestra* (1960), centrada en la Revolución cubana—, ya en la colonial —*Un nuevo mar para el Rey* (1965)—; todavía renovará su técnica fundiendo magia y mito sin renunciar a su voluntad crítica en *Siete lunas y siete serpientes* (1970), en la esperpéntica y antidictatorial *El secuestro del General* (1973), o emprendiendo nuevas exploraciones técnicas, que confieren todavía mayor eficacia por la potenciación estética a su persistente reprobación de la injusticia social en el relato largo *Jaguar* (1977) o en la novela *Réquiem para el Diablo* (1978). Ángel Rojas (1909), también poeta, es un novelista irónico con tendencia

---

[10] A. Fama, *Realismo mágico en la narrativa de Aguilera Malta,* Madrid, Playor, 1977.

a un utopismo profético en *Un idilio bobo* (1946) y en *El éxodo de Yangana* (1949), colmada de fantasía al describir con viveza el exilio de una comunidad que, acosada en sus tierras, crea en la Amazonía una ideal república platónica; Joaquín Gallegos Lara (1911-1947) practica con firmeza la literatura de protesta en cuentos y en su única novela, *Las cruces sobre el agua* (1946), en la misma línea en que había formulado Enrique Gil Albert (1912-1973) su denuncia de las dramáticas condiciones laborales, con vivas descripciones del ámbito costeño, donde malvive el montuvio en *Nuestro pan* (1942); Adalberto Ortiz (1914) expresa en *Juyungo* (1943) su desolación ante los sufrimientos que la situación bélica frente al Perú y la injusticia social producen en negros, mulatos e indios, en *El espejo y la ventana* (1967, 1970²) se sumerge en la conciencia de un culto y refinado negro —desdoblamiento autobiográfico del autor— que añora las condiciones de la vida mitificada de sus antepasados, y en *La envoltura del sueño* (1982) prosigue todavía su áspera denuncia inserta en un mundo de ricas y vívidas imágenes; también se inclina a combinar realismo crítico e introspección, plasmada en sugestivas imágenes líricas, Pedro José Vera (1914), poeta y dramaturgo, como Ortiz, explorador de nuevas técnicas narrativas desde *Los animales puros* (1946) hasta *Tiempos de muñecos* (1971) o su novela de dictador *El pueblo soy yo* (1976), en que manifiesta su descontento por el gobierno de Velasco Ibarra.

Ciro Alegría (1909-1967), cultivador comprometido de un realismo tradicional conjugado con retazos mítico-poéticos, es un clásico de las letras peruanas, pero, a pesar de sus atisbos e intuiciones enriquecedoras de las viejas fórmulas, todavía resultará ajeno a la renovación formal emprendida por los años cuarenta, lastrado aún por ciertas convenciones indigenistas y por actitudes testimoniales y denunciadoras demasiado evidentes; con todo, su visión estética de la naturaleza andina y de las seculares tradiciones de los indios está integrada con acierto en novelas que logran hacer patente la arraigada identificación cultural de los hombres con su entorno geográfico y la esperanza que sus conciencias alientan en un futuro mejor, más vivible por humanizado y justo; tres obras representan lo mejor salido de su pluma, *La serpiente de oro* (1935), *Los perros hambrientos* (1939) y, la más conocida y celebrada, *El mundo es ancho y ajeno* (1941) [11]. Del Perú en esta época destacamos tan sólo a otros dos narradores; uno, José Díez Canseco (1905-1949), orientado hacia el realismo urbano, conciliándolo con el criollismo, como en *El Gaviota* y *El kilómetro 83,* novelas cortas recogidas en *Estampas mulatas* (1938); el otro, José María Arguedas [12] (1911-1969), todavía relacionable con la línea indigenista desde sus raíces quechuas, pero interiorizándola y penetrada ya por un realismo mágico vivido, no aprendido en los libros, visible en sus cuentos y novelas, de las que sobresalen *Yawar Fiesta* (1941), sobre la vida en una capital provinciana; *Los ríos profundos* (1958), donde se amplía el panorama hu-

---

[11] Con carácter póstumo, su viuda ha ido dando a las prensas otros escritos no siempre ultimados por su autor, entre los que destacan sus novelas *Lázaro* (1972), escrita en la Cuba prerrevolucionaria, *El dilema de Krause* (1979), de tema político e inspiración autobiográfica, además de algunos relatos como los titulados *La ofrenda de piedra* (1978) y una especie de memorias o «textos autobiográficos» bajo el título de *Mucha suerte con harto palo,* Buenos Aires, Losada, 1976.

[12] Véanse Gladys C. Marín, *La experiencia americana de J. M. A.,* B. A., García Cambeiro, 1973; A. Urrello, *J. M. A.: el nuevo rostro del indio. Una estructura mítico-poética,* Lima, J. Mejía, 1974; M. Vargas Llosa, *J. M. A. entre sapos y halcones,* M., Cultura Hispánica, 1978; W. Rowe, *Mito e ideología en la obra de J. M. A.,* Lima, Ito. Nac. Cult., 1979; R. Forgues, *J. M. A. De la pensée dialectique à la pensée tragique. Histoire d'une utopie,* Univ. Grenoble, 1982; H. F. Giacoman, ed., *Homenaje a J. M. A.,* Madrid, Anaya; *Rev. Iberoamericana,* vol. 49, núm. 122 (1983).

mana y geográficamente mitificando personales experiencias infantiles en la figura del joven protagonista
Ernesto, dotado de memoria redentora; *El Sexto*
(1961), que es novelización de sus experiencias de
vida carcelaria, donde se explora un mundo degradado dentro del cual es posible atisbar actitudes espe-
ranzadas; *Todas las sangres* (1964), la más ambiciosa,
indagadora en la complejidad de razas, clases sociales
y tipos humanos de su país, asumiendo la realidad
inevitable del dinamismo histórico, y la póstuma *El
zorro de arriba y el zorro de abajo* (1971), patético
testimonio de su lucha interior entre la creatividad
artística y el pesimismo vital que le llevó finalmente
al suicidio.

Varios son los narradores bolivianos que han dejado testimonio de los conflictos bélicos [13] de su país
con Paraguay entre 1932 y 1935; Antonio Díaz Villa-
mil (1897-1948), por la vía del realismo tradicional, se
adentra también en los problemas sociales, así en *La
niña de sus ojos* (1948) o en *Mina* (1953); el documento de la historia bélica intenta alcanzar categoría
artística en *Repete, diario de un hombre que fue a la
guerra del Chaco* (1938), de Jesús Lara (1898-1980);
lo consigue con mayor soltura Augusto Céspedes
(1904), escritor rebelde, algo quevedesco, dotado de
poderoso ingenio verbal, en *Metal del diablo* (1946),
donde noveliza la ascensión de Patiño, el enriquecido
explotador de las minas de estaño, o en *El dictador
suicida* (1956), autor además de la memorable novela
Trópico enamorado (1968); Óscar Cerruto (1912-
1981) ya había plasmado un testimonio inmediato
sobre el belicismo y sus repercusiones sociales en
Aluvión de fuego (1935); Fernando Ramírez (1913-
1948) sondea en la situación social de los mineros en
Socavones de angustia (1947); con orientación de cla-

---

[13]   J. Siles, *La literatura boliviana de la guerra del Chaco,* La
Paz, Universidad Católica, 1969.

ro realismo social escribe Óscar Soria (1917) sus relatos de *Mis caminos, mi cielo, mi gente* (1966) en la misma línea que el prolífico Raúl Botelho (1917), del que son mencionables *Coca* (1941) y *Altiplano* (1945).

En Paraguay[14] destaca, además de Augusto Roa Bastos, Gabriel Casaccia (1907-1980), pendiente de la vida desgarrada de su país desde el exilio en Buenos Aires, autor de cuentos y de novelas estimables donde vuelca las técnicas asimiladas en sus abundantes y variadas lecturas, desde las que siguen planteamientos estéticos realistas o naturalistas a los modernistas, como en *Mario Pareda* (1940), de apreciable influencia barojiana y de la narrativa francesa contemporánea en su exploración de cómo se va configurando la personalidad del protagonista; en *La Babosa* (1952) demuestra mayor madurez estilística por el camino de la sencillez un tanto áspera y notable maestría en la configuración de sus criaturas ficcionales sin renunciar a la visión crítica de la historia actual en Paraguay; *La llaga* (1964) es una decidida arremetida contra la opresión dictatorial allí vivida, donde tienen cabida planteamientos psicoanalíticos freudianos en el moroso análisis de la conducta y actitudes de sus personajes; su preocupación por los males individuales y sociales generados por la violencia política en su país todavía fraguarán en *Los exiliados* (1966) y *Los herederos* (1975), nuevas muestras de la funcionalidad de su estilo sobrio e incisivo[15]. También centrados en las crisis políticas del Paraguay suscitadas desde la guerra del Chaco escriben Reinaldo Martínez (1908) su *Juan Bareiro* (1957), Arnaldo Valdovinos (1908), José Villarejo (1908), que con estilo de resonancias

---

[14]   Véase Hugo Rodríguez-Alcalá, «La narrativa paraguaya desde comienzos del siglo XX», en *Narrativa hispanoamericana del siglo XX*, Madrid, Gredos, 1973.

[15]   Véase Rodríguez-Alcalá, *op. cit.*, págs. 195-210, y F. E. Feito, *El Paraguay en la obra de Gabriel Casaccia*, Buenos Aires, Cambeiro, 1977.

clásicas hispanas compone su *Cabeza de invasión* (1944), Josefina Plá [16] (1909), nacida en Las Palmas, pero activamente integrada en la vida cultural paraguaya desde 1927, mencionable por sus cuentos de *La mano en la tierra* (1963), y José María Rivarola (1917), que hace gala de sus dotes de humor e ironía en *El follaje en los ojos* (1952). Sin olvidar a Enrique Amorim (1900-1960), parte de cuyas obras escritas con crudo realismo se publicaron antes de 1940, que se adentró en la dura vida laboral de campesinos e inmigrantes, observada con rigor aunque desde postulados naturalistas algo trasnochados, como en *La carreta* (1932) y *El caballo y su sombra* (1939).

De los uruguayos es justo hacer mención ante todo de Felisberto Hernández [17] (1902-1964), quien, a pesar de cierta dejadez formal, potencia en su país y en los vecinos el cultivo de la vertiente fantástica ajena a los dictados realistas y logicistas (se le ha visto como precursor de J. Cortázar), explorando misterios de la existencia cotidiana o de la edad infantil y aludiendo en su obra a serios problemas de la creación estética, como la capacidad que posee la memoria para recuperar la realidad vivida; obras suyas no ignorables son *El caballo perdido y otros cuentos* (1943), los cuentos de *Nadie encendía las lámparas* (1947), *Las hortensias* (1949) o *La casa inundada* (1962). Además es justo no omitir al menos a estos cuatro autores: Alfredo Gravina (1913), que dentro del realismo crítico se caracteriza por su capacidad conjugadora de humorismo y tragedia en sus extraños cuentos casi oníricos de *Despegues* (1974) y en novelas que van desde *Historia de una historia* (1941) a *La isla* (1970);

---

[16]   Es útil su breve ensayo «La narrativa en el Paraguay de 1900 a la fecha», *Cuadernos Hispanoamericanos,* 231 (1969), páginas 641-654.

[17]   Puede consultarse la tesis doctoral de Enriqueta Morillas, *La narrativa de Felisberto Hernández,* Madrid, Universidad Complutense, 1983.

Mario Arregui (1917) funde con hábil soltura en sus cuentos de ambientación rural o urbana la observación objetiva de la realidad con el libre vuelo de la fantasía, tal como en *Hombres y caballos* (1960) o en *La escoba de la bruja y otros cuentos* (1979); Armonía Somers (1917), cuyo auténtico apellido es Etchepare, aporta en sus cuentos, situables en la vertiente fantástica, la decidida inclusión de temas escabrosos en torno a la sexualidad y a diversas perversiones, sin rehuir caídas en el feísmo, como en *De miedo en miedo* (1965) o *Un retrato para Dickens* (1969); Carlos Martínez Moreno (1917), de notable vigor estilístico aunque a veces incurra en un verbalismo poco denso en los demorados análisis de sus cuentos reunidos en *Los días por vivir* (1960) y *Coca* (1970), o en las inquietantes novelas *El paredón* (1963), sobre la revolución castrista, y *La otra mitad* (1966), en donde un conflicto conyugal se resuelve en tragedia.

Las letras argentinas [18] brindan una amplia nómina de prestigiosos narradores ya desde los decenios iniciales del presente siglo; algunos prolongan el impulso renovador suscitado a partir de las obras de Ricardo Güiraldes, Benito Lynch, Enrique Larreta, Macedonio Fernández, tan sugerente en sus experimentos formales, o Manuel Gálvez, menos valorado de lo que merece por su capacidad creativa y equilibradora entre fantasía y disección de la realidad social y política de su país. Roberto Arlt (1900-1942) publicó lo más interesante de su obra en los años veinte y treinta; quienes lo leyeron en su juventud,

---

[18] Una mínima aproximación puede hallarse en los trabajos siguientes: G. Díaz Plaja, «Meditación sobre lo argentino en la novela», *BAAL,* 72 (1950), 177-209; P. Verdevoye, «Tradición y trayectoria de la literatura fantástica en el Río de la Plata», *Anales de L. H. A.,* VIII, 9 (1980), 283-305; L. D'Arcángelo, *La letteratura fantastica in Argentina,* Lanciano, Ed. Itinerari, 1983. Véanse textos selectos en R. Yahni, ed., *Setenta años de narrativa argentina: 1900-1970,* Madrid, Alianza Editorial, 1970.

desde Leónidas Barletta (1902) a Julio Cortázar,
aprendieron de él a penetrar en los ámbitos infernales
de la vida urbana, donde se acumulan ejemplares
humanos de ruindad y degradación en actitudes de-
sesperadas [19]. Siguiendo esta línea, pero atenuándola
de tremendismo compensado por humor e ironía,
produce su obra Leopoldo Marechal [20] (1900-1970),
cuya novela más celebrada es *Adán Buenosayres*
(1948), donde, a veces con técnicas próximas a las
que usó Joyce en su exploración dublinesa, cala con
hondura y acierto en la personalidad del argentino
medio con sus patéticas alternancias y contradicciones; su prolongado silencio se rompería con *El ban-
quete de Severo Arcángelo* (1965), de notable carga
intelectual y lúcido pesimismo en su visión del desamparo y la doblez humanas, y con *Megafón* (1970),
donde el juvenil idealismo del protagonista concluye
con trágico desastre. Coetáneo suyo es Juan Goyanarte (1900-1967), cuyas más acertadas disecciones de
los desajustes sociales de su país pueden hallarse en
La quemazón (1953) o en *Tres mujeres* (1956); logró
amplia acogida en sus lectores Manuel Peyrou (1902),
meritorio por la sabia construcción intrigante de
novelas como *El estruendo de las rosas* (1948), desarrollo del tema de la amistad en la Buenos Aires
peronista, y *Las leyes del juego* (1959), sin olvidar
Acto y ceniza (1963) o su poderosa fantasía acredita-
da en los cuentos poblados por ingeniosos personajes
de *La espada dormida* (1974). Novelista prolífico, de
estilo depurado y moroso conectado con la prosa

---

[19]   Véanse Stasys Gostautas, *Buenos Aires y Arlt,* Madrid,
Ínsula, 1977; Paula Speck, *Roberto Arlt and the conspiracies of
fiction,* Tesis doctoral, Universidad de Yale, 1978; Rita Gnutz-
mann, *Roberto Arlt o el arte del calidoscopio,* Universidad del País
Vasco, 1984. De su obra no se pueden olvidar, al menos, estos
títulos: *El jorobadito, El criador de gorilas, Aguafuertes porteños, El
amor brujo, Un viaje terrible, Los siete locos, Los lanzallamas.*
[20]   Véase G. Coulson, *Marechal: la pasión metafísica,* Buenos
Aires, F. García Cambeiro, 1974.

ensayística, también indagador en la manera de ser argentina, en su psicología social y por extensión o abstracción en la existencia de cualquier hombre contemporáneo, fue Eduardo Mallea [21] (1903-1982), con obras ya anteriores a 1940, como sus *Cuentos para una inglesa desesperada* (1926), *Nocturno europeo* (1935) o *La ciudad junto al río inmóvil* (1936), de ajustadas y vividas descripciones paisajísticas y ambientales; sus visiones dramáticas y sinceramente pesimistas se suceden desde *La bahía del silencio* (1940) o *Todo verdor perecerá* (1941), sobre el tema de la incomunicación humana, hasta *La penúltima puerta* (1969) o *En la creciente oscuridad* (1973). Es justo mencionar a dos meritorias narradoras, Silvina Ocampo (1903) y Norah Lange (1906-1972); de la primera, casada con Bioy Casares, cultivadora de cuentos rebosantes de humor y fantasía sin rehuir situaciones muy duras aunque resueltas por la vía de la estilización, son recordables *Viaje olvidado* (1937), *Autobiografía de Irene* (1948), *La furia* (1960) o *Las invitadas* (1961), aparte de sus colaboraciones con Borges y Bioy; la segunda, tan vinculada al ultraísmo poético, da pruebas de su profunda penetración en la naturaleza humana a partir de sus personales recuerdos y vivencias en *Personas en la sala* (1950) o *Los dos retratos* (1956). En la vertiente realista, muy atento al habla y a los personajes porteños, particularmente a los de clase media-baja, incluyendo experiencias muy típicas de hijos de inmigrantes judíos, produce su obra Bernardo Verbitsky (1907-1979) desde su primera novela, *Es difícil empezar a vivir* (1941), pasando por *En esos años* (1947), que plasma la recepción del nazismo alemán en Buenos Aires, hasta

---

[21] Véanse O. H. Villordo, *Genio y figura de Eduardo Mallea*, Buenos Aires, Eudeba; Betty Yung, *Visions of the sumerged city: Buenos Aires in selected works of Mallea, Marechal and Sábato*, Tesis, Univ. de Kentucky, 1976.

Villamiseria también es América (1958), de actitudes muy positivas hacia el emigrante marginado, *Enamorado de Joan Baez* (1975) o los cuentos de *Octubre maduro* (1976). Enrique Anderson Imbert [22] (1910), crítico e historiador literario, profesor en universidades norteamericanas, ha escrito apreciables novelas y cuentos en la línea fantástica, como *Fuga* (1953), donde se narra una aventura amorosa con técnica de desdoblamiento, *La flecha en el aire* (1972) o los recopilados en su antología titulada *El leve Pedro* (1976). Por su penetración psicológica como en *Las ratas* (1943) o en *La pérdida del reino* (1972), se caracteriza José Bianco (1910-1986); deben recordarse también, en parecida línea, *El ramo* (1943) e *Historias de ciervos* (1945), de Luisa Sofovich (1912). Adolfo Bioy Casares [23] (1914) es una de las figuras más relevantes de este período, dotado de una poderosa imaginación para descubrir aspectos mágicos en la realidad cotidiana, conjuga en sus obras con singular maestría constructiva, a pesar de las apariencias de facilidad dadas por la fluidez narrativa y lo absurdo de ciertas situaciones, la fantasía con el humor irónico, hasta captar la atención del lector mediante la tensión de sus complicadas tramas que tan deudoras son de las novelas policíacas; de su considerable producción alcanzaron especial éxito: *La invención de Morel* (1940), *Plan de evasión* (1945), *El sueño de los héroes* (1954), que relata una aventura mágica en un

---

[22]   Además de las ediciones de su *Historia de la literatura hispanoamericana* (1954), son útiles para iluminar su propia producción y la de sus contemporáneos sus trabajos sobre *El realismo mágico y otros ensayos* (1976) y su *Teoría del cuento* (1978); una aproximación crítica a lo más significativo de su obra literaria puede encontrarse en el *Homenaje a E. A. I.,* ed. por H. F. Giacoman en Madrid, Anaya-Las Américas, 1973.

[23]   Véanse S. Levine, *Guía de A. B. C.,* Madrid, Fundamentos, 1982; M. I. Tamargo, *La narrativa de B. C.: el texto como escritura-lectura,* Madrid, Playor, 1983; O. H. Villordo, *Genio y figura de A. B. C.,* Buenos Aires, Eudeba, 1983.

marco realista vivida dos veces, *Diario de la guerra del cerdo* (1969) y *Dormir al sol* (1973); también colaboró, en ocasiones con los pseudónimos de B. Suárez Lynch o de H. Bustos Domecq, con su mujer Silvina Ocampo y con Borges en empresas narrativas, de las que son las más célebres *Seis problemas para don Isidro Parodi* (1942), por sus parodias del género policíaco y la visión satírica de situaciones y tipos argentinos, y *Un modelo para la muerte* (1946). Luisa M. Levinson (1912-1988) también escribió cuentos fantásticos y novelas proyectadas hacia zonas misteriosas de la conciencia con personajes de una psicología bastante elemental pero firme, como *La casa de los Felipes* (1951), *La hermana de Eloísa* (1955), en colaboración con Borges, *La pálida rosa de Soho* (1959) o *La isla de los organilleros* (1964); Silvina Bullrich (1915) destaca por su exploración de la vida, superando las apariencias externas, en las clases media y alta con un estilo directo y sencillo, aportando una visión variada por la compensación de puntos de vista contrastantes, como en *Bodas de cristal* (1952), *Los burgueses* (1964) o *Los despiadados* (1978). Deben añadirse finalmente los nombres de Bernardo Kordon (1915), en la línea realista de inspiración autobiográfica pero dando cabida a la fantasía conciliable con un lenguaje a veces coloquial, desde *La vuelta de Rocha* (1936) hasta *Adiós Pampa mía* (1978); Abelardo Arias (1918), que alía la observación realista con planteamientos éticos de corte existencialista visibles en sus mejores obras, como en *El gran cobarde* (1956) o en *Polvo y espanto* (1971); actitudes semejantes se muestran en Antonio Gilabert (1918), incitador a la adopción de compromisos y tomas de partido en *Último puesto* (1960), o en obras de Syria Poletti (1919) como *Historias en rojo* (1969) o *Extraño oficio* (1977), o de Estela Canto (1920), hábil pintora de la vida argentina en sus análisis entre descriptivos y psicológicos de *El muro de mármol* (1945) o de *Los otros, las máscaras* (1973).

Del amplio panorama que nos ofrece la narrativa en Chile[24] nos referiremos tan sólo a la obra de nueve autores a partir de Eduardo Barrios[25] (1884-1963), quien, aunque nacido en el siglo anterior, siguió publicando hasta los años centrales del actual novelas de refinada e intensa penetración psicológica en marcos ambientales que potencian la emotividad del mundo sentimental representado, como en *El hermano asno* (1922), donde a través de la forma de diario escrito por un fraile explora la vida pasional en un convento franciscano, *Gran señor y rajadiablos* (1948), en que se remonta al pasado decimonónico de su país, evocado con nostalgia e indagado a través de personajes dibujados con notable consistencia, o *Los hombres del hombre* (1950), donde retorna a la investigación de la evolución en la conciencia humana fragmentada; de padres chilenos, aunque nacido en Argentina y residente allí hasta 1923, fue Manuel Rojas (1896-1972), todavía cultivador de un realismo aceptable por su rechazo del mecanicismo causal, la fluidez y sobriedad estilísticas y la introducción de renovaciones formales aprendidas en Faulkner, como el monólogo interior y la dislocación de la temporalidad, incluyendo experiencias autobiográficas de herencia picaresca y barojiana al plasmar el carácter libre y solitario de sus personajes, como en la trilogía constituida por *Hijo de ladrón* (1951), *Mejor que el vino* (1958) y *Sombras contra el muro* (1964); Marta Brunet (1901), todavía próxima al naturalismo más

---

[24]   Véanse R. Silva Castro, *Panorama de la novela chilena*, México, FCE, 1955; C. Goié, *La novela chilena. Los mitos degradados*, Santiago de Chile, Edit. Universitaria, 1968; J. Promis, *La novela chilena actual (orígenes y desarrollo)*, B. A., G. Cambeiro, 1977.

[25]   Véase J. Walker, *Metaphysics and Aesthetics in the Works of Eduardo Barrios*, Londres, Tamesis Books, 1983. Hay edición de sus *Obras completas*, en dos tomos, publicadas en Santiago de Chile en 1962.

rural que urbano, algo atenuado ya por el lirismo que sabe imprimir a las situaciones dramáticas que viven sus criaturas de ficción en *Aguas abajo* (1943), *Humo hacia el sur* (1946), *María Nadie* (1957) o *Amasijo* (1962); también especializado en temas rurales pero tamizando el paisaje chileno con una visión lírica, es Lautaro Yankas (1902), pseudónimo de Manuel Soto Morales, cuya novela más estimada suele ser *Flor Lumao* (1932), aunque otras posteriores, como *Rotos* (1945), *El cazador de pumas* (1947) y *El vado de la noche* (1955) alcanzaron mayor difusión entre sus lectores; algo distante del naturalismo se sitúa ya María Luisa Bombal [26] (1910-1980), que residió algunos años en París, luego en Argentina, próxima al círculo cultural de Victoria Ocampo, y por fin largo tiempo en Estados Unidos, se caracteriza por su penetración desde perspectivas interiorizadas en la subsconciencia femenina, situando las vivencias en ambientes un tanto irreales, con técnicas aprendidas en buena parte de Virginia Woolf, como en *La última niebla* (1935) y *La amortajada* (1938), o en sus cuentos dispersos por diferentes revistas desde 1939; Carlos Droguett [27] (1915) también muestra en su esmerado estilo notable interés por problemas psicológicos, particularmente por los que padecen individuos marginales, oprimidos o rebeldes en contacto con situaciones violentas y de amor, odio o muerte, se siente atraído por el dolor humano asumido desde una perspectiva más crística que cristiana, identificándose

[26]   Véanse H. Vidal, *María L. Bombal: la feminidad enajenada,* Tarraco, Barcelona, 1976; L. Guerra-Cunningham, *La narrativa de M. L. B.: una visión de la existencia femenina,* Madrid, Playor, 1980; M. I. Adams, en *Three Autors of Alienation...,* Austin, Univ. Texas, 1975; C. Alzola, en *Cinco aproximaciones a la narrativa hispanoamericana,* Madrid, Playor, 1977, págs. 133-159.

[27]   Véanse T. Noriega, *La novelística de Carlos Droguett: aventura y compromiso,* Madrid, Pliegos, 1983; F. Lomeli, *La novelística de C. D.: Poética de la obsesión y el martirio,* Madrid, Playor, 1983.

con el sufrimiento del prójimo, pero no sin dejar de hacer patente su protesta contra la injusticia social en su actitud de testigo que desvela la auténtica realidad por él vivida de cerca y que las crónicas oficiales suelen ocultar, como en *Sesenta muertos en la escalera* (1953), *Eloy* (1960), *Patas de perro* (1965) o *Todas esas muertes* (1971); desde una firme actitud comprometida, en la línea del realismo crítico, escribe Volodia Teitelboim (1916) sus novelas, que, inspiradas en los avatares de la reciente historia chilena, denuncian las deficiencias sociales y políticas de su país, como en *Hijo de salitre* (1952), *La semilla en la arena* (1956) y *La guerra interna* (1979); coetáneo suyo en días y en obra, no lejano a sus posiciones ideológicas y formales, es Guillermo Atías (1917), con *Tiempo banal* (1955) y *A la sombra de los días* (1966); por último, debe hacerse obligada mención de Fernando Alegría (1918), ensayista y crítico literario [28] con prolongada permanencia en universidades norteamericanas desde 1940, que en sus cuentos y novelas ha ido evolucionando desde posiciones estéticas neorrealistas —como en su novela más difundida, *Caballo de copas* (1957), o en *Noches de cazador* (1961)— hacia el realismo mágico adoptado sin renunciar a su compromiso moral a partir de *Mañana, los guerreros* (1965), prolongado en *Los días contados* (1968), en que explora turbias vidas delincuentes, y en *Coral de guerra* (1979) o *El paso de los gansos* (1980), en que reconstruye situaciones políticas por él vividas en la trágica caída de Salvador Allende al frente de la Unidad Popular.

---

[28]   Para aproximarse a lo más difundido de su obra crítica véase *Breve historia de la novela hispanoamericana* (1959), *Las fronteras del realismo. Literatura chilena del siglo XX* (1962) y *Novelistas contemporáneos hispanoamericanos* (1964); en cuanto a estudios sobre su obra literaria, véanse H. F. Giacoman, ed., *Homenaje a F. Alegría,* Madrid, Anaya-Las Américas, 1972, y R. Ruiz, *F. Alegría: vida y obra,* Madrid, Playor, 1979.

PARTE SEGUNDA

JOSÉ DONOSO

También entre los novelistas chilenos, pero ya de un corte generacional posterior, destaca JOSÉ DONO-SO, nacido en 1924, que empezó cultivando un tipo de novela tradicional burguesa con estructuras convencionales para centrarse en la exploración de las relaciones existentes entre los individuos y la sociedad, de manera especial en los conflictos que surgen en la vida cotidiana, sin ocultar su fondo de amargura ni la crudeza de situaciones anómalas pero no inverosímiles que en ella pueden surgir. Fue profesor en Chile y en Estados Unidos, y residió bastantes años en España [1].

---

[1] Su obra narrativa ofrece los siguientes títulos: *Veraneo y otros cuentos,* Santiago de Chile, 1955; *Coronación,* Santiago de Chile, 1958; Barcelona, Seix Barral, 1968; *El charlestón,* Santiago, Nascimento, 1960; *Los mejores cuentos de José Donoso,* Santiago, Zig-Zag, 1965; *Este domingo,* Santiago, 1966; Barcelona, Seix Barral, 1976; *El lugar sin límites,* México, J. Mortiz, 1967; Barcelona, 1975; *El obsceno pájaro de la noche,* Barcelona, Seix Barral, 1970; *Cuentos,* ídem, 1971; *Tres novelitas burguesas,* ídem, 1973; *Casa de campo,* ídem, 1978; *La misteriosa desaparición de la Marquesita de Loria,* ídem, 1980; *El jardín de al lado,* ídem, 1981, y *Cuatro para Delfina,* ídem, 1982. Añádase además el libro testimonial *Historia personal del «boom»,* Barcelona, Anagrama, 1972 y Seix Barral, 1982, así como su última novela hasta la fecha, *La desesperanza,* Barcelona, Seix Barral, 1986.

Después de *Veraneo y otros cuentos* (1955), en donde empiezan a configurarse sus temas preferidos (relaciones entre niños, adolescentes, ancianos y criadas), pagando a veces un inicial tributo al realismo socialista, aparece su primera novela, *Coronación* (1958), que, siguiendo una acción lineal de progresivo interés por su tensión dramática, presenta las crisis de una sociedad en evolución a través de la visión casi obsesionante de un mundo de criados que se hacen con el dominio de una decadente familia, hasta acabar con la grotesca coronación de Elisa, su vieja ama loca y agonizante, cuyo nieto Andrés se había enamorado de la joven criada Estela, hasta perder la razón; descubrimos las miserias cotidianas anejas a las vidas de ricos y pobres, en un complejo entramado de relaciones humanas abundante en observaciones sobre lo íntimo y lo exterior, con inclusión acertada de diálogos populares y estimables caracterizaciones. En 1960 publica otra colección de seis cuentos bajo el título de *El charlestón,* donde profundiza en las interrelaciones humanas de personajes de diversas edades. *Este domingo* (1966) abunda en la plasmación de la decadente aristocracia chilena y en su vaciedad, pero también revela desde lo íntimo las debilidades de la burguesía, desenmascara hipocresías inveteradas y la inanidad de los buenos sentimientos, sirviéndose de las contradicciones de una pareja de abuelos y de la visión que de ellos tienen sus nietos, unos adolescentes carentes de sólidos apoyos morales y del calor de la comunicación, solitarios y desasistidos en su choque con la vida. Carencias similares sufren las extrañas y marginales criaturas de *El lugar sin límites* (1967), tan débiles de voluntad para transformar sus vidas sin sentido, tan esclavas unas de otras en sus relaciones vacías; una serie de visiones retrospectivas que incluyen monólogos interiores, y la intervención del narrador apostillando lo que los personajes expresan van comunicando al lector las vivencias angustiosas y frustrantes centradas en un prostíbulo, donde conviven una muchacha joven y su padre, «La Manuela», travestí que asume funciones maternales. También resultan extraños por grotescos los seres de *El obsceno pájaro de la noche* (1970), calificada por el autor de «novela laberíntica», en la que se entrecruzan ambiguamente los planos de realidad, sueño y fantasía, oscuridad y luz, para desarrollar, mediante un narrador que se identifica con los protagonistas en su difuminada intervención, sus temas favoritos de frustración, soledad y degradación, tan similares a los de Onetti; el lector recibe a través de la conjunción de dispares voces y puntos de vista complementarios los impactos desagradables de una serie de sórdidas anécdotas que se yuxtaponen de modo desconcertante y brindan una exhibición polifacética del mundo real. El tema de la decadencia social aflora de nuevo en *Tres novelitas burguesas* (1973), aunque se trate ahora con cierto distanciamiento y un equilibrado humorismo, integrando escenas eróticas con un estilo dinámico e irónico. *Casa de campo* (1978) tiene una estructura muy elaborada y artificiosa en la que un narrador a medio camino entre el tradicional y el autocrítico indaga en el mundo adolescente con su típica inseguridad, rebeldías y espíritu de aventura exploratoria (hay 35 primos menores de dieciocho años); una casa de atmósfera refinada, rodeada de vegetación, es el lugar donde surgen desórdenes para intentar construir un nuevo sistema de relaciones humanas en un clima más fantástico que real. Un sofisticado juego narrativo se ofrece en *La misteriosa desaparición de la Marquesita de Loria* (1980), a la vez que se explora en la esfera del erotismo por la vía de la fantasía recreadora del ambiente madrileño de los años veinte y se parodia la estética de la bohemia posmodernista a través de la narración lineal de las aventuras amatorias de una desconcertante mujer nicaragüense, tan ambigua en su conducta y reacciones ante las situaciones que vive. Hay bastante de autobiográfico en la presentación de los problemas de un escritor exiliado, tal como se hace en *El jardín de al lado* (1981); son situaciones vividas en este caso entre Madrid y la costa mediterránea, con violento contraste de ambientes, donde el espíritu crítico y el afán estético se funden a la hora de indagar en el sentido de la creación literaria, en la búsqueda de la autenticidad personal con la ayuda de la persona amada que atenúe el peso del tiempo sobre la conciencia de un personaje maduro, lleno de vitalidad, que pretende ser sincero cuando se debate entre el humor y la angustia.

Aparte de sus cuentos iniciales, Donoso [2] ha publicado novelas cortas de creciente penetración psicológica en *Cuatro para Delfina* (1982), oscilando entre lo divertido y lo deprimente, con escritura de notable precisión y sutileza estilística, fundiendo la observación de la vida real con el tratamiento alegórico y parabólico; no faltan toques de humor negro y una controlada fantasía deformadora de personajes y situaciones, que pone de relieve la vacía rutina en que viven los mejor acomodados en la sociedad y el misterio insondable con que se fraguan y desarrollan las pasiones humanas. En *La desesperanza* (1986)

---

    [2] Una bibliografía mínima orientativa sobre el conjunto de la obra de Donoso debería incluir los siguientes títulos: H. Vidal, *J. D.: surrealismo y rebelión de los instintos,* Gerona, Aubí, 1972; A. Cornejo, dir., *Donoso. La destrucción de un mundo,* Buenos Aires, F. G. Cambeiro, 1975; I. Quinteros, *J. D.: una insurrección contra la realidad,* Ávila, La Muralla, 1978; H. Achugar, *Ideología y estructuras narrativas en J. D. (1950-1970),* Caracas, Centro de Estudios Literarios Rómulo Gallegos, 1979; R. Gutiérrez Mouat, *J. D.: Impostura e impostación: la modelización lúdica y carnavalesca de una producción literaria,* Gaithersburg, Eds. Hispamérica [1983], y P. Swanson, *José Donoso: The «boom» and beyond,* Liverpool, Francis Cairns, 1988. Isabel Picado ha publicado una excelente bibliografía anotada en *Hispania,* 73, 2 (1990), págs. 371-391.

traza un equilibrado testimonio sobre la realidad de la vida chilena bajo la dictadura de Pinochet, con su duro relato de un día vivido en Santiago, el del entierro de Neruda, por un poeta-cantor, captando el ambiente esterilizante de miedo y represión y configurando con su prolijidad expresiva una atmósfera de pesadilla, pero aceptable en su veracidad casi cronística.

GABRIEL GARCÍA MÁRQUEZ

GABRIEL GARCÍA MÁRQUEZ nació el año 1928 en
Aracataca (Colombia), hizo estudios en Barranquilla
y Bogotá, en donde también ejerció el periodismo [1]
desde 1950; como corresponsal del diario capitalino
El Espectador, fue enviado a Europa en 1954; residió
algún tiempo en Roma y París, viajó por los países
del este europeo en 1957; luego vivió también en
Londres, Caracas, Nueva York, México y Barcelona.
De su pluma han salido, además de novelas y cuentos, centenares de artículos de prensa y algunos guiones cinematográficos [2]. Entre sus lecturas más influyentes deben mencionarse las infantiles de J. Verne
y E. Salgari; más tarde, las juveniles de W. Faulkner,
V. Woolf, J. Joyce y E. Hemingway; Vargas Llosa
también ha rastreado en sus obras otras huellas, que
incluyen desde la *Biblia* y *Las mil y una noches* a
libros de caballerías, Rabelais, Kafka, Defoe, Camus
y Borges, pero haciendo notar que el peso fundamen-

---

[1] Las mejores recopilaciones de sus ensayos y artículos puede
encontrarlas el lector en las siguientes ediciones:
La novela en América Latina: Diálogo (con Vargas Llosa), Lima,
  Universidad Nacional de Ingeniería, 1968.
Cuando era feliz e indocumentado, Barcelona, Plaza y Janés, 1976.
Obra periodística, 3 vols. (I, *Textos costeños;* II y III, *Entre
  cachacos*), Barcelona, Bruguera, 1981. (Jacques Gilard, recop.).
[2] Véase, por ejemplo, *El secuestro,* Nicaragua, Edit. Nueva
Nicaragua, 1983.

tal sobre su inspiración lo ejerció la poderosa presencia de la realidad americana misma, a partir ya de sus vivencias infantiles entre sus abuelos y en su aldea natal, elevada a categoría mítica con el nombre de la ficcional Macondo, que funciona en sus páginas como síntesis, compendio o microcosmos poético del anchuroso espacio americano.

Sus seductoras creaciones [3] basan su atractivo no tanto en su enorme carga imaginativa y humorística

---

[3]   Las ediciones que más han difundido su obra narrativa son las siguientes:

La hojarasca, Bogotá, Edics. S.L.B., 1955; Buenos Aires, Sudamericana; Madrid, Alfaguara; Barcelona, Bruguera.

El coronel no tiene quien le escriba, Medellín, Aguirre, 1961; Buenos Aires, Sudamericana; Barcelona, Plaza y Janés; México, Era.

Los funerales de la Mamá Grande, Xalapa, Universidad Veracruzana, 1962; Buenos Aires, Sudamericana; Barcelona, Plaza y Janés (contiene 8 relatos).

La mala hora, México, Era, 1966; Buenos Aires, Sudamericana; Barcelona, Bruguera y Plaza y Janés. Hay ed. madrileña de 1962 desautorizada por el autor; Madrid, Alfaguara.

Cien años de soledad, Buenos Aires, Sudamericana, 1967; Barcelona, Plaza y Janés, Argos-Vergara; Madrid, Espasa (Selecciones Austral), Cátedra, Alfaguara.

Isabel viendo llover en Macondo, Buenos Aires, Estuario, 1969; Sudamericana.

Relato de un náufrago, Barcelona, Tusquets, 1970 (escrito en 1955).

La increíble y triste historia de la cándida Eréndira y de su abuela desalmada, Barcelona, Barral, 1972; Barcelona, Bruguera; Buenos Aires, Sudamericana; Caracas; Monte Ávila (contiene 7 relatos.)

El negro que hizo llorar a los ángeles, Buenos Aires, Alfil Argentina, 1973 (contiene 9 relatos).

Ojos de perro azul, Barcelona, Plaza y Janés, 1974 (contiene 11 relatos).

Todos los cuentos de García Márquez, Barcelona, Plaza y Janés, 1975.

El otoño del patriarca, Barcelona, Plaza y Janés, 1975; Madrid, Alfaguara, 1982.

Crónica de una muerte anunciada, Barcelona, Bruguera, 1981.

El amor en los tiempos del cólera, Barcelona, Bruguera, 1985.

El general en su laberinto, Madrid, Mondadori, 1989.

cuanto en la interferencia constante de los planos
reales y maravillosos, para ofrecer como verdad aceptable las fundidas vivencias y ensoñaciones de sus
seres de ficción. En sus narraciones se entretejen en
coherente unidad un estilo preciso en su espléndida
riqueza, una tonalidad lúdica y aparentemente desenfadada y la configuración de una realidad maravillosa, sorprendente por su desmesura, conciliada con la
naturalidad de su presentación; en ellas sus solitarios personajes se engrandecen hasta alcanzar dimensiones míticas y el ámbito de la naturaleza queda
plasmado con grandiosidad hiperbolizada. Pero en el
fondo de su aparente derroche de fuegos de artificio
late el permanente problema del encuentro con la
autenticidad personal que una sociedad, asfixiante en
sus presiones, tiende a sofocar o adulterar; hay también la inquietud por la experiencia trágica de la
mortalidad humana, contra la que el novelista se
rebela poetizando la existencia, como queriendo eter-
nizarla; de ahí que no siempre se perciban en sus
páginas barreras nítidas entre el mundo de los vivien-
tes y el de los muertos. Su excepcional capacidad
fabuladora, su genial mitomanía, recibe impulsos de
la literatura de tradición oral desde los años primeros
en el ámbito familiar; pero no todo se explica en ella
como fruto de la espontaneidad, sino que hay que
reconocer además la presencia de un proceso laborioso y culto, hasta que el autor llegue a manifestar su
personal estilo caracterizado por su rigor enunciati-
vo, por el desengolamiento y la elaborada naturalidad expresiva; aun en los casos en que se detectan
expresiones grandilocuentes o excesos lingüísticos, no
se trata de fenómenos gratuitos, sino que están puestos al servicio del desvelamiento de aspectos ocultos
de la realidad o sugieren convencionales e impuestas
falsificaciones de la misma, de modo que lo extraordinario inserto con normalidad en lo cotidiano, los
hechos maravillosos ofrecidos en presentación por-

menorizada que inclina a su aceptación como creíbles, vienen a ser no tanto elaboraciones infundadas de una imaginación desatada, sino potenciación poética de procesos históricos, sociales o personales; por medio de tal relevancia estética se llegan a mostrar con mayor incisividad los aspectos conflictivos de la existencia, sobre todo la violencia implícita en la historia de América o las frustraciones de los habitantes de aquellas tierras en relación con la práctica de la libertad o con las vivencias angustiosas de incomunicación, enclaustramiento o soledad insolidaria y carente de amor. Debe añadirse que su especial sentido del humor y de la ironía, la conjunción de lo significativamente grave con la comicidad formal, contribuye al tratamiento asimilable del mundo ficticio forjado, que, aunque corrupto, violento, opresivo y sufriente, no provoca en el lector reacción de rechazo por desinterés o pesimismo descomprometido.

Elementos funcionales como la ambientación siempre próxima a la naturaleza, las frustradoras itinerancias de los personajes, su reaparición en sucesivos relatos, cierta dosis de anormalidd que ellos poseen en su estructura mental y aun en su conducta anticonvencional, lo mismo en su desaforado activismo que en su apática pasividad, contribuyen a que el mundo narrativo de García Márquez se presente como un cuerpo orgánico y unitario en permanente desarrollo, donde la imaginación funciona como instrumento reelaborador de la realidad y sus construcciones literarias como forma de rebelión contra las imposiciones históricas, sustituyendo el caos objetivo por un cosmos estético. Mario Vargas Llosa ha desarrollado su teoría que considera a este novelista, en grado superior a otros, como un «deicida», rebelado contra la realidad doliente, quien, en su deseo de rectificarla o abolirla, le añade su disentimiento con ella en su artística representación del mundo; crea así otro mundo sustitutorio, inspirándose ciertamente en escritores precedentes, pero más aún en sus experiencias personales y en recuerdos fantaseados de lo vivido; tal el caso de las abundantes referencias bélicas y militaristas, alimentadas en sus vivencias tempranas de la violenta historia colombiana. Así se constituye el novelista en suplantador de Dios, corrigiendo la realidad dada y sustituyéndola por otra verbal y ficticia, sustentada por mitos, leyendas e imaginaciones, aspirando a romper las barreras de la soledad, entre las que su autor, al igual que tantos de sus contemporáneos, se siente vivir día a día[4].

---

[4] Una drástica selección de estudios críticos sobre su obra no podría omitir los que citamos alfabetizando a sus autores:

Arnau, C., *El mundo mítico de G. G. M.*, Barcelona, Península, 1971.

Bolletino, V., *Breve estudio de la novelística de G. M.*, Madrid, Playor, 1972.

Campos, J., «G. G. M.», en *Narrativa y crítica de nuestra América*, Madrid, Castalia, 1978, págs. 317-350.

Collazos, O., *G. M.: La soledad y la gloria: su vida y su obra*, Barcelona, Plaza y Janés, 1983.

Dorfman, A., «La muerte como acto imaginativo en *Cien años de soledad*», en *Imaginación y violencia en América Latina*, Barcelona, Anagrama, 1972.

Earle, P., ed., *Gabriel García Márquez. El escritor y la crítica*, Madrid, Taurus, 1982.

Giacoman, H. F., ed., *Homenaje a G. G. M.*, Madrid-Nueva York, Anaya-Las Américas, 1972.

Gullón, R., *García Márquez o el arte de contar*, Madrid, Taurus, 1970.

Harss, L., «G. G. M., o la cuerda floja», en *Los nuestros*, Buenos Aires, Sudamericana, 1966, págs. 381-419.

Latin American Literary Review, XIII, 25 (1985).

Ludmer, J., *Cien años de soledad: una interpretación*, Buenos Aires, Tiempo Contemporáneo, 1972.

Maturo, G., *Claves simbólicas de G. M.*, Buenos Aires, García Cambeiro, 1972.

Mena, L. I., *Función de la Historia en «Cien años de soledad»*, Barcelona, Plaza y Janés, 1979.

Mendoza, P., *El olor de la guayaba. Conversaciones con G. G. M.*, Barcelona, Bruguera, 1982.

Mendoza, R. B. de, «Bibliografía de y sobre G. G. M.», *Rev. Iberoamericana*, 41, 90 (1975), págs. 107-145.

Desde sus primeros cuentos, escritos en 1947, como en «La tercera resignación» o en «Eva está dentro de su gato», se aprecia la preocupación de García Márquez por el tema de la muerte, tratado con fusión de componentes mágicos, legendarios, míticos y fantásticos, con intervención de un narrador omnisciente que cuenta desde una perspectiva subjetiva, aceptadora de la desmesura y de lo maravilloso; son relatos más de situaciones anímicas que de hechos exteriores. En algunos se interfieren experiencias oníricas, como en «La otra costilla de la muerte», o hay una brumosa indistinción entre lo que el personaje imagina y vive, como en «Diálogo del espejo»; también se da la mezcla de planos imaginario y objetivo en «Nabo, el negro que hizo llorar a los ángeles», complejo cuento donde además la narración es responsabilidad de dos tipos de voces, una omnisciente individual y otra colectiva.

Montaner, M. E., *Guía para la lectura de «Cien años de soledad»*, Madrid, Castalia, 1987.

Ortega, J., *«El otoño del patriarca:* Texto y cultura», *Hispanic Review,* 46, (1978), págs. 421-446.

Palencia-Roth, M., *G. G. M. La línea, el círculo y las metamorfosis del mito,* Madrid, Gredos, 1983.

Peel, R. M., «Los cuentos de G. M.», en *El cuento hispanoamericano ante la crítica,* Madrid, Catalia, 1973.

Ramírez Molas, P., en *Tiempo y narración. Enfoques de la temporalidad...,* Madrid, Gredos, 1978.

Revista Iberoamericana, L, 128-129 (1984), págs. 903-1091 (ocho artículos dedicados).

Segre, C., «El tiempo curvo en G. M.», en *Crítica bajo control,* Barcelona, Planeta, 1970, 1974², págs. 219-270.

Vargas Llosa, M., *García Márquez. Historia de un deicidio,* Barcelona, Barral, 1971.

Vargas Llosa, M., y Rama, A., *G. G. M. y la problemática de la novela,* Buenos Aires, Corregidor, 1973.

VV.AA.: *García Márquez,* La Habana, Casa de las Américas, Serie Valoraciones Múltiples, 1970.

—— Hernández, A. M., ed., *En el punto de mira: Gabriel García Márquez,* Madrid, Pliegos, 1985.

Williams, R. L., *Gabriel García Márquez,* Boston, Twayne, 1984.

Isabel viendo llover en Macondo es un relato breve[5], centrado en la recreación de cuatro días de persistente lluvia diluvial en el mítico pueblo, desprendido de *La hojarasca,* en cuyas páginas cobran sentido más cabal las monologantes reflexiones de la protagonista, hija de un coronel. Macondo se nos revela como lugar asediado por la naturaleza desbordada, en donde los seres humanos quedan empequeñecidos, casi anulados o, si se quiere, integrados por fuerza en su medio natural, despersonalizados o alienados; tal tratamiento puede tener virtualidad simbólica y estar aludiendo a la decadencia de un pueblo y de sus gentes, impotentes para ofrecer la más mínima resistencia a sus circunstancias vitales.

La hojarasca (1955) será su primera novela corta, en la que un Macondo situado entre 1903 y 1928 es evocado por tres testigos (un coronel, su hija y su nieto), quienes adoptan una postura de gran dignidad personal frente a la animadversión de todo un pueblo contra su médico, al que hay que enterrar después de que se hubiera ahorcado; aquí se descubren en germen posteriores desarrollos ficcionales: la regresión económica y social de una población tras su etapa de prosperidad, el sofocante calor ambiental y el peso no menos asfixiante de la tradición que determinan la actuación de una sociedad, un pueblo apartado de la civilización y condenado a la soledad, viviendo entre aguaceros prolongados, hambres, xenofobia y odios políticos interiores. El lector debe ir vinculando elementos dispersos en los monólogos interiores simultáneos que los tres personajes centrales entretejen en menos de una hora, para reconstruir la historia pasada del médico y del pueblo, con posibilidad de penetrar en sus interioridades teñidas de frustración, sole-

---

[5]   Apareció primero en la revista bogotana *Mito,* año I, núm. 4, octubre-noviembre de 1955; luego se incluyó en colecciones de cuentos y también se editó suelto.

dad y resentimiento; también asiste al proceso con que la empresa bananera crea una etapa de bienestar para el país, deshace un lugar con su explotación y acaba por abandonarlo en su ruina. No faltan huellas de la terrible represión de 1928 sobre los huelguistas, como en *La casa grande,* novela que publicó también en 1955 Cepeda Samudio, pero más en el fondo se aprecian similitudes con la *Antígona* clásica[6] y se detecta la dialéctica entre una actitud lógica razonable y otra emotiva apasionada.

En *El coronel no tiene quien le escriba* (1961) tendrá ocasión el lector de conocer más a fondo a un personaje de la obra anterior que aquí se constituye en protagonista y en revelador indirecto de la atmósfera de violencia y opresión en que su país vive; es una novela de soledad y aislamiento, posiblemente contaminada por la situación personal de su autor cuando la escribe en París, viviendo en precario. El coronel, a quien le han fusilado su único hijo, lleva una existencia miserable, esperando inútilmente año tras año una pensión militar, aferrado a su gallo de pelea, símbolo de orgullo y rebeldía; en él deposita sus esperanzas de alivio económico y se niega a venderlo, adoptando actitudes de dignidad y entereza moral. Es una novela escrita sin excesos retóricos, con elementos cómicos y absurdos integrados en su trama que, al igual que los motivos y tipos costumbristas (inactividad, hastío, el cura del pueblo, el rico don Sabas), desempeñan funciones críticas; técnica y estilo son de notable transparencia y economía, dando lugar a una construcción perfecta por armónica en la conjunción de la sustancia y de su forma expresiva.

---

[6]   Véanse Pedro Lastra, «La tragedia como fundamento estructural de *La hojarasca*», *Anales de la Universidad de Chile,* núm. 140 (1966), págs. 168-186, y G. Álvarez Gardeazábal, «De *Antígona* a *La hojarasca,* verificación trágica», en Giacoman ed., *op. cit.,* páginas 295-311. El artículo de Lastra también puede verse en Giacoman, ed., págs. 43-56 del *Homenaje* citado en la nota 4.

En *Los funerales de la Mamá Grande* (1962) se reúnen ocho cuentos escritos en Venezuela, tal vez concebidos inicialmente como materiales para una futura novela; en efecto, algunos de sus personajes alcanzarán más pleno desarrollo en *Cien años de soledad,* como la propia Mamá Grande en Úrsula u otros masculinos en los Buendía varones. De nuevo el tema de la muerte está presente desde el título de la colección, unificada por el tratamiento estilístico dúctil y preciso que se le otorga a su sustancia hiperbólica y desmesurada, por las visiones omniscientes, la estructura lineal del discurso, la eficacia de los breves diálogos y la naturalidad con que se integran los fenómenos extraordinarios que hacen de Macondo un lugar misterioso y sorprendente, desrealizado por la fuerza de la fantasía, pero sugerente como impulsor de actitudes revisoras de modos convencionales de vivir.

La mala hora (1962, 1966) tuvo como título *Este pueblo de mierda* en la redacción original; un corrector de estilo despojó de americanismos la edición madrileña [7]; el autor reconoce como primera auténtica la mexicana de 1966. En sus páginas se reconstruye la locura colectiva de un pueblo, engendrada por unos misteriosos pasquines difamatorios que dan pública noticia de secretos muy personales; así va cobrando consistencia una atmósfera de odio, enemistad, envidias y recelos; a través de las conciencias de personajes sórdidos, pintorescos y extraños se ahonda en la interioridad de todo un pueblo que vive en tensión creciente. La cohesión de las piezas fragmentarias está asegurada por el paralelismo de dos criaturas ficcionales claves en aquella sociedad, el cura y el alcalde de Macondo, dotados de un común sentimiento, el del remordimiento solitario.

Cien años de soledad (1967), la obra que ha dado

---

[7]   Madrid, 1962, Talleres de Gráficas Luis Pérez.

más fama a su autor, ha sido considerada como
novela de aventuras, épica y poética a la vez; es
también una alegoría de la trágica condición humana, en donde se diluyen las fronteras entre lo real y lo
imaginario, inscrita en la tradición mitológica de los
cuentos populares; una construcción verbal potente y
brillante, un ejercicio de libertad estética, una novela
como ficción totalizadora dotada de una estructura
cíclica que reinterpreta en ambiente americano el
viejo mito del paraíso perdido. La disonante exagera-
ción cómica, conviviente con la tragicidad de fondo,
y la barroca acumulación de elementos integradores
de una realidad compleja, tal vez sean las notas más
características de su estilo, que aquí se inclina hacia el
exceso verbal, pero sin mengua de su eficacia comunicativa; si lo trágico surge del conflicto entre lo que los
personajes proyectan para transformar la realidad y
la resistencia que ésta opone a sus esfuerzos, lo
cómico brota del tremendismo épico con que se agi-
gantan acontecimientos cotidianos o personalidades
extravagantes; así puede asumirse la novela como
una construcción tragicómica equilibrada en sus tensiones, hilarante por sus aspectos más superficiales,
pero seria en los problemas que en el fondo se plantean, sobre todo en aquellos que afectan a la integración del hombre en el mundo y en la sociedad, así
como a la forma y sentido de su existencia o a la
insuperable condena a vivir insolidariamente entre
la violencia y el vacío teniendo como horizonte la
muerte.

Vargas Llosa pondera el contrapunto en ella logrado entre lo real objetivo y lo real imaginario, cuya
función es determinar el elemento añadido a la realidad ficticia, a la vez que asocia lo cotidiano con lo
sobrenatural maravilloso; en su análisis de la novela
estima que lo real imaginario en sucesos y personajes
abarca cuatro planos (mágico, mítico-legendario, mi-
lagroso y fantástico), con lo que se revela la ambición

totalizadora del autor. El narrador omnisciente, cuya mirada abarca la totalidad de los fenómenos y garantiza con su naturalidad expresiva la credibilidad de lo narrado en tercera persona, aun de lo más sorprendente, invierte la relación pragmática del lector con lo maravilloso y con la realidad objetivable; así, los prodigios más extraordinarios se relatan con incorporación de datos realistas y cotidianos, sin que los personajes den muestras de asombro ante ellos; por el contrario, se ofrecen otras veces hechos normales u objetos reales ante los cuales los personajes quedan fascinados o desconcertados. Aquel narrador invisible y exterior acaba por convertirse en personaje en la última página, integrándose en la realidad ficticia; allí se desvela su ser misterioso al identificarse como el gitano Melquíades; entonces también se revela que cuanto pudiera parecer real en la historia narrada no era más que una ficción ilusoria.

La familia de los Buendía se muestra como en una dilatada genealogía bíblica, con las vidas entrelazadas de sus miembros; ellos son testimonio y metáfora de la experiencia humana, pero siempre se muestran y actúan como asediados por las fuerzas de la fatalidad e incapaces de superar su esterilizante individualismo, carente de auténtico amor; son personajes tan clarividentes como el narrador, exploradores incansables en la vida, que, en busca del conocimiento total, viajan también hacia su propio interior intentando descubrir su identidad auténtica; esa actividad cognoscitiva también desempeña una función unificadora de la compleja estructura, en especial con el desdoblado Aureliano Babilonia, lector de los manuscritos del gitano Melquíades, en los que él mismo actúa como personaje, de manera que las acciones del ser real que lee y descifra aquellas páginas jeroglíficas vienen a coincidir en circularidad con las del ser ficticio en segundo grado, cuyos actos está leyendo, y con la historia entera de la familia Buendía. Hasta el propio autor acaba por incluirse nominalmente en su historia, haciendo acto de presencia en sus páginas finales como Gabriel, biznieto del coronel Gerineldo Márquez y el mejor amigo de Aureliano Buendía, con quien está ligado por complicidades que les habían llevado «a la deriva en la resaca de un mundo acabado, del cual sólo quedaba la nostalgia» (pág. 329); actitud con la que se adhiere a la de sus frustradas criaturas, inadaptadas a un mundo que se les impone y presionadas por una sociedad que hace imposible la felicidad de una libre realización personal.

Aunque Macondo sea un espacio imaginario con notas características americanas, las experiencias humanas que allí se sitúan abarcan un ámbito universal y lo convierten en una población mítica, cifra de la humanidad entera. En cuanto a la temporalidad, funciona como una categoría entre cuyos límites queda inscrita la existencia humana, reiterada en su esencia en distintas personalizaciones, con actos también repetidos, con un hacer que deshace lo antes hecho o simplemente orientado a llenar el vacío de la vida y del tiempo, liberando energías imaginativas en la lucha con las barreras de lo rutinario cotidiano, magnificando gestos y objetos como si se intentara impedir que el tiempo destructor los aniquilase; los desplazamientos de la temporalidad están diseñados sintácticamente desde el párrafo inicial de la novela con fórmula muy frecuentada, en que «muchos años después» se recuerda el pasado; así se van integrando y coexistiendo pasado y futuro en el presente de la lectura por medio de las asociaciones imaginativas y nostálgicas que la voz del narrador realiza; ello se hace posible porque todo lo actualizado estaba ya previamente escrito y al acto imaginario le es dado anular el peso del transcurso temporal.

La reiterada presencia del agua, como lluvia, río, ciénaga o mar, desempeña una función mítica asociada a su consideración como impulsora de vida, pero también a las vivencias de libertad y espontaneidad, así como al anhelo de renacimiento y renovación perpetua. Este elemento mítico, como el del desarrollo evolutivo de una comunidad desde su génesis a su apocalipsis, o el de la guerra, los viajes, las fiebres y epidemias, el complejo de culpa o el temor a los efectos de las relaciones incestuosas, universalizan las situaciones planteadas con inspiración en la geografía y en la historia americanas, haciéndolas trascendentes y asimilables fuera de aquella órbita concreta por su intertextualidad con otras muchas aportaciones literarias clásicas y contemporáneas.

Relato de un náufrago (1970) es un reportaje de corte periodístico escrito en 1955, pero dotado del atractivo estético que tiene una reconstrucción imaginativa y novelesca, volcada en un estilo transparente con dosificación progresiva en la siembra de expectativas sobre el ánimo del lector. En los años que median entre la publicación de *Cien años de soledad* y *El otoño del patriarca* irán viendo la luz en forma de libro diversas colecciones de cuentos que habían sido escritos en distintos lugares y tiempos, con el rasgo común de la integración de objetividad e imaginación, intrigantes y sorprendentes, humorísticos e irónicos, a veces enigmáticos no por oscuridad expresiva, sino a pesar de la aparente transparencia estilística, siempre con sugeridos contrastes y tensiones internas, a menudo suscitadores de una existencia más libre y digna.

El otoño del patriarca (1975) es novela densa y minuciosa, con prosa barroquizante por su frondosidad, caracterizada por su acumulación discursiva que en estilo indirecto libre fragua largos párrafos de frases dilatadas; en ella se muestra el período decadente de un dictador desde diversas perspectivas conjugadas, pero sin continuidad cronológica; se crea una atmósfera pesada e irrespirable, a cuya sordidez contribuyen las amplificaciones, contrastes, paradojas y enumeraciones caóticas. Aquí se vuelca la maestría que el novelista adquirió en experiencias anteriores, tanto en lo que respecta a la forja de criaturas problemáticas y frustradas, como en la plasmación de lo prodigioso y desmesurado, del erotismo y de las situaciones de violencia. Se trata también de una novela trágica y grotesca a la par, en donde la muerte se presenta como aniquiladora de todo, quevedescamente, en una alegoría expandida a través de la agonía de un hombre que fue poderoso, cautivo ahora de su propio sistema opresor, despojado de su poder real, reducido a muñeco insatisfecho en sus caprichos, que vive sus horas finales en un clima de pesadilla, donde los hechos más absurdos y disparatados cobran entidad de creíbles o verosímiles.

Crónica de una muerte anunciada (1981) es la última novela corta de García Márquez, en la que con notable concentración reconstruye minuciosamente, desde variadas perspectivas personales y cronológicas, la muerte de un joven rico con la que se venga el honor que hizo perder, según se dice, a una joven de humilde familia antes de que ella se casara con un potentado forastero; los hermanos gemelos de la deshonrada Ángela Vicario serán los ejecutores de la venganza. De nuevo se alían, ahora con más calculado equilibrio todavía, los elementos tomados de la realidad objetiva con los extraídos de la fantasía o de la interiorización psicológica; impresiona la ambientación fatalista y trágica en que se inscribe la conducta de los habitantes del pueblo, incapaces de evitar el asesinato de Santiago Nasar, cuyas motivaciones él mismo desconoce, como tantos otros hombres ignorantes del origen de la violencia que sufren en sus vidas. Todos los seres de esta ficción carecen de auténtica libertad; semejan títeres movidos por fuerzas misteriosas y ocultas, por «casualidades prohibidas a la literatura», como dice el juez instructor, *alter ego* del autor; son individuos alienados y moralmente

ciegos, incapaces de iluminar su mundo con su débil
inteligencia ni de oponer alguna voluntaria resistencia a las confusas circunstancias que les arrastran a
su actitud de testigos pasivos de los hechos que
presencian.

La historia de un amor iniciado en la adolescencia
de los protagonistas y que dilata más de medio siglo
su consumación se ofrece en *El amor en los tiempos
del cólera* (1985), entreverando los largos años de
matrimonio de Fermina y las incontables aventuras
eróticas de Florentino, rechazado por ella; casi todo
ocurre en una innominada ciudad de la costa cari-
beña colombiana, identificable con Barranquilla, con
excursiones por el río Magdalena y fugaces referencias a París. El discurso se fragmenta en seis núcleos
de similar extensión, carentes de numeración y título,
a través del cual un narrador, omnisciente las más de
las veces, impersonal y sin rostro, identificable con el
autor implícito, conduce el relato con cierto capricho
y nos brinda una visión próxima y enriquecida progresivamente de los personajes, conciudadanos suyos,
alternando perspectivas y realizando frecuentes desplazamientos temporales y demoradas analepsis que
se remontan hasta la época colonial; prefiere la mo-
dalidad de sumario a la de escena e incluye amplias
descripciones de función dilatoria y simbólica, además de sucintas comunicaciones dialógicas entre algunos personajes. El rasgo constructivo más notable
es la alteración de la linealidad progresiva en la
temporalización de la historia narrada, así como
cierta indefinición de la cronología histórica; predomina la narración ulterior hecha en pasado, con
prolepsis intercaladas en función de presagios o anti-
cipaciones casi proféticas del futuro y analepsis, iniciadas unas y otras con fórmulas estilísticas de incon-
fundible reconocimiento; las innovaciones tecnológi-
cas van marcando el paso de los años, y algunas
alusiones a personas y hechos permiten situar la

historia narrada entre 1880 y 1935. También cobra relevancia la conciencia de temporalidad que tienen algunas criaturas de la ficción y el propio narrador; no sin causa «amor» y «tiempos» aparecen hermanados en el título. El sentido del humor del novelista apunta en numerosas páginas, afectando incluso a la nominación y caracterización de sus personajes. Palabras clave y estructuras sintácticas reiteradas revelan la singular expresividad del novelista; tienen particular eficacia ciertas similicadencias y las integraciones temporales dilatadas conseguidas en una sola y densa frase. También se luce, sin prodigarla en exceso, su exuberante imaginación y se incorporan componentes trágicos a la angustiosa y demorada espera, en buena medida neutralizados por el distensivo humorismo. No faltan recursos irónicos, cargados de eficacia crítica en el terreno político y social. Una vez más el autor ha dado aquí vida a ideas y experiencias personales, destacando sobre otras la vivencia fundida de la temporalidad y el erotismo, siempre en conflicto aunque con fugaz victoria final, al menos en la ficción, del amor sobre la muerte, al consumarse la antigua y primaveral relación en el otoño de la vejez de ambos amantes, muerto ya el doctor Juvenal, marido de Fermina durante más de medio siglo.

El general en su laberinto (1989), su última novela hasta la actualidad, reconstruye imaginativamente, aunque con apoyatura documental, los últimos días de Simón Bolívar, hasta su muerte a finales de 1830, en su itinerancia desde Bogotá a la costa, asediado por el recuerdo de sus proyectos políticos, fracasados en gran medida por las miserias humanas.

Gabriel García Márquez concibe la imaginación artística como un instrumento transformador de la realidad; cree que la desmesura forma parte de nuestro mundo y hace que lo extraordinario ingrese con naturalidad en sus creaciones ficcionales. Con ello está contribuyendo a la sustitución de lo caótico por un cosmos menos inarmónico en la existencia individual y social, postulando unas vivencias más auténticas, colaborando en el desentrañamiento de esquemas míticos muy antiguos pero todavía influyentes en nuestro tiempo, incitando a superar el individualismo solitario, la injusticia, la violencia y la opresión, atacando tales males desde sus raíces al revelarlos con el instrumento de la palabra y sugiriendo nuevas formas de compromisos compartidos, de solidaridad entre los hombres. La concesión del premio Nobel de Literatura en 1982 significó un espaldarazo no sólo para su consagración artística, sino también para el quehacer de tantos escritores hispanoamericanos que hoy se afanan día a día por transformar la realidad con el impulso de sus ensoñaciones.

CARLOS FUENTES

El año 1928 fue, asimismo, el del nacimiento de otra de las figuras universales, como Gabriel García Márquez, de la novelística hispanoamericana actual, el mexicano CARLOS FUENTES, que por razón del empleo diplomático de su padre, Rafael Fuentes Boettiger, vio la luz en Panamá. Esta circunstancia familiar condicionará profundamente la trayectoria biográfica y, lo que es más importante, la formación del futuro escritor, que vive sucesivamente en Quito, Montevideo y Río de Janeiro, y permanece entre 1933 y 1941 en Washington. La educación en lengua inglesa que allí recibe la continúa en la «Grange School» de Santiago de Chile, donde coincide, entre otros, con José Donoso y escribe sus primeros artículos y cuentos. Su estancia inmediatamente posterior en Buenos Aires está señalada por el inicio de una pasión cinematográfica que ya nunca abandonará [1]

---

[1]   Amén de su amistad con Luis Buñuel, con quien adaptó para el cine *El acoso* de Carpentier, Carlos Saura, y Joseph Losey, entre otros importantes directores, hay que recordar la presencia de Carlos Fuentes como miembro del jurado de los festivales de Locarno (1961) y la Mostra Cinematográfica de Venecia, en 1967. Como guionista, destacan sus trabajos sobre *Pedro Páramo* (1966) —en colaboración con Carlos Velo y Manuel Barbachano Ponce—, *¿No oyes ladrar los perros?* (1974) —este último para el cineasta francés François Reichenbach, con quien había colabordo en 1968 en el filme *México, México*— y otro argumento de Juan Rulfo, *El gallo de oro,* rodado en 1964 con guión de Fuentes,

para regresar en 1944 a su país, donde estudia en el Colegio de México y el Colegio Francés Morelos.

Entre ese año y 1950 Fuentes vive una etapa fundamental de intensas lecturas mexicanas y de la novelística europea y americana más renovadora de nuestro siglo; de decisivo discipulaje junto a Alfonso Reyes, fructífera amistad con Octavio Paz y conocimiento de la vida cultural y artística de la Ciudad de México; de iniciación en el periodismo y primeras publicaciones de cuentos; de escritura de una primera novela corta en inglés, titulada *Seascape,* y una obra de teatro, *Pagannini y el diablo,* con la que da comienzo a una actividad dramatúrgica mantenida hasta hoy [2].

Con el comienzo de los cincuenta el joven Fuentes realiza estudios en el Institut de Hautes Etudes Internationales de Ginebra y en la Facultad de Derecho de la Universidad Autónoma de México, al tiempo que se inicia en la actividad diplomática de su país en Europa y continúa su ejercicio periodístico, comple-

---

García Márquez y el director Roberto Gavaldón, amén de *Los caifanes,* rodada en 1966 por Juan Ibáñez, y *Tiempo de morir* (1964), de nuevo en colaboración con Gabriel García Márquez. En 1969, el presidente Gustavo Díaz Ordaz prohíbe la filmación de la película basada en su novela *Zona sagrada.* Mejor suerte tuvieron posteriormente otras de sus obras, como, por ejemplo, *La cabeza de la hidra* o *Gringo viejo,* que se proyectaba llevar a la pantalla en 1988 con el concurso de Jane Fonda y Gregory Peck.

[2]   En la producción teatral de Fuentes destacan *El tuerto es rey,* estrenada en 1970 en Viena y Aviñón por la compañía de Jorge Lavelli y María Casares (editada en México, Joaquín Mortiz, 1970), *Todos los gatos son pardos,* que versa sobre el poder y la palabra en la época de Moctezuma y Hernán Cortés (México, Siglo XXI, 1970), piezas reunidas en el volumen *Los reinos originarios* (Barcelona, Barral, 1971), y la «comedia mexicana», centrada en los dos mitos cinematográficos de María Félix y Dolores del Río, *Orquídeas a la luz de la luna* (Barcelona, Seix Barral, 1981), estrenada en inglés en el Loeb Drama Center de la Universidad de Harvard en 1982 y en Madrid seis años más tarde. Finalmente, *Ceremonias del alba* (Madrid, Mondadori, 1991) es una versión muy trabajada de *Todos los gatos son pardos.*

tado ahora con la fundación, junto a Emmanuel Carballo, de la *Revista Mexicana de Literatura*. Ya había aparecido, en 1954, su primer libro de narraciones, *Los días enmascarados*[3], que dio pie a una intensa polémica sobre la fantasía y su lugar en la literatura mexicana.

De 1958 data su primera novela, *La región más transparente,* cuando la firma de Carlos Fuentes, a la sazón jefe del Departamento de Relaciones Culturales de la Cancillería mexicana, es ya habitual no sólo en revistas y diarios de su país, sino también en publicaciones extranjeras como la colombiana *Mito,* la italiana *Botteghe Oscure* u *Orígenes,* de La Habana. Allí viaja al año siguiente, cuando el triunfo de la revolución, que defenderá con su pluma desde entonces hasta el estallido del escándalo Padilla. Su actividad política de estos años, en que funda y codirige *El Espectador,* colabora en publicaciones de izquierdas, como *Siempre* y *Política,* y milita en el Movimiento de Liberación nacional inspirado por Lázaro Cárdenas, lo significan como un intelectual comprometido, hasta el extremo de que el Gobierno de los EE.UU. le niegue en 1962 el visado, que el senador Robert F. Kennedy le consigue al año siguiente para que pudiese asistir en Nueva York al lanzamiento de la traducción inglesa de su novela *La muerte de Artemio Cruz.*

Comienza entonces a consolidarse la presencia internacional de Carlos Fuentes, tanto en el terreno político como en el cultural y literario. Viaja por toda América, por Europa del Oeste y del Este, y entra en

---

[3]   México, Los presentes, 1954. En este sector de la obra narrativa de Fuentes destacan asimismo *Cantar de ciegos* (México, Joaquín Mortiz, 1964), *Agua quemada, Cuarteto narrativo* (México, Fondo de Cultura Económica, 1981), *Cuerpos y ofrendas,* antología con prefacio de Octavio Paz (Madrid, Alianza Editorial, 1972), y *Constancia y otras novelas para vírgenes,* colección de cinco relatos publicada en 1989 (Madrid, Mondadori).

contacto con gran número de los escritores hispanoamericanos que protagonizarán el llamado «boom»,
así como con norteamericanos como Norman Mailer,
Henry Miller, William Styron, Arthur Miller y otros,
y europeos, entre ellos Juan Goytisolo, Jorge Sem-
prún, Milan Kundera y Alberto Moravia. En 1967
contribuye decisivamente a la irrupción en Europa de
la novelística hispanoamericana con el triunfo de su
novela *Cambio de piel* en el prestigioso premio Biblioteca Breve. Su obra no podrá, sin embargo, ser
publicada en España, por razones censoriales, hasta
1974.

En 1968 Carlos Fuentes vive en París cuando los
acontecimientos de mayo, de los que dará inmediato
testimonio en un breve pero influyente reportaje[4].
Viaja ese mismo año a Checoslovaquia y se opone a
la invasión del país por las tropas del Pacto de
Varsovia, así como también a la represión de la
llamada «matanza de Tlatelolco», en octubre de ese
mismo año. Su posicionamiento contra el intervencionismo norteamericano en Centroamérica y el Viet-
nam provoca un nuevo incidente, esta vez de amplias
repercusiones, con las autoridades de aquel país, que
le impiden desembarcar en San Juan de Puerto Rico
cuando regresa de Europa en 1969. En los años
sucesivos continúa su incesante actividad intelectual,
literaria y política, con estancias alternativas en México —donde es elegido en 1972, de la mano de
Octavio Paz, miembro de El Colegio Nacional—,
Europa, que acoge en varios países representaciones
del teatro de Fuentes, y los EE.UU., en cuya Universidad de California, en La Jolla, entra en contacto
con grupos chicanos.

---

    [4] *París: la revolución de mayo,* México, Era, 1968. En el ámbito
del ensayo político recordamos también su libro *Tiempo mexicano*
(México, Joaquín Mortiz, 1971), ganador del premio Mazatlán,
que Fuentes rechazó en protesta por la represión contra la Universidad de Sinaloa.

Entre 1974 y 1977, Carlos Fuentes es embajador de México en Francia, puesto del que dimite cuando el ex presidente Díaz Ordás, responsable de Tlatelolco, ocupa la Embajada en España. Miembro permanente de El Colegio de México y otras sociedades como la American Academy and Institute of Arts and Letters, desde entonces su actividad preferente, junto a la creación, es la universitaria, ejercida últimamente como profesor de literatura comparada de la Universidad de Harvard. Precisamente cuando explicaba allí un curso titulado «La tradición de la Mancha» sobre *El Quijote* como iniciador de la novela moderna (tema de uno de sus libros de crítica literaria[5]), le llegó, a finales de 1987, noticia de que había sido galardonado con el premio de literatura en lengua castellana «Miguel de Cervantes», que recibió de los Reyes de España en la Universidad de Alcalá de Henares el 21 de abril de 1988, con un brillante discurso en el que ensalza el universalismo de la lengua de Nebrija y la literatura en ella escrita, proceso al que es justo reconocer la significativa aportación del propio Carlos Fuentes.

Además de los cuatro libros de relatos a los que ya nos hemos referido, la obra narrativa de Carlos Fuentes, compuesta de textos de muy desigual extensión (desde la novela corta hasta verdaderas novelas-río), comprende por el momento un total de trece títulos[6]. Desde 1985, el autor los integra a todos ellos

---

[5] *Cervantes o la crítica de la lectura,* México, Joaquín Mortiz, 1976. Interesa destacar cómo Fuentes, que reconoce sin paliativos en Cervantes al «fundador de la novela europea moderna» (página 15), comparte una interpretación de *El Quijote,* presente ya en Ortega y Gasset, singularmente válida para el esclarecimiento de las bases del realismo mágico o maravilloso: «El genio de Cervantes consiste en traducir estos opuestos a términos literarios, superando y fundiendo los extremos de la épica de caballería y la crónica realista dentro de un conflicto particularmente agudo de la gestación verbal» (pág. 32).

[6] Son los siguientes: *La región más transparente* (México, FCE,

en un vasto ciclo creativo al que denomina *La Edad del Tiempo*. Dicho ciclo incluye textos aún no publicados y ordena a los demás en doce unidades, que no siguen una rigurosa secuencia cronológica. La primera, titulada EL MAL DEL TIEMPO, comprende, por este orden, *Aura, Cumpleaños* y *Una familia lejana*. La segunda consistiría tan sólo en TERRA NOSTRA, a la que se añade ahora un subtítulo: (TIEMPO DE FUNDACIONES). La tercera, EL TIEMPO ROMÁNTICO, está aún en el telar salvo *La campaña,* publicada en 1991: *La novia muerta* y *El baile del Centenario*. De la cuarta, EL TIEMPO REVOLUCIONARIO, está ya publicada la primera entrega, *Gringo viejo,* a la que se añadirá *Emiliano en Chinameca*. La quinta y sexta corresponden a sendas novelas, LA REGIÓN MÁS TRANSPARENTE y LA MUERTE DE ARTEMIO CRUZ, respectivamente, al igual que la séptima, cuyo único texto será en su día LOS AÑOS CON LAURA DÍAZ. La parte octava, DOS EDUCACIONES, asume *Las buenas conciencias* y *Zona sagrada,* y la novena, los libros de cuentos del autor más otro inédito: *Los días enmasca-*

1958). Existe una edición académica, con amplia introducción y anotación a cargo de Georgina García-Gutiérrez, Madrid, Cátedra, 1982); *Las buenas conciencias* (México, FCE, 1959); *La muerte de Artemio Cruz* (México, FCE, 1962); *Aura* (México, Alacena, 1962); *Zona sagrada* (México, Siglo XXI, 1967); *Cambio de piel* (México, Joaquín Mortiz, 1967); *Cumpleaños* (México, Joaquín Mortiz, 1969); *Terra Nostra* (Barcelona, Seix Barral, 1975); *La cabeza de la hidra* (México, Joaquín Mortiz, y Barcelona, Barral, 1978); *Una familia lejana* (México, Era, y Barcelona, Bruguera, 1980); *Gringo viejo* (México y Madrid, FCE, 1985); *Cristóbal Nonato* (México y Madrid, FCE, 1987), y *La campaña* (Madrid, Mondadori, 1991). La editorial Aguilar ha comenzado la publicación en México de las *Obras completas* de Carlos Fuentes, cuyo tomo primero, reeditado en 1986, incluye, con un prefacio de Fernando Benítez, las primeras novelas largas hasta *Zona sagrada,* mientras que el segundo, prologado por Octavio Paz, reúne en 1985 sus libros de cuentos, obras de teatro y dos novelas, *Cambio de piel* y *La cabeza de la hidra*. El tercer tomo, ya anunciado por la misma casa editora, llevará las dos novelas cortas de 1962 y 1969 junto a la monumental *Terra Nostra*.

rados, Cantar de ciegos, Agua quemada y *Constancia*.
La parte décima, EL TIEMPO POLÍTICO, es conocida
ya en su mitad: *La cabeza de la hidra,* a la que se
incorporará *El rey de México o El que se mueva no
sale en la foto.* Por último, las dos partes finales
vienen a identificarse con las dos novelas de Carlos
Fuentes que nos quedaban: CAMBIO DE PIEL (XI) y
CRISTÓBAL NONATO (XII).

Una vez cumplido tan vasto proyecto, será posible
leer LA EDAD DEL TIEMPO como un macrotexto
narrativo en el que el significado de todo el conjunto
se revelará en función de cada una de las partes y
viceversa, como sucede de forma singular con la
producción toda de algunos grandes poetas. Por el
momento no es imposible formular conjeturas a este
respecto, a partir, sobre todo, de ese énfasis temporal,
transmutado acaso en secuencia cronológica, que el
propio título de la serie consagra[7].

---

[7]   Sobre Carlos Fuentes, autor de entre los más traducidos y
estudiados de la novelística hispanoamericana actual, existe ya una
voluminosa bibliografía, parcialmente recopilada por Richard
Reeve, primero en su artículo «An Annotated Bibliography on
Carlos Fuentes: 1949-1969», *Hispania,* LIII, 4, 1970, págs. 595-
652, y luego en los preliminares del tomo I de las *Obras completas*
del autor mexicano (págs. 77-115). Nos limitaremos a seleccionar
los siguientes títulos: Alberto N. Pamies, *Carlos Fuentes y la
dualidad integral mexicana,* Miami, Ediciones Universal, 1969;
Helmy F. Giacoman (ed.), *Homenaje a Carlos Fuentes: Variaciones
interpretativas en torno a su obra,* Long Island, Las Américas Pub.
Co., 1971; Daniel de Guzmán, *Carlos Fuentes,* Nueva York, Twayne Pub., 1972; Liliana Befumo Boschi y Elisa Calabrese, *Nostalgia
del futuro en la obra de Carlos Fuentes,* Buenos Aires, F. García
Cambeiro, 1974; Gloria Durán, *La magia y las brujas en la obra de
Carlos Fuentes,* México, UNAM, 1976; Georgina García Gutié-
rrez, *Los disfraces: la obra mestiza de Carlos Fuentes,* México, El
Colegio de México, 1981; Robert Brody y Charles Rossman (com-
piladores), *Carlos Fuentes: A Critical View,* Austin, University
of Texas, 1982; Wendy B. Faris, *Carlos Fuentes,* Nueva York,
F. Ungar Pub. Co., 1983; Santiago Tejerina-Canal, *«La muerte de
Artemio Cruz»: secreto generativo.* Boulder, Society of Spanish and
Spanish-American Studies, 1987; y el volumen *Carlos Fuentes*

Con todo, la constante que mejor identifica la obra
narrativa completa de Carlos Fuentes, y que no ha
representado el menor obstáculo para su rotunda
difusión universal, es un complejo de temas y motivos
centrados en México, desde la exploración en las
raíces precolombinas hasta el dilucidamiento de la
realidad contemporánea del país a partir de la revolución y hasta el fin de siglo, pasando por el planteamiento, siempre problemático, de los vínculos con
España y la cultura europea en general. No falta, sin
embargo, quien niegue la autenticidad de ese reitera-
do diálogo narrativo del escritor con el pasado, presente y futuro de su patria, que Carlos Fuentes ve
—por el mismo hecho de su nacimiento fuera de ella
y sus reiteradas residencias en el extranjero— con un
perspectivismo de distancia que él considera saluda-
ble y le ha llevado a declarar recientemente: «Yo veo
a México como Gogol veía a Rusia». La última
manifestación de ese rechazo interno hacia su capacidad como exegeta de la identidad mexicana ha venido acompañado del planteamiento polémico de las
virtualidades de la novela y la historia como fuentes
de conocimiento y un cierto trasfondo político en el
que el novelista aparecía alineado, por su identificación con el régimen nicaragüense, junto a los partidarios de soluciones revolucionarias para la América
hispana, frente a los defensores, en todo caso, de
puras transiciones democráticas. Nos estamos refiriendo a los artículos publicados en español e inglés
por el historiador mexicano Enrique Krauze a mediados de 1988, rápidamente contestados por valedores

----

(Barcelona, Anthropos/Ministerio de Cultura, 1988), que contiene,
junto a varios trabajos críticos, biográficos y bibliográficos, el
discurso pronunciado por el autor en el acto de la entrega del
premio Cervantes de 1987. Asimismo interesan tres números de
revista parcial o totalmente dedicados a la novelística de Fuentes:
Revista Iberoamericana, XLVII, 116-117, 1981; *Quimera,* 68, 1987,
y *The Review of Contemporary Fiction,* 8, 2, 1988.

de Fuentes, como el prologuista de sus *Obras completas* Fernando Benítez o el poeta y líder sandinista Tomás Borge.

Al margen ya de diatribas que parecen pertenecer más a la vida interna de un país que a la significación internacional de uno de sus escritores más reconocidos, si admitimos a México como tema central de la narrativa de Fuentes, que él ha sabido integrar, por otra parte, con un cúmulo de significaciones de validez e interés universales, cabe preguntarnos ahora por cuál ha sido la concepción de la novela que el autor ha puesto en práctica para desarrollar, con el éxito que resulta difícil discutirle, aquel complejo temático, particular y trascendente a la vez.

Contamos para ello con la circunstancia favorable de que Carlos Fuentes es uno más de esos escritores conscientes y reflexivos que asumen su narrativa no sólo como resultado, sino también como proceso, poniéndola además en relación con las series literarias en las que se integra. En este sentido, nos parece del máximo interés su libro sobre Cervantes, al que nos hemos referido ya, así como también su ensayo de 1972 sobre la nueva novela hispanoamericana[8]. Nos encontramos allí, por ejemplo, una definición de la novela, que Fuentes repetirá con frecuencia desde entonces y se ajusta con exactitud a lo que ha sido hasta hoy su trayectoria narrativa: «la novela es mito, lenguaje y estructura» (pág. 20).

El *mito,* como primer elemento de la tríada, sugiere la imprescindibilidad de la imaginación, del regreso al pasado de los pueblos, a su fundamento telúrico, e incorpora a proyectos novelísticos como el de Carlos

---

[8]   *La nueva novela hispanoamericana,* México, Joaquín Mortiz, 1972. Sumo interés encierra también, para conocer sobre todo las ideas de Fuentes sobre la novela, su colección de ensayos titulada *Casa con dos puertas,* México, J. Mortiz, 1970, con páginas sobre Melville, Jane Austen, Faulkner, Hemingway, Sartre, Oscar Lewis y Elio Vittorini, entre otros.

Fuentes la estética del realismo mágico o maravilloso, que constituye una de las constantes, no exclusi-
vas bien es cierto, de toda la narrativa hispanoamericana actual. Pero apunta, asimismo, a una de sus
características más sobresalientes, la de que los escritores que acompañan en la América hispana a Fuentes «convierten en literatura mítica los temas tradicionales del *hinterland*», pues «poseen la fuerza de en-
frentar la realidad latinoamericana, pero no ya como
un hecho regional, sino como parte de una vida que
afecta a todos los hombres» (pág. 36). Porque, parafraseando a Octavio Paz, Carlos Fuentes en cuanto
hispanoamericano se considera contemporáneo de
todos los hombres, pues su excentricidad representa
una posición central en un mundo sin ejes culturales
tan estrictos como antaño.

Carlos Fuentes reconoce también que la *estructura*
comporta un factor decisivo en el arte novelístico, y
ello, además de constituir una evidencia que la moderna teoría del género y la opinión de sus cultivadores más conscientes avalan, lo identifican con esa
cadena de experimentalismo narrativo que va desde
los grandes renovadores de los esquemas decimonónicos —Joyce, Faulkner, Proust, Mann, Hemingway,
Dos Passos, Huxley, Kafka—, en cuya lectura Fuentes se formó como novelista en los años cuarenta,
hasta el *nouveau roman* con el que certeramente lo
relaciona Leo Pollmann en su libro de 1968 *Der neue
roman in Frankreich und Lateinamerika*. Ello explica,
por otra parte, un rasgo de su arte, compartido con
todos los escritores encuadrables en aquella serie, que
Octavio Paz ha destacado en su prólogo al segundo
tomo de las *Obras completas* de Fuentes: que cada
una de sus novelas se presenta como un jeroglífico
que el lector, con una actitud de abierta cooperación,
ha de descifrar. Esta dificultad de lectura no ha
impedido, sin embargo, una amplia difusión para su
novelística.

Y novela, en fin, como *lenguaje,* tanto en el sentido lúdico y desmitificador que Fuentes ilustra con el modelo de James Joyce, como en el de la polifonía y el dialogismo sobre los que teorizó Mijail Bajtin, ausente no obstante como punto de referencia en el ensayo de Fuentes. En definitiva, de lo que se trata, según el escritor mexicano, es de «destruir un lenguaje viejo, crear uno nuevo y hacer de la novela el vehículo de esta operación» (pág. 81), proyecto en el que se identifica, además de con sus colegas del continente americano, con el español Juan Goytisolo. Por eso Octavio Paz puede afirmar con acierto, en su prólogo antes mencionado, que «el eje invención verbal y crítica del lenguaje rige toda la obra de Fuentes, con la excepción de *Las buenas conciencias,* intento poco afortunado de regreso al realismo tradicional» [9].

Se trata, efectivamente, de un regreso, por no hablar de retroceso, porque *Las buenas conciencias* es la segunda novela de Carlos Fuentes, un año posterior a *La región más transparente* (1958), y sería difícil encontrar dos novelas tan diferentes entre sí. Mientras la primera, como veremos en seguida, es el gran fresco colectivo, de estructura compleja, del México D. F., la segunda es un relato lineal, con el esquema de un «bildungsroman», ambientado en la fundamentalista región de Guanajuato —«los guanajuatenses representan la cima del espíritu del centro de la República» (cap. 2)—, escrita en un lenguaje neutro, poco modulado, aunque retórico a veces.

Se narra aquí, a posteriori, lo que podríamos llamar la prehistoria de un personaje de *La región más transparente,* el abogado Jaime Ceballos. En la última página de la novela se da por cerrado el período de aprendizaje del adolescente con la castración de sus impulsos de generosidad y entrega inspirados por un

---

[9] *Obras completas,* tomo II, México, Aguilar, 1985, pág. 12.

cristianismo inviable, al que suplanta la buena conciencia, la conciencia acomodaticia. Comprendemos
así mejor al Jaime Ceballos novio de Betina, la hija
del financiero Roberto Régules, de la novela anterior.
Nada extraño, pues, que *Las buenas conciencias* apa-
rezca junto a *Zona sagrada* (1967) —otra novela
menor, aunque más rica en significados, especialmente míticos— en la parte octava de *La Edad del Tiempo,* bajo el epígrafe de DOS EDUCACIONES. La anécdota se centra ahora en una relación materno-filial
desequilibrada, la que mantienen la estrella de cine
Claudia Nervo y su hijo oculto, Guillermo
—«Mito»—, en el ámbito reducido de una casa, al
que se refiere el título de la obra. Como en *Las
buenas conciencias,* el proceso de constitución de la
personalidad en el tránsito de la adolescencia a la juventud implica la pérdida de la propia identidad, la
inautenticidad. La crítica no ha dejado, por otra
parte, de trascender este significado, no sólo hacia la
mitología —parodia del mito de Ulises, Telémaco,
Telégono, Penélope y Circe—, sino también en la
dirección simbólica de representar a la patria mexicana como madre y madrastra a la vez.

Frente a ese intimismo de *Las buenas conciencias* y
Zona sagrada, reforzado en este último texto por la
primera persona de un yo central, *La región más
transparente* (1958) es una ópera prima de amplio
aliento, concebida con el impulso épico de aquellos
narradores que, como Dos Passos, Döblin, Joyce o
Jules Romains, quisieron representar a una gran ciudad dotada de vida propia, como un inmenso *unánime.* Julio Cortázar, en su carta de acuse de recibo de
la novela escrita en septiembre de 1958, no dejaba de
apuntar este carácter excesivo de *La región más transparente:* «En suma: usted se ha despachado su "comedia humana" en un volumen, sin pensar que con-
taba cosas ceñidamente locales, es decir, muy difíciles
para los no mexicanos, y presentaba situaciones que

lindan muchas veces con un plano mágico metafísico (¿o religioso, en el sentido en que lo entiende Teódula?), hasta llegar a una saturación no siempre comprensible»[10].

El mito es, aquí, el de la ciudad —el de una ciudad que sintetiza la identidad mexicana en su historia, presente y por venir— a la que se refiere el propio título, tomado de la frase que supuestamente pronunció Wilhelm von Humboldt al contemplar por vez primera el valle de México, retomada luego por dos de los mentores intelectuales de Fuentes, Alfonso Reyes y Octavio Paz. En el frontispicio de *Agua quemada,* el «cuarteto narrativo» de 1981 que continúa la novela que estamos comentando, Carlos Fuentes reproduce como lemas los dos textos de referencia, «Palinodia del polvo», de Reyes, y el poema «Vuelta», de Paz.

En cuanto a la composición narrativa, *La región más transparente* es una típica «novela estructural», es decir, una novela que representa la vida, por medio de la fragmentación, el simultaneísmo y la multiplicidad de personajes individuales (que aquí son un centenar de ficción y algunos más los históricos), como una red de interrelaciones en donde todo parece depender de todo y la mutación de uno de los elementos, alterar todo el conjunto. La identidad de los tiempos —el período de 1946 a 1952— permite, no obstante, una fácil contrastación dialéctica entre la suerte de las diferentes clases sociales.

A partir de la segunda edición la novela aparece precedida de dos índices, que facilitan su comprensión: el de personajes y un cuadro cronológico que acopla las trayectorias personales de los mismos a la historia mexicana general. De entre ellos destacan algunos: Ixca Cienfuegos, especie de Fénix del indige-

---

[10] Citamos por *Obras completas,* tomo I, México Aguilar, 1986[2], pág. 137.

nismo; Federico Robles, el viejo revolucionario enriquecido y acomodaticio, y la voz crítica del poeta e intelectual Manuel Zamacona.

Y el lenguaje. *La región más transparente* es también una novela arquetípicamente heterofónica y heterológica, y en ese sentido esencialmente reveladora, a través de la forma, de la sociedad a la que nos remite. No sólo todos los personajes, y los grupos y clases que representan, tienen voz en el concierto novelístico, sino que la ejercen con todos los giros, peculiaridades y matices que los caracterizan, y con las modulaciones pragmáticas que el lenguaje en situación impone. De «estilo vasto» ha hablado, a este respecto y sin la más mínima intención peyorativa, Octavio Paz.

El mito de la revolución mexicana y su prostitución por obra de los arribistas sin escrúpulos, que ya estaba presente en *La región más transparente* a través, sobre todo, de la figura de Federico Robles, se convierte en el tema central de *La muerte de Artemio Cruz* (1962), en donde aquel personaje aparece, por cierto, citado. Hay, pues, entre estas dos novelas un tránsito de la colectividad a la individualidad representativa. En la primera de ellas se define, por ejemplo, lo que son Federico Robles y Artemio Cruz: dos «grandes chingones», dos trepadores oportunistas que se han servido de una revolución para erigirse en una nueva plutocracia que Manuel Zamacona denuncia ante Federico Robles como esencialmente reaccionaria. Ese mismo papel de presencia crítica frente al corrupto lo ejerce Lorenzo, el hijo de Artemio, revolucionario sincero que muere cumpliendo el destino ingrato que su padre rechazara, cuando huye hacia Francia con una columna de la República española derrotada.

La estructura de *La muerte de Artemio Cruz* es sobresaliente, por su engranaje de maquinaria perfecta y por su pertinencia expresiva, pues evita eficazmente el planteamiento maniqueo del tema al que acabamos de referirnos, humanizando a través de los registros y niveles lingüísticos al personaje que lo representa con todas sus contradicciones.

Se trata de una novela de marcada reducción temporal retrospectiva, en la que, además, cada corte temporal implica una forma de modalización y una forma narrativa diferente. El relato primero abarca tan sólo unas horas de un día indeterminado de 1961, cuando Artemio Cruz, con setenta y un años, agoniza en un hospital, asumiendo en primera persona su situación crítica por medio del monólogo interior. Los trece fragmentos que obedecen a este planteamiento se corresponden con otros tantos en los que la voz del protagonista revierte sobre sí mismo en segunda persona, en una especie de autorrecriminación que recupera situaciones, circunstancias y personajes del pasado de Artemio que éste ve, a veces, como un futuro vivido: «Sí; ayer volarás desde Hermosillo ayer nueve de abril de 1959 (...)» (pág. 13). Finalmente, el discurso se completa con doce secciones encabezadas por una fecha entre paréntesis e iniciadas siempre por el pronombre *él,* referido al propio Artemio. Advertimos así la presencia de un narrador heterodiegético, es decir, externo a la historia, que con gran dominio de la misma va reflejando momentos clave de la vida del protagonista, hasta llegar, en las últimas páginas, al 9 de abril de 1889, momento de su nacimiento, lo que permite un contrapunto sumamente logrado, pues a ello sigue en primera persona un breve monólogo de Artemio —«Yo no sé... no sé... si él soy yo... si tú fue él... si yo soy los tres...», pág. 315— y la asunción, en segunda, de su muerte sobre la mesa del quirófano. El riesgo posible de mecanicismo que una estructura tan meditada y precisa como ésta podría representar está cumplidamente sorteado por la habilidad con la que se resuelven las transiciones, las asociaciones y los contrastes.

El año 1962 fue, asimismo, el de la publicación de
otra de las obras maestras de Carlos Fuentes, en este
caso la novela corta *Aura,* estructural y lingüística-
mente vinculada con *La muerte de Artemio Cruz* por
el uso de la segunda persona y el tiempo futuro. *Aura*
ofrece una expresión condensada y apolínea de la
tarea que, según Carlos Fuentes afirmó con ocasión
del logro del premio Rómulo Gallegos en 1977, corresponde al arte: «no explicar, sino afirmar la multiplicidad de lo real», que incluye, por supuesto, lo
maravilloso. Lo que aquí se plantea, a través de una
anécdota de reencarnación y *timelessness,* es el gran
tema, obsesivo en Fuentes, del doble —el *döppelganger*—. Felipe Montero, el joven historiador contrata-
do por una dama anciana, Consuelo —esposa que
fue de un general francés del emperador Maximiliano, que la aseguró capaz de cualquier cosa por con-
servar perennemente la belleza— acaba por identificarse a través de la joven y hermosa sobrina de
Consuelo, de la que se enamora, con la pareja forma-
da por ésta y su marido, muerto sesenta años atrás.
El mismo asunto se plantea de nuevo, siete años más
tarde, en otra novela corta, *Cumpleaños,* donde la
fusión de identidades —tan borgiana, por otra parte— se produce entre George, un arquitecto inglés de
nuestro siglo, y Siger de Brabante, teólogo magistral
de la Universidad de París, denunciado como heterodoxo por Etienne Tiempier y Tomás de Aquino, y
por ello prófugo en Italia. Sus tres heréticas verdades
eran: «el mundo es eterno, luego no hubo creación; la
verdad es doble, luego puede ser múltiple; el alma no
es inmortal, pero el intelecto común de la especie
humana es único»[11]. No en vano estas dos novelas
cortas entran a formar parte de la primera serie de *La
Edad del Tiempo,* bajo el rótulo común de EL MAL
DEL TIEMPO, junto a un tercer texto, ya de extensión

[11] *Cumpleaños,* México, Joaquín Mortiz, 1970², pág. 98.

mayor, *Una familia lejana,* de 1980. En él es fundamental el juego de narradores, el último de los cuales
es Fuentes, transcriptor del relato que en París le
hace el conde de Branly sobre la obsesión acerca de
su propia identidad padecida por el arqueólogo mexicano Hugo Heredia —apellido que homenajea al
autor galohispánico de *Les Trophées*— y su hijo
Víctor, quienes perseguían a sus homónimos allí
adonde llegaban. El viejo Heredia identifica toda esta
problemática, de presencia universal, con la «lección
más profunda de la antigüedad mexicana», perceptible en el ámbito mítico de ciudades como Teotihua-
cán: «todo está relacionado, nada está aislado, todas
las cosas están acompañadas de la totalidad de sus
atributos espaciales, temporales, físicos, oníricos, visibles e invisibles» (pág. 184). Esta última novela está
dedicada, como *Las buenas conciencias,* a aquel gran
inquietador de los espíritus, el surrealista español
Luis Buñuel, que también sabía trascender la realidad
roma hacia la maravilla presente, ineluctablemente,
en ella.

Cumpleaños participa de la intensificación críptica,
ya comentada por Octavio Paz, que en la trayectoria
de Carlos Fuentes se produce a partir de *Cambio de
piel* (1967), la más «faulkneriana» de sus obras, que
ocupa en solitario uno de los capítulos de *La Edad
del Tiempo,* concretamente el XI, al igual que las
otras dos magnas novelas del autor que nos quedan
por analizar, *Terra Nostra (Tiempo de fundaciones)*
(II) y *Cristóbal Nonato,* que cierra el macrotexto (XII).

Existe, para una mejor comprensión de esta obra,
un documento de inapreciable valor, una extensa y
sustanciosa entrevista que Carlos Fuentes mantuvo
con Emir Rodríguez Monegal poco antes de la publicación de la propia novela[12]. Se explicita allí, por

---

[12]   En Helmy F. Giacoman, *ob. cit.,* págs. 23-65.

ejemplo, la operatividad del *döppelganger,* evidente
en la doblez de los papeles de los cuatro personajes
básicos, dos mexicanos que son amantes, Isabel y
Javier, y la esposa de éste, Elizabeth, amante de
Franz, un alemán de pasado nazi. Pero el Narrador,
identificable con Carlos Fuentes por ciertas indicaciones autobiográficas (cf. pág. 25 de la ed. Seix
Barral), podría confundirse con todos ellos, según
sugerencia del propio novelista, y de forma muy
especial con el escritor Javier, que había proyectado
una novela «sobre el secreto amoroso» titulada *La
caja de Pandora.* Similar identificación es asimismo
sugerida para con Xipe Totec en una página en
donde se relaciona el título de la obra con esta
realidad mutante (pág. 415).

Porque en *Cambio de piel* tiene una presencia sustancial el mito del México prehispánico. La anécdota
aparece encuadrada en una fecha, el Domingo de
Ramos 11 de abril de 1965, en que los citados personajes, de camino a Veracruz, se detienen en Cholula,
la ciudad de las pirámides aztecas. En el laberinto de
sus galerías se internarán las dos parejas, como en un
descenso a los infiernos, que concluirá dramática-
mente con un doble ritual de sacrificio: Franz será
asesinado por el joven Jakob Werner, hijo de una de
sus víctimas judías, y Javier ahorcará a Isabel con un
chal. Aparte de lo que estos hechos tienen de justificación individual para los que los ejecutan, representan también otra intuición muy cara a Fuentes (y a
Borges), la de la *timelessness* o ucronía, la inmovili-
dad del tiempo y la Historia, en la que todas las
violencias —la de los conquistadores, la del holocaus-
to, la de los jóvenes airados con los que va Jakob
Werner— son la misma violencia, el cumplimiento de
un mismo rito ceremonial.

Fuentes ha insistido en que *Cambio de piel* es una
«ficción total», un texto en el que la historia se
adelgaza y fragmenta para someterse por entero a un

discurso de complejo descifrado. No falta, sin embargo, en ella una temática europea y mexicana a la vez, que la hace particularmente atractiva para los lectores del Viejo Continente. Pero el predominio está, de todas formas, en lo segundo. A través de la mención que Elizabeth hace de Jaime Ceballos y Artemio Cruz (pág. 276) se introduce en el universo insólito de esta obra la novelística anterior de Carlos Fuentes, en la que se buceaba sobre la identidad de un México definido aquí como el país «donde todo es ruina porque todo es promesa» (pág. 99). Y más adelante, como «una máscara (...) un lugar de exilio para los extraños, no una casa propia» (pág. 371).

En las primeras palabras de la «advertencia» que precede al ensayo de Fuentes sobre Cervantes, leemos una afirmación que puede iluminar el complejo significativo de *Cambio de piel:* «Nuestra relación con España es como nuestra relación con nosotros mismos: conflictiva. Y de parejo signo es la relación de España con España: irresuelta, enmascarada, a menudo maniquea. Sol y sombra, como en el ruedo ibérico. La medida del odio es la medida del amor. Una palabra lo dice todo: *pasión*» (pág. 9). Pues bien, acaso no exista clave mejor que ésta para adentrarse en otro de los textos más exotéricos, problemáticamente novelístico y, en todo caso, excesivo de nuestro autor, *Terra Nostra,* comenzado a escribir inmediatamente después de la aparición de *Cambio de piel* y publicado en 1975.

La pasión conflictiva del novelista mexicano para con España es, a nuestro entender, el asunto central de esta obra desbordada, dionisiaca. La sombra está en la tradición del poder absoluto, y de su violencia, personificado aquí por «El Señor», trasunto de Felipe II, que contra la posibilidad de la otra España machadiana de «la rabia y de la idea», «cierra sus puertas, expulsa al judío, persigue al moro, se esconde en un mausoleo y desde allí gobierna con los nombres de la muerte: pureza de la fe, limpieza de la sangre, horror del cuerpo, prohibición del pensamiento, exterminio de lo incomprensible» (pág. 568). El sol, por el contrario, luce en una cultura y un arte que han denunciado la intransigencia a través de las formas. No es azar que dos de las citas iniciales provengan de los caprichos de Goya —«¿Qué quiere ese fantasmón...?— y de Luis Cernuda, que interpela, lopescamente, a la madrastra Sansueña (la tercera, de Yeats, hace referencia a una «terrible beauty»). Pero la presencia fundamental, a este respecto, es la de Quevedo, cuyos *Sueños* recreados plásticamente por el artista mexicano José Luis Cuevas —del que se reproducen tres litografías al comienzo de cada una de las partes de *Terra Nostra*— inspiran el universo y el estilo de esta novela. No se reducen a los indicados los homenajes del autor a otros escritores hispanos, en especial a Cervantes, de cuya teoría de la ficción novelística se hace un brillante resumen: «Mirad así el misterio de cuanto queda escrito o pintado, que mientras más imaginario es, por más verdadero se le tiene» (pág. 240).

Todo ello nos sitúa en el ámbito del *romance* al que, en último término, hemos venido remitiendo el realismo maravilloso de la novelística hispanoamericana de nuestro tiempo. En *Terra Nostra* toda la segunda parte, titulada «El mundo nuevo», refleja lo peregrino y fabuloso de una realidad en las antípodas de la estolidez escurialense.

Terra Nostra resulta, pues, un texto inquietante, laberíntico, que toma de la estructura narrativa barroca el constante engarce de relatos secundarios con lo que podría ser la línea diegética principal, aquí, como en *Cambio de piel,* deliberadamente intrincada y confusa. Una obra que tiene mucho de *summa* del arte y el pensamiento de su autor, y que por ello significaba inexorablemente un finisterre de experimentación que no se podía traspasar.

Y así ocurrió en efecto. Desde entonces, Carlos Fuentes ha proporcionado a sus lectores el alivio de un regreso a la narratividad, tal y como han hecho también otros novelistas que por los mismos años habían tensado al máximo el arco experimentalista. Ese regreso ha ido acompañado asimismo de un parejo reencuentro con la temática mexicana del pasado, presente y futuro, fundida con la impronta española en la última novela, hasta el momento, de Carlos Fuentes, *La campaña* (1990), desarrollada a lo largo de los diez primeros años (1810-1820) de la lucha por la independencia.

El pasado está en la primera entrega de la serie cuarta de *La Edad del Tiempo,* correspondiente a EL TIEMPO REVOLUCIONARIO. *Gringo viejo* (1985), a la que seguirá *Emiliano en Chinameca,* es el relato lineal de lo que pudieran haber sido los últimos días del escritor norteamericano Ambrose Bierce, que en 1913 se despidió de sus amigos anunciándoles su propósito de pasar al vecino país, por aquel entonces conmocionado por el golpe de Estado de Huerta, el asesinato de Madero y el levantamiento de Venustiano Carranza y Zapata. En tal decisión había mucho de autoinmolación, pues como Bierce dejó escrito en su última carta y la novela pone en su boca (pág. 139), «ser un gringo en México... *eso es eutanasia*». La libertad con que Carlos Fuentes se permite inventar en este caso la historia fue la chispa que encendió la diatriba de Enrique Krauze y la posterior polémica, a las que nos hemos referido ya.

El presente de México aflora en la novela más cinematográfica —por su planteamiento de auténtico *thriller* de espionaje— de Carlos Fuentes, *La cabeza de la hidra* (1978), uno de los dos títulos que formarán parte de la sección novena de *La Edad del Tiempo,* EL TIEMPO POLÍTICO. A causa de la ingente riqueza y no menor problema nacional —corrupción, deuda exterior, inflacionismo— representados por el petróleo mexicano, que «como la hidra (...) renace multiplicado de una sola cabeza cortada» —leemos en la frase final de la novela—, se desencadena una trama característica de aquel género protagonizada por Félix Maldonado, una especie de James Bond del subdesarrollo. Pero la hidra puede ser, asimismo, aquí símbolo de las dos cabezas rectoras del mundo, las dos superpotencias, para las que el control de las fuentes energéticas, por encima de la soberanía de los países que las posean, es una cuestión vital.

El humor y la parodia que congraciaron a los lectores de *La cabeza de la hidra* con el autor de *Terra Nostra* reaparecen en su penúltima novela, *Cristóbal Nonato* (1987), de cumplidas dimensiones, en la que Carlos Fuentes se permite un ejercicio lúdico de anticipación al situarnos en el México de 1992, vaticinando clarividentemente un proceso que en las elecciones presidenciales de 1988 ha comenzado a esbozarse de hecho, el resquebrajamiento de la hegemonía absoluta del Partido Revolucionario Institucional.

En 1992, según Fuentes, el presidente de la República pertenece al PAN, la derecha opositora del PRI, pero gobierna con la maquinaria de éste, con lo que implícitamente se apunta que el sistema no consentirá el triunfo de un tercer candidato asimilable a lo que hoy por hoy representa Cárdenas. Partes del territorio mexicano están cedidas a compañías extranjeras para aliviar el peso de la deuda externa, el país acoge tropas norteamericanas cuya misión es controlar la zona, y entre lo que queda de México y los nuevos Estados Unidos existe una franja fantasmal de trescientos kilómetros de ancho baldío.

La parodia afecta al asunto de la novela y a su planteamiento estructural. Escrita en primera persona, el narrador se sitúa en un punto ya sugerido en ciertas novelas picarescas, como *El Guzmán,* por ejemplo, y más recientemente aplicado por Juan Rulfo en su relato de 1945 «La vida no es muy seria en sus cosas»: el útero materno a partir del momento de la concepción. Se trata aquí de un *nasciturus* mexicano, engendrado en las playas de Acapulco en la fecha más conveniente para que su nacimiento se produjese el 12 de octubre de 1992 y deparase a sus padres el premio establecido *ad hoc* por el gobierno del país, en conmemoración de la efeméride del Descubrimiento. Tras el prólogo que narra la concepción y se titula, congruentemente, «Yo soy creado», siguen nueve capítulos de gestación hasta el alumbramiento, otra vez en Acapulco, de una pareja de gemelos, niño y niña, que recrea el mito mexicano de Quetzalcóatl. Parodia, en fin, del lenguaje, porque en ninguna otra obra de Carlos Fuentes se cumple como en ésta la urgente tarea de re-crear, violentándolo, el idioma que el autor alababa en Cabrera Infante y en Joyce en su ensayo *La nueva novela hispanoamericana* de 1972 (pág. 31). *Cristóbal Nonato* es, por todo ello, en la estela de Cervantes y Sterne, una metanovela en palimpsesto para el disfrute estético e intelectual de quien el narrador nombra, en significativo retruécano, como «su Merced Elector».

MANUEL SCORZA

Al peruano MANUEL SCORZA (Lima, 1928-Madrid, 1983) se debe la creación de una obra narrativa en la que pretendió integrar epicidad, tragicidad y lirismo de una manera armoniosa. En su pentalogía de *La guerra silenciosa,* elaborada a lo largo de una década, nos ha legado, en novelas legibles con autonomía pero interrelacionadas, un testimonio artístico sin excesivas pretensiones formales, delicado y fuerte a la vez, de la lucha emprendida por algunas comunidades campesinas del Perú para intentar recuperar la propiedad secular de sus tierras, de las que se habían visto despojadas más sistemáticamente a partir de 1950. El novelista insertó dentro de los componentes recabados de la historia reciente sobre personajes y hechos concretos, en particular los relativos a crueles expolios, matanzas y represiones acontecidas en territorios serranos de los Andes Centrales, algunos materiales fantásticos, tomados con frecuencia de viejas leyendas autóctonas, que no atenúan la verosimilitud realista de sus relatos, sino más bien contribuyen a incrementarla.

Las cinco novelas cíclicas [1] —*Redoble por Rancas, Garabombo el invisible, El jinete insomne, Cantar de*

---

[1]   El ciclo entero está editado por Monte Ávila de Caracas, así como por Planeta y por Plaza y Janés de Barcelona. Es conocido con el título de «La guerra silenciosa».

Agapito Robles y *La tumba del relámpago*— se han visto como un gran poema épico-trágico en prosa que recuerda la tonalidad de las viejas baladas cantadas durante siglos por diversos pueblos; en ellas, de entre la colectividad de indios vejados por los hacendados o gamonales, destacan individualidades con dificultad olvidables, tales como Raymundo Herrera, el «jinete insomne» debelador de la arbitrariedad, que cabalga durante más de dos siglos con su afán quijotesco de justicia para restaurar el orden en un mundo caótico, o Agapito Robles, el opositor del frustrado aventurero erótico doctor Montenegro, o Maca, la bella y maniática mujer, rodeada de sus bufonescos y esperpénticos cortesanos, que se resiste a los abusos desmedidos de los latifundistas, o el abogado Ledesma, defensor incansable de quienes han visto negados sus más legítimos derechos, y hasta el propio autor, que acaba por insertarse con su nombre y apellido en el grandioso fresco entre las criaturas ficcionales de la novela que cierra el ciclo. Hay en estas obras una notable carga de patetismo y emotividad dimanante de los propios hechos narrados que, infringiendo los valores radicales de la dignidad humana, hieren la sensibilidad del lector y provocan en él un rechazo de la violencia ejercida por los poderosos, capaces de alterar hasta las leyes naturales y el ritmo del tiempo; hiperbolización, simbolismo y tratamientos satíricos, junto con extremosos contrastes entre el egoísmo de unos y la entrega sacrificada de otros, vileza cobarde y valor heroico, infames traiciones y delicada ternura, potencian el sentido denunciador de un mundo elemental de maldad y bondad en pugna. En el fondo de todo laten una utopía, la del amor capaz de convertir un mundo de odios e intereses en un paraíso de convivencia, y una esperanza revolucionaria, la que confía en la fuerza de los débiles asociados que, exponiendo sus vidas, se alzan en armas contra los abusos de los poderosos.

En *La danza inmóvil* [2] (1983) vuelve sobre el conocido asunto de los exiliados hispanoamericanos en
París, tratado por novelistas anteriores; la novedad,
parcial, pues ya Unamuno había hecho algo parecido
en una de sus «nivolas», estriba aquí no tanto en el
contrapunto de los ambientes parisino y peruano o
en la integración de elementos culturales, musicales y
artísticos que Julio Cortázar había realizado con
mayor fortuna, sino en que la obra de ficción se
presenta como un proyecto que se va complicando y
concretando a medida que se escribe, hasta desembocar en un final abierto y ambiguo donde se plasman
las soluciones contrapuestas dadas a su compromiso
por dos guerrilleros peruanos, uno de los cuales
renuncia por amor a sus proyectos revolucionarios y
el otro regresa a su país, donde muere en el tormento.
Rasgos destacables de la producción narrativa de
Scorza son su pintura de grandes frescos de colectivi-
dades humanas víctimas de la injusticia y la opresión,
sin descuidar la atención a poderosas individualidades que desde su desvalimiento se enaltecen por su
entereza y dignidad, como también las intromisiones
y toma de partido del narrador dando curso a su
protesta, el contraste entre la belleza natural y la
degradación de unas existencias despojadas de lo
esencial, que todavía se potencia más por la añoranza
de un pasado feliz e idílico, sin duda idealizado, y la
amargura con que se vive un presente atribulado. Lo
esencial de su obra puede inscribirse, dentro del indigenismo mítico, en una corriente que moderniza lingüística, técnica y estructuralmente el viejo y superado indianismo del siglo XIX, por la considerable
cabida funcional que se otorga en estas páginas a los
componentes fantásticos y míticos en fusión enriquecedora de la realidad observada y documental.

---

[2]   Editada en Barcelona por Plaza y Janés en 1983, el mismo
año de la muerte de su autor.

GUILLERMO CABRERA INFANTE

Al margen de los indudables elementos autobiográficos, trascendidos por supuesto en pura creación ficticia, presentes en la novela *La Habana para un infante difunto* (1979), su autor, GUILLERMO CABRERA INFANTE, ha recreado la primera etapa de su vida, hasta su definitivo exilio de Cuba, en un texto de sumo interés titulado «Orígenes (Cronología a la manera de Laurence Sterne)», que forma parte de otro de sus libros de sucinto título: *O*.

Guillermo Cabrera Infante nació en Gibara, provincia de Oriente, el 22 de abril de 1929, en el seno de una familia de militancia comunista, cuyos miembros participaron activamente en las revueltas políticas locales y llegaron a ser encarcelados en Santiago en 1936. Su padre, periodista y tipógrafo, termina por emigrar a La Habana en busca de trabajo, y poco tiempo después, en 1941, le siguieron su esposa y los dos hijos varones.

Se inicia entonces para el escritor una etapa trascendental de su vida, en la que la gran ciudad como ámbito fascinante de experiencias y descubrimientos se identifica con la adolescencia y sus iniciaciones, de lo que su novela de 1979 antes mencionada da cumplida cuenta artística. Allí se produce su definitivo encuentro con la literatura, gracias a la influencia de un profesor de bachillerato y, sobre todo, la lectura de *El señor Presidente* en 1947, de la que

surge un cuento publicado en la revista *Bohemia,* a
cuya redacción se incorpora como secretario, renunciando a seguir los estudios de Medicina, en los que
había pensado, para dedicarse de forma exclusiva a
ésta y otras actividades editoriales, simultaneadas
con los cursos de la Escuela Nacional de Periodismo.

Paralelamente se desarrolla otra de las grandes
pasiones de Guillermo Cabrera Infante, que acabará
fundiéndose íntimamente con la literaria: el cine. Si
hemos de hacer caso al autor, su primer contacto con
el séptimo arte se produjo a los veintinueve días de su
vida, cuando su madre lo llevó a una proyección de
Los cuatro jinetes del Apocalipsis. En 1951, tan precoz
cinéfilo funda la Cinemateca de Cuba, que será finalmente incautada y luego abandonada por el Gobierno cubano cinco años más tarde.

Tras el segundo golpe de Estado de Batista, un
cuento suyo aparecido en *Bohemia* es tachado de
obsceno por las autoridades y el escritor multado y
encarcelado. Se le obliga también a dejar sus estudios
periodísticos durante dos años y se le prohíbe firmar
con su nombre, lo que da origen a su transparente
pseudónimo G. Caín, con el que suscribe una columna semanal en la revista *Carteles* desde 1954, fecha
del nacimiento de su primera hija.

En estos años y hasta la caída de Batista menudean
las actividades políticas y conspiratorias del escritor,
que viaja por primera vez al extranjero (México y
Nueva York). Con el triunfo de la revolución pasa a
ser figura destacada en la actividad cultural y cinematográfica del nuevo régimen. Destaca, en este sentido,
su iniciativa de un suplemento literario para el diario
Revolución, titulado *Lunes,* que se convierte en seguida en el vocero del grupo generacional de los «novísi-
mos», los escritores y artistas cubanos nacidos hacia
1940. En 1960 viaja a Europa con una delegación
oficial y deja de escribir sus críticas de cine, al tiempo

que publica su primer libro narrativo, *Así en la paz como en la guerra.*

Al año siguiente se produce su primer choque frontal con el régimen castrista, a causa del secuestro de un corto sobre la vida nocturna de La Habana titulado *P. M.,* dirigido por el hermano del escritor y avalado por el grupo de *Lunes,* que protesta por escrito la decisión. A consecuencia de ello, Guillermo Cabrera Infante fue destituido como director de la revista poco antes de que ésta fuese clausurada, y como continuación del filme proscrito comienza a redactar *Ella cantaba boleros,* germen de su primera novela. Este es también el año del segundo matrimonio del autor con la actriz Miriam Gómez.

La situación política de Cabrera Infante como exiliado interior se resuelve aparentemente con su nombramiento como agregado cultural en la Embajada cubana ante Bruselas, nombramiento que se convierte en el de encargado de negocios para Bélgica y Luxemburgo en 1964, año en que obtiene el premio Biblioteca Breve de la editorial barcelonesa Seix Barral. Al año siguiente visita por última vez su país, con motivo de la muerte de su madre, para renunciar después a su cargo y situarse con claridad, junto a otros intelectuales y políticos protagonistas de la insurrección contra Batista y del triunfo revolucionario de 1959, en la oposición al desarrollo seguido por el régimen de Fidel Castro.

Desde esta fecha Guillermo Cabrera Infante reside en Londres, donde obtiene la nacionalidad británica, dedicado a la literatura y al cine, actividades que aparecen fundidas de manera absoluta y fructífera en su personalidad creativa, según tendremos oportunidad de analizar más adelante. Además de su primer libro de relatos, *Así en la paz como en la guerra* (La Habana, 1960; Barcelona, Seix-Barral, 1971), y de dos volúmenes de artículos, ensayos y textos experi-

mentales[1], Guillermo Cabrera Infante ha publicado
tres novelas: *Tres tristes tigres* (Barcelona, Seix-Barral, 1967), premio Biblioteca Breve y premio al
mejor libro extranjero en Francia (1970); *Vista del
amanecer en el trópico* (Barcelona, Seix-Barral, 1974),
título éste que fue el inicial de la novela anterior, y *La
Habana para un infante difunto* (Barcelona, Seix-Barral, 1979). Según testimonio del propio autor, esta
última obra se continúa en *Cuerpos divinos,* manuscrito que en 1980 constaba ya de 500 páginas y del
que en 1974 se había publicado un fragmento, titulado «Delito por bailar el chachachá»[2]. En 1984, Guillermo Cabrera, que ya había cultivado literariamente el inglés en dos poemas de su libro *Exorcismos de
esti(l)o,* escribe en esta lengua *Holy Smoke,* un libro
sin género sobre el descubrimiento y popularización
del tabaco como práctica social en Occidente. Y en
una de sus últimas apariciones públicas hasta el momento en que escribimos, a finales de 1987 y en
Madrid, anuncia un nuevo volumen de ensayos, pa-
ranomásicamente titulado *Mea Cuba,* al tiempo que
desarrolla una personalísima teoría sobre la enferme-

---

[1]   El ya citado *O* (Barcelona, Seix-Baral, 1975) y *Exorcismos de
esti(l)o* (Barcelona, Seix-Barral, 1976).

[2]   En el volumen *Guillermo Cabrera Infante* (Madrid, Editorial
Fundamentos, 1974), compilado por Julián Ríos, que incluye
también estudios sobre nuestro autor a cargo de Julio Ortega, Julio
Matas, Luis Gregorich, Emir Rodríguez Monegal y David Gallag-
her. A este título, fundamental en la bibliografía sobre el escritor
cubano, cabe añadir los siguientes: Rosa María Pereda, *Guillermo
Cabrera Infante* (Madrid, Edaf, 1979); A. L. Nelson, *Cabrera
Infante and the Menippean Tradition* (Newark, Juan de la Cuesta,
1983), e Isabel Álvarez-Borland, *Discontinuidad y ruptura en Guillermo Cabrera Infante* (Valencia, Ediciones Hispanófila, 1984).
Asimismo resulta sumamente ilustrativa la entrevista mantenida
con el novelista por Julián Ríos bajo el título «Infante para una
Habana difunta», incluida en el volumen 7 de la revista *Espiral,*
Editorial Fundamentos, Madrid, 1980, págs. 141 a 165, y en
general el número monográfico dedicado al autor por la revista
World Literature Today (vol. 61, núm. 4, 1987).

dad mental y el tratamiento psiquiátrico correspondiente desde su perspectiva de creador. (Posteriormente ha trascendido el proyecto de una nueva novela de Guillermo Cabrera Infante, que se titularía *Itaca, vuelta a empezar*.)

Si hemos de hacerle, una vez más, caso al autor, sus afecciones mentales fueron desencadenadas por la escritura del guión cinematográfico de la gran novela de Malcolm Lowry *Under the Volcano*, trabajo encargado en 1972 por el director Joseph Losey, que finalmente no llegaría a realizar el correspondiente filme. El propio Cabrera Infante ha dejado testimonio, en un interesante artículo de la *Revista de Occidente*, de aquella experiencia [3], en donde resume de forma rotunda su concepción de las relaciones entre artes narrativas tan cercanas y a la vez formalmente tan independientes como son las dos puestas en juego: «Un guión no es literatura para el cine, sino literatura que ya es cine. Que se realice o no es otra cuestión.» Entre los guiones de Cabrera Infante efectivamente llevados a la pantalla destaca el de la película *Banishing point*, de Richard C. Cerasian.

A estas alturas huelga ya decir que Guillermo Cabrera Infante es probablemente el escritor contemporáneo que acusa más intensamente en su literatura las diferentes posibilidades de interacción entre el arte de la palabra y el cine. En él confluyen todas las posibilidades imaginables a este respecto. Hace un momento mencionábamos el dato de que el germen literario de *Tres tristes tigres* esté en una de sus secciones, «Ella cantaba boleros», escrita en 1961 para continuar el proyecto cinematográfico de *P. M.*, frustrado por la censura de la revolución cubana. Luego aludíamos a la teoría de Cabrera Infante a

---

[3] Guillermo Cabrera Infante, «Scenario. O de la novela al cine sin pasar por la pantalla», *Revista de Occidente*, 40, 1984, págs. 7 a 19.

propósito del guión elaborado sobre novelas especialmente significativas. No hemos ignorado tampoco su
labor como responsable de la cinemateca cubana y
directivo del Instituto Cubano del Cine después de la
revolución, ni sus escritos sobre el séptimo arte reunidos en sendos volúmenes, *Un oficio del siglo XX*
(primera edición de 1963; Barcelona, Seix-Barral,
1973) y *Arcadia todas las noches* (Barcelona, Seix-
Barral, 1974), colección de ensayos sobre figuras
generadoras de los grandes mitos cinematográficos,
como fueron Orson Welles, Alfred Hitchcock, John
Ford, Vincent Minelli u Howard Hawks. El título de
esta última obra tiene relación con una confidencia
biográfica reciente de nuestro novelista: «Sigo viendo
tres películas al día.»

En este orden de cosas, Guillermo Cabrera Infante
sólo tiene un parangón en la actual novelística hispanoamericana: el argentino Manuel Puig, de quien
trataremos posteriormente. Y sin embargo, la forma
en que se manifiesta en ambos esta fructífera interacción es muy distinta. Es indudable, no obstante, una
misma influencia técnica perceptible a través de la
labilidad de un montaje que en último término el cine
aprendió de los grandes narradores literarios. El propio novelista así lo reconoció en su artículo ya mencionado sobre las mal llamadas adaptaciones de
obras literarias, al conceder a Dickens y a Shakespeare, entre los múltiples ejemplos que se podrían aducir,
la condición de «guionistas absolutamente *avant
l'image*». También lo es lo que Cabrera Infante, en
términos que sin duda Puig asumiría, mencionó en su
entrevista de 1984 con Julián Ríos: la «gran influencia del cine como visión del mundo» y «como creación de prototipos, de tipos, y aun de ideales femeninos». Se trata, en definitiva, de asumir una cultura
diferente a la tradicional, en cuanto mediatizada por
un medio de comunicación de masas que desde hace
ya casi un sigo ha ido modificando el horizonte de

expectativas de los destinatarios del mensaje narrativo literario, sin que esto signifique, por supuesto, una ruptura total en relación a lo precedente, pues el cine es feudatario de la literatura no sólo en cuanto a la técnica de la narración, sino también por el aprovechamiento que hace de la mitografía por ella provista, prácticamente inagotable. El narrador de *La Habana para un infante difunto* lo expresa con claridad meridiana: «En cuanto a la expresión de la vulgaridad en la literatura y en el arte, creo que si soy un adicto al cine es por su vulgaridad viva y cada día encuentro más insoportables las películas que quieren ser elevadas, significativas, escogidas en su expresión o, lo que es peor aún, en sus intenciones (...). En la segunda mitad del siglo XX la elevación de la producción *pop* a la categoría de arte (y lo que es más, de cultura) es no sólo una reivindicación de la vulgaridad, sino un acuerdo con mis gustos. Después de todo, no estoy escribiendo historia de la cultura sino poniendo la vulgaridad en su sitio —que está muy cerca de mi corazón» (págs. 530-531).

Lo que sí resulta más que discutible es una afirmación varias veces realizada por nuestro autor, y reiterada con motivo de la presentación pública de la versión inglesa de su última novela —*Infante's Inferno*— en el Institute of Contemporary Arts, de la capital británica, con presencia e intervención de otro novelista hispanoamericano no menos sensible al diálogo interartístico del que tratamos, Mario Vargas Llosa. Allí Guillermo Cabrera Infante declaró: «creo que el cine ha ejercido más influencia en mí que los libros».

No recurriremos al argumento —o falacia— biográfico, que, dejando a un lado la *boutade* de la precoz iniciación cinéfila del autor a la temprana edad de veintinueve días, documenta un proceso convencional de iniciación en la literatura infantil con o sin dibujos, culminado en el descubrimiento de una

vocación literaria irresistible por mor de la lectura de
un texto tan significativo para el panorama todo de
la última novela hispanoamericana que estamos desarrollando en este capítulo, como fue *El señor Presidente*. Pero es que Guillermo Cabrera Infante resulta
un escritor muy literario, valga la redundancia semántica. Más aún: un escritor sumamente retórico.
Bien a las claras descubre su filiación en este sentido
cuando Rita Guibert le pregunta de entrada en su
entrevista londinense de 1970, reproducida en el volumen de 1974 recopilado por Julián Ríos, «¿Qué significa para ti la creación literaria?», y obtiene la siguiente respuesta: «Palabras, palabras, palabras.»
   No otra es la concepción de la literatura en su
estado de máxima pureza en una vasta tradición
occidental que podemos trazar desde, por ejemplo,
Cicerón hasta Coleridge. Para Cabrera Infante, como
para ellos, y para gran número de los comprendidos
entre ellos o posteriores al prerromanticismo, las
posibilidades de la creación literaria son, ante todo,
«las posibilidades de la escritura, las posibilidades del
lenguaje», manipulado como en un juego, «un juego
complicado, mental y concreto a la vez, que actúa
sobre un plano físico, la página, y los diversos planos
mentales de la memoria, la imaginación, el pensamiento» (de este talante lúdico da fe y testimonio uno
de los libros más interesantes de Cabrera Infante:
Exorcismos de esti(l)o). Como se verá por tal declaración, y se ratificará en la lectura de su narrativa,
escasamente plástica y descriptiva, nada concede paradójicamente nuestro autor a la imagen, el signo
distintivo de la narrativa cinematográfica, que incluso en la plenitud del sonoro puede prescindir de la
palabra como lo hacen cintas tan bien logradas y
rigurosamente contemporáneas de la literatura de
Guillermo Cabrera Infante como pueda ser *La isla
desnuda,* de Kaneto Shindo. Aquella «plasticidad»
ausente en su arte da paso a un eficaz sucedáneo de

índole retórica: la paranomasia, la aliteración —figuras que obsesionan al novelista—, el oxímoron, la antífrasis, la catacresis, la paradoja, la litotes, el calambour... Es decir, el vasto arsenal del mejor barroquismo literario de nuestra lengua, en una tradición que desde Quevedo nos lleva al gran maestro reconocido como tal por el escritor cubano: Jorge Luis Borges.

Esa actitud esencialmente retórica junto al talante lúdico de un escritor que desea para sus libros la consideración de «una gran broma escrita» puede resumirse en un término fundamental para comprender la escritura de Guillermo Cabrera Infante: la parodia. Y para encuadrar su novelística en lo que Gérard Genette llama «la literatura en segundo grado» en su libro *Palimpsestes*[4], en donde, paradójicamente, Cabrera Infante no es mencionado ni una sola vez. Toda la creación del escritor cubano está concebida desde dos de las formas de transtextualidad posibles según Genette, que caracterizan la escritura más consciente de nuestra civilización libresca, de la que Jorge Luis Borges es modelo arquetípico, abrumada por todo lo que se ha escrito ya, pero necesitada a la vez de autoexpresarse: la *intertextualidad* de las frecuentes citas, pastiches, alusiones o parodias y, sobre todo, la *hipertextualidad* o relación del texto con todos los anteriores —del mismo autor o no— de los que procede por transformación simple o compleja. Es aquí donde el discurso literario moderno merece en justicia el nombre de *palimpsesto,* porque trasluce a los ojos penetrantes del lector inteligente otras escrituras. Por eso dice Genette que el palimpsesto es un híbrido de broma y de seriedad, de ejercicio intelectual y de divertimento; de actividad lúcida y lúdica. Con Guillermo Cabrera Infante nos

---

[4]   Gérard Genette, *Palimpsestes, La littérature au second degré,* París, Editions Du Seuil, 1982.

vemos compelidos a hacer una lectura *palimpses-tuosa.*

No se nos oculta que a este respecto la literatura de nuestro escritor es sumamente representativa de un espíritu de época. Con motivo de la aparición de su primera novela, en 1980, Umberto Eco declaraba que «posmodernismo es la falta de inocencia. El escritor hoy no es inocente, sabe que hay otros libros detrás. Pero el lector tampoco lo es. Es imposible jugar con el lector como si fuera la primera vez que se escribe un libro. Por eso, la única solución es jugar sobre, y a partir de, esta falta de inocencia».

Estas ideas aparecen luego ampliadas en las *Postille a «Il nome de la rosa»,* sobre todo en la titulada «Lo posmoderno, la ironía, lo ameno» [5], que ya trajimos a colación en una de nuestras páginas introductorias. Defiende allí Eco la licitud de la gratificación proporcionada al lector por la pura narratividad, que le fue hurtada al público europeo por las novelísticas experimentales de los años setenta, pero ese rescatado placer de la lectura narrativa, que Cabrera Infante nos proporciona cumplidamente, no ha de ser, ni podría serlo ya, ingenuo. Estando como nos encontramos inmersos en este nuevo manierismo al que se ha dado en llamar posmodernidad, aquella gratificación será resultado de una fórmula que el autor de *Tres tristes tigres* y tantos más, conocen bien y manejan sabiamente: «Ironía, juego metalingüístico, enunciación al cuadrado», por decirlo en los mismos términos de Eco. Incluso el cine acusa todo esto en filmes tan característicos como, por ejemplo, *La rosa púrpura de El Cairo* (1985), de Woody Allen.

Nada extraño, pues, que Guillermo Cabrera Infante se identifique, según sus propias declaraciones, con la literatura de la decadencia romana, sobre todo con

---

[5]   Hay traducción española: *Apostillas a «El nombre de la rosa»,* Barcelona, Lumen, 1984.

Petronio, Catulo y Sexto Propercio. El novelista justifica tal identificación por medio de un elemento
argumental y temático compartido por su primera
novela y los autores mencionados: la noche como
tiempo de correrías juveniles. Añadamos por nuestra
parte otra identidad: la de ese decadentismo epocal
que representa para nosotros la posmodernidad.
Congruente con todo lo dicho es, además, otra filiación evidente en la novelística de Cabrera Infante,
sobre todo en *Tres tristes tigres,* y asumida expresamente por él: la que nos lleva a James Joyce, del que
el escritor cubano es, además de traductor de su libro
de relatos *Dubliners,* uno de los seguidores más creativos y por ello menos epigónico en toda la literatura
escrita en español[6].

Si un personaje encarna la manipulación lúdica del
lenguaje que Cabrera Infante comparte con Joyce,
ese es Bustrófedon, a quien otro de los protagonistas,
el fotógrafo Códac, escucha en una reunión nocturna
el trabalenguas que dio título finalmente a toda la
novela. Bustrófedon es maestro, efectivamente, en
juegos verbales; patriarca de lo que en una secuencia
por completo paródica —y muy joyceana—, titulada
«Confesiones de un comedor de gofio cubano», Arsenio Cué, personaje intelectual, actor y entrevistador
de la televisión, aquí transformado en *Arsenio de
Quency,* menciona como «literatura aleatoria», consistente en un diccionario y un juego de dados para
que el lector decidiera de tal forma la selección y la
combinación de las mismas.

Guillermo Cabrera Infante ha definido esta su
primera obra, publicada por fin en un año trascendental para la narrativa hispanoamericana (1967:
Cien años de soledad y *Cambio de piel*), como «una
novela de la amistad», y esto tiene que ver con el

---

6   Ambas referencias, a los escritores latinos y a Joyce, se
hallarán en la entrevista con Rita Guibert, ya citada.

protagonismo colectivo que en ella ejerce un desenfadado grupo de amigos de la noche habanera, al que pertenece, además de los mencionados, Silvestre, un escritor «que siempre habla en términos de cine» y experimenta con mayor viveza que los demás, si cabe, un sentimiento que se constituye en tema central de toda la obra, el amor a lo que él llama «una sabrosa bella durmiente blanca ciudad» («Bachata», XIV). A él se le atribuye, además, de forma ambigua y sutil el papel de futuro narrador de «estas aventuras nocturnas», en un quiebro de metaficción que se desliza en un intenso diálogo suyo con Arsenio Cué en la secuencia XIX del capítulo fundamental, el titulado «Bachata», que incluye una «Walpurgisnacht», como la de Leopold Bloom y Stephen Dedalus en el capítulo decimoquinto de *Ulysses*.

En efecto, *Tres tristes tigres* es una novela red, una novela poligráfica que convierte a una ciudad concreta, La Habana, y a un momento particular de su historia, los años inmediatamente anteriores a la revolución, entre 1953 y 1958, en escenario, tema y protagonista de un discurso abierto y sugerente, esencialmente polifónico.

«El libro, lo he dicho muchas veces, es una galería de voces», afirma su autor en la entrevista de 1970 con Rita Guibert, y subraya así, de nuevo con claridad absoluta, la estructura fundamentalmente heterofónica y heterológica —dialógica en la concepción novelística de Mijail Bajtin— de su discurso. Desde el prólogo, una regocijante presentación en lengua híbrida anglocubana a cargo del animador del cabaret Tropicana, hasta el epílogo, el monólogo de una loca sentada en un banco del Malecón habanero, y a lo largo de sus ocho capítulos, alguno de ellos de intencionalidad totalmente paródica joyceana, como el titulado «La muerte de Trotsky referida por varios escritores cubanos, años después o antes», la novela no deja de encarnar en sucesivas fuentes de enunciación diferentes registros lingüísticos, haciendo cierta además la voluntad expresada en una nota preliminar de que la escritura atrape la voz humana al vuelo.

Como ya quedó apuntado, el título inicial del manuscrito de Guillermo Cabrera Infante, que obtuvo en 1964 el premio novelístico español de mayor prestigio e intención renovadora, era *Vista del amanecer en el trópico,* finalmente reemplazado por *Tres tristes tigres* y utilizado luego para la segunda novela del autor, aparecida en 1974.

Nos consta, además, que esta obra independiente aparecía en principio incorporada a la última sección de aquel manuscrito, y no podemos por menos que considerar como un acierto el desgajamiento de ambos textos por causa del tono marcadamente contrapuntístico que caracteriza a ambos y que sería armonizable con dificultad en una obra unitaria en la que predominaría, por otra parte, el registro lúdico y desenfadado que singulariza a *Tres tristes tigres*.

En efecto, *Vista del amanecer en el trópico* es una síntesis narrativa de la historia de Cuba en clave dramática, desmitificadora de la aureola risueña y alegre que rodea a un país en el que el narrador quiere ver, sin embargo, la constante de la violencia, desde la época precolombina hasta la Revolución.

Se trata, por lo tanto, de un libro con intencionalidad trascendente, manifiesta desde las mismas dedicatorias que lo abren. Hay, a lo largo de las ciento una viñetas que componen su texto, un cierto aire de la plasticidad trágica que Goya puso en sus caprichos y disparates, uno de cuyos lemas se reproduce precisamente en el encabezamiento de la primera página. Varias de las viñetas son, de hecho, meras descripciones de materiales gráficos: grabados, mapas, fotografías, graffiti... Y algunas poseen una extensión mínima, como aquella que resume el tema central de toda la obra: «¿En qué otro país del mundo hay una provincia llamada Matanzas?» En todas ellas hay una muerte, o cuando menos, un signo de opresión o violencia. El carácter esquemático de su discurso, su concentración estilística y el ritmo vertiginoso con que se avanza en el trazado de lo que ha sido la historia de Cuba, reclama una eficaz cooperación del lector, pero lo gratifica sobradamente con la relevancia expresiva de un mensaje que se condensa en la página final, donde la emoción del exilio parece a duras penas contenida: más allá de la contingente violencia de los hombres, la isla sobrevivirá a todos los naufragios «bella y verde, imperecedera, eterna».

En uno de los juegos de intertextualidad atribuidos en *Tres tristes tigres* a Bustrófedon, concretamente en la reconstrucción del episodio de Trostki según el estilo de Alejo Carpentier, se menciona la pieza de Maurice Ravel *Pavane pour une infante défunte,* cuya parodia dará lugar al título de la última novela publicada hasta la fecha por Guillermo Cabrera Infante. El sentido de esta acuñación lúdica, *La Habana para un infante difunto,* apunta a la destacada presencia —una vez más: como en Joyce— de elementos musicales en la novela, pero también a su condición de auténtico *bildungsroman,* novela de aprendizaje de un niño que deja de serlo el mismo día, el 25 de julio de 1941, en que llega a la gran ciudad, ámbito privilegiado de su adolescencia y maduración.

Con tan sucinto resumen de lo que *La Habana para un infante difunto* es, ya se perciben nítidamente sus puntos de contacto con la primera novela de su autor. Se trata, no obstante, de una obra menos compleja, menos exigente desde el punto de vista del lector, ahormada como está sobre una estructura de ficción autobiográfica —en la que no falta inequívocas transposiciones de la realidad individual, familiar y social en torno al escritor— que se desenvuelve a través de una cadena de episodios eróticos en el escenario mítico de una Habana recuperada en la distancia tanto como la adolescencia que se fue, y en un marco temporal que va de aquel día crucial hasta el momento en que más o menos situábamos el arranque cronológico de *Tres tristes tigres.*

El innominado protagonista participa de múltiples rasgos que se podrían atribuir al propio Cabrera Infante, como también a sus sosias de *Tres tristes tigres,* en especial Silvestre, cuya enamoramiento de la ciudad y de la vida nocturna comparte plenamente: «Dos matrias tengo yo: La Habana y la noche» (página 595). A todos ellos les une además una misma debilidad por el séptimo arte, que en esta novela aparece fundido con la constante erótica, pues para el personaje narrador y protagonista «mi amor fugaz por las mujeres se alió a mi pasión eterna, el cine, y me hice un cateador, un rascabucheador, un tocador de damas en los cines» (pág. 176). El sincretismo de la obra resulta, pues, total; en ella el aprendizaje adolescente se identifica con la ciudad, con la noche, con el sexo. Y el catalizador de todo es, cómo no, el cine.

Pero hay un deliberado ocultamiento de identidades. Quien narra, vela pudorosamente su nombre a Virginia, una de sus amantes, en el capítulo «Todo vence al amor». Y la máxima explicitación a la que se llega es sutil en grado sumo: en un capítulo posterior llega a temer por un momento que otra de ellas, Julieta, se lo afrancese en *Guy* (pág. 393), como ha hecho con el de su propio marido Vicente-Vincent. En definitiva, todo apunta a la transformación de un referente inicial de signo autobiográfico, que incluye no sólo presencias verídicas de enclaves, como los de las residencias de los Cabrera Infante en La Habana Vieja y el Vedado —Zulueta 408 y Monte 822—, sino también de personas reales (Carlos Franqui, Matías Montes Huidobro, Lino Novás...), en un discurso radicalmente ficticio en cuanto sometido a las leyes autónomas del lenguaje, y no a las lógicas de la sinceridad y la verificabilidad. En este orden de cosas,

La Habana para un infante difunto intensifica notoriamente un factor de la intertextualidad posmodernista, que estaba muy desdibujado en *Tres tristes tigres*. Me refiero a la *metatextualidad* por la que el discurso se presenta no sólo como resultado, sino también como proceso; la novela cuenta una historia, pero cuenta también cómo la historia está siendo contada.

JULIO RAMÓN RIBEYRO

El peruano JULIO RAMÓN RIBEYRO, nacido en Lima en 1929, miembro de la «generación de los cincuenta», dramaturgo y ensayista estimable, residente en Europa desde 1952 y sobre todo en París desde 1960, inició su actividad literaria como cuentista [1], cuyas muestras más significativas de su cuantiosa producción, desde *Los gallinazos sin plumas* (1955) hasta *Silvio en el Rosedal* (1977), se reúnen en los tres volúmenes de *La palabra del mudo* (1972, 1977), así como en la colección de 22 cuentos titulada *La juventud en la otra ribera* (1983). Se trata de cuentos con propensión al registro de situaciones humanas solitarias, violentas y degradadas, algunas inspiradas en los arrabales limeños, con sus imprevisibles avatares racionalmente inexplicables, tratadas en su dramatismo ya con crudeza naturalista o con toques de descriptivismo costumbrista, ya con fantasía recreadora. Su primera novela [2] fue *Crónica de San Gabriel* (1960), adscribible al *Bildungsroman* o novela de

---

[1]   *La palabra del mudo,* 3 vols., Lima, Milla Batres, 1972 y 1977; *La juventud en la otra ribera,* Barcelona, Argos Vergara, 1983 (colección de 22 cuentos). *Silvio en El Rosedal,* Barcelona, Tusquets, 1989, recoge 18 relatos nuevos, además de 9 ya publicados antes.

[2]   *Crónica de San Gabriel,* Lima, Editora Tahuantisuyo, 1960; Lima, Milla Batres, 1973; Barcelona, Tusquets, 1983. *Los geniecillos dominicales,* Lima, Populibros, 1965; Lima, Milla Batres, 1973; Barcelona, Tusquets, 1983. *Cambio de guardia,* Lima, Milla Batres, 1976; Barcelona, Tusquets, 1984.

aprendizaje, cuya acción, relatada por un narrador tradicional, se sitúa en una finca campesina serrana a la que se traslada, desde Lima, Lucho, un adolescente que descubre allí entre sus familiares un nuevo mundo, el cual bajo sus componentes de lirismo encubre una realidad llena de tensiones insufribles, una auténtica guerra interior fraguada por suma de pequeñas y cotidianas violencias que ni siquiera logra atenuar con su presencia Leticia, la desconcertante prima del muchacho, tan atractiva como repulsiva. Le siguió *Los geniecillos dominicales* (1965), en la que, dentro de una narración tradicional en tercera persona, predomina el punto de vista de Ludo, el joven y alienado protagonista limeño, inconforme con su rutinario trabajo burocrático, huyendo del cual trata de realizar una vida más gratificante a través de la exploración de peligrosos ambientes marginales y de la creación literaria; su nuevo estilo de vida da lugar a la sátira de ciertas modas literarias y a situaciones humorísticas, pero también a bruscos contrastes entre la búsqueda desorientada de la autenticidad y el apático desinterés, las apariencias brillantes y la vaciedad vital llena de agitación y ruido. En *Cambio de guardia* (1976), terminada de escribir en París diez años antes de su publicación, se entrecruzan a lo largo de una estructura narrativa fragmentaria un sinnúmero de personajes en torno a la violenta figura del dictador ficcional Alejandro Chaparro, tras quien se adivinan algunos rasgos del general Odría, y se entretejen múltiples hilos de acciones elementales, relatadas en presente por un narrador omnisciente, que acaban por llevar a la muerte en azaroso concatenado a un pobre hombre completamente ajeno a las intrigas del poder político.

Ribeyro, tanto en sus novelas como en sus cuentos, considerados por la crítica[3] superiores a aquéllas,

---

[3]   El estudio más completo hasta el presente, pero referido tan

unas y otros técnicamente clásicos o tradicionales, sobre todo en lo que afecta al estatuto del narrador, ha ido dando cabida progresivamente al realismo urbano, confundido a veces con el neorrealismo, sin renunciar a la inclusión de elementos fantásticos que funcionan como reordenadores de la realidad, muy atento a las experiencias humanas frustrantes y a la denuncia implícita de situaciones negativas conculcadoras de la justicia y de la convivencia respetuosa entre las gentes, con referencia más inmediata a la sociedad peruana, pero universalizable sin dificultad. Su plasmación de las vivencias cotidianas de personajes marginales, ya sean proletarios, ya burgueses, configurada en un estilo sin concesiones al preciosismo ni al experimentalismo gratuito, sin incurrir en el descriptivismo minucioso de exterioridades, da vida a una realidad no por desoladora, caótica y propensa a la tristeza o a la melancolía, carente de profundo atractivo. Es una prosa seca, sobria y directa la lograda por este novelista irónico y nostálgico, algo escéptico pero con los ojos muy abiertos a la realidad, con cuyo personal estilo revela la miseria del hombre sometido a ignotas opresiones y al mismo tiempo capaz de resistencia, rebeldía y regeneración.

---

sólo a su producción cuentística, es la tesis doctoral de Isolina Rodríguez Conde, *Aproximaciones a la narrativa de Julio Ramón Ribeyro,* Madrid, Universidad Complutense, 1984. Antes, Wolfgang A. Luchting había estudiado la obra inicial en *Julio Ramón Ribeyro y sus dobles* (Lima, Instituto Nacional de Cultura, 1971), pero en *Estudiando a Julio Ramón Ribeyro* (Frankfurt, Vervuert, 1988) amplía mucho más su investigación.

DAVID VIÑAS

El argentino DAVID VIÑAS (Buenos Aires, 1929), adscribible a «la generación de los parricidas», es un claro representante del escritor que asume una definida ideología y un compromiso político explícito en su incesante crítica de las estructuras sociales y económicas, así como del poder político, en la Argentina a lo largo del último siglo. Cada una de sus novelas [1] se fundamenta en un hecho decisivo del decurso histórico de su país, o al menos lo utiliza como marco referencial; tanto en ellas como en sus ensayos [2], adopta como método analítico los principios del pensamiento marxista, sometiendo a crítica los valores recibidos y los conceptos tradicionales inspiradores

---

[1] La obra narrativa de Viñas está contenida en los siguientes títulos: *Cayó sobre su rostro* (1955), Buenos Aires, Siglo XX, 1975; *Los años despiadados* (1956); *Un dios cotidiano* (1957), Madrid, Taranto, 1978; *Los dueños de la tierra* (1958), Buenos Aires, Losada; Madrid, Orígenes, 1978; *Dar la cara* (1963), Buenos Aires, Siglo XX, 1975; los cuentos de *Las malas costumbres* (1963); la novela corta *En la semana trágica* (1966), Buenos Aires, Siglo XX, 1975; *Los hombres de a caballo* (1968), México, Siglo XXI, 1976⁵; *Cosas concretas* (1969), y *Cuerpo a cuerpo* (1979), Madrid, Siglo XXI.

[2] Entre sus ensayos deben destacarse su tesis doctoral en la Universidad de Rosario *La crisis de la ciudad liberal* (1963), Buenos Aires, Siglo XX, 1973; *Literatura argentina y realidad política: de Sarmiento a Cortázar* (1964), Buenos Aires, Siglo XX, 1974; *Argentina, ejército y oligarquía* (1969), y *Momentos de la novela en América Latina* (1973).

de un estilo de vida (hipocresía, patrioterismo, exaltación de héroes con pies de barro, inautenticidad cultural), sin dejar por ello de abrir los ojos a la realidad de la vida tal cual es y sin caer en la mitificación del pasado, asimilando para vehicular su actitud revisionista, radical y heterodoxa, algunos procedimientos del neorrealismo.

En *Cayó sobre su rostro* se remonta a la campaña patagónica de los años finales del siglo XIX y en la figura de su protagonista, el viejo y degradado Antonio Vera, uno de los caudillos regionales de Roca que muere en un burdel, perdidos los últimos signos de su dignidad, disecciona los futuros males de la corrupción peronista en contrastadas perspectivas entre evocaciones y diálogos de los personajes, desvelando así los falsos valores en la apreciación de la historia nacional. Ciertas vivencias autobiográficas pudieron inspirar *Los años despiadados* en su ficcionalización de los avatares de un muchacho de clase media cuya vida oprimida por las normas tradicionales de su familia se ofrece en contraste, realzado por recursos tipográficos, con la más libre y espontánea del hijo de unos inmigrantes proletarios que anuncia un esperable cambio en la estereotipada sociedad argentina. Más ambiciosa y difundida es *Los dueños de la tierra,* que empieza por presentar como fondo histórico la expansión nacional hacia las tierras del Sur en los primeros años del siglo XX, similar a la anterior norteamericana de los pioneros hacia el Oeste, con el sometimiento de las tribus indígenas, la incipiente industria lanera, los consiguientes conflictos laborales y las luchas interclasistas, a las que Vicente Vera, enviado por el presidente Yrigoyen como árbitro pacificador, trata de poner fin sin lograrlo, por su desconocimiento de la realidad campesina y la rigidez inflexible de sus esquemas aprendidos como consignas; la permanente lucha del hombre por la tierra se configura aquí en conjugación más armoniosa entre

estética e ideología, a lo que contribuye no poco la
aventura erótica del protagonista con la judía Yuda,
maestra de ideas avanzadas, así como la posibilidad
de que el lector aprecie por sí mismo las contradicciones internas de los personajes ahondando en sus
conciencias. *Dar la cara* es un lúcido descubrimiento,
aunque en exceso discursivo a veces, de las tensiones de la vida urbana bonaerense en la década de los
cincuenta, con violentos choques y contrastes entre
personajes, lugares, situaciones y palabras, en una
galería de criaturas ficcionales e históricas, reconoci-
bles muchas de éstas por lo precario de su disfraz,
que incluye al propio autor, todas ellas viviendo,
humilladas y agresivas, con agudo dramatismo. Los
cuentos testimoniales de *Las malas costumbres* denuncian las vilezas del peronismo y de sus implaca-
bles secuaces en los atentados contra la dignidad de
sus conciudadanos. En *La semana trágica* se regresa a
enero de 1919 y a la represión que sufren los obreros
sublevados en el calor veraniego porteño, contem-
plándola desde la perspectiva de dos miembros de «la
guardia blanca»; de este modo y merced a la alternancia de diálogos, relato objetivo despersonalizado
e inserción de noticias de la prensa periódica, se
ponen de relieve con mayor incisividad las hondas
contradicciones que se vivían en el seno de la sociedad de su país bajo el paternalista gobierno de Yrigoyen. Más apreciable es el escepticismo de Viñas
ante el decurso histórico de la Argentina en *Los hombres de a caballo,* contundente crítica del militarismo por el camino del expresionismo y la caricaturiza-
ción, pero no ignorante en su visión de las complica-
ciones más íntimas y dramáticas de sus personajes, al
seguirlos en su evolución degradada desde el vitalismo liberador, la creatividad y el diálogo enriquece-
dor, pasando por su desvinculación de las realidades
humanas concretas, hasta llegar al ocio rutinario, a la
debilidad insegura, a la cerrazón en el soliloquio

estéril, en un descenso, que arrastra tras de ellos a toda una sociedad, del heroísmo al abatimiento y la autodestrucción. *Cuerpo a cuerpo* sorprende más por su técnica fragmentaria y de apariencia inconexa, por su lenguaje desarticulado, elíptico, con típicos tics porteños y aun lunfardos; la crítica de la desigualdad social, del militarismo antipopular y del terrorismo fascista cobra aquí mayor violencia si cabe por entretejerse con silencios, veladuras y ocultamientos, como si el lector se viese forzado a reconstruir y completar lo que una mano prepotente hubiera censurado en un texto fraguado, superando dificultades sin cuento, por un periodista, Gregorio Yantorno, que en sus valerosas pesquisas descubre la corrupción y vileza encubiertas bajo la personalidad teatral del general Alejandro C. Mendiburu; es todo un proceso simbólico contra las más recientes dictaduras argentinas.

Viñas nunca ha ocultado sus simpatías ideológicas; tal vez las patentiza más de lo que sería deseable en una obra literaria y le resulta difícil no participar con su voz autorial en lo que sus relatos cuentan. Tealdi[3] ha puesto de relieve su afán, a contracorriente de lo convencional, por materializar lo espiritual en las vivencias humanas con la finalidad denunciadora de un orden liberal impuesto, al que el novelista opone como alternativa sus ideales socialistas y antiburgueses con la esperanza utópica de que se destierren de esta tierra violenta en donde viven gentes enfrentadas los excesos abusivos de los dominantes, dueños de la tierra y del sudor de los demás, adueñados también, en consecuencia, del poder político y económico.

---

[3]   Juan Carlos Tealdi ofrece un estudio de su obra, más conceptual que estético, en *Borges y Viñas,* Madrid, Orígenes, 1983.

MANUEL PUIG

No resulta difícil relacionar el extraordinario éxito de difusión que la obra novelística de MANUEL PUIG ha alcanzado, y no sólo en el ámbito cultural hispánico, con las fructíferas e intensas relaciones que el autor ha mantenido a lo largo de su trayectoria con el cine, que, como Griffith y Eisenstein reconocieron en su día, se convirtió en auténtico arte narrativo gracias al hallazgo técnico del montaje, pero sobre todo por adaptación de los recursos puestos en juego por los grandes novelistas de la literatura anterior al siglo XX, en especial los decimonónicos. Una vez sentada esta evidencia, no se puede negar sin embargo que en el transcurso de los últimos sesenta o setenta años se ha producido entre ambas artes narrativas una especie de «feed-back» por la que los literatos se han aprovechado felizmente de sugerencias técnicas o argumentales procedentes del cine, de lo que Manuel Puig es sin duda uno de los ejemplos más representativos hoy por hoy.

Nacido en 1932 en la localidad de General Villegas, provincia de Buenos Aires, Manuel Puig realizó a principios de los años cincuenta estudios en la Universidad de Buenos Aires, para trasladarse luego como becado a Roma, donde cursó enseñanzas de dirección en el «Centro Sperimentale di Cinematografia», bajo la tutela, entre otros, del gran narrador, guionista y teórico del neorrealismo Cesare Zavattini. Posteriormente, Puig trabajó como ayudante de dirección en algunos filmes y como profesor de literatura en varias Universidades norteamericanas, antes de fijar su residencia en Río de Janeiro, de donde la trasladó a Nueva York. Su reconocimiento internacional está jalonado por hechos tan relevantes como el que su primera novela, *La traición de Rita Hayworth,* fuese considerada ya por un grupo de críticos encuestados por el diario *Le Monde* como una de las cinco mejores obras extranjeras publicadas en Francia en el bienio 1968-1969, la excelente adaptación cinematográfica de *El beso de la mujer araña* (1985), dirigida por Héctor Babenco, sobre un guión de L. Schrader, o la reciente obtención, en septiembre de 1987, del cuarto premio Curzio Malaparte, previamente otorgado a Saul Bellow, Anthony Burgess y Nadine Gordimer, tres años antes de su muerte prematura, acaecida en 1990.

Además de las mencionadas, Manuel Puig ha publicado otras cinco novelas[1], así como un volumen con dos piezas teatrales, una de ellas adaptación de *El beso de la mujer araña*[2], y dos de sus guiones cinematográficos, aparecidos inicialmente en italiano en el año 1980, adscritos a géneros tan caracte-

---

[1] Así, pues, el conjunto de su producción novelística consta de los siguientes títulos: *La traición de Rita Hayworth,* Buenos Aires, Editorial Jorge Álvarez, 1968 (edición definitiva, Barcelona, Seix Barral, 1976); *Boquitas pintadas; folletín,* Buenos Aires, Sudamericana, 1969 (Barcelona, Seix Barral, 1972); *The Buenos Aires Affair; novela policial,* Buenos Aires, Sudamericana, 1973 (Barcelona, Seix Barral, 1977); *El beso de la mujer araña,* Barcelona, Seix Barral, 1976; *Pubis angelical,* Barcelona, Seix Barral, 1979; *Maldición eterna a quien lea estas páginas,* Barcelona, Seix Barral, 1980; *Sangre de amor correspondido,* Barcelona, Seix Barral, 1982, y *Cae la noche tropical,* Barcelona, Seix Barral, 1988.

[2] *Bajo un manto de estrellas: pieza en dos actos; El beso de la mujer araña; adaptación escénica realizada por el autor,* Barcelona, Seix Barral, 1983.

rísticos como el fantástico y el «cine negro», respectivamente [3].

Como ya quedó apuntado, la novelística de Manuel Puig revela de manera novedosa y eficaz el acomodamiento de un proyecto literario de indudable ambición artística a un nuevo horizonte de expectativas de sus posibles lectores, cuya sensibilidad y percepción del mundo se hallan mediatizadas más por los llamados medios de comunicación de masas —y, sobre todo, por el cine— que por una cultura libresca, humanística, en el sentido más tradicional.

Puig se sirve, ciertamente, del cine como una fuente de inspiración doble —temática y formal—, pero sobre todo como un lenguaje y una concepción del mundo compartida por la inmensa mayoría, esto es, un terreno sólido en el que fundamentar un nuevo pacto narrativo desde la literatura.

Al margen de la presencia constante de personajes y motivos cinematográficos en el recuerdo de muchos de sus protagonistas, esa conexión cinematográfica es notoria desde el mismo título de alguna de sus novelas, como *La traición de Rita Hayworth,* y constituye la sustancia argumental básica de otras como *El beso de la mujer araña.* El cine proporciona un mundo alternativo al real, que es siempre, lukacsianamente, un mundo precario y degradado, de forma que en cuanto a la significación esta constante sirve en Manuel Puig para elevar la «novela» hasta el plano superior, fantasioso y casi mítico, del «romance». Su «bovarismo» es, por ello, esencialmente fílmico.

Porque una de las constantes de la novelística de Puig es el tema de la alienación, la mediocridad, la cursilería predominante en ambientes provincianos, como los de sus primeras novelas, que se desarrollan en una localidad ficticia de la provincia de Buenos

---

[3]   *La cara del villano; Recuerdo de Tijuana,* Barcelona, Seix-Barral, 1986.

Aires, Coronel Vallejos, transparente degradación onomástica de la ciudad natal del autor, General Villegas. Esa elementalidad de planteamientos vitales encuentra su marco de expresión idóneo en el troquel de géneros subartísticos, de origen literario, pero potenciados al máximo por el cine y su poderosa industria, como el folletín o el relato policíaco.

Incurriríamos en traición simplificadora de la auténtica realidad de esta novelística si redujésemos a lo dicho el universo temático de Puig. Sin que nunca desaparezca del todo la alienación y la mediocridad a la que nos referíamos, se percibe a partir de 1973 —*The Buenos Aires Affair*— una línea complementaria de situaciones humanas extremas, y en este sentido poco habituales, que muy pronto aparecen conectadas expresamente con el tema político de la represión y la violencia institucionales, en lo que Manuel Puig parece dar respuesta a la dramática realidad de su país y en todo caso revela algo tampoco ausente de sus otras novelas, una particular forma de compromiso del autor con el injusto y angustioso presente desde el que escribe.

Si temáticamente el cine representa para Puig un estímulo de narratividad, también lo es en lo referente a la forma. Nuestro autor desea revitalizar el pacto de lectura con el público, deteriorado sobre todo en Europa a lo largo del siglo XX por las audacias experimentales con la estructura y la elocución novelísticas. En cierto modo podríamos decir que sus obras representan un intento exitoso de las «bellas letras» por no renunciar a sus potencialidades como medio de comunicación de masas, singularizado por su impronta estética. Y en este sentido, la influencia técnica del cine se manifiesta aquí por la potenciación mediante el montaje de una característica esencial, según Mijail Bajtin, para el género de la novela: su dialogismo, su carácter polifónico. En efecto, las novelas de Puig rompen con el concepto convencional de narrador como clave de coherencia y organización interna para el discurso narrativo. En ellas conviven y se suceden continuamente múltiples instancias de narración que multiplican no sólo los puntos de vista, sino también los registros estilísticos que los modulan, ofreciendo en su conjunto una muy completa reproducción verbal de la contradictoria y abigarrada sociedad cuya pintura bosquejan. El efecto en el lector resulta, pues, inmediato y pugnaz, y podría resumirse en el logro de aquel ideal de la mimesis narrativa absoluta ya formulado por Platón y Aristóteles, que modernamente se ha dado en llamar *objetividad*[4].

Las dos primeras novelas de Manuel Puig están íntimamente trabadas entre sí por su técnica, temática, intencionalidad y ambientación espacio-temporal. En efecto, *La traición de Rita Hayworth* y *Boquitas pintadas* tratan de la frustración esencial de las vidas provincianas de Coronel Vallejos en los años treinta y cuarenta, que la segunda de las citadas amplía hasta 1968, en que se produce la muerte en Buenos Aires de una de sus protagonistas, Nélida (o Nené). Y ambas son también novelas polifónicas, articuladas mediante un hábil *collage* de diferentes discursos proveedores de múltiples perspectivas que en *La traición de Rita Hayworth* incluyen la infantil. Precisamente a la voz de un niño, Toto, se encomienda la explicitación del propio título, que resume además la funcionalidad existencial del cine en esta novela y la siguiente: la efímera superación de un hastío insalvable. Pero el niño recordará, frente al entusiasmo de su padre tras la proyección de *Sangre y arena,* que la actriz «es una artista linda pero que hace traiciones», pues en esa cinta «traiciona al muchacho bueno».

---

[4] Para el estudio de la novelística de Puig, es de obligada consulta Lucille Kerr, *Suspended Fictions: Reading Novels by Manuel Puig,* Urbana, University of Illinois Press, 1987.

La narración evoluciona, por lo demás, a saltos, con notables elipsis que dan razón de lo desconexo de unas existencias cuya única constante es el vacío, tan sólo aliviado por el escapismo de las ficciones cinematográficas, a lo que contribuye sin duda la ausencia de un narrador unitario a la que antes nos referíamos, suplantado aquí por las voces individualizadas o neutras que se manifiestan a través de los registros textuales que completan al del monólogo infantil, especialmente conseguido en un conjunto donde se suceden diálogos puros o truncos (en cuanto transcriben tan sólo las palabras de uno de los interlocutores), monólogos de adultos como el obsesivo de Mita, que ha perdido a su hijo, diarios como el de Esther, cuadernos de pensamientos como el de Herminia, anónimos o, adelantando un aspecto central en *El beso de la mujer araña,* el texto de un trabajo escolar de composición literaria sobre el tema «La película que más me gustó». En *Boquitas pintadas* predominan los textos epistolares, junto a expedientes judiciales y atestados policiales, conversaciones telefónicas, un monólogo de confesonario, fragmentos de revistas locales y de un consultorio sentimental, descripciones de un álbum de fotos y párrafos de enlace en forma de narraciones asépticas, sumamente objetivas, que pueden recordar incluso las del «nouveau roman» de Alain Robbe-Grillet.

Tal planteamiento y desarrollo compositivo exige una participación creativa del lector en la actualización cabal del discurso novelístico, en el que deliberadamente se exagera el carácter esquemático que le es característico. En *Boquitas pintadas* se percibe, sin embargo, dentro de una continuidad de objetivos esencial, un propósito de hacer ciertas concesiones al lector, no tanto por disminuir la exigencia de su actividad cooperativa, cuanto para gratificarla con un conjunto de elementos anecdóticos, a los que alude sin duda el subtítulo que el autor le puso: «folletín».

Folletín tanto en el sentido de novela rosa como en
el de novela negra, pues la sustancia argumental
viene dada por los amores juveniles de Juan Carlos,
Nené y Mahel, y el crimen pasional que la criada de
esta última, Antonia Josefa, comete en la persona del
suboficial Páez. Ese doble sentido folletinesco aparece reforzado por la destacada presencia del tango en
forma de referencias internas, así como de lemas que
preceden a algunos capítulos. En concreto, el título
general de la novela viene de una composición de
Alfredo Le Pera: *Deliciosas criaturas perfumadas, /
quiero el beso de sus boquitas pintadas*. Años más
tarde, en 1982, Manuel Puig abrirá un paréntesis en
la trayectoria narrativa de su madurez con una novela de ambientación brasileña, *Sangre de amor correspondido,* en la que regresa a este universo agridulce de
los amores adolescentes, tamizado por el prisma de
un recuerdo infiel.

Esquema tan acreditado para la captación de los
lectores como es el policial sirve a Manuel Puig para
organizar en 1973 una novela que rompe con la
ambientación provinciana de las dos anteriores,
reemplazándola por un cosmopolitismo no sólo bonaerense, y reforzándolo mediante la elección de sendos personajes sofisticados y neuróticos, la pintora
Gladys Hebe d'Onofrio y el crítico de arte Leo Drus-
covich, entre los que se trenza lo que la propia
protagonista quiere que se califique, «en un lenguaje
chic e internacional», como *The Buenos Aires affair*.
Se trata, en suma, de una novela en la que un factor
nunca ausente en las demás del mismo escritor, las
implicaciones psicoanalíticas, se convierte en elemento central. Ello es lo que la singulariza dentro de todo
el conjunto, pues por lo demás pervive la misma
polifonía discursiva en *collage* y la mediación cinematográfica, en forma de fragmentos de diálogos
fílmicos que sirven a modo de lema a todos los
capítulos.

El beso de la mujer araña es un texto dialogístico en el sentido más puro del término, pues, salvo algunos informes o comunicaciones policiales y penitenciarios, todo se reduce a las conversaciones que prolijamente mantienen dos reclusos de talantes y personalidades harto diferentes en un principio: el homosexual Luis Alberto Molina, condenado por corrupción de menores, y el preso político Valentín Arregui Paz. El contexto temporal y ambiental es ahora el de la Argentina de 1975, conmocionada por la guerra sin cuartel entre el aparato represivo del Estado y sus opositores.

El beso de la mujer araña constituye una de las recreaciones literarias más impresionantes, nada elemental ni maniquea por cierto, de una dramática realidad latinoamericana de los años a los que remite su anécdota: la tortura y la violencia política en general. Molina es, en efecto, instrumento de las autoridades penitenciarias para socavar la moral granítica de su compañero, al que al mismo tiempo se degrada en su fortaleza física mediante una alimentación adulterada. El objetivo es que Arregui acabe por ablandarse y revele, a través del confidente, ciertas informaciones sobre la infraestructura del grupo subversivo del que forma parte.

La comunicación entre ambos se presenta difícil en un principio. Arregui encuentra en su formación ideológica fundamento para resistir en circunstancias tan adversas, y desde ella interpreta los sucesivos relatos que con gran minuciosidad su compañero le hace de viejas cintas cinematográficas que, gran cinéfilo, recuerda perfectamente. En el capítulo cuarto de la primera parte aflora explícitamente esta contradicción: Molina desea, por esta vía, escapar de la realidad para no volverse loco, mientras que para Arregui la locura peor no es la del desesperado, sino la de la alienación. Prosiguen, no obstante, los relatos, y paralelamente a la degradación corporal y psicológica se produce una aproximación afectiva entre los dos personajes, que los lleva de forma gradual y verosímil —el gran logro psicológico de la novela— a una entrega física, descrita a través del diálogo con impecable emotividad. Poco antes de la separación entre ambos, recordando precisamente la primera película contada por el homosexual, su compañero lo definirá como la mujer araña que atrapa a los hombres en su red, a la que hace referencia el título de la novela, pero el influjo ha sido recíproco, pues el confidente, que saldrá libre por su traición, llevará un mensaje transcendental de Arregui para sus comilitantes, y morirá en el empeño.

Manuel Puig, como los grandes folletinistas y los grandes directores cinematográficos de Hollywood, es un fecundo creador de fórmulas compositivas que se repiten una y otra vez mientras no revelen signos de desgaste y, sobre todo, de que cansan ya al público al que van destinadas. Es notable, por ejemplo, la reiteración en sus siete novelas de un mismo esquema o diseño editorial simétrico, con articulación capitular interna para cada una de ambas partes. Pero al margen de la disposición superficial del texto, detectamos asimismo dos variantes discursivas fundamentales a lo largo de su trayectoria: la del *collage* polifónico de sus primeros títulos y la del dialogismo casi exclusivo de *El beso de la mujer araña,* que se mantiene en *Pubis angelical* y *Maldición eterna a quien lea estas páginas.*

Pubis angelical prolonga, en opinión generalizada de la crítica, el acierto de *El beso de la mujer araña,* con la que parece compartir el laurel de las obras redondas. La situación básica es también de diálogo, y la ubicación temporal, la del mismo año, el «maldito 75», como lo califica la protagonista, una mujer argentina, Ana, que padece en un hospital mexicano un cáncer incurable.

El discurso avanza por tres registros distintos. Por

una parte está el diálogo entre Ana y dos amigos, Beatriz y Pozzi, un peronista de izquierdas que intenta atraerla a su posición política y a la conciencia de un exilio que Ana no es capaz de asumir; para ella Pozzi es antes que nada un hombre que la atrae sexualmente. La perspectiva de la protagonista se completa con las páginas de su diario de enferma, en donde aparece el recuerdo del pasado, y la tensión dialéctica a que la somete Pozzi junto a lo dramático de su propia situación de desahuciada proyectan un tercer nivel en donde una vez más lo cinematográfico adosa un «romance» de fantasía a la vez decadente y futurista a la «novela» de la dramática realidad personal y colectiva.

En *Maldición eterna a quien lea estas páginas* se nos presenta también la interacción dialogística entre dos personajes problemáticos, un enfermo argentino exiliado en Nueva York, Juan José Ramírez, y su cuidador norteamericano, Larry, persona de formación universitaria. La desconfianza e imposibilidad de comunicación entre ambos se revela tanto por el diálogo articulado como por otro subterráneo, el de lo que piensan el uno del otro, y va más allá de la muerte del enfermo, pues en definitiva los recelos de Ramírez impedirán que Larry sea reconocido como su albacea intelectual y pueda investigar sobre sus notas de prisionero, contenidas en un curioso acróstico a base de combinaciones entre las palabras de unos pocos volúmenes en francés que como primer mensaje amenazan «malédiction... eternelle... à... qui lise... ces pages».

Así pues, aquel contexto de las conmociones políticas argentinas que asomaba por primera vez en *El beso de la mujer araña* se dibuja como trasfondo de estas dos últimas novelas de Puig, donde el desamparo del exilio aleja este nudo temático de todo epicismo enfático para trascenderlo en una línea de desarrollo humanista y psicológico, como ocurre también, por ejemplo, en *Primavera con una esquina rota* (1982), de Mario Benedetti.

Finalmente, *Cae la noche tropical* viene a representar, luego de un interregno de seis años de silencio novelístico por parte del autor, una síntesis formal y temática de toda su trayectoria. Nótese, en relación a lo primero, su estructura de *collage* junto a su planteamiento predominantemente dialogístico, ya oral, ya epistolar, que el autor lleva con maestría hasta más allá de la muerte de Nidia, una de las dos hermanas argentinas que dialogan en Río de Janeiro hasta el traslado de aquélla a Lucerna. El gran tema de la obra es el patetismo de la vejez, fase de las vidas en que se hace más pugnaz la soledad radical del ser humano, dolorosamente incrementada por la distancia que separa a las personas entre sí y del lugar en donde han nacido. Pero una vez más, Puig desarrolla un asunto trascendente a partir de elementos deliberadamente vulgares. No falta, así, en *Cae la noche tropical* el chismorreo acerca de una aventura amorosa ajena, ni el folletín, como tampoco la mediación cinematográfica, en este caso centrada en el arte y la biografía de Vivien Leigh.

MARIO VARGAS LLOSA

En 1963, el joven escritor peruano MARIO VARGAS LLOSA, nacido en Arequipa en 1936, obtuvo en Barcelona, por unanimidad en todas las votaciones del jurado, el prestigioso premio «Biblioteca Breve» correspondiente al año anterior, y la novela ganadora, *La ciudad y los perros,* recibió en seguida el premio de la Crítica española, que vino así a ratificar su éxito. En cierto modo, ello representó el comienzo de la recepción entusiasta que la novela hispanoamericana iba a merecer desde entonces en España y en Europa, pues *La ciudad y los perros* fue inmediatamente traducida al holandés y luego a otros catorce idiomas continentales, dándose la paradoja de que la punta de lanza de ese desembarco literario, que se ha dado en llamar *boom,* viniese de la mano del narrador más joven de cuantos lograron pronto reconocimiento en Europa, el cual se estaba estrenando, además, con su «ópera prima».

En efecto, Mario Vargas Llosa había cultivado ya el periodismo en su país, e iniciado su protohistoria literaria con el estreno en el Teatro Variedades de Piura, el 17 de julio de 1952, de un drama en tres actos titulado *La huida del Inca*[1]. En 1958 había

---

[1]   Además del citado drama, Mario Vargas Llosa es autor de las siguientes obras de teatro: *La señorita de Tacna* (Barcelona, Seix Barral, 1981), estrenada en Buenos Aires en 1981 bajo la

ganado ya un certamen de relatos organizado por la *Revue Française* con un cuento que formará parte del volumen *Los jefes,* premio Leopoldo Alas, publicado al año siguiente en España, donde a la sazón su autor realizaba estudios de doctorado en la Universidad de Madrid. Pero *La ciudad y los perros,* su primera novela, es la que verdaderamente lo da a conocer, y de forma rotunda, en el panorama literario internacional, situándolo además en una posición de primera fila, en la que lo consolidará tres años más tarde *La casa verde,* de nuevo premio de la Crítica española, premio nacional de la Novela en el Perú y, finalmente, «premio internacional de Literatura Rómulo Gallegos», concebido para distinguir a «la mejor novela escrita en lengua castellana en el curso de un quinquenio» [2].

Es fácil de comprender este éxito individual de Mario Vargas Llosa, que no se puede desligar, en

dirección de Emilio Alfaro; *Kathie y el hipopótamo* (Barcelona, Seix Barral, 1983), y *La Chunga* (Barcelona, Seix Barral, 1986).

[2]   La obra novelística de Mario Vargas Llosa comprende, hasta el momento, los siguientes títulos: *La ciudad y los perros* (Barcelona, Seix Barral, 1963); *La casa verde* (Barcelona, Seix Barral, 1966); *Conversación en La Catedral* (Barcelona, Seix Barral, 1969, 2 vols.; desde 1972, en un solo volumen); *Pantaleón y las visitadoras* (Barcelona, Seix Barral, 1973); *La tía Julia y el escribidor* (Barcelona, Seix Barral, 1977); *La guerra del fin del mundo* (Barcelona, Seix Barral y Plaza y Janés, 1981); *Historia de Mayta* (Barcelona, Seix Barral, 1984); *¿Quién mató a Palomino Molero?* (Barcelona, Seix Barral, 1986); *El hablador* (Barcelona, Seix Barral, 1987), y *Elogio de la madrastra* (Barcelona, Tusquets Editores, 1988). Su producción narrativa se completa con el volumen de relatos *Los jefes* (Barcelona, Editorial Rocas, 1959) y la novela corta *Los cachorros: Pichula Cuéllar* (Barcelona, Editorial Lumen, 1967), textos publicados conjuntamente, en edición definitiva, con prólogo del autor, en 1980: *Los jefes, Los cachorros* (Barcelona, Seix Barral). Asimismo han sido publicados ya dos tomos de *Obras escogidas* de Mario Vargs Llosa, el I con las dos primeras novelas y los relatos del autor (Madrid, Aguilar, 1973) y el II (México, Aguilar, 1979) con las dos novelas siguientes y su ensayo sobre Flaubert.

modo alguno, del que a partir de los sesenta compartirán otros novelistas hispanoamericanos cuya obra renovadora había comenzado ya veinte años antes (el propio Vargas Llosa sitúa en torno a 1940 la frontera entre la vieja y la nueva narrativa de Hispanoamérica). Siendo, como de hecho es, un escritor profundamente original, que sorprende incluso por la variedad en planteamientos y soluciones de cada una de sus primeras obras, Mario Vargas Llosa enlaza con la tradición de la novelística hispanoamericana —sobre todo en títulos como *La casa verde*—, se mantiene fiel, por otra parte, a la problemática y ambientación de su continente pese a vivir alternativamente a ambos lados del Atlántico, pero al mismo tiempo que gratifica a sus lectores europeos con un torrente de narratividad hasta cierto punto inusitada para ellos, se acomoda con justeza a una nueva sensibilidad epocal, por encima ya de concretos enclaves geográficos, respondiendo a los nuevos «horizontes de expectativa» originados por una cultura —posmoderna o como prefiera llamársele para significar su pertenencia a un fin de ciclo— en la que el receptor de ficciones literarias emerge de un universo de signos de muy variada índole.

José Miguel Oviedo, en su excelente estudio sobre la personalidad literaria y la obra creadora de Mario Vargas Llosa [3], concluye que la síntesis de los rasgos

[3] *Mario Vargas Llosa: La invención de una realidad* (Barcelona, Barral, 1970. Citamos por la tercera edición aumentada, Barcelona, Seix Barral, 1982), págs. 335-338. Sobre Mario Vargas Llosa se han publicado ya gran número de trabajos críticos y de investigación. Mencionaremos los más destacados aparecidos en forma de libro: Rosa Boldori de Baldussi, *Vargas Llosa: un narrador y sus demonios* (Buenos Aires, Fernando García Cambeiro, 1974); Ricardo Cano Gaviria, *El buitre y el ave fenix: Conversaciones con Mario Vargas Llosa* (Barcelona, Anagrama, 1972); Luis Alfonso Díez, *Mario Vargas Llosa's Pursuit of the Total Novel* (Cuernavaca, CIDOC, 1970); Luis Alfonso Díez (compilador), *Asedios a Vargas Llosa* (Santiago de Chile, Editorial Universitaria, 1972);

fundamentales que las caracterizan está en tres grandes planos armonizables entre sí: el plano de lo real,
el humano-trascendental y el del lenguaje. Según el
crítico, las raíces de la novelística de Vargas Llosa se
encuentran, inexorablemente, en la realidad; desde
ella se produce siempre un salto hacia una problemática trascendente, de significado profundo, ya mítico,
ya moral, lo que le permite al escritor desarrollar lo
costumbrista americano en términos de universalidad; y, en todo caso, tanto lo uno como lo otro se fía
a la resolución de un mismo problema, el de la
pertinencia expresiva, la búsqueda y el hallazgo de un

_____

M. J. Fenwick, *Dependency Theory and Literary Analysis: Reflec-
tions on Vargas Llosa's "The Green House"* (Minneapolis, Institute
for the Study of Ideologies and Literatures, 1981); Casto M. Fer-
nández, *Aproximación formal a la novelística de Vargas Llosa*
(Madrid, Editora Nacional, 1977); Dick Gerdes, *Mario Vargas
Llosa* (Boston, Twayne Pub., 1985); Helmy F. Giacoman y José
Miguel Oviedo (compiladores), *Homenaje a Mario Vargas Llosa*
(Madrid, Las Américas, 1972); José Luis Martín, *La narrativa de
Vargas Llosa. Acercamiento estilístico* (Madrid, Gredos, 1974);
Lewis A. Marvin, *From Lima to Leticia: The Peruvian Novel of
Mario Vargas Llosa* (Lanham, University Press of America, 1983);
Fernando Moreno Turner, *Para un análisis de la estructura de "La
Casa Verde"* (Valparaíso, Universidad de Chile, 1972); José Mi-
guel Oviedo (compilador), *Mario Vargas Llosa* (Madrid, Taurus,
1981); Charles Rossman y Alan Warren Friedman (compiladores),
Mario Vargas Llosa. A Selection of Critical Essays (Austin, University of Texas Press, 1978), traducido al español en 1983 (Madrid, Alhambra); Peter Standish, *Vargas Llosa, "La ciudad y los
perros"* (Londres, Grant Cutler/Tamesis Books, 1982); Varios
autores, *Agresión a la realidad: Mario Vargas Llosa* (Las Palmas,
Inventarios Provisionales, 1972), y Raymond L. Williams, *Mario
Vargas Llosa* (Ungar, Nueva York, 1986). Añádase, para el estu-
dio de *La casa verde,* el inestimable testimonio del propio autor en
su opúsculo *La historia secreta de una novela* (Barcelona, Tusquets
Editores, 1971). Existen, asimismo, varios números de revista
dedicados monográficamente a una obra o a la novelística de
Mario Vargas Llosa, como por ejemplo los de *Norte,* 12, 5-6, 1971;
Review, 14, 1975; *Revista Iberoamericana,* 116-117, 1981; *Texas
Studies in Literature and Language,* 19, 4, 1977, y *World Literature
Today,* 52, 1, 1978.

lenguaje narrativo ajustado con precisión al ambicioso objetivo propuesto. La literatura, para Mario Vargas Llosa, no es sino «una reconstitución de la realidad a través de otra realidad puramente verbal».

Resulta difícil discutir el acierto de este dictamen. Asumiéndolo, tan sólo añadiríamos como característica última de Mario Vargas Llosa una ingente capacidad sincrética que le permite, por una parte, fundir realidad y fantasía, elevarse sin solución de continuidad del documento (y la experiencia biográfica) al plano de la trascendencia y el mito, pero además asimilar en logradas unidades artísticas diferentes lenguajes narrativos, o, lo que es lo mismo, reunir con originalidad personal tradiciones literarias muy diversas.

Es de destacar, a este respecto, la autoconsciencia del escritor, que también subrayábamos en el caso de Carlos Fuentes. Mario Vargas Llosa, estudiante de Letras en la Universidad de San Marcos de Lima, luego alumno de Doctorado en Madrid, en donde se gradúa en 1971 con una tesis sobre Gabriel García Márquez, profesor de literatura hispanoamericana en el Queen Mary College de Londres y luego titular, desde 1978, de la cátedra Simón Bolívar en Cambridge, es todo lo contrario del novelista irreflexivo, refractario a cualquier tipo de ejercicio intelectual sobre discursos narrativos propios y ajenos. Muy al contrario, un conjunto considerable de libros y artículos de crítica literaria nos lo revelan como un completo conocedor del género novelesco, y un coherente teórico del mismo [4].

---

[4]   De entre la obra crítica de Mario Vargas Llosa destacaremos los siguientes libros: *García Márquez: historia de un deicidio* (Barcelona, Barral Editores, 1971); *La orgía perpetua, Flaubert y "Madame Bovary"* (Barcelona, Seix Barral, y Madrid, Taurus, 1975), y *José María Arguedas, entre sapos y halcones* (Madrid, Ediciones Cultura Hispánica, 1978), discurso de ingreso en la Academia Peruana de Letras. Asimismo, tienen particular interés a este

Sin embargo, todo este sustrato no contamina de esteticismo intelectualista su trayectoria narrativa, que viene a ser, así, la punta exenta de un *iceberg* de muy sólida base. El lenguaje novelesco de Vargas Llosa es notoriamente ágil, desenvuelto, casi diríamos popular en el sentido más positivo del término, pues nunca sucumbe ante las incitaciones de la facilidad roma, sino que atrae a la inmensa mayoría de los lectores a un pacto exigente pero asumible y rentable a la vez. Un lenguaje que, asimilando tradiciones tan conspicuas como la del *romance* de caballerías medieval, el mejor realismo decimonónico y algunos de los intentos de renovación del mismo producidos en el primer tercio de nuestro siglo, aprovecha parte de las inmensas potencialidades narrativas del arte más característico de la cultura popular contemporánea, el cine [5], cuando no de formas de expresión inferiores,

---

respecto las siguientes obras: Gabriel García Márquez y Mario Vargas Llosa, *La novela en América Latina: diálogo* (Lima: Carlos Milla Batres-Ediciones UNI, 1968); Óscar Collazos, Julio Cortázar y Mario Vargas Llosa, *Literatura en la revolución y revolución en la literatura* (México, Siglo XXI, 1970), y Ángel Rama y Mario Vargas Llosa, *García Márquez y la problemática de la novela* (Buenos Aires, Corregidor-Marcha Ediciones, 1973). Sobre la vigencia literaria de las novelas de caballerías, Mario Vargas Llosa ha hecho las siguientes aportaciones: «Carta de batalla por *Tirant lo Blanc*», *Revista de Occidente,* XXIV, 1969, reproducida como prólogo a la novela de Joanot Martorell y Martí Joan de Galba (Madrid, Alianza Editorial, 1969); «El Amadís en América», en Varios Autores, *Recopilación de textos sobre Gabriel García Márquez* (La Habana, Centro de Investigaciones Literarias-Casa de las Américas, 1969), y «Bataille y el "elemento añadido" en *Tirant lo Blanc*», en Martín de Riquer y Mario Vargas Llosa, *El combate imaginario. Las cartas de batalla de Joanot Martorell* (Barcelona, Barral Editores, 1972). Vargas Llosa ha publicado, además, artículos de crítica sobre José María Arguedas, Salazar Bondy, Cortázar, García Márquez, Enrique Congrains, Juan Goytisolo y Georges Bataille, entre otros autores.
   [5] Para el cine Mario Vargas Llosa ha realizado los siguientes trabajos: *Los perros del infierno* (1974), guión sobre la novela *Os Sertões,* de Euclides Da Cunha. Argumento de Vargas Llosa y Ruy

como el folletín radiofónico (en *La tía Julia y el escribidor*) o los tebeos *(comic strip)*, si nos remontamos a *Los cachorros*.

Mario Vargas Llosa considera, así, en 1969 a Joanot Martorell, uno de los dos autores del *Tirant lo Blanc,* «el primero de esa estirpe de suplantadores de Dios (...) que pretenden crear en sus novelas una "realidad total"», en cuya estela menciona expresamente a otros dos de los novelistas que más le han influido, Gustave Flaubert y William Faulkner, y en la que, sin que él lo diga, cabe insertar su propia obra y la de Gabriel García Márquez, por él estudiada.

Precisamente es en su libro sobre el autor de *Cien años de soledad* (1971), a quien emparenta con el *Amadís* y con el creador del mítico condado sureño de Yoknapatawpha, donde Vargas Llosa resume, en un certero párrafo, la naturaleza de su oficio: «Escribir novelas en un acto de rebelión contra la realidad, contra Dios, contra la creación de Dios que es la realidad. Es una tentativa de corrección, cambio o abolición de la realidad real, de su sustitución por la realidad ficticia que el novelista crea. Éste es un disidente: crea vida ilusoria, crea mundos verbales porque no acepta la vida y el mundo tal como son (o como cree que son). La raíz de su vocación es un sentimiento de insatisfacción contra la vida; cada novela es un deicidio secreto, un asesinato simbólico de la realidad» (obra citada, pág. 85).

Lo que Vargas Llosa está propugnando, y él mismo practica en su novelística, es un realismo total, integrador y sincrético, en el que junto a lo «real objetivo» tiene cabida «lo real imaginario en una

---

Guerra, con diálogos del primero; texto para el documental, dirigido por Francesco Lazaretti, *Una ciudad en la ciudad* (1976), y el guión y dirección, junto a José María Gutiérrez, de *Pantaleón y las visitadoras* (1976). Existe, además, una versión cinematográfica de *La ciudad y los perros,* realizada en 1985 por Francisco J. Lombardi, con guión de José Watanabe.

indivisible totalidad en la que conviven, sin discriminación y sin fronteras, hombres de carne y hueso y seres de la fantasía y del sueño, personajes históricos y criaturas del mito, la razón y la sinrazón, lo posible y lo imposible» (*ibídem,* pág. 177). Salta a la vista la identidad de tales supuestos y los del «realismo mágico o maravilloso» característico de la nueva novela hispanoamericana, así como su conexión con el *romance* de caballerías, que dejó de cultivarse en la literatura española después de *El Quijote* por un sistemático sometimiento de lo real imaginario a lo real objetivo.

Pero de lo que no cabe tampoco dudar es del fundamento realista de la teoría y práctica literarias de Mario Vargas Llosa, que se sitúa en las antípodas, pues, de la pura fantasía, más o menos desbordada. De ahí su adhesión a una de las cimas del realismo decimonónico, *Madame Bovary,* a la que dedicó en 1975 un apasionado y clarividente ensayo.

De nuevo nos encontramos aquí, como no cabía por menos que esperar, con indicaciones que refiriéndose en primera instancia a Flaubert —novelista poderoso y reflexivo cuyo realismo no está reñido con el predominio de lo que él llamaba «l'oeuvre en soi»— están a la vez explicándonos a Mario Vargas Llosa. El método de Flaubert se le figura así el «saqueo consciente de la realidad real para la edificación de la realidad ficticia» (pág. 88), transfigurada por la forma y por el estilo. Y en él valora también esa capacidad sincrética que permite combinar, en una empresa artísticamente exigente, «la rebeldía, la violencia, el melodrama y el sexo» (pág. 20), esto es, materiales —de invariable repercusión en los lectores— de los que el romanticismo abusó sin haber sido en modo alguno su descubridor, pues en ellos radica desde siempre el fundamento de todo efecto catártico, que Vargas Llosa sigue considerando esencial para el fenómeno literario.

Con el autor de *Madame Bovary,* de quien exhuma aquella cita en la que Flaubert revela su viejo sueño «d'écrire un roman de chevalerie», comparte también su alta valoración del papel de la anécdota en el proceso creativo novelístico, lo que le hace participar de aquella «pasión narrativa», del «placer de contar», que Vargas Llosa tanto admiraba en Martorell, y los lectores de todas sus novelas, desde *La ciudad y los perros* a *Elogio de la madrastra,* tanto le agradecen. Finalmente, de la conocida —y polémica— afirmación «Madame Bovary c'est moi» el escritor peruano hace derivar la ley de que «el novelista sólo inventa historias a partir de su historia personal» (*ibídem,* pág. 102).

Ello equivale a la admisión de la hipótesis autobiográfica para el entendimiento cabal de su obra, siempre en la clave de ese realismo creado, transfigurado, del que hemos tratado ya. Hechas estas salvedades, nada nos impide aceptar las propias revelaciones de Vargas Llosa que vinculan determinados aspectos de su novelística con su trayectoria vital.

Tal sucede con Piura, la ciudad de su despertar adolescente, a la que se traslada en 1945, tras su nacimiento en Arequipa y su posterior estancia de ocho años en la boliviana Cochabamba, donde su abuelo ejercía como cónsul del Perú. Allí, en Piura, descubre aún niño un enclave misterioso e inquietante, un burdel alojado en una cabaña pintada de verde, en las afueras, solitaria en medio del arenal, que frecuentará seis años después cuando regrese a la ciudad, nutriendo el germen de lo que va a ser su segunda novela, *La casa verde,* asimismo enriquecida por la experiencia de un viaje, en 1958, a la selva amazónica, del que publicó una crónica en la revista *Cultura peruana.* En el interregno de sus dos residencias en Piura, coincidiendo con la reconciliación de sus padres, separados desde poco antes de su nacimiento, Mario Vargas Llosa se había trasladado a

Lima, donde tras finalizar sus estudios secundarios y un fallido intento de ingreso en la Escuela naval, se incorporó por dos años al colegio paramilitar Leoncio Prado, el escenario de _La ciudad y los perros,_ uno de cuyos personajes, Alberto, «el Poeta», sobrevive en aquel ámbito hostil gracias a la literatura, como lo hizo el propio escritor.

A la salida del Leoncio Prado, Vargas Llosa se inicia en el periodismo en el diario limeño _La Crónica,_ labor que continuará en Piura, colaborando en _La Industria,_ y nunca abandonará del todo [6]. Y ya de nuevo en la capital, su paso por las Facultades de Letras y Derecho de San Marcos, activo semillero de ideología revolucionaria en los años cincuenta, no dejarán de aflorar en obras cuyo desarrollo cronológico arranca precisamente de esas fechas, como _Historia de Mayta_ o _El hablador._ Entre los lugares que frecuenta está, además, un bar de barriada obrera, megalómanamente bautizado como La Catedral, que dará escenario y título a su novela sobre la dictadura del general Manuel Odría (1948-1956), publicada en 1969 [7]. Por aquel entonces, Mario Vargas Llosa reali-

---

[6] Una antología de sus escritos periodísticos se puede encontrar en _Contra viento y marea (1962-1982),_ Barcelona, Seix Barral, 1983, que en 1986 fue publicada ya en dos tomos (I, 1962-1972; II, 1972-1983), reedición considerablemente ampliada de un volumen anterior titulado _Entre Sartre y Camus,_ Río Piedras, Ediciones Huracán, 1981.

[7] El tema político es una constante en la obra de Mario Vargas Llosa y no menos presente está en su vida. Al joven universitario marxista de la Lima de Odría, devoto de Sartre en su etapa parisina posterior, sigue el intelectual que viaja frecuentemente a la Cuba revolucionaria, como miembro del Consejo de redacción de la revista _Casa de las Américas._ Como a tantos otros, el asunto Padilla le hace variar su opinión sobre el régimen de Fidel Castro. Afincado desde 1966 en Londres, el escritor no romperá nunca sus vínculos con el Perú, en donde nacerán los hijos habidos en su segundo matrimonio con Patricia Llosa, y en cuya política intervendrá con creciente intensidad. Así por encargo del presidente Belaúnde formará parte de la comisión encargada de desentrañar

za una actividad prodigiosa, pues amén de sus estudios y trabajos periodísticos atiende a varios empleos, urgido por las servidumbres de un matrimonio prematuro con su pariente lejana Julia Urquidi, doce años mayor que él. De todo ello surgirá el transparente episodio autobiográfico centrado por el personaje de Varguitas en *La tía Julia y el escribidor.*

Comienza entonces para él una fecunda etapa europea, que le lleva a Madrid como estudiante de Doctorado, según vimos ya, y un año más tarde a París, donde el fiasco de una beca nunca concedida le obliga a ejercer como profesor de español primero, y luego como periodista de la France Presse y la Radio-Televisión francesa, donde tiene la oportunidad de entrevistar a sus mayores de lo que pronto será el llamado *boom:* Asturias, Borges, Cortázar, Carpentier y Fuentes.

Tras el éxito de *La ciudad y los perros,* Mario Vargas Llosa aprovecha un regreso a su país para visitar de nuevo la selva peruana en pro de la elaboración, ya emprendida entonces, de *La casa verde,* a la que ayuda con la lectura exhaustiva de la literatura amazónica que le es accesible, aprovechada también para *Pantaleón y las visitadoras* y *El hablador.* Ese mismo enraizamiento en la realidad geográfica e histórica por una parte, y en la literatura por otra, se dará con motivo de la redacción de su novela de 1981 *La guerra del fin del mundo.* El germen está en la extraordinaria obra de Euclides da Cunha sobre la rebelión de Canudos, *Os Sertões,* publicada en 1902, sobre la que Vargas Llosa preparó un guión cinematográfico en 1973, en colaboración con Ruy Guerra.

---

el asesinato de ocho periodistas en la sierra peruana. Luego encabezará la campaña política contra la nacionalización de la Banca decretada por Alan García, lo que le proyecta como candidato consevador a la Presidencia de la República una vez concluido el mandato de aquél, para ser finalmente derrotado por Alberto Fujimori en las elecciones presidenciales de 1990.

374 DARÍO VILLANUEVA - JOSÉ MARÍA VIÑA LISTE

Pero no descuidará la experiencia directa, para lo que viajará a Bahía, y desde allí al sertón, en 1979.

La presencia de Flaubert en la poética narrativa de Mario Vargas Llosa no es contradictoria con el evidente influjo ejercido sobre ella por la estética y la técnica cinematográfica. Es de sobra conocido que tanto Eisenstein como Griffith, los dos padres de la modernidad en el séptimo arte, nunca negaron sus deudas para con grandes figuras del realismo como Dickens o el propio Flaubert, en cuya obra principal se incluye todo un episodio —el de los «comices agricoles»— verdaderamente pre-cinematográfico, por su logro de la simultaneidad a través del montaje entrelazador de situaciones coincidentes en el tiempo pero dispersas en el espacio (lo que en la jerga fílmica se denominará *crossing up* o *cross cutting*).

La huella del cine en Mario Vargas Llosa aparece, en efecto, más en relación con la técnica del relato que con esa mitología degradada y ese registro *kitsch* que impregna el mundo de los personajes en la novelística de Manuel Puig, según acabamos de analizar. La clave del cinematografismo de nuestro autor está precisamente en lo que hizo de aquella diversión de barraca de feria inventada por los hermanos Lumière un nuevo arte: el montaje. Frente a la rígida articulación de las unidades narrativas del sistema realista decimonónico, Mario Vargas Llosa dispone con suma labilidad sintáctica todos los elementos de su discurso. Así lo había hecho ya, de forma muy destacada, William Faulkner, al que el novelista peruano comenzó a leer en español a principios de los cincuenta, para hacerlo diez años después reiterada y sistemáticamente en inglés [8]. Pero en cuanto a in-

---

[8] Véase, a este respecto, una interesante entrevista mantenida con el escritor por uno de los especialistas más acreditados sobre su obra, Raymond L. Williams, «Vargas Llosa visita a Faulkner», *Diario 16*, suplemento *Culturas*, 134, 31 de octubre de 1987.

fluencia reconocida como tal, ocurre que Faulkner opera en Mario Vargas Llosa en un sentido contrario al que él mismo, en su ensayo sobre Gabriel García Márquez, descubre en la relación entre los creadores de Yoknapatawpha y Macondo: más en la técnica que en el diseño de un mundo o en la temática.

En suma, si algo caracteriza a la novelística de Mario Vargas Llosa es esa labilidad estructural proporcionada por un eficaz montaje. Ello permite taracear cortes espaciales y temporales con suma eficacia, alternar diferentes registros, perspectivas y voces, lo que redunda en el máximo aprovechamiento de los recursos de la tensión narrativa para captar al lector desde la primera línea y no dejarlo ya. El regreso a la más pura narratividad es una de las claves del éxito de nuestro autor, pero sobre todo en sus primeras obras esto no significa facilidad acomodaticia en lo tocante a la estructuración del discurso, sino una propuesta que reclama del receptor una actitud cooperante. La técnica novelística de Mario Vargas Llosa está plagada de insólitos recursos para activar la respuesta del lector.

Todas estas virtudes brillan ya con plenitud en *La ciudad y los perros,* novela cuya ambientación colegial, sugeridora de un marco de *bildungsroman* que se trasciende hacia lo colectivo, proviene, según hemos apuntado hace un momento, de la propia experiencia del autor en el instituto paramilitar Leoncio Prado, y asomaba ya en algunos de los relatos del volumen *Los jefes.*

Se trata, más que de una novela de aprendizaje, de una novela moral, en la que la crítica de unos comportamientos individuales —y de lo que Vargas Llosa ha calificado en su libro sobre Flaubert como «la más odiosa de las instituciones»— se proyecta implícitamente a toda una sociedad, la peruana, de la que los cadetes del Leoncio Prado, de muy variada proce-

dencia geográfica y familiar, configuran un microcosmos.

El tema y esa intencionalidad de denuncia aparecen, con todo, perfectamente integrados en un discurso ágil y complejo a la vez que desarrolla una anécdota excelentemente trabada y provista de una tensión
interna de intriga que sólo se desata en el epílogo, y
que la técnica, sobre todo en lo referente a la variedad de perspectivas y voces modalizadoras, favorece
con suma pertinencia.

Se trata de una indagación crítica sobre las estructuras del poder, y de la tergiversación que desde ellas
se puede hacer de la justicia y la verdad. El colegio
paramilitar las representa de modo objetivo, y el
grupo de cadetes conocido como «El Círculo» lo hace
también de forma espontánea en el seno de la comunidad colegial. El catalizador argumental es la denuncia que uno de los cadetes —Ricardo Arana, cuyo
apocamiento le ha merecido el sobrenombre de «el
Esclavo» —hace contra su compañero Porfirio Cava,
que ha robado un examen por encomienda del Círculo. La venganza de éste es drástica: el líder, apodado
«el Jaguar», mata de un disparo al soplón en el
transcurso de unos ejercicios de tiro. Las autoridades
colegiales prefieren acallar rumores, considerando el
hecho puramente accidental. La denuncia que hará
otro de los alumnos —Alberto Fernández, «el Poeta», en quien el sustrato autobiográfico adquiere
mayor transparencia— y la receptividad con que la
acoge el teniente Gamboa no modificarán el dictamen acomodaticio de la institución —de la sociedad—, y la novela concluye con un epílogo, en donde, amén de revelársenos que las secciones en primera
persona diseminadas en el cuerpo de la novela ema-
naban de la víctima en calidad de narrador, el equilibrio se restablece: Alberto se reintegra a su mundo
burgués del selecto barrio de Miraflores antes de
iniciar estudios superiores en los EE.UU., «el Ja-

guar» se ha integrado en la sociedad merced a un modesto empleo en un banco y su matrimonio con Teresa, el amor imposible de «el Esclavo», y el teniente Gamboa ve penado su celo por esclarecer los hechos con un destino forzoso lejos de Lima.

La nitidez en el diseño de esta anécdota y el realismo casi documental que subyace a ella se transmutan en complejidad e impulso imaginativo en la segunda novela del autor, *La casa verde,* que es por ello muy diferente de la primera, lo que no dejó de causar perplejidad y asombro entre los críticos y lectores en general.

Se trata, en efecto, de la novela más «faulkneriana» y más próxima a la poética del realismo maravilloso de todas cuantas Mario Vargas Llosa escribió, a partir asimismo de una doble experiencia autobiográfica, la del burdel de Piura y la selva amazónica peruana. De todo ello el propio autor nos ha dejado testimonio de primera mano con su opúsculo *La historia secreta de una novela* (1971). En cuanto al realismo maravilloso, cumple afirmar que en *La casa verde* el regionalismo temático y ambiental del que se parte da paso a una completa realización de las dos «unidades culturales» con que caracterizábamos desde el punto de vista teórico, partiendo de Carpentier, dicha categoría: el «ideologema de crónica» y el «de mestizaje».

La casa verde ofrece al lector la faz de un auténtico rompecabezas, o de una selva intrincada, si se prefiere, dada su ambientación espacial, que es binaria: urbana por una parte (la Piura de la adolescencia del autor) y selvática por otra (el mundo de las factorías caucheras del Amazonas peruano y de la misión católica de Santa María de Nieva).

Esa dualidad afecta también a la estructura temporal que fluctúa entre presente y pretérito (años veinte y sesenta de nuestro siglo), y a los propios personajes, que en algunos casos se desdoblan en dos con nom-

bres distintos según el momento en que actúen. El
fragmentarismo —metáfora estructural de la alienación según la crítica [9]— sirve a todos estos planteamientos, como también a la multiplicación de puntos
de vista y de voces narrativas con que se comunican
no menos de cinco líneas argumentales: la historia del
músico Anselmo, marido de Antonia, fundador del
burdel «La casa verde», que será incendiado como
consecuencia de la campaña moralizadora del padre
García y restaurado por la hija de aquéllos, la Chunga. Historia del grupo de amigos «los Inconquista-
bles», todos ellos del barrio de la Mangachería y
clientes asiduos del prostíbulo: José, el Mono, Josefi-
no y Lituma. La historia de Bonifacia, pupila de las
monjas de Santa María de Nieva, esposa del Sargento —que no es otro que Lituma—, y finalmente, con
el nombre de «la Selvática», prostituta en *La casa
verde*. Historia de Jum, cacique de los aguarunas, que
plantea una cooperativa cauchera en Urakusa y es
reprimido drásticamente por los industriales y el gobernador. Y, por último, la historia de su vida, que
Fushia, contrabandista de origen japonés, cuenta a
Aquilino cuando éste lo traslada a lo largo del río
Santiago hacia el lazareto de San Pablo.

En pocos casos como en este se puede reconocer la
perfecta plasmación artística de un planteamiento
teórico del escritor, porque *La casa verde* es, justamente, esa «novela total» por la que abogaba Mario
Vargas Llosa. Nada extraño, pues, que hayan surgi-
do plausibles lecturas de la misma como «un amplio
y significativo panorama novelesco del continente
americano [10] a través de la historia, como un texto de

---

[9]   Cfr. el artículo de Sara Castro-Klarén, recogido por J. M. Oviedo
en su compilación de 1981, págs. 129-142.
[10]   Cfr. especialmente el artículo de George R. McMurray,
reproducido por H. Giacoman y J. M. Oviedo en su compilación
de 1971, págs. 181-201.

profunda impronta mítica en el que la realidad y la maravilla aparecen enmadejadas en la misma trama compleja que hace de *La casa verde* un modelo arquetípico de «nueva novela».

En 1967 Vargas Llosa publica una interesante novela corta, ya mencionada por nosotros a causa de su acercamiento experimental a la estética del «comic», que conecta por su temática juvenil con los dos primeros libros del autor, pero que por su técnica global refleja la tensión creativa patente en *La casa verde* y, en 1969, en *Conversación en La Catedral*.

Si, como hemos anotado ya, la política está desde siempre presente en la trayectoria novelística (y personal) de Mario Vargas Llosa, *Conversación en La Catedral* es, junto a la posterior *Historia de Mayta*, su novela más política, pues se centra en la corrupción y el encanallamiento general de la sociedad peruana propiciado por la dictadura del general Manuel Odría, que gobernó el país entre 1948 y 1956.

Para hacer frente a dicho propósito el novelista recurre de nuevo a una estructura compleja y eficaz a la vez. Se trata, ahora, de una novela de reducción temporal retrospectiva. Durante una larga conversación de cuatro horas, desarrollada un día de 1963 en la tasca limeña conocida como La Catedral, dos personajes pasan revista, fragmentariamente, a la égida de Odría, que vivieron desde perspectivas muy diferentes aunque no totalmente desconectadas. Santiago Zavala, periodista, se había comportado por aquel entonces como el vástago rebelde y revolucionario de una familia burguesa, la del acaudalado negociante y colaborador de Odría don Fermín Zavala, a quien el negro Ambrosio —el contertulio de Santiago en La Catedral— había servido como chófer y como pareja homosexual.

El diálogo entre Santiago y Ambrosio no es sino el punto de partida de lo que en seguida deriva hacia un discurso abigarrado en tercera persona, donde los

saltos temporales son constantes, así como la aparición y mutis de gran número de personajes pertene-
cientes a una variada gama de estamentos sociales.
Les unen espacios comunes (el geográfico de Lima y
otros enclaves peruanos, con lo que el marco de
referencia se amplía aún más) y el espacio político de
la abyección dictatorial. Por eso *Conversación en La
Catedral* es una novela de protagonismo colectivo, un
buen ejemplo de lo que se ha dado en llamar «novela
espacial» y nosotros preferimos calificar de «novela
estructural» —como así lo hicimos ya a propósito de
El gran teatro, de Manuel Mujica Láinez, y *La región
más transparente,* de Carlos Fuentes—, por tener en
cuenta la íntima relación que percibimos entre la
nueva novela y los cambios científicos y filosóficos
de nuestro siglo, caracterizable por la tendencia de
todas las disciplinas a reemplazar el atomismo por el
estructuralismo, y el individualismo por el universalismo.

Si una «novela estructural» es aquella en la que el
personaje eje se ha perdido, el tiempo, reducido y
expresado en su simultaneidad, y la realidad, presentado como una tupida red de relaciones entre sujetos aislados o grupos, no nos cabe ninguna duda de
que *Conversación en La Catedral* pertenece a esa
categoría.

El año 1973 representa, en el curso de la novelística
que estamos revisando, un doble cambio de orientación, que algunos críticos llegaron a valorar muy
negativamente, como un retroceso en la exigencia
artística máxima a la que Vargas Llosa había llegado.
Por una parte, es un hecho que con *Pantaleón y las
visitadoras* el escritor simplifica sobremanera la forma del discurso, regresando a una linealidad narrativa que nunca había practicado antes, tan sólo sobre-
saltada aquí por el *collage* del relato en tercera persona propiamente dicho, los partes oficiales y cartas
particulares del capitán Pantoja, resoluciones y circu-

lares del Ejército, programas radiofónicos, reportajes periodísticos y otros documentos que se enhebran sin solución de continuidad. Y en segundo lugar está la aparición de un ingrediente casi absolutamente desconocido hasta entonces en la literatura de Vargas Llosa, y que él mismo había rechazado expresamente en una valiosa entrevista: «Yo siempre he sido absolutamente inmune al humor en literatura (...) en general el humor es irreal. La realidad contradice el humor» [11]. Mucho hay, sin embargo, de ello en la peregrina historia de un militar estricto que aprovecha toda su competencia de intendente para montar un servicio itinerante de prostitutas —las «visitadoras», en el eufemismo burocrático que Panta ingenia— entre los destacamentos perdidos por la Amazonía peruana.

Ese mismo recién descubierto humor impregna las páginas de la novela siguiente, *La tía Julia y el escribidor,* en la cual el episodio autobiográfico del matrimonio del novelista, diáfanamente transmutado aquí en el personaje de Marito Varguitas, se conecta con la historia personal de Pedro Camacho, un plumífero boliviano, rey de los folletines en la radio del Perú. Se introduce así, si bien en clave desenfadada, la problemática de la creación literaria dentro de la propia literatura, de manera que no es incorrecto considerar a *La tía Julia y el escribidor* como una metanovela, pues el escritor subliterario es como la imagen en un espejo deformante de Marito, que lucha con todas sus fuerzas para ser un verdadero escritor. Vargas Llosa está parodiando así su propia trayectoria artística, y dando sutilmente a entender algo que la teoría literaria ya había admitido desde hace tiempo, que la frontera entre las formas elementales o degradadas de la escritura y la literatura

[11] Luis Harss, «Mario Vargas Llosa, o los vasos comunicantes», en *Los nuestros,* Buenos Aires, Sudamericana, 1966, pág. 445.

propiamente dicha son más sutiles y porosas de lo
que a simple vista se podría pensar. Con todo, *La tía
Julia y el escribidor* es un texto sumamente gratificante para el lector, y con la reproducción de los argumentos urdidos por Pedro Camacho recuerda en
cierto modo la estructura de los relatos enmarcados,
retornando así, en pos de la narratividad más pura, a
planteamientos prístinos en el curso de la narrativa
de todos los tiempos, trascendiéndolos posmoderna-
mente con la ironía de la parodia y la metaficción.

Con *La guerra del fin del mundo* Mario Vargas
Llosa da, cuatro años después, un nuevo giro en su
carrera. Pese a la seriedad e historicidad de su tema,
nunca falta un deje humorístico a la hora de contar
diáfanamente un episodio que por primera vez no
corresponde a la contemporaneidad peruana, sino a
la historia del Brasil: la rebelión integrista de los
«yagunzos», atrincherados en «el fin del mundo»
—Canudos, localidad al nordeste del inmenso país,
dependiente de la capital Bahía— contra la República instaurada en 1889, a la que consideran encarna-
ción del Anticristo. El líder carismático de esta revolución, que tiene su brazo armado en la denominada
«Guardia Católica», es Antonio Vicente Mendes Ma-
ciel, conocido como «O Conselheiro», quien consigue
derrotar a tres expediciones del ejército republicano y
sucumbe finalmente ante los treinta mil hombres del
general Artur Oscar en 1896.

Esta contradictoria revolución reaccionaria había
sido ya objeto de recreación narrativa en la literatura
brasileña, recientemente por Nélida Piñón y a principios de siglo por Euclides da Cunha, cuya obra *Os
Sertões* viene a ser un texto fundamental para la
nacionalidad brasileña, como el *Facundo* de Sarmiento lo había sido para la República Argentina. Vargas
Llosa homenajea, paradójicamente, a su predecesor
—hombre de mentalidad progresista enviado como
corresponsal a la Campaña de Canudos por un diario

de São Paulo— a través de uno de los personajes capitales de esta extensa y abigarrada novela, el periodista que sigue los acontecimientos día a día y sobre el terreno luchando contra una miopía que es emblema de la dificultad de aceptar y comprender la realidad tal y cual es, al margen de todo prejuicio.

Eso es, precisamente, lo que le ocurre a otro destacado personaje, el anarquista y frenólogo escocés Galileo Gall, corresponsal del diario lyonés *L'Etincelle de la révolte,* que imbuido de su pasión revolucionaria acaba por convencerse de que la realidad está equivocada, y los rebeldes del sertón no son reaccionarios, sino libertarios. Es esta una idea que adelanta una de las claves de la siguiente novela de Vargas Llosa e ilustra su propia evolución ideológica. El tema político aparece, por lo demás, ampliamente desarrollado en *La guerra del fin del mundo,* pues la revuelta del sertón repercute local, nacional e internacionalmente, implicando desde el Partido autonomista bahiano, nostálgico de la Monarquía, y el Partido Republicano Progresista, hasta la casa real de los Braganza e Inglaterra, que los apoya.

«Canudos no es una historia, sino un árbol de historias» (pág. 433): esta frase del periodista miope describe muy acertadamente la «escritura desatada» de esta novela-río de Mario Vargas Llosa, que ostenta una estructura diseminativo-recolectiva, porque cada nuevo personaje que se incorpora al discurso trae su propio relato, para acabar, indefectiblemente, implicado en la línea diegética central. Tal barroquismo narrativo acerca *La guerra del fin del mundo* al *romance,* así como «esa sensación de irrealidad, de sueño, de ficción» (pág. 472), que los lectores compartimos con algunos protagonistas de tan peregrina historia.

De las cuatro últimas novelas de Mario Vargas Llosa, *Historia de Mayta* (1984) y *El hablador* (1987) ofrecen singulares paralelismos compositivos entre sí

y en relación con *La tía Julia y el escribidor* (1977).
Nos encontramos, efectivamente, en los tres casos
ante un discurso presentado como fruto de la escritura de un autor que se puede identificar por ciertos
rasgos autobiográficos con el propio novelista. Desde
un presente de la escritura que coincide con los años
inmediatamente anteriores a la publicación de la novela, ese autor implícito en el texto al que asume
como suyo se remonta a su juventud limeña de los
años cincuenta, en que trabó conocimiento con sendos personajes singulares. En la obra de 1977 se
trataba del prolífico folletinista radiofónico; Alejandro Mayta era, por su parte, un joven troskista
organizador de un frustrado levantamiento revolucionario en Jauja, en las estribaciones de la cordillera
andina; y Saúl Zuratas, por último, un joven judío,
compañero de la Universidad de San Marcos, donde
estudiaba Etnología y Derecho, conocido como
«Mascarita», a causa de un aparatoso lunar que
provocaba hacia él cierto rechazo social.

Historia de Mayta, que ha sido considerada por
algunos prestigiosos críticos la novela más lograda de
su autor, testimonia ese desencanto hacia las ideas
revolucionarias que Vargas Llosa compartió con tantos escritores e intelectuales hispanoamericanos en
los decenios de los cincuenta y sesenta, y constituye
un admirable ejemplo de ese ideal de la posmodernidad, que según Umberto Eco está en el sincretismo
de lo mayoritario y lo artístico en literatura. Posee,
en efecto, todos los ingredientes de un auténtico *best-
seller,* sin que falte un punto de polémica con la
diatriba contra el sandinista Ernesto Cardenal, del
capítulo III, pero *Historia de Mayta* es literatura y no
alegato o reportaje, porque en ella la historia que le
da sustancia, volcada hacia la captación del interés de
un amplio público, ha sido textualizada en un discurso exigente, resuelto de forma admirable en lo que
toca al meollo de la literariedad novelística, que no es

la palabra en sí, como en la poesía, sino la composición.

En *El hablador,* Saúl Zuratas posee algo en común con los dos personajes que le precedieron en las novelas de Mario Vargas Llosa, que hemos relacionado por su sometimiento a un mismo patrón compositivo. Con Mayta, amén de la más estricta contemporaneidad, comparte un maximalismo político que no tiene tanto que ver con «la ciencia de Marx y Mariátegui» (pág. 76) como con la utopía antihistória de un Perú donde las tribus de la Amazonia permaneciesen ancladas en el paleolítico, a salvo de toda ingerencia corruptora de la civilización actual. Mucho más profundos son, sin embargo, los lazos que le unen a Pedro Camacho, pues ambos desempeñan una misma función social, que el autor de las novelas que protagonizan considera, en cierto modo, también la suya: si el folletinista es un «escribidor» que difunde por doquier su torrente de palabras gracias a las ondas radiofónicas, Saúl Zuratas terminará siendo uno de los «habladores» —los «kenkitsatatsiriras» machiguengas—, cuyas «bocas eran los vínculos aglutinantes de esa sociedad a la que la lucha por la supervivencia había obligado a resquebrajarse y desperdigarse a los cuatro vientos» (págs. 90-91), y sus relatos del pasado común preservaban la «memoria de la comunidad».

¿Quién mató a Palomino Molero? (1986) no posee la trascendencia de los textos que acabamos de comentar. Reúne múltiples elementos de la producción anterior de Mario Vargas Llosa —entre ellos el personaje de Lituma y la incompatibilidad entre la justicia y la institución militar— en un relato de intriga policiaca y ribetes de sensacionalismo folletinesco.

Sería una omisión injustificable en este análisis de la novelística de Mario Vargas Llosa que ahora concluimos ignorar al erotismo como una constante modulada con mayor o menor intensidad, pero siempre presente en su universo de ficción. Nunca, no obstante, el escritor peruano había acomodado tanto su creación a las pautas genéricas de la novela erótica como en *Elogio de la madrastra* (1988), una verdadera joya literaria, condición feliz a la que no es ajena la concentración casi poemática de su texto.

Hay otras razones que justifican tal valoración. La primera de ellas reside en la imbricación del sexo con la inocencia y una difusa venganza a través del personaje de Fonchito, protagonista apenas púber de un singular triángulo amoroso junto a su padre, viudo recién casado, y la nueva esposa y madrastra. Aciertos del contenido que se potencian por una elocución impecable, precisa y elusiva a la vez, retórica en el mejor sentido de la palabra, y por la filigrana de una composición narrativa que incluye el juego irónico y especular de la «mise en abyme», y la originalísima inserción, siempre oportuna pese a la dificultad del empeño, de sendos capítulos que parafrasean otros tantos cuadros con los que la edición de *Elogio de la madrastra* se enriquece.

Se trata, en suma, de una verdadera fiesta literaria que, con lo mucho que tiene de pirueta arriesgada, acredita la fecunda creatividad de Mario Vargas Llosa ante quienes la discutían, esgrimiendo el manierismo de su propia facilidad novelística, desde la consideración de sus obras inmediatamente anteriores.

SEVERO SARDUY

SEVERO SARDUY (Cuba, 1937) es un original creador, interesante no sólo por su producción narrativa [1], sino también como poeta, ensayista, dramaturgo, crítico artístico y literario, y dibujante, que presenta una labor integrada de todas estas facetas en
evolución profundizadora [2]. Se trata de un autor
propenso al experimentalismo, con puntos de contacto con Lezama Lima y Cabrera Infante, pero también
cercano al grupo «Tel Quel», en París, por la década
de los sesenta y próximo al objetalismo, además de
interesado por la pintura gestual y el *pop-art,* cuya
prodigiosa creatividad verbal rompe los moldes convencionales de la expresión lingüística y brinda al
lector una tarea a la vez esforzada y placentera en su
asimilación de sugerencias plásticas y visuales, forma-
lizadas a través de la palabra transformadora de la
realidad mediante artificiosos juegos barroquistas
sorprendentes por su brillantez, casi alucinantes. Su

---

[1]   Integrada por *Gestos,* Barcelona, Seix Barral, 1963, 1973[2];
De dónde son los cantantes, México, Joaquín Mortiz, 1967; Barce-
lona, Seix Barral, 1980; *Cobra,* Buenos Aires, Sudamericana, 1972;
Maitreya, Barcelona, Seix Barral, 1978, 1981[2]; *Colibrí,* Barcelona,
Argos Vergara, 1984, y *Cocuyo,* Barcelona, Tusquets, 1990.
[2]   Otras obras suyas, no narrativas, que complementan sus
actitudes estéticas y su visión del mundo: *Escrito sobre un cuerpo,*
Buenos Aires, Sudamericana, 1969; *Big Bang,* Barcelona, Tus-
quets, 1974; *Barroco,* París, Du Seuil, 1975, y *Para la voz,* Madrid,
Fundamentos, col. Espiral, 1978.

concepción de la novela es fundamentalmente lingüística cuando postula que se trata de una creación verbal paralela a la realidad, una construcción que interesa más por lo que es en sí misma que por lo que dice. Su visión de la realidad está mediatizada por sus preferencias estéticas y por su consideración del arte como medio de conocimiento del mundo, conseguido mediante la percepción sensorial no carente de implicaciones sensuales.

En *Gestos* (1963) acoge la poética objetivista del *nouveau roman* y parodia, con su habitual desenfado e ironía, *El acoso,* de A. Carpentier; también asimila teorías psicológicas de Maurice Merleau-Ponty, como sugiere el título, al reducir la existencia humana a actitudes convencionales, rutinarias o ensayadas, cuando no vacías, rechazar posiciones gnoseológicas de seguridad absoluta y abogar por el relativismo. El narrador funciona como un espectador distanciado, obsevador de gestos, voces, silencios, ruidos y desplazamientos, y su relato es una representación plástica de lo que observa, sin apoyaturas imaginísticas, en la línea del conductismo. El estilo, reiterativo y de ritmo muy cuidado, está en consonancia con la visión de un mundo mecanizado poblado de seres condenados a la monotonía vital y a la despersonalización, cuya existencia atormentada por la soledad, como en el caso de la negra, llega el lector a compartir con simpatía.

De dónde son los cantantes (1967) está dispuesta de forma tripartita: tres fábulas, en las que intervienen tres personajes cuya identidad se va alterando, desarrollan tres aspectos de la cultura cubana (lo africano, lo chino y lo español), brindando una visión de La Habana disgregada en su identidad. Incluye también un poema a guisa de epitafio y diez escenas que desarrollan cada uno de sus versos de forma teatral; el autor, que dice haber intentado hacer un «colage hacia adentro», concluye con una nota en que ofrece su personal análisis de la obra, lo cual no ahorra, sino más bien estimula al lector a experimentar en su lectura de una novela construida a partir de teorías lingüísticas, de la estructura de viaje algo caótico, de la estética neobarroca en la que el lenguaje cobra una poderosa entidad y se vuelve hipercríticamente sobre sí mismo. Es notable su humorismo paródico, de tono carnavalesco o subversivo, volcado contra las formas culturales recibidas ya vacías, y afirmador de la liberación por la estética sensorial y erótica, asumiendo el riesgo de su inestabilidad constitutiva.

En *Cobra* (1972), de cuyo título se han extraído varias implicaciones esotéricas, llama la atención el carácter abierto de su escritura, así como la indefinición y transmutación continua de los personajes, lo cual puede encerrar la visión de la existencia como una serie de alteraciones que desembocan en la muerte. Elementos culturales orientales vuelven a asumirse, a notable distancia cronológica y estética del modernismo, como sustitutorios de valores inanes de Occidente. También se insertan componentes dramáticos y teatrales con ánimo de penetración en la existencia auténtica, y se recurre a la figura circular como motivo central estructurante de la forma y de la ideología, no tanto al extraño personaje principal, Cobra, de identidad tan desconocida y desconcertante como el resto, de quienes conocemos aspectos físicos pero cuya mentalidad y sentimientos se nos ocultan. Más interés que la anécdota tiene en esta novela el proceso de creación ficcional, la novelización de la conciencia de su propio creador; más seductoras que el evanescente argumento son las conexiones metaficcionales entre el novelista, sus criaturas y su receptor, así como las relaciones entre la teoría y la práctica poética expresadas con notable distensión humorística.

Tanto en *Maitreya* (1978) como en *Colibrí* (1983) Sarduy prosigue experimentando con mayor ahínco aún en la esfera de la metaficción, con apreciables

coincidencias con Lezama Lima, estableciendo referencias a su propia obra literaria con inteligente y
desenfadada ironía. En una y otra destacan el afán de
libérrima expresividad, la temporalización imprecisa,
los juegos de recurrencias, el distendido relativismo,
las abundantes formalizaciones pictóricas, realizadas
a veces con moroso detenimiento, y las digresiones
metatextuales con las que el autor implícito en sus
interferencias patentiza su voluntad de aproximación
al lector a expensas de una construcción novelesca
cerrada y vertebrada, menospreciando los cánones
convencionales de la verosimilitud y de la ficcionali-
dad misma, disolviendo, en fin, los moldes consagrados del género novelesco y contaminándolos, como
en *Cocuyo* (1990), con un autobiografismo interior.

La obra narrativa de Sarduy se encamina a una
revelación de la realidad auténtica, despojando a la
aparencial de sus velos encubridores mediante la parodia, intentando llegar angustiosamente a su centro
aun a despecho de intuirlo vacío de sustancia. Su
artificiosidad barroquizante y su esoterismo han sido
vistos [3] como procedimientos de profundización en el
significado de las formas, buscando el meollo de la
realidad en exploraciones radiales aproximativas, que
no sólo son productoras de erotismo en su sentido
lúdico y placentero, sino también actitudes rebeldes y
subversivas contra la visión verbal del mundo consagrada por seculares hábitos cognoscitivos en la cultura occidental.

---

[3] Entre los estudios críticos sobre su obra destacan por su
interés los reunidos por varios autores en *Severo Sarduy,* Madrid,
Fundamentos, 1976, así como la tesis doctoral de Manuel Alberca,
Estructuras narrativas de las novelas de Severo Sarduy, Madrid,
Universidad Complutense, 1981. Pueden verse también los artículos reunidos en *Revista Iberoamericana,* 123-124, 1983. Para su
primera etapa creadora puede ser útil consultar R. González
Echevarría, «Para una bibliografía de y sobre Severo Sarduy
(1955-1971)», *Revista Iberoamericana,* 38, 1972, págs. 333-343.

ALFREDO BRYCE ECHENIQUE

El peruano ALFREDO BRYCE ECHENIQUE, nacido en Lima en 1939, estudió primero en la Universidad de San Marcos de su ciudad natal; en 1964 se traslada a París, donde sigue estudios en La Sorbona hasta obtener su doctorado en Letras; desde allí hace viajes por Europa y enseñó desde 1968 en varias universidades francesas. Su obra narrativa [1], llena de ironía, ingenio y humor, que provocan en el lector sonrisas lúcidas, revela un uso ponderado de la fantasía, que sólo en contados casos se hace desmesurada. En sus primeros relatos es fácil advertir su pretensión de bucear en las contradicciones internas de la sociedad limeña poniendo de manfiesto el espíritu conservador y clasista de ésta; *Huerto cerrado* y *La felicidad, ja, ja* agrupan sus primeros cuentos; antes de la novela corta *Muerte de Sevilla en Madrid* vio la luz *Un*

---

[1] *Huerto cerrado,* La Habana, Casa de las Américas, 1968; *Un mundo para Julius,* Barcelona, Barral, 1970; *Muerte de Sevilla en Madrid,* Lima, La Mosca Azul, 1972; *La felicidad, ja, ja,* Barcelona, Barral, 1974; *Tantas veces Pedro,* Lima, Libre I, 1977; Madrid, Cátedra, 1981; *Todos los cuentos,* Lima, La Mosca Azul, 1979; *Cuentos completos,* Madrid, Alianza, 1981; *La vida exagerada de Martín Romaña,* Barcelona, Argos Vergara, 1981; *El hombre que hablaba de Octavia de Cádiz,* Barcelona, Plaza y Janés, 1985; *Magdalena peruana y otros cuentos,* Barcelona, Plaza y Janés, 1986; *La última mudanza de Felipe Carrillo,* Barcelona, Plaza y Janés, 1988. En 1990 (Barcelona, Plaza y Janés) apareció *Dos señoras conversan,* colección de tres novelas breves.

mundo para Julius[2], novela con predominio de la
oralidad en la que un narrador irónico con aires de
objetivo y distanciado realiza una exploración de la
vida entre privilegiadas familias aristocráticas de
Lima cuya existencia transcurre sin graves conflictos
en apariencia, entre la apatía, la irresponsabilidad y
el vacío intelectual y moral; la mera descripción de
sus desfasados modos de vivir, hecha sin acritud,
sirve de excelente denuncia de fallos, carencias y
miserias; de manera indirecta al lector le es dado
penetrar en la esfera de los adultos a través del
ámbito infantil y adolescente que se le revela, sobre
todo mediante el ahondamiento en las vivencias del
protagonista, tan sensible ante los hechos personales
y sociales que hieren su conciencia y tal vez provoca-
rán en él un deseo de transformar el mundo que le
dieron hecho. En *Tantas veces Pedro* destaca la amenidad del relato que en tono distendido presenta las
aventuras del apasionado protagonista, un escritor
que viaja por tierras europeas y americanas, a cuyos
placeres báquicos y eróticos se igualan los que le
reporta su actividad literaria, jugando a sortear los
escollos del lenguaje oral, más que los del escrito;
aquí el estilo del autor se enriquece con mayor capacidad expresiva hasta hacerse desbordante y los personajes son más diversos y están más profundizados,
sobre todo el desdoblado Pedro Balbuena con sus
crisis y su tragedia.

Otra reciente aportación de Bryce es un díptico
novelesco que lleva el título general de *Cuaderno de
navegación en un sillón Voltaire.* La primera parte es
La vida exagerada de Martín Romaña, de cuyo protagonista limeño la nota más sobresaliente es un buen
humor y desenfado, a pesar de sus reiteradas crisis

---

[2]   Véase Phyllis Rodríguez-Peralta, «Narrative access to *Un
mundo para Julius*», *Revista de Estudios Hispánicos,* XVII, 3, 1983,
págs. 407-418.

neuróticas de soledad melancólica en París, donde se ha instalado para dedicarse a su vocación de novelista, emulando a su admirado Hemingway; el autor recrea desde el recuerdo sus propias vivencias individuales y las aventuras colectivas con otros hispanoamericanos en aquel ámbito parisino, y lo hace con notable ironía aliada a una poderosa imaginación con inclusión casi obligada de las revueltas estudiantiles de mayo de 1968; destaca las dificultades cotidianas vividas por Martín, *alter ego* suyo, tan próximas a la miseria, asumidas con distensión, así como la conflictividad de su relación con Inés, su esposa, una muchacha progresista incardinada en un grupo marxista de extrema izquierda dedicado a un activismo verbal ineficaz, que impone al protagonista el compromiso de forjar una novela sobre los sindicatos pesqueros en Perú, de los que él lo ignora todo. Asistimos al proceso de las tensiones sufridas por Martín, tan ansioso de comunicarse, entre dirigismo ideológico y creatividad libre, resueltas finalmente a favor de ésta, que justamente se identifica con la novela que el lector tiene entre manos. La segunda parte se titula *El hombre que hablaba de Octavia de Cádiz,* con el mismo protagonista, doble del autor en ciertos aspectos, Martín Romaña, un peruano de treinta y tres años, profesor de español en la Universidad de Nanterre, donde imparte sus clases de literatura hispanoamericana previamente grabadas en magnetófono y de quien se enamora la jovencita Octavia, que asiste a su curso. Se ofrece la historia de sus amoríos en París y por Europa.

Un epígrafe de Eguren brinda una clave de lectura, al presentar la belleza y el amor como lo único serio en la vida, «serio como la sonrisa»; el protagonista, escritor de su propia historia, declara explícitamente su voluntad de que el humor se oponga a la muerte del amor; y, en efecto, hay muchas pinturas risibles de variadas facetas de la vida individual y social que dejan también cabida a actitudes reflexivas, irónicas, melancólicas y tiernas hasta provocar una sonrisa triste. Tal vez peque el autor de reiterativo cuando estira en exceso el tema del amor perseguido y sus vaivenes, pero por encima de esa pasión romántica, con toques de erotismo, predomina la visión ridiculizadora y bromista de Martín, observador de la realidad, que se las arregla para conciliar catárticamente la objetividad con la fantasía.

Sus aportaciones más recientes a la narrativa se materializan en una colección de doce relatos breves, titulada *Magdalena peruana y otros cuentos* (1986), de considerable variedad formal y soltura expresiva, y en su última novela hasta la fecha, *La última mudanza de Felipe Carrillo* (1988), en donde este personaje, narrador-protagonista cuarentón, refiere sus aventuras sentimentales con autoironía y humor compensatorio de sus desazones reiteradas tras su viudez de Liliane; arquitecto limeño con taller en París, se enamora de la española Genoveva, divorciada pero incapaz de desprenderse del afecto posesivo y excluyente de su hijo Sebastián, que hace gala de «sus locos excesos de torcido amor filial», perturbando la relación entre los dos adultos y colmando de celos y odios a Felipe; la acción, situada temporalmente en el año 1983, se inicia en París, pero desde allí se encadenan «mudanzas» que pasarán por Madrid, por Roma en la imaginación, y por diversos lugares de Perú, donde es decisiva la «mudanza» hacia Eusebia, la atractiva cocinera mulata, para concluir de nuevo en París, compartiendo soledades y nostalgias de los pasados amores con la arabista Catherine; en la trama se entretejen mínimos fragmentos de canciones sentimentales, como música de fondo del relato, y también reflexiones metaliterarias y comunicativas con el receptor del texto que el autor tiene entre manos; en la novela importan tanto como las anécdotas eróticas incesantes, el testimonio del conflicto interno del protagonista con sus vacilaciones y mudanzas exteriores e interiores, que le llevarán finalmente al desolado encuentro consigo mismo en soledad [3].

---

[3] Entre otras, resultan de interés las declaraciones del propio autor tituladas «Confesiones sobre el arte de vivir y escribir novelas», publicadas en *Cuadernos Hispanoamericanos,* 417, 1985, págs. 65-76, además de sus reportajes viajeros titulados *A vuelo de buen cubero y otras crónicas,* Barcelona, Anagrama, 1977.

OTROS NARRADORES
NACIDOS ENTRE 1921 Y 1940

En una sucinta recapitulación de los más destacables narradores nacidos entre 1921 y 1940, procederemos también de acuerdo a una ordenación geográfica que se irá desplazando de Norte a Sur por los países de Hispanoamérica.

En México [1], de donde arranca nuestra exploración, retendremos poco más de una docena de nombres, empezando por el de Rosario Castellanos [2] (1925-1974), cuyos relatos conectados a veces con el indigenismo se nutren de sus personales experiencias vividas, que se combinan con sus estudios etnológicos, como en la novela *Oficio de tinieblas* (1962) o en los relatos de *Los convidados de agosto* (1964); Emilio Carballido (1925), más conocido por su abundante producción dramática, también ha dado vida a personajes consistentes en sus novelas cortas como *La veleta oxidada* (1956) o *El sol* (1970); en el mismo año que los anteriores nace Luis Spota [3] (1925), novelista

---

[1] Véanse D. Miliani, *La realidd mexicana en la novela de hoy,* Caracas, Monte Ávila, 1968; J. S. Brushwood, *México en su novela: Una nación en busca de su identidad,* México, Fondo de Cultura Económica, 1974.

[2] Véase A. Mejías, *La obra narrativa de Rosario Castellanos,* Madrid, Universidad Complutense, 1983.

[3] Véase S. Sefchovich, *Ideología y ficción en la obra de Luis Spota,* México, Grijalbo, 1985.

abundoso y popular desde 1950, quien, con desiguales construcciones y cierta despreocupación estilística, aporta una actitud crítica sobre problemas sociales acuciantes e irresueltos en su país desde *Murieron a mitad del río* (1948), hasta su difundida trilogía de exploración política «La costumbre del poder», constituida por *Retrato hablado* (1975), *Palabras mayores* (1975) y *Sobre la marcha* (1976); Jorge Ibargüengoitia [4] (1928-1893), cuya obra ha trascendido las fronteras mexicanas, se caracteriza por su talante crítico, potenciado más que encubierto por el humor y la ironía, aplicado a satirizar la historia y los usos sociales hispanoamericanos, como en *Los relámpagos de agosto* (1964) o *Los conspiradores* (1981); original por el desconcierto que provocan en el lector sus técnicas novedosas resulta la obra de Salvador Elizondo (1932), dotado de deslumbradora potencia verbal en *Farabeuf o la crónica de un instante* (1965) o en *El grafógrafo* (1972); seguidor de los pasos de Rulfo en cuentos y novelas es Tomás Mojarro (1932), opuesto a los resabios feudalistas en el ámbito rural, como en *Cañón de Juchipila* (1960) o *Malafortuna* (1966); Juan García Ponce (1932), dramaturgo y ensayista, obsesionado por el presente temporal, las apariencias en la conducta humana y la experiencia amorosa, publica cuentos desde *Imagen primera* (1963), en que se interfieren los planos reales y de ensoñación poética, también autor de novelas como *Figura de paja* (1964), donde atiende a la significación profunda de los gestos y de los actos cotidianos sin aparente relevancia, *La casa en la playa* (1966), *La presencia lejana* (1968), *La cabaña* (1969), otra de sus exploraciones sobre la identidad femenina siguiendo los pasos a Clarita, su inquietante protagonista, y *Crónica de la intervención* (1982), donde corona su

---

[4]   Véase la tesis doctoral de J. L. Aragón, *La narrativa de J. Ibargüengoitia,* Madrid, Universidad Complutense, 1988.

brillante obra con el heroico esfuerzo de sus más de
mil páginas de apretado texto, que, con estructura
sinfónica, pretende abarcar la totalidad de las vivencias de fin de siglo, siguiendo el hilo conductor de la
sensualidad y el erotismo. Vicente Leñero (1933) ha
probado su capacidad de penetración en la conciencia de sus personajes a la par que su voluntad de
crítica social dentro de los moldes realistas en *Los
albañiles* [5] (1964), *Redil de ovejas* (1973), *Los periodistas* (1978) o *El Evangelio de Lucas Gavilán* (1979);
entre los renovadores formales debe incluirse a Elena
Poniatowska (1933), nacida en Francia, integradora
de novedosas técnicas periodísticas, ejercidas en tal
profesión, sobre todo de *collages,* como en el dramático testimonio sobre la represión policial aportado
en *La noche de Tlatelolco* (1971) o en *Querido Diego,
te abraza Quiela* (1978); Sergio Pitol (1933) ha sabido
fundir con maestría la cruda realidad con la desbordante fantasía en relatos y cuentos poblados por
personajes marginados llenos de miedo y de dolor o
perdidos en la demencia y la soledad, como en *Tiempo cercado* (1959), *Infierno de todos* (1965), *No hay tal
lugar* (1967), *El tañido de una flauta* (1972) o *Nocturno de Bujara* (1981); brillante narrador por su ingenio
verbal mediante el cual ofrece, con sorprendente y
distendido espíritu humorístico, amplios frescos de la
vida mexicana contemporánea, es Fernando del Paso
(1935) en *José Trigo* [6] (1966) o en *Palinuro de México* [7] (1977), quien con *Noticias del Imperio* (1987)
recrea la tragedia de Maximiliano de Austria, emperador de México, rodeado de curiosos personajes de

---

[5]   Véase I. J. Ludmer, «Vicente Leñero, *Los albañiles.* Lector y
actor», en J. Lafforgue, comp., *Nueva novela latinoamericana,*
Buenos Aires, Paidós, 1972, t. I, págs. 194-208.
[6]   Véase N. Dottori, *«José Trigo:* el terror a la historia», *ibíd.,*
págs. 262-299.
[7]   Véase R. Fiddian, «*Palinuro de México:* a world of works»,
BHS, 58, 2 (1981).

su convulso momento histórico, y con su caudalosa y amena verbalidad habitual establece una rica dialéctica entre verdad y mentira. También son dignos de mención Arturo Azuela (1938), con sus visiones patéticas de situaciones individuales conflictivas que entran en crisis por la difícil adaptación a los cambios sociales, riguroso en sus meditadas construcciones de *El tamaño del infierno* (1973) [8], relato épico y perspectivístico de la evolución mexicana a la luz de las crisis en la vida de una familia, a caballo entre el pasado y el presente, entre el campo y la ciudad, en un estilo dotado de enorme fuerza expresiva; en *Un tal José Salomé* (1975, 1982), donde presenta la decadencia de un pueblo absorbido por el desarrollo urbano y la resistencia del protagonista al cambio de su identidad; en *Manifestación de silencios* (1979), en que, como si realizase una investigación sistemática, apoyándose en símbolos, penetra en los problemas políticos, intelectuales y morales de los mexicanos de hoy, profundizando en su conciencia individual y social; *La casa de las Mil Vírgenes* (1983) ofrece la vida de un barrio de la ciudad de México explorada a través de individuos de todas las clases sociales, en particular de adolescentes, con apoyaturas en experiencias autobiográficas del autor y personajes bien definidos por sus propias expresiones coloquiales; *El don de la palabra* (1984) es la historia fingida de una mujer rebelde, ávida de verdad y libertad, que se resiste a dejarse arrastrar por las circunstancias, afirmando su voluntad de independencia personal; José Emilio Pacheco (1939), autor de cuentos como los de *El viento distante* (1963) o *El principio del placer* (1972) y de la novela *Morirás lejos* (1967), en los que demuestra su inteligente asimilación de técnicas europeas renovadoras; René Avilés Fabila (1940), cuya

---

[8] Hay un documentado estudio introductorio en la edición de J. Rodríguez Padrón, Madrid, Cátedra, 1985.

aguda crítica sobre la corrupción política circula por
vías de estudiado estilo basado en la ironía desmitificadora y de cuya abundante producción bastará con
destacar *El gran solitario de Palacio* (1971, 1976),
antidictatorial, o *Pueblo de sombras* (1978), y Gustavo Sainz (1940), con la aportación amena e ingeniosa
de *Obsesivos días circulares* (1969), su segunda novela
después de *Gazapo* (1965), a las que seguirían *La
princesa del palacio de hierro* (1974) y *Compadre lobo*
(1978), que en su conjunto convierten a este autor en
una de las figuras más relevantes del grupo mexicano
llamado de «la onda».

Estimulados por el magisterio artístico, aunque no
siempre reconocido, de Carpentier y Lezama, así
como por los novelistas norteamerianos cuya obra
leyeron, una docena de narradores cubanos [9], de producción literaria marcada en mayor o menor grado
por la revolución castrista [10] de 1959 y sobre cuyos
aspectos negativos no siempre ejercieron lúcida crítica, merecen que recordemos su nombre en este período, a partir de Calver Casey (1923-1969), nacido
en Baltimore y suicidado en Roma, con sus desolado-
res relatos de personajes angustiados en *El regreso*
(1962), siguiendo con Humberto Arenal (1927), autor
de cuentos y de novelas bien trabadas como *El sol a
plomo* (1958), donde revive el ambiente insufrible
bajo la dictadura de Fulgencio Batista, o *Los anima-*

---

[9]   Véase Seymour Menton, *La narrativa de la revolución cubana
(1959-1978)*, M., Playor, Nova-Scholar, 1978, obra pródiga en
minuciosa información, y «El cuento de la revolución cubana: una
visión antológica y algo más», en *El cuento hispanoamericano ante
la crítica*, M., Castalia, 1973, págs. 338-355. Sobre las novelas de
cubanos escritas fuera de la isla entre 1959 y 1975, véase Antonio A. Vázquez, *Novelística cubana de la Revolución*, Miami,
Edics. Universal, 1980.
[10]   Véase, por ejemplo, *Narrativa cubana de la revolución*, sel. de
J. M. Caballero Bonald, Madrid, Alianza, 1968; para enmarcar
este período en sus aspectos social, político, cultural y estético
resulta útil leer la introducción del antólogo, págs. 7-23.

les sagrados (1967), o con César Leante (1928), disidente con la política revolucionaria después de colaborar varios años con ella y adscribible al realismo crítico [11] en *El perseguido* (1964), *Padres e hijos* (1967) o *Los guerrilleros negros* (1977), de quien también interesan cuentos como los de *Propiedad horizontal* (1979); Edmundo Desnoes (1939), novelista que reside en Estados Unidos, resulta de notable aspereza crítica cuando examina conflictos sociales como en *No hay problema* (1961) y *El cataclismo* (1965); Nivaria Tejera (1930), residente en París, de quien no puede omitirse *Sonámbulo del sol* (1972), donde con técnica renovadora, aprendida en el *nouveau roman,* pone en evidencia la corrupción de la sociedad cubana en la década de los cincuenta; Pablo Armando Fernández (1930), cuya novela *Los niños se despiden* (1968) revela su frecuentación de la lengua poética además de sus dotes de precisión y rigor narrativo; igualmente estimables resultan Antonio Benítez Rojo [12] (1931), que se dio a conocer con sus cuentos de *Tute de reyes* (1967), a los que siguió *El escudo de hojas secas* (1968), no lejano a la poética fantástica de J. Cortázar conciliable con los postulados comprometidos revolucionarios; Lisandro Otero (1932), curtido en lides periodísticas que, además de cuentos, publicó las novelas *La situación* (1963) y *Pasión de Urbino* (1966); David Buzzi (1932), por *Los desnudos* (1967) y *La religión de los elefantes* (1968), y Julieta Campos (1932), residente en México, por *La*

---

[11]   Ernesto Che Guevara había denunciado el recurso «a las formas congeladas del realismo socialista (como) la única receta válida»; véase su carta al director de *Marcha,* de Montevideo, publicada luego con el título de *El socialismo y el hombre en Cuba,* La Habana, Ediciones R., 1965.

[12]   Julio Ortega analiza cada elemento de las obras que mencionamos en «Los cuentos de A. Benítez», en E. Pupo-Walker, dir., *El cuento hispanoamericano ante la crítica,* Madrid, Castalia, 1973, 264-278.

imagen en el espejo (1965), *Celina o los gatos* (1968) y sobre todo por la seguridad constructiva de *Tiene los cabellos rojos y se llama Sabina* (1974). A esta sucinta nómina hay que añadir el nombre del polémico poeta Heberto Padilla (1932), por el valor que tiene su angustiado testimonio personal ficcionalizado en la novela *En mi jardín pastan los héroes* (1981) y más explicitado en *La mala memoria* (Barcelona, Plaza y Janés, 1989), así como el de Luis Agüero (1937), estimable por sus relatos de *De aquí para allá* (1962) y por su novela *La vida en dos* (1967), y el de Manuel Cofiño [13] (1936), con sus novelas *La última mujer y el próximo combate* (1971), *Cuando la sangre se parece al fuego* (1975), *Amor a sombra y sol* (1981) y sus cuentos recopilados en *Andando por ahí, por esas calles* (1982), siempre comprometido con la ideología comunista y exaltador del régimen castrista. Agregamos por último a Miguel Barnet (1940), de quien es muy conocida su novela testimonial basada en documentación etnográfica, *Biografía de un cimarrón* (1968), donde explora la vida colectiva cubana a través del mundo de su lenguaje por él recreado con magistral verismo, como también *Gallego* (1981), reconocimiento emotivo de la aportación humana y laboral de los emigrantes a la historia de su país. Hay que hacer notar que en toda esta producción narrativa hay cabida para la visión imaginativa y lúdica de la realidad conviviente con la intención satírica que habitualmente se vuelca sobre las actitudes conservadoras de la burguesía ante el proceso revolucionario.

Retendremos tan sólo cuatro nombres de narradores dominicanos [14], apenas conocidos fuera de su isla

---

[13]   Véase H. Vidal, *Para llegar a Manuel Cofiño (Estudio de una narrativa revolucionaria cubana)*, Minneápolis, Minnesota, 1984.

[14]   Véase una somera aproximación en M. Valldeperes, «Evolución de la novela en la República Dominicana», *Cuadernos Hispanoamericanos*, 206, 1967, págs. 311-325. También es útil la consulta

natal, el mayor de los cuales es Virgilio Díaz Grullón (1924), con posiciones ideológicas antidictatoriales no siempre transparentes, como sus más valiosos coetáneos que lograron trascender estéticamente al período trujillista, que imprimió nuevos rumbos técnicos al cuento en su país desde *Un día cualquiera* (1958), en la línea próxima al existencialismo al crear personajes urbanos llenos de confusión y frustrados por inadaptación, perdidas sus raíces rurales; suyos son también los cuentos de *Más allá del espejo* (1975) y la novela *Los algarrobos también sueñan* (1977), ahondadores en la existencia desorientada y sin sentido. Armando Almanzares (1935) sacó partido de su conocimiento crítico del cine en *Límite* (1967); Marcio Veloz (1936) esquiva y a la par denuncia la represión por las vías del simbolismo y la parodia como en *El buen ladrón* (1960), *El prófugo* (1962) o *Creonte* (1963); por último, René Risco (1937-1972), también poeta, que sufrió varias veces prisión por su actitud enfrentada al dictador y escribió relatos pesimistas como *Viento gris* (1967) o el póstumo *En el barrio no hay banderas* (1973). De Puerto Rico [15] destacan José Luis González (1926), residente en México desde 1953 y allí nacionalizado dos años después, inteligente asimilador de técnicas renovadoras e integrador de crítica social y actitud lírica, de quien, además de sus cuantiosos cuentos publicados desde *En la sombra* (1943), hay que mencionar sus novelas *Paisa* (1952) y *Balada de otro tiempo* 1978); Pedro Juan Soto [16] (1928), indagador de la vida de

del número 142 (1988) de la *Revista Iberoamericana*, dedicado a las letras de Santo Domingo.

[15] Véase F. Cabrera, *Historia de la literatura puertorriqueña*, Río Piedras, 1977.

[16] A Soto dedica Luz M.ª Umpierre parte de su libro *Ideología y novela en Puerto Rico*, Madrid, Playor, 1983, centrándose en *Usmaíl* y *Temporada de duendes*, con la destacada función encomendada a la mordacidad irónica y a la retórica simbolista.

sus paisanos en Nueva York, descrita aliando desenfado y patetismo, dueño de un estilo directo, sobrio y coloquial, todavía en la línea barojiana, como en sus novelas *El francotirador* (1969) o *Temporada de duendes* (1970), y Luis Rafael Sánchez (1936), dedicado sobre todo al teatro, que aporta una novela, *La guaracha del macho Camacho* (1977), de valor excepcional por su ingenioso trabajo sobre la lengua literaria.

De Guatemala seleccionamos a Carlos Solórzano (1922), residente en México desde 1939, reconocido dramaturgo e historiador del teatro hispanoamericano, que hizo patente su humanista inquietud por el destino de los hombres y pueblos de Améria en *Los falsos demonios* (1966), novela bien trabada no ajena al pensamiento existencialista[17], al que se añaden en *Las celdas* (1971) algunos de los más ponderados logros de la psicología profunda; también es recordable José María López Valdizón (1929-1975), cuyos mejores cuentos son los reunidos en *La vida rota* (1960), autor de la novela *La sangre del maíz* (1966). Nacido en Honduras, aunque criado en Guatemala, de donde eran sus ascendientes paternos, exiliado en México desde 1944 y allí nacionalizado, Augusto Monterroso (Tegucigalpa, 1921) eclipsa a los narradores coetáneos de su país por su rigurosa autoexigencia estética, su exactitud y fuerza expresiva, su agudo sentido del humor desarrollado en parodias y sátiras, que se vuelca contra la inautenticidad y la mediocridad intelectual, por su técnica de indirecta denuncia política mediante la alusión sutil y por sus planteamientos metaliterarios e intertextuales; la función provocadora, lúdica e imaginativa de su obra, breve y concentrada, asimiladora de la lección irónica cervantina, implica al lector en un permanente diálo-

---

[17]   Véase la reseña de G. Gillespie en *Cuadernos Hispanoamericanos,* 247, 1970, págs. 287-290.

go activo con sus ingeniosas incitaciones y con la diversificación de los puntos de vista; destacables son sus *Obras completas (y otros cuentos)* (1959), *La oveja negra y demás fábulas* (1969), *Movimiento perpetuo* (1972) y *Lo demás es silencio* (1978), así como sus agudos criterios sobre la creación narrativa contenidos en *Viaje al centro de la fábula* (1981)[18].

De entre los salvadoreños nos limitamos a destacar a Álvaro Menén Desleal (1931), cuyos apellidos auténticos son Menéndez Leal, original por su sobriedad expresiva, cáustico y agudo en su humor, poeta, ensayista, dramaturgo y autor de numerosos relatos como sus *Cuentos breves y maravillosos* (1963) o los de *La ilustre familia androide* (1972); Roque Dalton (1935-1975), perseguido político, exiliado y asesinado, patético en su novela póstuma *Pobrecito poeta que era yo...* (1976); Manlio Argueta (1936), amigo y colaborador del anterior en empresas literarias, residente en Costa Rica y desde allí denunciador de la violencia y la represión política en su país con naturalidad expresiva cercana a los usos coloquiales, como en *Caperucita en la zona roja* (1978); y a José Roberto Cea (1939), notable poeta que expresa su compromiso a favor de la paz social y la libertad política por la vía de la narración fragmentada en *El solitario de la habitación 5-3* (1970). Lo más notable de la producción narrativa en Nicaragua[19] se orienta hacia la denuncia del sistema dictatorial represivo mantenido por el somocismo y de las condiciones infrahumanas de vida en el país; así en *Jesús Marchena* (1975) de Pedro Joaquín Chamorro (1924-1978), cuyo asesina-

---

[18]   El mejor estudio sobre su narativa es el de Wilfrido H. Corral, *Lector, sociedad y género en Monterroso,* Xalapa, Veracruz, México, Universidad Veracruzana, 1985; para una visión crítica más sintética, véase la introducción de Jorge Ruffinelli a su edición de *Lo demás es silencio,* Madrid, Cátedra, 1986.

[19]   Véase J. E. Arellano, «Panorama de la novela nicaragüense», *Cuadernos Hispanoamericanos,* 273, 1973, págs. 537 y sigs.

to dio impulso al alzamiento sandinista; Luis Favilli (1926), con su *Karonte Luna* (1975), fruto de su experiencia médica ejercida entre campesinos; Fernando Silva (1927), también médico, con *Agua arriba* (1968) y *El comandante* (1969), donde tienen amplia cabida el habla popular y el lirismo evocador de vivencias lejanas en ámbitos naturales, que parecen soñados, o Lisandro Chávez (1929), radicado en México desde 1948, que logra comunicar al lector la impresión de la sofocante y persistente violencia vivida en su país en *Trágame tierra* (1969) y en *Balsa de serpientes* (1976); aportaciones temáticas y formales más novedosas son las de Rosario Aguilar (1938), cultivadora exquisita de la introspección conjugando observación de la vida cotidiana y vuelo libre de la imaginación en sus relatos de *Primavera sonámbula* (1976), y las de Carlos Alemán Ocampo (1940), que explora con sutileza y rigor el mundo del desequilibrio mental en *Tiempo de llegada* (1973). De Costa Rica [20], la más meritoria es Carmen Naranjo (1931), narradora precoz en *Los perros no ladran* (1950), dueña de un estilo ya seguro, exhibidora de solidez constructiva y capacidad analítica de los desajustes sociales en *Diario de una multitud* (1974), donde capta el desánimo humano ante la tardanza de mejores condiciones de vida que, largo tiempo esperadas, no acaban de llegar; pero es justo no omitir a Samuel Rovinski (1932) por *Ceremonia de casta* (1976), de terso estilo, agilidad expresiva y brillantez en la configuración ambiental, ni a Quince Duncan (1940), tan preocupado por la integración social de los mestizos, en sus logradas construcciones de técnica realista de *Los cuatro espejos* (1973) o *La paz del pueblo* (1978).

Incluimos a cinco panameños: Joaquín Beleño

---

[20]   Véase el número especial de *Rev. Iberoamericana,* 138-139 (1987), dedicado a la literatura de Costa Rica, dirigido por Juan Durán Luzio.

(1921), urgido por las penosas condiciones políticas y laborales de su país y atento al hibridismo lingüístico en *Luna verde* (1951) o *Flor de banana* (1970); Ramón Jurado (1922), atraído por temas sociales conflictivos en *Desertores* (1952) y *En la cima mueren los suicidas* (1952); Tristán Solarte, pseudónimo de Guillermo Sánchez (1924), creador de espacios misteriosos con honda penetración poética en el paisaje natural de su tierra, autor de las celebradas novelas *El ahogado* (1957) y *Confesiones de un magistrado* (1968); Enrique Chuez (1934), conocedor por experiencia de diversos ambientes profesionales y desesperado en la visión del mundo que ofrece en sus cuentos y en la novela *Las averías* (1973); y Gloria Guardia (1940), novelista precoz en *Tiniebla blanca* (1961), inspirada en los ambientes universitarios norteamericanos, en donde vive su intenso conflicto sentimental la estudiante protagonista de su relato, que en *El último juego* (1977) supo armonizar historicidad y fantasía a través del prolongado monólogo interior de un hombre que busca y halla su auténtica identidad y su armonía interior en medio del caos político y de los conflictos sociales. También es un novelista[21] de interés en este país Justo Arroyo (1936), con *La Gayola* (1966), *Dedos* (1970) y *Dejando atrás al hombre de celofán* (1973).

Los abundantes narradores venezolanos[22] se caracterizan por su esmerada captación de la existencia

---

[21]   Arroyo ha sido estudiado por P. Sánchez Fuentes en su tesis doctoral, *Problemática de la novela panameña actual,* Madrid, Universidad Complutense, 1981, 2 vols.

[22]   Para una aproximación global, véase J. R. Medina, *Cincuenta años de literatura venezolana: 1918-1968,* Caracas, Monte Ávila, 1969. Para la narrativa breve, a la que aquí no es posible prestar la atención que se merece, puede verse el libro de Elías Ramos *El cuento venezolano (1950-1970). Estudio temático y estilístico,* Madrid, Playor, 1979, a muestras de la cual puede accederse a través de la selección de R. Di Prisco, *Narrativa venezolana contemporánea,* Madrid, Alianza Editorial, 1971.

humana inmersa en las adversas circunstanias sociales, formalizada con lenguaje que se va liberando del
demasiado visible retoricismo del período anterior y
cultivando la convivencia entre los planos objetivo e
imaginativo; de ellos son mencionables, en una obligada selección, los siguientes: Alfredo Armas (1921),
autor de numerosos cuentos, desde *Los cielos de la
muerte* (1949) a *El osario de Dios* (1969); José Vicente
Abreu (1927), cronista ficcional de la dura década de
los sesenta en *Las cuatro letras* (1969); Andrés Ma-
riño (1927-1966), esperanzado en un porvenir más
justo y vivible en *Batalla hacia la aurora* (1958);
Orlando Araujo (1928), profesor y ensayista, captador del lector por la tensión narrativa de sus relatos
en *Compañero de viaje* (1970); Salvador Garmendia
(1928), inquieto por el hombre alienado en la caótica
vida de la ciudad y por la existencia prosaica en el
ambiente rural, su obra trasciende las fronteras del
país a partir de *Memorias de Altagracia* (1969), excelente en su pintura de caracteres pero más aún por la
renovación estilística con que ahonda en los contrastes sociales con una maestría que tendrá su confirma-
ción en *El único lugar posible* (1981), proyectado ya
decididamente hacia el nivel de la ensoñación pero
sin dejar de incidir por vía indirecta en el desentrañamiento de la conflictiva realidad; Adriano González
León (1931), conocido por su novela *País portátil*
(1968), cuyo protagonista, Andrés, vive en pocas
horas de enorme tensión conflictos destructores en la
selva urbana, expresados mediante técnicas de fragmentación convergente; Rodolfo Izaguirre (1931),
que obtiene excelente partido de sus conocimientos
cinematográficos en su novela *Alacrane* (1966); Isaac
Chocrón (1931), tan innovador formal en sus piezas
teatrales como en el estilo y construcción de sus
novelas *Se ruega no tocar la carne por razones de
higiene* (1970) y *Pájaro de mar por tierra* (1972),
donde explora la conciencia inquieta, afanosa de

autenticidad, entre el mar de seducciones y apariencias sociales; José Balza (1939), profesor de Psicología, de cuyo conocimiento se beneficia en sus introspecciones de *Marzo anterior* (1966) y *Largo* (1968).

Colombia [23] nos ofrece en este período una amplia cosecha narrativa con autores que evolucionan desde técnicas tradicionales a las innovaciones formales y aunque en la mayor parte de sus producciones predominen los compromisos ideológicos y sociales localistas no faltan planteamientos más universalizadores. Destacamos tan sólo los más notables y valiosos a nuestro juicio, empezando por Jesús Botero (1921), que sigue todavía insertado en la tradición de la novela de la selva en *Andrágueda* (1947); Manuel Mejía Vallejo (1923), conocido por su desgarrado testimonio sobre el clima de violencia en su país que aporta en *El día señalado* (1964), derivó desde su realismo inicial hacia visiones imaginativas y mágicas como en *La tarde de verano* (1979); Pedro Gómez Valderrama (1923), poderoso fabulador por cauces de verosimilitud, recordable por *La otra raya del tigre* (1977), en donde se reconocen huellas de los maestros de la narrativa hispánica y anglosajona; Álvaro Mutis (1923), también poeta, asimilador del magisterio de Conrard y Proust, potenciador del realismo mágico en su tierra, cultivador de metáforas poéticas en sus relatos de *La mansión de Araucanía* (1973) y en *La nieve del Almirante* [24], con su inolvidable anarquista errante Maqroll el Gaviero; Héctor Rojas Herazo (1923), residente en Madrid, autor de una obra que ofrece sorprendentes analogías con la de García

---

[23] Véase R. López Tames, *Estudio de la narrativa actual colombiana y su contexto social,* Universidad de Valladolid, 1975.

[24] Edición española publicada en Madrid por Alianza Editorial en 1986. Continuación de ésta es *Ilona llega con la lluvia,* Madrid, Mondadori, 1987, con similar concepción de la vida como viaje y aventura. Con *Un bel morir* (Madrid, Mondadori, 1989) parece haber cerrado el ciclo de su atractivo personaje.

Márquez, a veces anticipándose a sus técnicas y estilo, como en *Respirando el verano* (1962), brillante en su denuncia de la soledad humana, entre el abatimiento destructivo y la exultación, en *Celia se pudre* (1986); Julio José Fajardo (1925), que traza una vivaz sátira sin concesiones sobre la dictadura de Duvalier en *Del Presidente no se burla nadie* (1972); Álvaro Cepeda Samudio (1926-1972), áspero en sus pinturas realistas, logra aciertos en el monólogo interior, en la alternancia focalizadora y en el simultaneísmo temporalizador lo mismo en sus cuentos de *Todos estábamos a la espera* (1954) que en la novela *La casa grande* (1962), inspirada en la huelga bananera de 1928 y en su inclemente represión; Plinio Apuleyo Mendoza (1928), periodista y diplomático, que explora la inestable situación de su país en los relatos de *El desertor* (1975) y amplía los horizontes de sus preocupaciones hacia Europa en *Años de fuga* (1979); Eduardo Santa (1928), que empieza por acercarse con estética impresionista a la vida provinciana para proseguir luego por la denuncia de la violencia[25] en *Sin tierra para morir* (1954) o cultivando temas de psicología profunda en *El girasol* (1956); Marta Traba (1930-1983), nacida en Argentina, reveladora de la conflictividad en la integración social de la mujer, creadora de firmes y coherentes construcciones desde *Las ceremonias del verano* (1966) hasta *Conversación al sur* (1981); Antonio Montaña (1932), ameno y cautivador del lector por su potencia imaginativa en los cuentos de *Cuando termine la lluvia* (1963); Flor Romero (1933), escritora que también cultivó el periodismo y que, conciliando naturalidad expresiva e imaginación controlada, ofrece vívidas crónicas de la violencia política, como en *Los sueños del poder*

---

[25]   Sobre esta reiterada temática, véase A. Zuluaga, «Notas sobre la novelística de la violencia en Colombia», *Cuadernos Hispanoamericanos*, 216, 1967, págs. 597-608.

(1978); Fernando Soto Aparicio (1933), en *La rebelión de las ratas* (1962) trata sin alegatos teóricos sobre la explotación a la que es sometido un minero y acerca de la alteración de su marco ambiental campesino en una exploración a lo largo de diez días, para cerrarse con un dramático final del protagonista; su novela *Mientras llueve* (1964) se presenta en forma de diario escrito por la narradora, que registra en él sus actividades actuales en el trascurso de su vida carcelaria, comunicando al lector la opresión de la temporalidad en curso y el afán de la penada por preservar intacta su identidad personal. Nicolás Suescún (1937), atraído por lo pequeño y vulgar en una visión profundizadora de la existencia cotidiana, en donde, a la manera de Cortázar, descubre zonas misteriosas inexploradas en sus cuentos de *El retorno a casa* (1972); Germán Espinosa (1938), que en *Los cortejos del diablo* (1970) se remonta a la época colonial para poner en pie una recreación de las vivencias de brujas e inquisidores con proyección irónica hacia el futuro histórico; Albalucía Ángel (1939), singularizada por la austeridad e incisividad de su estilo en *Dos veces Alicia* (1972), que en *Estaba la pájara pinta sentada en su verde limón* (reed. 1984) revive los recuerdos de su infancia asociados con la violencia política a través de Ana, la caótica narradora, y que en *Misiá Señora* (1982) disecciona con estilo armonioso y preciso conectado con la lengua coloquial el proceso de maduración social y afectiva de una mujer problemática [26].

De los narradores ecuatorianos retendremos tan sólo los nombres de Jorge Enrique Adoum (1923), también poeta, dramaturgo y crítico, reside en París y

---

[26]   Pueden verse panoramas globales en *Revista Iberoamericana*, L, 128-129, 1984, entrega dedicada a la literatura colombiana de los últimos sesenta años. La misma revista, LIV, 144-145, 1988, está dedicada a la literatura ecuatoriana de los últimos 50 años.

es autor de una novela distanciada de amena lectura
por su estilo fluido, *Entre Marx y una mujer desnuda*
(1976); Eugenia Viteri (1932), que concilia en su obra
cuentística intimismo y denuncia de la injusticia social, autora de *A noventa millas, solamente...* (1969), y
Lupe Rumazo (1935), conocida por su labor ensayística, reside en Venezuela, reveladora de perspicacia
intelectual y originalidad en la integración de diversas
técnicas narrativas, incluyendo la epístola y el diario,
en *Carta larga sin final* (1978).

Perú nos ofrece en este período una brillante nómina de narradores[27], entre quienes destacamos a Eleodoro Vargas Vicuña (1924), admirador de Faulkner,
como muchos de sus coetáneos, recordable por sus
cuentos[28] de *Nahuín* (1953), maduro ya y experto
estilista en *Taita Cristo* (1964); Sebastián Salazar
Bondy (1924-1965), autor de relatos como los de
Pobre gente de París (1958) y de una novela póstuma,
Alférez Arce, Teniente Arce, Capitán Arce (1969),
famoso por su influyente ensayo *Lima la horrible*
(1964), también estimable poeta y dramaturgo; Carlos E. Zavaleta (1928), preciso en sus construcciones
animadas de conciencia crítica, estableciendo llamativos contrapuntos entre ámbitos rurales y urbanos, lo
mismo en la novela que en el cuento, su género más
cultivado, prolífico narrador desde *El cínico* (1948),
pasando por *La batalla* (1954), cuentos sobre la violencia y opresión en la aldea andina, *El Cristo Ville-*

---

[27]   Véase C. E. Zavaleta, «Narradores peruanos: la generación
de los 50. Un testimonio», *Cuadernos Hispanoamericanos*, 302,
1975, 454-463; para aproximaciones antológicas, véanse *Narradores peruanos*, sel. J. M. Oviedo, Caracas, Monte Ávila, 1968, y
Narrativa peruana, 1950/1970, sel. A. Oquendo, Madrid, Alianza,
1973.
[28]   Sobre el cuento puede verse el estudio de Earl M. Aldrich
The Modern Short Story in Perú, Madison, Univ. Wisconsin, 1966,
o su artículo «Aspectos del cuento contemporáneo peruano», en el
colectivo *El cuento hispanoamericano ante la crítica*, Madrid, Castalia, 1973, págs. 322-337.

nas (1956), *Vestido de luto* (1961), hasta *Niebla cerrada* (1970), *Los aprendices* (1975) o *Un día en muchas partes del mundo* (1979); Manuel Mejía Valera (1928), cuya obra más estimable es *Un cuadro de conversación* (1966); Marcos Yuri (1930), con *En otoño, después de mil años* (1974); Antonio Gálvez Roncero (1931), atento al mundo negro que reconstruye con notable sensibilidad en *Monólogo desde las tinieblas* (1975); Mario Castro Arenas (1932), debelador desde el realismo crítico de la prepotencia atávica y desfasada de la clase alta limeña en *Carnaval, carnaval* (1978); Enrique Congrains (1932), que adopta un claro compromiso sobre la historia actual vivida en el duro ambiente urbano, en particular entre los inmigrantes de los arrabales, con lenguaje asimilador del habla popular en los cuentos de *Lima, hora cero* (1954) y *Kikuyo* (1955), y en la novela que recuerda situaciones y técnicas de Moravia *No una, sino muchas muertes* (1958); Oswaldo Reynoso (1932), también interesado por los problemas sociales urbanos, el mundo de las pandillas juveniles y la inclusión estética del lenguaje cotidiano, lo mismo en sus cuentos de *Los inocentes* (1961), titulada en su segunda edición *Lima en rock* (1966), que en sus novelas *En octubre no hay milagros* (1965) y *El escarabajo y el hombre* (1970); José B. Adolph (1933), nacido en Alemania, deseoso de integrar aspectos de la vida local en una perspectiva universalizadora en cuentos como los que van desde *El retorno de Aladino* (1968) hasta *Mañana fuimos felices* (1975), o en su novela *La ronda de los generales* (1973); Luis Loayza (1934), que en *Una piel de serpiente* (1964) penetra con hondura en las contradicciones burguesas, sobre todo en las crisis adolescentes, introduciendo una carga de fantasía en sus referencias sociológicas; Juan Morillo (1939), que revela influencias faulknerianas en sus cuentos de *Arrieros* (1964); Miguel Gutiérrez (1940), afanado por una profundización en la realidad histórica de su país y por su traducción estética viable en su novela *El viejo saurio se retira* (1969), y Luis Urteaga (1940), indagador del mal y de la injusticia social, desmitificando valores establecidos y propugnando la libertad vital desalienante y humanizadora en su novela *Los hijos del orden* (1974).

Bolivia[29] ofrece una cosecha menos nutrida, pero no por ello debemos omitir autores como Fernando Medina (1925), que plasma las vicisitudes políticas del país durante los años próximos a 1950 en su novela *Los muertos están cada día más indóciles* (1972); Néstor Taboada (1929), inscrito en el realismo crítico con sus novelas *El precio del estaño* (1960), indignada proclama contra la explotación de los mineros, o *El signo escalonado* (1975) y con cuentos como los de *Indios en rebelión* (1968); Marcelo Quiroga (1931-1980), ensayista y activo político, cuya novela *Los deshabitados* (1957) puede vincularse al estilo de Proust y al pensamiento de Sartre, utilizados para presentar una crisis de conciencia surgida en el enfrentamiento del personaje con los valores tradicionales de la sociedad en que vive, o, finalmente, Renato Prada[30] (1937), residente en México, que expresa su honda preocupación filosófica por el sentido de la existencia humana entre los conflictos de la historia actual, en sus cuentos y en novelas como *Los fundadores del alba* (1969), *El último filo* (1975) o *Larga hora: la vigilia* (1979). Arturo Von Vacano (1938) muestra su conciencia de vivir como extraño, alienado y desintegrado en el seno de su propio país cuya conflictiva historia más reciente desentraña en rápidos cuadros de diversas situaciones sociales en *Sombra al exilio* (1970); también publicó *El apocalipsis de*

---

[29]   Véase R. Pastor Poppe, *Escritores bolivianos contemporáneos,* La Paz, 1980.
[30]   Véase J. Ortega, *Letras bolivianas: Renato Prada y Pedro Shimose,* Buenos Aires, Cambeiro, 1973.

Antón (1972), donde denuncia sin esperanza de arreglo el odio social elevado a sistema en su tierra, y *Morder el silencio* (1980), sobre la liberación imaginativa mediante la escritura.

Paraguay [31] nos ofrece cuatro destacados narradores que también cultivan la poesía: José Luis Appleyard (1927), activo periodista que en su novela *Imágenes sin tierra* (1965) revela notable sensibilidad por los problemas sociales pendientes de resolución en la vida nacional y por la situación de los exiliados políticos; Francisco Pérez Maricevich (1937), también crítico, autor de estimables cuentos y de una *Antología del cuento paraguayo* (1969); Rubén Bareiro (1930), interesante por sus ensayos y por sus estudios de crítica literaria, profesor de guaraní en París, autor de abundantes cuentos, desde los de *El clown* (1954) a los de *Ojo por diente* (1972); Carlos Villagra (1932), autor dotado de amplios conocimientos e interesado en la conservación de la cultura autóctona paraguaya, así como en la recuperación del habla popular, ambos afanes asumidos con acierto en su novela *Mancuello y la perdiz* (1965).

En el panorama de Argentina [32] haremos una drástica selección, destacando de sus abundantes narradores tan sólo a los más valiosos y conocidos, afanados todos en ellos, en mayor o menor grado, por indagar en el auténtico ser de su país y de sus gentes, aun superponiendo al análisis de la realidad sus propias fantasías e ilusiones. Buena parte de ellos nacen en un período de calma política, bajo la presidencia

[31]   Véanse los estudios dedicados a este país en la revista *Caravelle,* 14, 1970.
[32]   Véase la compilación de J. Lafforgue, donde, aparte de un panorama suyo sobre «La narrativa argentina actual», incluye estudios sobre aspectos de la obra de Di Benedetto, Walsh y Conti: *Nueva novela latinoamericana,* tomo II, Buenos Aires, Paidós, 1972. Añádase J. C. Portantiero, *Realismo y realidad en la narrativa argentina,* Buenos Aires, Procyón, 1961.

de Alvear, pero viven sus años infantiles dentro de la
crisis de los años treinta, iniciada con un golpe militar, y ya en su madurez pasan la experiencia peronista; todos en su diversidad personal se beneficiaron no
poco del magisterio de Borges, Sábato, Mujica o
Cortázar, aunque en su insatisfacción se orientaron
en mayor medida hacia la vertiente de un parcial
realismo éticamente comprometido, sin renunciar a
una carga de intelectualismo crítico y a la inclusión
del nivel fantástico. Antonio di Benedetto (1922-
1986) fusiona con habilidad deformados sueños kaf-
kianos y elementos de la vida cotidiana, con estilo
irónico e inquietante en su sobriedad, para aportar su
visión trágica del mundo lo mismo en sus novelas,
desde la muy difundida *Zama* (1956) hasta *Annabella*
(1974) y *Sombras, nada más...* (1985) que en sus
abundantes cuentos, iniciados en *Mundo animal*
(1953) y culminados con *Caballo en el salitral* (1981).
Marco Denevi (1922), autor de breves cuentos realistas, escribió novelas de éxito desde *Rosaura a las
diez* [33] (1955), de estructura policiaca con logrado uso
de la técnica perspectivista basada en las declaraciones de cuatro testigos sobre el asesinato de una
muchacha, hasta *Ceremonia secreta* (1960) o *Los
asesinos de los días de fiesta* (1972), donde sigue
cultivando sus preferidos temas de misterio dentro de
la vida normal en ámbitos cerrados. Julio Ardiles
(1922), evocador de la vida adolescente en su trilogía
Las puertas del paraíso (1968), de la que sobresale por
su lirismo la novela titulada *Los amigos lejanos*. Héctor A. Murena (1923-1975) se muestra muy próximo
a la estética y a la visión del hombre de J. C. Onetti
en su amargura desesperanzada, lo mismo en su
trilogía *Historia de un día* (1955-1965) que en los

---

[33]   Véase M. I. Lichtblau, «Narrative perspective and reader
response in M. Denevi's *Rosaura a las diez*», *Symposium,* XL, 1
(1986), págs. 59-70.

cuentos fantásticos de *El centro del infierno* (1956).
Iverna Codina (1924), nacida en Chile pero argentina
por nacionalización, conocida por su planteamiento
vigoroso de un tema político actual en *Los guerrilleros* (1968), pero ya comprometida con los problemas
sociales desde *La luna ha muerto* (1957), escrita tras
sus primeras experiencias poéticas. Humberto Cons-
tantini (1924) cultiva cuentos relacionados con la
vida cotidiana, expuestos con sencillez y en un lenguaje coloquial, como en *Una vieja historia de cami-
nantes* (1967). Haroldo Conti (1925-1976), creador de
personajes marginales que se rebelan contra la injusta
coerción social y a los que trata con ternura comprensiva, situándolos en atrayentes escenarios y explorando su misterioso ser interior, lo mismo en sus
novelas *Sudeste* (1962) o *En vida* (1971) que en cuentos como los de *Con otra gente* (1967); inició otra
etapa menos subjetivista con *Mascaró, el cazador
americano* (1975). Beatriz Guido [34] (1925-1988), aparte de sus colaboraciones cinematográficas como guionista de su esposo, Leopoldo Torre Nilsson, destaca
por sus novelas testimoniales centradas en la exploración de conflictos adolescentes, la denuncia de la
hipocresía social y de la corrupción política, con
logros aceptables en la práctica del perspectivismo y
el incisivo planteamiento de las situaciones vitales,
desde *La casa del ángel* (1954) hasta *Apasionados*
(1982), pero sobre todo en *Fin de fiesta* (1958), de
tendencia naturalista, y *El incendio y las vísperas*
(1964), que recrea aspectos de la vida bajo el peronismo. Rodolfo Walsh [35] (1927-1977), formado en el
periodismo de reportaje social y político, cultivó también el teatro, conciliador de planteamientos realistas

---

[34]   Véase Donald Yates, «Beatriz Guido», *Books Abroad,* 40
(1966).
[35]   Puede accederse a la producción de Walsh con *Obra literaria
completa,* Madrid-México, Siglo XXI, 1981.

con una formalización verbal muy elaborada en sus relatos de *Los oficios terrestres* (1966) y *Un kilo de oro* (1967), donde la fantasía tiene amplio lugar; activo miembro del grupo montonero y uno de tantos «desaparecidos» bajo la represión de la Junta Militar, toda su obra tiene evidentes implicaciones políticas, desde los tres cuentos de *Variaciones en rojo* (1953), cuyo protagonista es un oscuro detective; *Operación masacre* (1957), *El caso Satanowsky* (1958) y *¿Quién mató a Rosendo?* (1969) son tratamientos formalmente ficcionalizados de hechos de la realidad história contemporánea, sobre los que el autor eleva un testimonio denunciador, como también ocurre en su relato breve *Un oscuro día de justicia* (1973). Daniel Moyano (1928), también exquisito en el cultivo de la palabra, fundiendo con habilidad los planos coloquial y poético, así como la realidad con la fantasía de tipo onírico, acertado en el ritmo musical con que fragua la temporalidad narrativa, cualidades apreciables en *El oscuro* (1968), en *Mi música es para esta gente* (1970) o en *El trino del diablo* (1974). Marta Lynch (1929) concilia su exploración realista sobre la situación social y política con la recreación de vivencias angustiosas de la temporalidad, la violencia, la frustración sentimental y la monotonía de la vida diaria, no sin reservar una función esperanzadora para el amor, así en *La alfombra roja* (1962) como en *Al vencedor* (1965) o en *Los dedos de la mano* (1976). Pedro Orgambide (1929), también dramaturgo, cuyos planteamientos iniciales realistas suelen desembocar en el ámbito fantástico, lo mismo cuando explora la alta sociedad en *Memorias de un hombre de bien* (1964) que al bucear en la incomunicación humana y el fracaso amoroso en *El páramo* (1965) o en cuentos como los de *Historias de tangos y corridos* (1976). Jorge Masciangioli (1929), autor de *El profesor de inglés* (1960), de estimable penetración psicológica en los conflictos de una conciencia. Héctor Bianciotti

(1929), de adscripción estética proustiana con su permanente indagación en el tiempo pasado, la nostalgia, la mortalidad y la identidad del individuo en *Los desiertos dorados* (1965), *Ritual* (1973) o *La busca del jardín* (1977); su novela más reciente, *Sin la misericordia de Cristo* (Barcelona, Tusquets, 1987), como otras suyas escrita en castellano pero publicada primero en francés, con gran aceptación en el país vecino, apoyada, una vez más, por el logro de un premio literario, exhibe mejor que nunca su estilo trabajado y brillante, aparte de que sus personajes se magnifican por su potente humanidad y por su afán de conocimiento auténtico con implicaciones morales, que el narrador pone de relieve con sus reflexiones, en una ambientación marginal parisina. Los cuentos de Juan José Hernández (1930) en *El inocente* (1965) tratan de temas cotidianos abordados con tonalidad mágica y fantástica. Eduardo Gudiño (1935), original en sus técnicas experimentales con el lenguaje, rebosante de humor, ironía y espíritu burlón en su análisis de las contradicciones del país, viene a mostrarse como un hijo artístico de Macedonio Fernández en *Para comerte mejor* (1968), *Guía de pecadores* (1972), *Medias negras, peluca rubia* (1978) o en sus deslumbrantes relatos de *Fabulario* (1969). Néstor Sánchez (1935), también excelente experimentador verbal en *Nosotros dos* (1966) o en *Siberia Blues* (1967), elogiado por Cortázar. Abelardo Castillo (1935) asimila técnicas de Borges a las que añade jerga porteña, ironía y abundante humor, como en *Cuentos crueles* (1966) o en *Las panteras y el templo* (1976). Añadamos aún a Juan José Saer (1936), renovador formal del realismo, cuyas novelas más memorables son *Cicatrices* (1969), *El limonero real* (1976) y *Nadie nada nunca* (1980), además de la última publicada, *La ocasión* (Barcelona, Destino, 1988), tan rica en elementos intelectuales, ambientada en la pampa argentina, donde se teje un mundo mítico y trágico entre sus

complicados personajes con un estilo pausado y muy
brillante puesto al servicio de la indagación de la
identidad y de los conflictos en la convivencia humana; a Eugenio J. Zappietro (1936), que ahonda en la
realidad social del país en *La calle del ocaso* (1975), y
a Abel Posse (1936), que en *La boca del tigre* (1971)
está próximo a Sábato y a sus planteamientos pesimistas sobre la crisis total de la humanidad en nuestro tiempo, en *Daimón* (1981) realiza una reconstrucción alegórica y barroquizante de la mítica figura de
Lope de Aguirre, fantasmal y envejecido supervivien-
te de la historia colonial, que se ve con ojos críticos
desde la perspectiva de los indígenas como pretexto
literario para indagar una vez más en la buscada
esencia de la América hispánica; todavía en *Los
perros del paraíso* (1983) vuelve sobre la época colonial recreando la figura soñadora de Colón, y en *Los
demonios ocultos* (Barcelona, Plaza y Janés, 1988), sin
apartarse de la directriz histórica documentada, construye una intrigante narración, donde con intenso
patetismo se bucea en las raíces del fascismo en su
país. Tampoco son olvidables Mario Sexer (1937),
experimentador formal integrando técnicas muy diversas en *La perinola* (1971), donde explora el siempre misterioso mundo infantil, ni Alicia Dujovne
(1940), que penetra a fondo en la conciencia femenina con *El buzón de la esquina* (1977) y reafirma su
mérito con *El agujero en la tierra* (1983).

Chile, un tanto aislada por su situación geográfica
entre la cordillera y el océano, nos ofrece un panorama[36] más abarcable con brevedad, desde su progresi-

[36] Véanse José Promis, *La novela chilena actual,* Buenos Aires,
G. Cambeiro, 1977; Lucía Guerra, «La problemática de la existencia
en la novela chilena de la generación de 1950», *Cuadernos Hispanoamericanos,* 339 (1978), 408-428; F. Moreno, «Notas sobre la
novela chilena actual», *Cuadernos Hispanoamericanos,* 386 (1982),
381-394; J. A. Epple, «La narrativa chilena: historia y reformula-
ción estética», *Ideologies and Literature,* 17 (1983), 294-305.

vo despego de la tradición realista-naturalista[37], caracterizado por el decidido empeño de renovación formal de sus narradores y el inconformismo ideológico de éstos a duras penas desprendidos de escepticismo vital en su interpretación de la realidad, añorantes de los paraísos soñados en la adolescencia, que son vistos ya como inalcanzables o perdidos en la madurez, actitud reafirmada en sus lecturas juveniles de Sartre y Camus. A Enrique Lafourcade (1927) se le estima como definidor del discutido grupo del 50 integrante de la generación del 57; cultivador de temas sociales conflictivos que tiñen sus numerosas novelas de colores sombríos por su inclinación a planteamientos existencialistas que rozan la angustia, se aprecia en su obra, orientada hacia el neorrealismo con atenuaciones líricas, un progresivo dominio técnico y la voluntad de hallar adecuadas soluciones compositivas a los retos de una escritura renovadora, a partir de *Pena de muerte* (1953) o *La fiesta del rey Acab* (1959), inspirada en la dictadura de Trujillo, hasta su muy difundida *Palomita blanca* (1971) o *En el fondo* (1973), su mejor logro, de hondo dramatismo no carente de esperanza en cuanto a la posible superación del caos por la armonía. Claudio Giaconi (1927) merece recordarse por sus cuentos de *La difícil juventud* (1954), que consiguen su fluidez y agilidad gracias al leve peso de la anécdota, así como Margarita Aguirre (1927), biógrafa de Neruda, que logra, siguiendo las huellas de Camus, una novela redonda, bien estructurada y de alta exigencia estilística, *El huésped* (1958), en la que concede función relevante al punto de vista del apático y desvalido narrador, Guillermo Plaza. José Manuel Vergara (1929) escribe desde las posiciones existencialistas desesperanzadas de su generación aun sin renunciar a su personal

---

[37] Véase V. Urbistondo, *El naturalismo en la novela chilena*, Santiago, Andrés Bello, 1966.

fondo ideológico de signo cristiano, forjando personajes cínicos y apáticos que en su inconsciencia buscan salida para la inanidad y sinsentido de sus vidas
como en *Daniel y los leones dorados* (1956), *Cuatro
estaciones* (1959) o *Don Jorge y el dragón* (1962).
Enrique Lihn (1929), que cultivó la poesía, tiende a la
crítica de la sociedad tradicional desde posiciones
irónicas y aun escépticas un tanto desesperanzadas,
como en *Batman en Chile* (1973) o *El arte de la
palabra* (1980). Jorge Guzmán (1930) es memorable
por su novela *Job-Boj* (1968), donde alterna técnicas
diversas al presentar la existencia de dos personajes
contrapuestos, uno desgraciado y pesimista, el otro
optimista y confiado, cuya oposición dota a la obra
de un profundo humorismo casi cervantino que revela al lector descifrador el fondo de las crisis psicológicas y sociales de nuestro tiempo. Jorge Edwards
(1931) se orienta hacia problemas vividos en ambiente urbano en el seno de la burguesía tradicional,
denunciando su inautenticidad con un lenguaje muy
elaborado desde *El patio* (1952), *Gente de la ciudad*
(1961), *El peso de la noche* (1964), buen trabajo de
interiorización en la conciencia de sus criaturas, o los
relatos de *Las máscaras* (1967), hasta su novela testimonial *Persona non grata* (1973, reed. 1983), donde
relata sus experiencias como diplomático hasta ser
expulsado de Cuba, y sus más recientes éxitos, *Los
convidados de piedra* (1978) o *El museo de cera* (1980)
y *La mujer imaginaria* (1985). Hernán Valdés (1934),
que después de *Cuerpo creciente* (1966), visión del
mundo adulto desde la perspectiva infantil, escribe
desde el exilio *Zoom* (1971) y *Tejas verdes* (1974),
dramática recreación de sus angustiosas e infrahumanas vivencias como preso político en el campo de
concentración; además realiza una ficción autobiográfica retrospectiva con entrecruzamiento estructural de dos viajes del protagonista y polifonía de
narradores en *Ventana al sur* (1975), que es también

novela de aprendizaje en donde se aprecian ciertas deudas con la obra clásica de Ricardo Güiraldes. Poli Délano (1936), todavía aferrado a ciertas posiciones naturalistas en sus relatos animados de criticismo social, dando cabida en su sencillo estilo a ramalazos líricos visibles ya desde *Gente solitaria* (1960), pero más perceptibles aún en los cuentos de *Cambio de máscara* (1973) o en *Sin morir del todo* (1975) y en *Este lugar sagrado* (1977). Hernán Lavín (1939), debelador de la falsedad y de la rutina moral, incitador del lector mediante la fusión de objetividad y fantasía, humor y gravedad, lo mismo en su obra poética que en la narrativa de la que sobresale *El que a hierro mata* (1974). Mauricio Vázquez (1939), residente en España desde 1972, cuyas novelas más destacables son *Toda la luz del mediodía* (1965) y *Paréntesis* (1982), un precioso experimento de historias amorosas entrecruzadas cuyo proceso inconcluso se ofrece al lector combinando varias voces narrativas. Antonio Skármeta (1940), profesor, cineasta, traductor, cuyas obras dotadas de considerable carga erótica y vital han sido a su vez muy traducidas, exiliado tras la caída de Allende y de su régimen democrático, cultivó el relato breve desde su juventud y más recientemente el teatro; publica cuentos de corte cortazariano, como los reunidos en *El entusiasmo* (1967), *Desnudo en el tejado* (1969), donde está «Pajarraco», considerado como una obra maestra por su humor, elaboración estética, densidad de sentido y potencia imaginativa, o en *Tiro libre* (1973); sus novelas ponen de relieve su dolorida nostalgia del suelo patrio, su sentimiento de soledad en tierra extraña, su afán de lúcida indagación en la existencia cotidiana realizada con técnicas perspectivísticas y circularidad en su estructuración; así en *Soñé que la nieve ardía* (1975), ejercicio de parodia social y cultural con ánimo constructivo, *No pasó nada* (1980), reconstrucción de la personalidad de un adolescente exiliado, y *La insu-*

rrección (1983), reconstrucción ficcional de la rebelión de los sandinistas contra el régimen de Somoza en Nicaragua, con ánimo de denostar implícitamente, desde posiciones de realismo revolucionario, la opresión vivida en los últimos años en su propio país natal.

ÚLTIMOS NARRADORES

El último tramo de nuestra selección, por fuerza breve, se ocupará, combinando criterios cronológicos y geográficos, de recoger a los autores de obras narrativas de probado interés y validez estética que, nacidos con posterioridad a 1940, se dan a conocer en los años próximos a 1970 y consolidan su prestigio en la década de los ochenta.

Iniciaremos nuestra recopilación por México[1], donde los novelistas más jóvenes se han lucrado no sólo del magisterio de sus mayores —Yáñez, Rulfo, Fuentes—, sino del aprecio e interés que éstos suscitaron en el mundo por la narrativa renacida con tanto brío en aquel país por cuyo futuro, siempre enigmático pero prometedor, todos se inquietan partiendo de la observación de los nuevos modos juveniles de vida, rompedores de las viejas tradiciones. Juan Tovar (1941), estimable cuentista, hereda de sus maestros el interés compasivo por las inmóviles existencias tradicionales que sepultan a sus personajes de

---

[1] Este breve panorama puede completarse en parte con la consulta del capítulo I («La novela del ser y el tiempo») del libro de J. S. Brushwood *México en su novela,* México, FCE, 1973, páginas 21-131. Xorge del Campo (sel.) incluye en *Narrativa joven de México,* México, Siglo XXI, 1969, breves relatos de autores nacidos después de 1940. Resultan de especial interés los recientes trabajos aparecidos en *Revista Iberoamericana,* 148-149 (1989) y 150 (1990).

Los misterios del reino (1966), desinteresados por el
progreso, en la pasividad rutinaria vivida con resignación en reducidos espacios sociales; en su novela
La muchacha en el balcón (1970) acaba por fundir las
identidades del narrador y del personaje militar que
es el objeto de su extraña investigación; en *Criatura
de un día* (1984) consigue una brillante sugestividad
poética y notable tensión con su apretada brevedad.
Luis Carrión Beltrán (1942) es conocido, además de
por sus cuentos de *Es la bestia,* por su novela *El
infierno de todos tan temido* (1975), sobre la vida
urbana captada con aguda conciencia de temporalidad. José Agustín [2] (1944) ha explorado desde su
juventud con reconocida habilidad técnica, ingenio
lingüístico creativo y espíritu demoledor, aun conciliando el sarcasmo de su visión con la ternura, en los
intrincados laberintos de los diversos modos de vida
y las formas culturales de su país en la actualidad, a
partir de sus precoces novelas *La tumba* (1964), con
un narrador juvenil bienhumorado en su criticismo, o
De perfil (1966), con un divertido e inmaduro protagonista confesional a través de cuyo lenguaje se configuran nuevos estilos de vida caracterizados por su
actitud de rebeldía, así como en los relatos fragmentarios y amargos de *Inventando que sueño* (1968),
potenciadores de antihéroes, o en *Se está haciendo
tarde* (1973), con su humorismo desbordante, lenguaje informal y estructura de viaje orientado hacia
la destrucción de la personalidad por la vía de la
drogadicción, en una nueva indagación sobre la anti-
cultura de la «onda». Parménides García Saldaña
(1944), cultivador de ensayo y poesía, se da a conocer
con *Pasto verde* (1968), novela inspirada en corrientes
musicales contemporáneas, obra de aprendizaje
apoyada en recursos simbólicos, llena de contrastes

---

[2]   Véase Jorge Ruffinelli en *Crítica en marcha,* México, Premia
Editora, 1979, págs. 175-182; véanse también págs. 183-191.

en su visión de la relación amorosa y de la conducta
juvenil, plagada de palabras y frases inglesas; también es autor de los aprecibles cuentos de *En la ruta
de la onda* (1974). Joaquín Armando Chacón (1944),
en cuya novela *Los largos días* (1973) el narrador-
protagonista va construyendo a tientas y a contra-
tiempo un mundo armonizado por el amor, al mismo
tiempo que da forma a la obra literaria en que relata
sus afanes. Orlando Ortiz (1945) es autor de *En caso
de duda* (1968), novela-mosaico de tan esforzada reconstrucción para el lector como ciertos escritos de
Cortázar, en apariencia desenfadada pero grave en el
fondo, donde somete a revisión crítica las opuestas
actitudes generacionales de jóvenes y mayores, sirviéndose de un lenguaje muy creativo y de un estilo
dialéctico. Carlos Montemayor (1947), ensayista y
estudioso de la poesía grecolatina, autor de los cuentos de *Las llaves de Urgell* (1971), así como de las
novelas *Mal de piedra* (1981) y *Minas del retorno*
(1982), donde asimila los más peculiares rasgos de
construcción y estilo de Juan Rulfo. Guillermo Sam-
perio (1948) es autor de cuentos estimables, como los
de *Miedo ambiente* (1977); Eduardo Nadal (1948),
colaborador de la revista *Insula* en España, sus cuentos se sitúan en espacios reducidos donde los personajes, ajenos al mundo exterior, viven extrañas aventuras alucinantes relatadas con depurado estilo. Aún
deberíamos añadir los nombres de David Ojeda
(1950), recordable por *Las condiciones de la guerra*
(1978); Carlos Ruvalcaba (1951), con su *Vida crónica*
(1982), novela llena de dinamismo en su fluidez narrativa y dialogal; Margarita Dalton, con *Larga sinfonía en d* (1968), y Julián Meza, con *El libro del
desamor* (1968).

Cuba viene promocionando con eficacia, si bien no
siempre con rigurosos criterios estéticos desde las
instituciones oficiales, en particular desde la Casa de
las Américas, la publicación de obras narrativas fácil-

mente accesibles para el lector medio, cuya conciencia revolucionaria se intenta estimular. De los muchos autores [3] que han visto publicada su obra es
justo hacer mención al menos de Eduardo Heras
(1941), cuentista que en *La guerra tuvo seis nombres*
(1968) trata con objetividad imparcial las refriegas
revolucionarias, pero en *Los pasos en la hierba* (1970)
resulta más implicado por su actitud crítica sobre el
sistema político castrista. Jesús Díaz (1941) alía un
recuperado naturalismo con la estética expresionista
en los cuentos de *Los años duros* (1966), sobre los
conflictos internos de los grupos revolucionarios,
donde aborda con desenfado y sin remilgos lingüísticos temas escabrosos; entre ellos destacan «El cojo»,
por su intriga y dramatismo, y «El diosito», por su
tratamiento irónico del doctrinarismo político. Reinaldo Arenas (1943), exiliado en 1980, evocador de
sus vivencias infantiles en *Cantando en el pozo* (1965,
reed. 1982), resulta ser un sorprendente renovador
formal, aunque por eso mismo criticado en su país
como «poco realista», al fundir en *Celestino antes del
alba* (1967), desde la mente del infantil protagonista
monologante, sueños, realidad y fantasía; en *El mundo alucinante* (1969) mezcla con habilidad historicismo e imaginación, conjugando tres voces narrati

---

[3]   Seymour Menton ofrece una síntesis útil que afecta en parte
a este período en «El cuento de la revolución cubana: una visión
antológica y algo más», en E. Pupo-Walker, dir., *El cuento hispanoamericano ante la crítica*, M., Castalia, 1973, págs. 338-355. Hay
también páginas de interés en Julio E. Miranda, *Nueva literatura
cubana*, M., Taurus, 1971, y en A. A. Fernández Vázquez, *La
novelística cubana de la revolución*, Miami, Eds. Universal, 1980.
Noticias muy puntuales pueden encontrarse en la comunicación de
Sergio Chaple al XX Congreso del Instituto Internacional de
Literatura Iberoamericana (agosto 1981) recogida en sus Actas,
«Continuidad en la narrativa cubana de la Revolución»; véase
M. Horány, ed., *Pensamiento y literatura en América Latina*,
Universidad de Bucarest, 1982, págs. 265-276. Para una visión de
conjunto, puede ser útil consultar los números 152-153 (1990) y
154 (1991) de la *Revista Iberoamericana*.

vas en su alegórica reconstrucción de las agitadas andanzas del fraile heterodoxo mexicano Servando Teresa de Mier al final del período colonial, para denunciar irónicamente la restringida libertad en la Cuba castrista; tras los cuentos de *Con los ojos cerrados* (1972), *El palacio de las blanquísimas mofetas* (1980), heredera de los añejos usos carnavalescos en la literatura con ambientación no por hogareña menos extraña al evocar los años prerrevolucionarios en un pueblo de la isla, en *La vieja rosa* (1980) logra comunicar el proceso de envejecimiento de una mujer en el seno de una sociedad, trasunto velado de la cubana, profundamente alterada en sus estructuras tradicionales; *Otra vez el mar* (1982), novela elaborada desde 1966, es una visión de la época castrista a partir de las vivencias de una pareja de cubanos que regresa a la isla y permanece en ella seis días, ofrecida con estructura sinfónica fundiendo experiencias individuales y colectivas, recuerdos del pasado, actuaciones del presente y sueños para el futuro; por último, *Arturo, la estrella más brillante* (1984), breve relato escrito en clave lírica sublimadora del patetismo, inspirado en las experiencias traumáticas de un homosexual internado en un campo de concentración, revalida el consolidado prestigio de su autor por su potente creatividad imaginativa y poética. Norberto Fuentes (1943), curtido en el reportaje periodístico, es recordable por sus breves y bien construidos cuentos de *Condenados de Condado* [4] (1968), donde con tono objetivo reconstruye la violenta actividad guerrillera en los primeros años del castrismo y el esfuerzo laboral en el campo; en *Termina el desfile* (1981) presenta nueve cuadros de la vida cubana, en los que con lenguaje de gran creatividad entreteje observaciones sobre la vida cotidiana con ensoñaciones fantásti-

---

[4]   Véase la reseña de J. Ruffinelli en *Crítica en marcha,* México, Premia, 1979, págs. 168-174.

cas. Carlos Alberto Montaner (1943) aporta un artístico testimonio sin ataduras historicistas sobre el trato recibido en las prisiones políticas por los contestatarios del nuevo régimen en *Perromundo* (1972), sin que su repudio crítico de la despiadada despersonalización de los perseguidos mengüe en nada la calidad formal de su obra ejemplar, que incluso saca partido de la diversificación tipográfica para su construcción fragmentada y perspectivista[5]. Manuel Pereira (1948) no merece el mismo juicio, en virtud de sus benévolas concesiones ideológicas que atenúan el mérito de los aciertos parciales de su amena novela testimonial, *El Comandante Veneno* (1977), con logros descriptivos en la plasmación literaria de una experiencia educativa entre los campesinos de Sierra Maestra; en *El Ruso* (1980) luce de nuevo sus dotes para la descripción de la realidad objetiva, con brillantes adiciones imaginativas, tras las huellas de Carpentier y Lezama Lima.

En las otras dos islas hispánicas de las Antillas, Santo Domingo aporta para este panorama los nombres de Miguel Alfonseca (1942) y Antonio Lockward (1943), cuyas respectivas obras más estimables son *La guerra y los cantos* (1967) y *Bordeando el río* (1969); cabe añadir los de Pedro Vergés (1945), formado en España, con *Sólo cenizas hallarás (Bolero)* (1980), y Haffe Serulle (1947), con *Las tinieblas del dictador* (1978), que ofrecen interesantes renovaciones formales al tratar el tema del poder personal y sus nefastos influjos alienantes. De Puerto Rico, los menos olvidables son Carmelo Rodríguez Torres (1941), con sus *Cinco cuentos negros* (1976); Magalí García Ramis (1946), que también cultivó el cuento, y Rosario Farré.

---

[5] Véase Eliana Suárez, «El estilo literario de *Perromundo*: análisis de una novela de C. A. Montaner», *Anales de Literatura Hispanoamericana,* 2-3, Madrid, págs. 593-616.

En los países asentados en el istmo continental de América Central son muy escasos los creadores de narrativa meritorios de un reconocimiento general que exceda los ámbitos de su territorio patrio, eclipsados en buena medida por la fama y difusión de la obra de Miguel Ángel Asturias; con todo, algo puede rescatarse de la preponderante mediocridad polarizada hacia el relato breve y asentada en el cultivo de las viejas fórmulas narrativas. Así en Guatemala pueden mencionarse los nombres de Dante Liano (1948), con sus *Jornadas y otros cuentos* (1978); Edwin Cifuentes, con *Jesús Corneto* (1972); Víctor Muñoz (1950), y aun a Max Araújo (1950), Franz Galich (1951) y Adolfo Méndez (1956). En Honduras destaca Julio Escoto (1944), cuya novela *El árbol de los pañuelos* (1972) merece incluirse entre las mejores derivaciones del ejemplo de M. A. Asturias, por su barroquismo estilístico y los violentos contrastes entre la captación de la anodina existencia real y el vuelo libre de la imaginación. En Nicaragua, Sergio Ramírez (1942), activo político sandinista, autor de cuentos y de una novela de laberíntica recreación histórica, *Tiempo de fulgor* (1970), cuyos elementos documentales están animados por una desbordante fabulación imaginativa y un estilo seductor por su brillante inteligibilidad; *¿Te dio miedo la sangre?* (1977) no desmiente su calidad de destacado narrador, al dar vida a escenas de actividad guerrillera y reconstruir el pasado de los protagonistas de la subversión; también Luis Rocha (1942) se muestra muy original en la extremada condensación expresiva, provocador a la vez que desenfadado en sus planteamientos ideológicos, con sus *Ejercicios de composición* (1975). De Costa Rica [6],

---

[6]   Véase el número especial de *Revista Iberoamericana*, LIII, 138-139 (1987) dedicado a la Literatura de Costa Rica, dir. por Juan Durán Luzio. Para la República Dominicana remitimos al estudioso a la misma revista y al número que dedica a las letras de este país en el siglo xx, LIV, 142 (1988).

Alfonso Chase (1945), propenso al psicologismo equilibrado con mesuradas descripciones de parajes urbanos y naturales, atento al lenguaje coloquial lo mismo en su juvenil novela *Los juegos furtivos* (1967) que en los relatos breves de *Mirar con inocencia* (1975), y Gerardo César Hurtado (1949), que también combina los planos objetivos y oníricos en las vivencias atribuidas a sus criaturas de *Irazú* (1972) y ahonda en la conciencia de las de *Los parques* (1975) con un estilo poético de sorprendentes imágenes estimulantes. En Panamá, donde se aprecia una madurez relativa mayor [7], el narrador más destacable es Enrique Jaramillo (1944), por los cuarenta relatos contenidos en *Duplicaciones* (1973), donde bascula de continuo entre lo objetivo y lo fantástico en su afán exploratorio por los confusos territorios del erotismo y de las personalidades escindidas; añádanse los nombres de Dimas Lidio Pitty (1941), Arysteides Turpana (1943) y Roberto McKay (1948).

Pasando al subcontinente, en Venezuela [8] los creadores de ficción han reñido la batalla del «parricidio» contra el ya clásico patriarca de sus letras, Rómulo Gallegos, tratando de superar sus modelos por la vía de la renovación formal e ideológica, explorando nuevos rumbos estéticos; de los menos viejos, beneficiados por el empuje de Uslar Pietri, Otero Silva o Salvador Garmendia, sobresalen por su aceptable plasmación artística de los problemas urgidores que los acicatean: David Alizo (1941), autor de los cuen-

---

[7]   Véase la tesis citada de Porfirio Sánchez Fuentes sobre la novela panameña, Madrid, Universidad Complutense, 1981, así como la tesis de Lidia Castillo sobre *La novela femenina panameña*, Madrid, Universidad Complutense, 1988.

[8]   Sobre sus más destacados cuentistas de los últimos tiempos, véase el ordenado estudio de Elías A. Ramos, *El cuento venezolano contemporáneo*, Madrid, Playor, 1979; una selección de cuentos, en Humberto Mata, ed., *Distracciones (Antología del relato venezolano, 1960-1974)*, Caracas, Monte Ávila, 1974.

tos de *Quorum* (1967), con personajes que buscan su propia definición autoafirmativa, y de *Griterío* (1968) así como de la novela *Esta vida del diablo* (1973), en donde su compromiso con la reforma de la sociedad y la solución de sus conflictos internos, juveniles sobre todo, no atenta contra la calidad estética de la obra; Mary Guerrero (1941), reúne relatos breves en *El espejo negro* (1969), donde algunos monologantes personajes ofrecen visiones pesimistas del mundo y rechazan la opresión social ejercida por ciertas instituciones, y Héctor de Lima (1942), que capta con acierto el clima de violencia política en sus *Cuentos al sur de la prisión* (1970), con particular interés por la voluntaria inadaptación de los jóvenes y la evasión de la cruel realidad en alas de la imaginación, en buena medida fruto de sus personales experiencias subversivas. También sobresalen Carlos Noguera (1943), poeta, con su novela *Historias de la calle Lincoln* (1971); Franciso Massiani (1944), con su novela *Piedra de mar* (1968), que interesa por sus resonancias pirandellianas, por el contraste entre la apatía estéril de sus jóvenes personajes y la voluntad creadora del narrador, que incluye agudas observaciones sobre el arte de la ficción, en sus cuentos de *Las primeras hojas de la noche* (1970) recrea situaciones vividas en la ciudad dentro de la clase media con su típica inseguridad y su propensión a la angustia, y en *Los tres mandamientos de Misterdoc Fonegal* (1976) profundiza en los problemas del protagonista para revelar a través de ellos los que todavía están pendientes de urgente solución en Venezuela; Humberto Mata (1949) se revela valioso en sus relatos breves de *Imágenes y conductos* (1970), y Laura Antillano (1950) resulta interesante por sus cuentos de *La bella época* (1969), reveladores de conflictivas relaciones sociales que se exponen con blandura tal vez excesiva, así como por su novela *La muerte del monstruo come-piedra* (1971).

Para Colombia⁹, el reconocimiento y estima universales de la obra de García Márquez ha significado un notable empuje en la actividad creadora narrativa y tal estímulo ha producido apreciados frutos en las generaciones más jóvenes, decididos cultivadores de la fabulación imaginativa, entre quienes destacamos a Policarpo Varón (1941), con sus relatos de *El festín* (1973), dotados de concentración e intenso dramatismo a la manera de Rulfo; a Óscar Collazos (1942), agudo ensayista, autor de varios libros de cuentos desde 1966 y de novelas donde se aprecia su formación cosmopolita en la apertura de horizontes ideológicos y vitales, como *Crónica de tiempo muerto* (1975), *Los días de la paciencia* (1976), rápidos cuadros en que recobran vida momentos de la historia cotidiana de una ciudad portuaria, *Memoria compartida* (1977), *Todo o nada* (1982), recreación poética de la propia adolescencia vertida en la voz de un narrador en primera persona, y *Jóvenes, pobres, amantes* (1983); a Héctor Sánchez (1941), novelista de amena lectura en *Las causas supremas* (1969), inspirado en la vida cotidiana, *Los desheredados* (1973), *Sin nada entre las manos* (1976), patética revisión de la vida de un ciclista, *El tejemaneje* (1979), sobre la actividad incesante de un tahúr itinerante, y *Entre ruinas* (1984), acerba crítica por la vía de la sátira esperpéntica de la publicidad engañosa y del mercantilismo como eje de la vida social; incluimos también a Alberto Duque (1943), innovador en su construcción perspectivista de *Mateo el flautista* (1968), que incrementa su estética exigencia participativa del lector para reconstruir las peripecias del protagonista dedicado al contrabando en *Mi revólver es más largo que*

---

⁹ Véase Raymond L. Williams, *Una década de la novela colombiana: la experiencia de los setenta,* Bogotá, Plaza y Janés, 1981. Este estudio se complementa con el de D. Fajardo, «La narrativa colombiana de la última década», *Revista Iberoamericana,* LIII, 141, 1987, págs. 887-904.

el tuyo (1977), propugnador de una poética de libertad y sugestividad cercana a la de Cortázar; a Fanny
Buitrago (1945), que en *El hostigante verano de los
dioses* (1963) juega al perspectivismo por combinación de diversas voces narrativas para penetrar en las
vivencias de las nuevas generaciones, en su novela
Cola de zorro (1970) ofrece una especial concepción
de las relaciones interfamiliares de oscura y laboriosa
asimilación para el lector, a pesar de la solidez y rigor
constructivos, en *Los pañamanes* (1979) resulta ya
más accesible por la utilización segura de técnicas
convencionales, y en *Los amores de Afrodita* (1983)
presenta en relatos breves algunos aspectos de la vida
bogotana actual con gracilidad estilística; a Gustavo
Álvarez Gardeazábal [10] (1945), el más original de este
grupo, incluso superador de la dependencia de otros
con respecto a los modelos de García Márquez, como
puede apreciarse en *Dabeiba* (1972), al registrar la
existencia ficcional de un pueblo de Colombia durante unos días, con sus gentes extrañas y aisladas, ignorantes las unas de las otras, que viven en permanente
temor a un futuro que presagian destructor, en *Cón-
dores no entierran todos los días* [11] (1972), novela que
desarrolla con escasa labor ficcionalizadora uno de
sus temas preferidos, la violencia de los poderosos, en
este caso ejercida y vivida en un pueblo a lo largo de
casi veinte años, en *El bazar de los idiotas* (1974),
donde explota los recursos del humor, la parodia y la
ironía para presentar la vida de dos muchachos en un
pueblo dominado por la superstición, la fantasía
incontrolada, el mercantilismo eclesiástico y el afán
indiscriminado de modernidad con olvido de la tradición, en *El Titiritero* (1977), novela metaficcional que

[10]   Véase Raymond, L. Williams, *Aproximaciones a Gustavo
Álvarez Gardeazábal,* Bogotá, Plaza y Janés, 1978.
[11]   Sobre esta novela hay un somero análisis en el libro de
Manuel A. Arango, *Gabriel García Márquez y la novela de la
violencia en Colombia,* México, FCE, 1985.

funde diversas técnicas para presentar mediante el narrador-profesor la rebeldía estudiantil y las luchas universitarias inspirándose en hechos reales vividos en su país, o en *Pepe Botellas* (1983); Rafael Humberto Moreno Durán (1946), voluntariamente distanciado de su tierra, escribe su obra de ficción con planteamientos metalingüísticos que funcionan como sacudidas ideológicas sobre las convenciones recibidas centradas en las relaciones intersexuales, como en su trilogía *Femina suite,* llena de agudeza, brillantez de estilo, ironía y originalidad, constituida por *Juego de damas* (1977), *El toque de Diana* (1981) y *Finale capriccioso con Madonna* (1983), es también autor de relatos breves publicados bajo el título de *Metropolitanas* (1986) y de otra novela reciente, *Los felinos del canciller* (Barcelona, Destino, 1987), inspirada en las actividades de la diplomacia hispánica, cuyos entresijos explora en Nueva York en los años finales de la década de los cuarenta, además de un lúcido ensayo sobre el universalismo cultural de Hispanoamérica y sus mitificadas dualidades, *De la barbarie a la imaginación* [12]; Umberto Valverde (1947) es digno de mención por la fluidez estilística de los cuentos reunidos en *Bomba Camará* (1972), así como por la diversificación de técnicas utilizadas para conseguir el adentramiento psicológico que caracteriza las historias amorosas de *En busca de tu nombre* (1976); también lo son Marco Tulio Aguilera (1949), que exhibe una imaginación desbordada hasta la ensoñación en *Breve historia de todas las cosas* (1975), a través del relato que hace un narrador encarcelado acerca de la vida de una población de Costa Rica, con apelaciones directas al lector; Andrés Caicedo (1952-1977), con su novela corta *El atravesado* (1971) y su novela sobre la drogo-

---

[12]   Editado en Barcelona por Tusquets en 1976. Existe una segunda edición de este estudio, corregida y aumentada, publicada en Bogotá, Tercer Mundo, 1988.

dependencia, *¡Que viva la música!* (1977), de inteligente e incisivo humorismo al indagar con sencillez técnica en el vacío y caos cultural, siguiendo los pasos de una alocada muchacha rockera que acaba en prostituta y relata retrospectivamente sus experiencias personales, carente de anclajes en valores consolidados, y, por último, Elvira Bonilla, (1955) que en *Jaulas* (1984) ofrece patéticas visiones de la dureza de la vida contemporánea, sin renunciar a un estilo muy elaborado que contribuye a la aceptabilidad de su dramático testimonio [13].

Del Ecuador incluiremos tan sólo a Iván Eguez, que en *Las Linares* (1975) ridiculiza la tiranía política mediante procedimientos esperpénticos heredados de los mejores modelos de la llamada «novela del dictador» [14], y a Jorge Dávila, autor de *María Joaquina en la vida y en la muerte* (1976), donde asimila influencias muy dispares que abarcan desde Valle-Inclán a García Márquez, pero que no menguan el valor de su creatividad personal al reconstruir imaginativamente el gobierno dictatorial de Veintimilla, sin desatender, en medio de la denuncia, la dedicación estética a la construcción y estilo de su obra.

Del Perú nuestra selección recoge a Eduardo González Viaña (1941), nutrido de lecturas que incluyen tanto a Borges como a Ribeyro, que se revela como habilidoso e inteligible cuentista al rescatar sus vivencias infantiles campesinas en *Los peces muertos* (1964) y que en *Batalla de Felipe en la casa de las palomas* (1970) ratifica su afán de aproximación al lector medio por el tratamiento mágico concedido a

[13]   Sobre los nuevos narradores, véase Eduardo Pachón, «El nuevo cuento colombiano», *Revista Iberoamericana*, L, 128-129 (1984), págs. 883-901.
[14]   Véase Julio Calviño, *La novela del dictador en Hispanoamérica*, Madrid, Cultura Hispánica, 1985; y *Revista Iberoamericana*, LIV, 144-145, 1988, dedicada a la literatura ecuatoriana de los últimos cincuenta años, dirigida por Gerardo Luzuriaga.

los temas de la muerte y el sueño sin abrumarlo con un exceso de formalismo, todavía en su novela *Identificación de David* (1974) sigue instalado en el reino de la imaginación al tratar de la desaparición de una mujer en un hotelito limeño; a Julio Ortega (1942), que además de los cuentos de *Las islas blancas* (1966) y de la novela *Mediodía* (1970), donde pone en práctica su interés por la exploración verbal y por el cultivo de la fantasía a partir de los postulados y técnicas surrealistas, es autor del interesante ensayo sobre la novela titulado *La contemplación y la fiesta* (1969), donde postula la renuncia de los narradores contemporáneos a la imitación o reflejo especular de la realidad en aras de la construcción literaria de metáforas sobre esa realidad; a Edmundo de los Ríos (1945) y a Gregorio Martínez (1942), con *El viejo saurio se retira* (1969), y, desde luego, a Harry Belevan (1945), que publica sus mejores cuentos en *Escuchando tras la puerta* (1975) y experimenta con la construcción narrativa en su novela *La piedra en el agua* (1977), obra lúdica y metaficcional por referencia a la obra de Borges. Añadiremos por último a Fernando Ampuero (1949), que destaca entre sus compañeros por la vivacidad de su estilo potenciador de su actitud crítica sobre la sociedad, lo mismo en *Mamotreto* (1974) que en la visión profundizadora acerca de ciertas actitudes juveniles ante formas de la vida contemporánea en *Miraflores melody* (1978); a José Antonio Bravo, con *El barrio de Broncas* (1971) y *A la hora del tiempo* (1977), así como a Alonso Cueto (1954), que se reveló como estimable cuentista en la colección de *La batalla del pasado* (1983), con una docena de relatos unificados por el interés casi obsesivo que muestra por el tema de la temporalidad.

La narrativa de Bolivia[15] permanece instalada en

---

[15]   Véase Javier Sanjinés, ed., *Tendencias actuales en la literatura boliviana,* Minneápolis-Valencia, 1985, donde se ofrece información exhaustiva sobre su producción narrativa reciente, en particu-

sus posiciones realistas parcialmente renovadoras al tratar los temas tradicionales de indígenas, mineros y guerrilleros, pero se revela algo más innovadora cuando, ambientada en el espacio urbano, se revuelve de forma velada contra el autoritarismo político y la degradante opresión militarista ejercida sobre una población todavía deprimida económicamente y mayoritariamente analfabeta. Así, Jesús Urzagasti (1941) recoge lo mejor del objetalismo francés con su diseccionadora mirada sobre la naturaleza y la vida cotidiana en *Tirinea* (1969), donde profundiza en el proceso de la creación literaria y sus relaciones con la vida real y con la historia; Gaby Vallejo (1941), autora de *Los vulnerables* (1973), sobre la guerrilla urbana y su actuación en Cochabamba, además de atender a las relaciones establecidas entre adolescentes de distinta procedencia social, quien también escribió *Hijo de opa* (1977), obra de fruitiva lectura; Raúl Teixido (1943) cultiva una línea menos vitalista que filosófica, algo trasnochada ya tras la decadencia de los planteamientos existencialistas, en su indagación sobre la autenticidad de la persona y su conducta en la novela *Los habitantes del alba* (1969), a la que siguen los cuentos de *La puerta que da al campo* (1979); Peter Levy (1943), autor de *Casa superior* (1973), sobre el activismo político desarrollado en el ámbito universitario, y Joaquín Rojas (1944), con las novelas cortas de *Bajo la indiferencia del cielo* (1973), sobre aspectos de la vida boliviana en tres espacios de convivencia diversos, y *El calvario de dos pueblos* (1974), con un protagonista que unifica problemas vividos en Bolivia e Israel.

lar en los estudios de L. Antezana y de A. R. Prada acerca de la novela y cuento respectivamente. Criticismo, denuncia y estética subjetivista se alían en los cuentos de César Verdúguez, Ramón Rocha, René Poppe y Jorge Suárez; muestras de este género pueden leerse en *El Quijote y los perros. Antología del terror político*, Cochabamba, Editorial Universitaria, 1979.

De Uruguay[16] se ha revelado como el valor más apreciado en los últimos años Cristina Peri Rossi (1941), residente en España desde 1972, cuya nacionalidad adoptó en 1975, excelente también por la originalidad y fuerza de su obra poética, así como por la agudeza e incisividad de sus artículos periodísticos, siempre en actitud crítica contra la opresión política sobre las libertades; inicia su actividad narrativa con *El libro de mis primos* (1965, 1969) y con *Los museos abandonados* (1968), cuatro relatos alegóricos donde cobran nueva vida mitos y símbolos antiguos al servicio del establecimiento de unas bases más sólidas y estables para un afán común de libertad; alcanza resonancia en su labor al reeditarse *Indicios pánicos* (1970, 1981), breves relatos de imaginación desbordante que configuran situaciones humanas opresivas; asienta el prestigio de su meditado y exigente buen hacer con *El museo de los esfuerzos inútiles* (1983), así como con *La nave de los locos* (1984), en donde, a través de múltiples itinerancias liberadas de barreras temporales, ofrece visiones más lúcidas y estéticas sobre el misterio de la individualidad, y con *Una pasión prohibida* (1986) revalida su éxito ante lectores y críticos; sus últimas aportaciones a la narrativa son los relatos de *Cosmoagonías* (Barcelona, Laia, 1988) y la novela *Solitario de amor* (Barcelona, Grijalbo, 1988), de intenso erotismo, donde la pasión amorosa se enaltece al máximo, escrita en primera persona desde el punto de vista predominante del enamorado masculino monologante, con interferencias de la voz de la enamorada y de una tercera persona que, sin participación activa, interviene con

---

[16]   Para una rápida visión de las relaciones entre la situación política reciente y la producción ficcional del país, es útil el ensayo de Álvaro Barros-Lémez, «La larga marcha de lo verosímil: narrativa uruguaya del siglo XX», en Hernán Vidal, ed., *Fascismo y experiencia literaria: reflexiones para una recanonización,* Minneápolis, Universidad de Minnesota, 1985, págs. 469-486.

sus comentarios reflexivos, cuya mayor novedad tal
vez sean las brillantes, intensas y delicadas a un
tiempo, metáforas de tipo biológico tan adecuadas a
la intensidad del amor que se expresa. Cabe añadir
aún a María de Montserrat, Ana Luisa Valdés, que
escribe desde el exilio *La guerra de los albatros*
(1983), y a Fernando Butazzoni (1952), con los relatos de *La tarde del dinosaurio* (1976).

Argentina muestra en los últimos años amplias y
diversas inquietudes renovadoras en los aspectos
ideológicos y formales de su narrativa, sólo en parte
superado el anterior realismo algo abusivo, merced al
bien atendido ejemplo de los maestros Borges, Cortázar, Mujica y tantos otros cuya apertura cultural y
estética ha potenciado la universalidad de sus obras.
Fernando Sorrentino (1942) es autor de los cuentos
de *La regresión zoológica* (1969) y de *Imperios y
servidumbres* (1972), en una línea de fantasía onírica
tendiente al absurdo; en *Sanitarios Centenarios* (1979)
se sirve de un narrador poco cualificado intelectual-
mente para realizar una parodia de la cultura y la
sociedad contemporáneas. Osvaldo Soriano (1943) se
caracteriza por la singular ternura que vuelca sobre
sus personajes y la similitud de sus técnicas con las
cinematográficas; su humorismo permanente permite
por su agudeza entrever más allá de las apariencias de
la conducta social y de las convenciones establecidas;
su primera novela, *Triste, solitario y final* (1973), fue
un inteligente homenaje tributado a la comicidad de
Stan Laurel y Oliver Hardy, con voluntad desmitificadora sobre ciertos valores en uso; la historia dramática argentina más reciente se ofrece parcialmente
con los contrastes violentos entre diversas actitudes
políticas de peronistas pueblerinos en *No habrá más
penas ni olvido* (1978); *A sus plantas rendido un león*
(1986) es un ameno producto imaginativo no exento
de intención crítica en la frecuente hilaridad que
provocan sus páginas. Miguel Briante (1944) resulta

interesante por sus cuentos de *Hombre en la orilla* (1968), cada uno de los cuales cobra para el lector tintes comprensivos novedosos a medida que lee los que le siguen, lo que le permite captar la evolución social de un pueblo que va perdiendo su primitiva identidad bajo las presiones incesantes de la cultura urbana. Mario Satz (1945), conocido por su trilogía *Sol* (1975), *Luna* (1977), *Tierra* (1978), realiza en *Marte* (1980) un precioso experimento de relato con fondo bélico y justiciero, donde se alían tonalidades épicas y líricas para alzar un canto a la esperada libertad en América. Héctor Libertella (1945) resulta novedoso en los planteamientos técnicos de *El camino de los hiperbóreos* (1968), al combinar posiciones vitalistas y escépticas aducidas por su desorientado protagonista, y en *Aventuras de los miticistas* (1972), novela metaliteraria que critica su propio proceso de elaboración artística. Las novelas de Mario Szichman (1945), desde *Crónica falsa* (1969), ponen en evidencia la endeblez de los cimientos sobre los que se asienta la sociedad de nuestro tiempo con sus egoísmos, hipocresías y codicias de todo tipo; *A las 20,25 la señora entró en la inmortalidad* (1981) está basada en el afán que muestra una familia judía, forzada por difíciles equilibrios y componendas, para integrarse en la sociedad argentina. Federico Moreyra (1945) no llega a alcanzar el deseable equilibrio constructivo ni en *Los reos* (1975) ni en *Anónimo del siglo veinte* (1982), historias de violencia política y carcelaria situadas en la España contemporánea con rudimentaria ficcionalización. No quisiéramos omitir los nombres de Belgrano Rawson, Ricardo Piglia y Rodolfo Rabanal, ni menos aún el de Marcelo Cohen (1951), con su novela *El país de la dama eléctrica* y con *El buitre en invierno* (1985), en donde reúne ocho cuentos con estilo vivo y desenfadado en torno a las ilusiones compensatorias del duro vivir, que suelen desembocar en frustración.

Por último, de Chile [17] entresacamos la media docena de autores más notables. Isabel Allende [18] (1942), nacida en Lima, exiliada en Venezuela, sobrina del presidente Salvador Allende, reconstruye la vida de una familia chilena a lo largo de setenta años, hasta la caída del régimen izquierdista de Unidad Popular, en *La casa de los espíritus* (1982); en *De amor y de sombra* (1984) ratifica sus dotes de narradora que seduce al lector por la fluidez de su estilo y por la hondura de su indagación en el nebuloso mundo de los sentimientos, desde el amor al odio; en *Eva Luna* (Barcelona, Plaza y Janés, 1987), insertable dentro de la corriente del «realismo maravilloso», presenta la evolución de una mujer salvaje y de incontenible imaginación, en ambiente caribeño y dentro de un contexto histórico de inestabilidad política, con profunda ternura y sensibilidad acrisolada. Ariel Dorfman (1942), estimado ensayista y crítico literario como en *Imaginación y violencia en América Latina* (1970), es también autor de novelas en las que profundiza con el instrumento de la ironía en las raíces de la conflictividad vivida en su país, así en *Muerte en la costa* (1973) como en *Chile and Co. nueva guía* (1976). Carlos Cerda (1943), intelectual exiliado, autor de duros ensayos sin concesiones contra la dictadura de Pinochet y de la novela *Banderas en el balcón*. Leonardo Carvajal (1951), cuyos cuentos más valiosos se ofrecen bajo el título de *Definición*

---

[17]   Hay tres ensayos que se refieren a la reciente narrativa chilena en relación con las circunstancias políticas del país tras la caída de Allende en el libro citado de Hernán Vidal, ed., *Fascismo y experiencia literaria...,* Minneápolis, Universidad de Minnesota, 1985, págs. 299-403. Puede verse además el libro de Lucía Guerra *Texto e ideología en la narrativa chilena,* Minneápolis, The Prisma Institute, 1987.

[18]   Véanse A. Gordon, «Isabel Allende on Love and Shadow», *Cotempor. Lit.,* 28, 4 (1987), págs. 530-542; P. G. Earle, «Literature as Survival: Allende's *The House of the Spirits*», *ibídem,* páginas 543-554.

del olvido (1975); Lucía Guerra, que escribe en el exilio *Más allá de las máscaras* (1984), y Antonio Ostornol (1954) que en su novela *El obsesivo mundo de Benjamín* (1982) configura ambientes estrechos donde tiene lugar una feroz lucha de poderes y odios entre los personajes emparentados, sumidos en una acción galopante narrada por el propio protagonista.

Concluyamos aquí nuestra revisión de casi medio siglo de literatura en el que la narrativa hispanoamericana dio el salto desde aquel primer éxito internacional obtenido por una novela indigenista —*El mundo es ancho y ajeno* (1941), de Ciro Alegría—, representativa de lo que había sido lo más logrado de su trayectoria anterior, hasta su eclosión veinte años más tarde en forma de lo que, no sin cierta jactancia, Mario Vargas Llosa ha calificado como la aportación más fecunda, enriquecedora y original a la novelística de la segunda mitad del siglo XX.

Con toda certeza, los años sesenta fueron decisivos en este proceso, como ha destacado con pleno conocimiento de causa José Donoso en su ya citada *Historia personal del "boom"*. Para el escritor chileno tres fueron los momentos capitales a estos efectos en aquella década propicia: el éxito y difusión de *La región más transparente,* de Carlos Fuentes, publicada ya en 1958; la unánime concesión del premio Biblioteca Breve de 1962 a *La ciudad y los perros,* de Mario Vargas Llosa, y la deslumbrante aparición, en 1967, de *Cien años de soledad,* de Gabriel García Márquez. Menos atinada nos parece la conexión por él establecida entre ese llamado «boom» como posible movimiento literario dotado de unidad, por encima de la evidente variedad de los autores y obras que eventualmente lo compondrían, y «la fe primera en la causa de la revolución cubana» (pág. 46), compartida por la mayoría de los protagonistas de dicho «boom» y desbaratada por el caso Padilla a principios de los setenta. Lo realmente válido de este testimonio en primera persona a cargo de uno de los escritores plenamente identificados con la universalización de la novela hispanoamericana que hemos estudiado hasta aquí, es el reflejo que desde dentro se nos da de todo el proceso como un fenómeno puro —al menos en sus inicios— de recepción literaria. En efecto, Donoso revela cómo su incorporación a dicho movimiento, de impulso continental por encima de las estrictas barreras nacionales, se produjo mediante una suerte de adhesión creativa, no burdamente mimética, a las directrices emanadas de una particular lectura de la tradición narrativa —no sólo hispanoamericana, sino universal— por parte de escritores de su misma procedencia geográfico-lingüística, pero de diferente edad. Luego se produjo, por añadidura, otra adhesión, la de una considerable mayoría de lectores europeos y americanos a sus propuestas novelísticas que venían a colmar sus expectativas en el horizonte de novelísticas autóctonas decepcionantes por su limitada potencialidad imaginativa, estilística y de revelación de lo real en toda su complejidad.

Sabemos, por supuesto, que a este germen puramente literario se sobrepuso en seguida la mediación editorial, política, propagandística, académica, profesoral... Y que a consecuencia de ella se decantó la presencia internacional de unos novelistas hispanoamericanos, más notoria o consolidada que la de otros. Su extraordinaria floración, en cantidad y cualidad es, como ya adelantábamos en la primera página de nuestro estudio, el mayor problema para quien emprenda una tarea como la que nosotros ahora concluimos. No se nos oculta que nuestra pretensión de objetividad historicista no sólo habrá sido traicionada por nuestras particulares concepciones críticas, sino también, más crudamente, por categorizaciones que sabemos provisionales, y por ello modificables desde ya. Pero de lo que tampoco nos cabe ninguna duda es de que la América hispana sigue siendo auténtica tierra de promisión para algunas de las más renovadoras manifestaciones del viejo arte narrativo de la ficción novelesca y de que así lo será también en el futuro gracias a algunos de los nombres que menos espacio nos han ocupado o que simplemente han sido omitidos —por ignorancia, no por desconsideración— en nuestro trabajo.

BIBLIOGRAFÍA SELECTA
SOBRE NOVELA CONTEMPORÁNEA

Actas del XVII Congreso del Instituto Internacional de Literatura Iberoamericana, Madrid, Cultura Hispánica, 1978. (Véase t. II, IV parte.)

AÍNSA, F., *La espiral abierta de la novela latinoamericana,* Bogotá, Instituto Caro y Cuervo, 1973.

—— «El espacio en la novela hispanoamericana», en Sanz Villanueva, S., ed., *Teoría de la novela,* Madrid, SGEL, 1976, págs. 305-352.

—— *Identidad cultural de Iberoamérica en su narrativa,* Madrid, Gredos, 1986.

ALEGRÍA, F., *Breve historia de la novela hispanoamericana,* México, De Andrea, 1959.

—— *Historia de la novela hispanoamericana,* México, De Andrea, 1965; México, Studium, 1966³.

—— *La novela hispanoamericana del siglo XX,* Buenos Aires, Centro Editor de América Latina, 1967.

—— *Literatura y Revolución,* México, F.C.E., 1970.

ALEGRÍA, F., y otros, *Coloquio sobre la novela hispanoamericana,* México, F.C.E., 1967.

AMORÓS, A., *Introducción a la novela hispanoamericana actual,* Madrid, Anaya, 1971.

ANDERSON IMBERT, E., *El realismo mágico y otros ensayos,* Caracas, Monte Ávila, 1976.

AVALLE ARCE, J.-B., ed., *Los narradores hispanoamericanos de hoy,* Simposio en Chapel Hill, Univ. de N. Carolina, 1973.

BARRENECHEA, A. M., «Ensayo de una tipología de la literatura fantástica (a propósito de la literatura hispanoamericana)», *Revista Iberoamericana,* 80, julio-septiembre de 1972, págs. 391-403.

BECCO, H. J., y FOSTER, D. W., *La nueva narrativa hispanoamericana. Bibliografía,* Buenos Aires, Casa Pardo, 1976.

BEFUMO, L., *La problemática del espacio en la novela hispanoamericana,* Mar del Plata, 1984.

BELLINI, G., *Il laberinto magico. Studi sul nuovo romanzo ispano-americano,* Milán, Cisalpino-Goliardica, 1974.

BEN-HUR, L. E., «El realismo mágico en la crítica hispanoamericana», *Journal of Spanish Studies: Twentieth Century,* vol. 4, núm. 3, 1976, 149-163.

BLANCO AGUINAGA, C., *De mitólogos y novelistas,* Barcelona, Turner, 1975.

BLEZNICK, D. W., ed., *Variaciones interpretativas en torno a la nueva narrativa hispanoamericana,* Santiago de Chile, Ed. Universitaria, 1972.

BRUSHWOOD, J. S., y GARCIDUEÑAS, *Breve historia de la novela mexicana,* México, 1959.

BRUSHWOOD, J. S., *México en su novela. Una nación en busca de su identidad,* México, F.C.E., 1974.

—— *The Spanish American Novel. A Twentieth Century Survey,* Austin, Texas Univ. Press, 1975, 1978².

—— *La novela hispanoamericana del siglo XX: Una vista panorámica,* México, F.C.E., 1984.

CALVIÑO IGLESIAS, J., *La novela del dictador en Hispanoamérica,* Madrid, Cultura Hispánica, 1985.

—— *Historia, ideología y mito en la narrativa hispanoamericana contemporánea,* Madrid, Ayuso, 1987.

CAMPOS, J., «Mirada al cuento hispanoamericano», *El Urogallo,* 35-36, 1975.

CARPENTIER, A., *Literatura y conciencia política en América Latina,* Madrid, Alberto Corazón, 1969.

—— «Papel social del novelista», en *Literatura y arte nuevo en Cuba,* Barcelona, Estela, 1971.

COLLAZOS, O., y otros, *Literatura en la revolución y revolución en la literatura (Polémica),* México, Siglo XXI, 1970.

CONTE, R., *Lenguaje y violencia. Introducción a la nueva novela hispanoamericana,* Madrid, Alborak, 1972.

COUFFON, C., *Hispanoamérica en su nueva literatura,* Santander, La Isla de los Ratones, 1962.

CORTÁZAR, J., «Algunos aspectos del cuento», en *Literatura y arte nuevo en Cuba,* Barcelona, Estela, 1971.

CHANADY, A. B., *Magical Realism and the Fantastic. Resolved versus Unresolved Antinomy,* Nueva York-Londres, Garland, 1985.

CHIAMPI, I., *O realismo maravilhoso. Forma e ideologia no romance hispanoamericano,* São Paulo, Editora Perspectiva, 1980.

DESSAU, A., *La novela de la Revolución mexicana,* México, F.C.E., 1972.

DONOSO, J., *Historia personal del boom,* Barcelona, Anagrama, 1972.

DORFMAN, A., *Imaginación y violencia en América,* Santiago de Chile, Editorial Universitaria, 1970; Barcelona, Anagrama, 1972.

EYZAGUIRRE, E., *El héroe en la novela hispanoamericana del siglo XX,* Santiago de Chile, Editorial Universitaria, 1973.

EZQUERRO, M., *Théorie et fiction: Le nouveau roman hispano-américain,* Montpellier, Université Paul Valéry, 1983.

FLORES, A., y SILVA CÁCERES, R., eds., *La novela hispanoamericana actual (Compilación de ensayos críticos),* Madrid-Nueva York, Las Américas-Anaya, 1971.

FOSTER, D. W., *Studies in the Contemporary Spanish American Short Story,* Colombia, Univ. Missouri Press, 1979.

FUENTES, C., *La nueva novela hispanoamericana,* México, J. Mortiz, 1969.

GÁLVEZ, M., *La novela hispanoamericana del siglo XX,* Madrid, Cincel, 1981.

—— *La novela hispanoamericana contemporánea,* Madrid, Taurus, 1987.

GARCÍA MÁRQUEZ, G., y VARGAS LLOSA, M., *La novela en América Latina: diálogo,* Lima, Univ. Nacional de Ingeniería, s.f. [1968]; Carlos Milla Batres-Edics. UNI, 1968.

GERTEL, Z., *La novela hispanoamericana contemporánea,* Buenos Aires, Columba, 1970.

GOIĆ, C., *La novela chilena. Los mitos degradados,* Santiago de Chile, Edit. Universitaria, 1970.

—— *Historia de la novela hispanoamericana,* Valparaíso, Edics. Universitarias, 1972.

GOYTISOLO, J., en *Disidencias,* Barcelona, Seix Barral, Biblioteca Breve, 1977, págs. 171-285.

GUILLERMO, E., y HERNÁNDEZ, J. A., *Quince novelas hispanoamericanas,* Nueva York-Madrid, Las Américas-Anaya, 1971.

HARSS, L., *Los nuestros,* Buenos Aires, Sudamericana, 1966, 1973[5].

JANSEN, A., *La novela hispanoamericana actual y sus antecedentes,* Barcelona, Nueva Col. Labor, 1973.

JARA CUADRA, R., *Modos de estructuración mítica de la realidad en la novela hispanoamericana contemporánea,* Valparaíso, Univ. Católica, 1970; en *Iberorromania,* nueva época, núm. 1, 1974.

JOZEF, B., «Le fantastique dans la littérature hispanoaméricaine contemporaine», *Caravelle,* 29 (1977), 7-2.

LAFFORGUE, J., ed., *Nueva novela hispanoamericana,* 2 tomos, Buenos Aires, Paidós, 1969, 1972.

LANGOWSKI, G. J., *El surrealismo en la ficción hispanoamericana,* Madrid, Gredos, 1982.

LEAL, L., *Historia del cuento hispanoamericano,* México, De Andrea, 1966.

LIDA, M. R., *El cuento popular hispanoamericano y la literatura,* Universidad de Buenos Aires, 1941.

LOVELUCK, J., ed., *La novela hispanoamericana,* Santiago de Chile, Edit. Universitaria, 1966, 1972[4].

—— «La vieja novedad del boom», *El Urogallo,* 35-36, 1975.

—— ed., *Novelistas hispanoamericanos de hoy,* Madrid, Taurus, Persiles, El escritor y la crítica, 1976.

MARCO, J., *Literatura hispanoamericana: del modernismo a nuestros días,* Madrid, Espasa-Calpe, 1987.

MARCOS, J. M., *De García Márquez al postboom,* Madrid, Orígenes, 1986.

MAURO, W., en *Los escritores frente al poder,* Barcelona, Caralt, 1975.

MEJÍA DUQUE, J., *Narrativa y neocolonialismo en América Latina,* Buenos Aires, Ediciones de Crisis, 1974.

MENA, L. I., «Hacia una formulación teórica del realismo mágico», *Bulletin Hispanique,* LXXVII, 3-4, págs. 395-407.

MENTON, S., *El cuento hispanoamericano,* México, F.C.E., 2 tomos.

—— *Magic Realism Rediscovered, 1918-1981,* Filadelfia-Londres-Toronto, 1983.

MORALES PADRÓN, F., *América en sus novelas*, Madrid, Cultura Hispánica, 1983.

MORA, G., *En torno al cuento: de la teoría general y de su práctica en Hispanoamérica*, Madrid, Porrúa, 1985.

MORÁN, F., en *Novela y semidesarrollo*, Madrid, Taurus, Persiles, 1971.

MORENO DURÁN, R., *De la barbarie a la imaginación*, Barcelona, Tusquets, 1976; 2.ª ed. corregida y aumentada, Bogotá, Tercer Mundo, 1988.

NAVAS RUIZ, R., *Literatura y compromiso. Ensayos sobre la novela política hispanoamericana*, Universidad de São Paulo, 1962.

ORTEGA, J., *Ensayos sobre la nueva novela hispanoamericana*, Universidad de Lima, 1968.

—— *La contemplación y la fiesta. Notas sobre la novela latinoamericana actual*, Caracas, Monte Ávila, 1969.

—— *Letras hispanoamericanas de nuestro tiempo*, Madrid, J. Porrúa, 1976.

—— *La estética neobarroca en la narrativa hispanoamericana*, Madrid, J. Porrúa, 1984.

PÉREZ, GALO R., *La novela hispanoamericana. Historia y crítica*, Bogotá, 1979; Madrid, Oriens, 1982².

POLLMANN, L., *La «nueva novela» en Francia y en Iberoamérica*, Madrid, Gredos, 1971.

PUPO-WALKER, E., ed., *El cuento hispanoamericano ante la crítica*, Madrid, Castalia, 1973.

RAMA, A., *La novela latinoamericana (1920-1980)*, Bogotá, Procultura, 1982.

RAMÍREZ MOLAS, P., *Tiempo y narración. Enfoques de la temporalidad en Borges, Carpentier, Cortázar y García Márquez*, Madrid, Gredos, 1978.

REA BOORMAN, J., *Estructura del narrador en la novela hispanoamericana contemporánea*, Madrid, Hispanova, 1977.

Revista Iberoamericana, 116-117 (1981). Varias comunicaciones en Bloomington, Indiana, 1980.

RODRÍGUEZ ALCALÁ, H., *Narrativa hispanoamericana. Estudios sobre invención y sentido*, Madrid, Gredos, 1973.

RODRÍGUEZ ALMODÓVAR, A., *Lecciones de narrativa hispanoamericana, siglo XX*, Universidad de Sevilla, 1972.

RODRÍGUEZ MONEGAL, E., *Narradores de esta América*,

Montevideo, Alfa, 1963, 1969; Buenos Aires, Alfa Argentina, 1974.

—— «La nueva novela latinoamericana», *Actas del Congreso Internacional de Hispanistas,* México, 1968, ed. 1970, págs. 47-66.

RODRÍGUEZ MONEGAL, E., *El boom de la novela latinoamericana,* Tiempo Nuevo, Caracas, 1972.

—— «La narrativa hispanoamericana. Hacia una nueva "poética"», en Sanz Villanueva, S., ed., *Teoría de la novela,* Madrid, SGEL, 1976.

—— *El arte de narrar,* Caracas, Monte Ávila, 1977².

ROY, J., comp., *Narrativa y crítica de nuestra América,* Madrid, Castalia, 1978.

SAINZ DE MEDRANO, L., «La novela hispanoamericana. Una crisis animada», *Anales de Literatura Hispanoamericana,* 1, Madrid, Universidad Complutense-C.S.I.C., 1972, págs. 87-105.

—— *Historia de la Literatura Hispanoamericana desde el Modernismo,* Madrid, Taurus, 1989.

SÁNCHEZ, L. A., *Proceso y contenido de la novela hispanoamericana,* Madrid, Gredos, 1970².

SAZ, A. del, «Algunos apuntamientos sobre la novela hispanoamericana actual», *Anales de Literatura Hispanoamericana,* 2-3, Madrid, 1974, págs. 151-166.

SARDUY, S., *Escrito sobre un cuerpo. Ensayos de crítica,* Buenos Aires, Sudamericana, 1969.

SCHULMAN, I. A., y otros, *Coloquio sobre la novela hispanoamericana,* México, F.C.E., 1967.

SCHWARTZ, K., *A New History of Spanish American Fiction,* 2 tomos, Univ. of Miami Press, 1971-1972.

SHAW, D. L., *Nueva narrativa hispanoamericana,* Madrid, Cátedra, 1981, 1988⁴.

TOLA, F., y GRIEVE, P., *Los españoles y el boom,* Caracas, Tiempo Nuevo, 1971.

TOVAR, A., *Novela española e hispanoamericana,* Madrid, Alfaguara, 1971.

USLAR PIETRI, A., *Breve historia de la novela hiapanoamericana,* Caracas, Edime, 1954, 1957; Madrid, Mediterráneo, 1974².

VARGAS LLOSA, M., «La novela primitiva y la novela de creación en América Latina», *Revista de la Universidad de México,* tomo 23, núm. 10, junio de 1969.

VARGAS LLOSA, M., y GARCÍA MÁRQUEZ, G., *La novela en América Latina: diálogo,* Lima, Carlos Milla Batres-Edics. UNI, 1968.

VARGAS LLOSA, M., y RAMA, A., *Gabriel García Márquez y la problemática de la novela;* Polémica en *Marcha,* Montevideo, 1972; Buenos Aires, Corregidor, 1972.

VARGAS LLOSA, M., y ARGUEDAS, J. M., *La novela y el problema de la expresión literaria en el Perú,* Buenos Aires, América Nueva, 1974.

VARGAS LLOSA, M. (Polémica con O. Collazos y G. García Márquez), *Literatura en la revolución y revolución en la literatura,* México, Siglo XXI, 1970.

VARIOS AUTORES, *Actual narrativa latinoamericana,* Conferencias y Seminarios, La Habana, Centro de Investigaciones Literarias, Casa de las Américas, 1970.

—— *Coloquio sobre la nueva novela hispanoamericana,* México, F.C.E., 1967.

VERGARA, R., *La novela hispanoamericana: descubrimiento e invención de América,* Universidad de Valparaíso, Chile, 1973.

ZUM FELDE, A., *La narrativa en Hispanoamérica,* Madrid, Aguilar, 1964.

[Santiago de Compostela, 1987-1991].